고대 이집트 왕권 신화

고대 이집트 왕권 신화

펴 낸 곳 투나미스

발 행 인 유지훈

지 은 이 맹성렬

프로듀서 류효재 변지원

기　　획 이연승 최지은

마 케 팅 전희정 배윤주 고은경

초판발행 2025년 01월 31일

초판인쇄 2025년 01월 15일

주소 수원시 권선구 금곡로196번길 62, 제이에스타워 305호 조인비즈 6호

대표전화 010-4161-8077 | 팩스 031-624-9588

이 메 일 ouilove2@hanmail.net

홈페이지 www.tunamis.co.kr

I S B N 979-11-94005-20-9 (93210) (종이책)

I S B N 979-11-94005-21-6 (95210) (전자책)

THE ANCIENT EGYPTIAN KINGSHIP MYTHOLOGY

고대 이집트
왕권 신화

맹성렬

투나
미스

contents

아문Amun

하토르 Hathor

3부 희년 축제와 신의 혼합

토트 Thoth

4부 멤피스의 메네스

5부 호루스의 하계여행

들어가는 글

혹자는 비록 『피라미드 텍스트』에 명시적으로 나와 있지 않지만, 죽은 후 심판을 받는다는 내용이 신관들에게 적용되었다고 주장한다. 따라서 죽은 후 심판을 받는다는 사상이 원래부터 고대 이집트 종교에 존재했었다고 강변한다. 하지만 고대 이집트에서 신관 또는 일반인들에게 적용되는 징벌은 그 종교의 본질적 부분과 전혀 무관했다. 그렇다면 진정한 고대 이집트 종교의 핵심 내용은 무엇이었을까?

고대 이집트 종교 하면 우리는 먼저 『사자의 서(Book of the Dead)』를 떠올린다. 이 문서는 죽음 후에도 현세와 같은 형태의 삶이 존재한다는 믿음을 반영한 것으로 죽은 자가 명계에 가 심판을 받고 제2의 삶을 사는 것을 목표로 한다. 하지만 이는 고대 이집트 파라오 왕조 종교의 핵심 내용과는 달랐다.

원래의 고대 이집트 종교는 파라오 중심이었으며 『사자의 서』 상당 부분은 파라오가 주인공인 왕실 종교에서 사용된 문구들을 채용하여 만든 것이다. 5·6왕조 피라미드 내벽에 새겨진 『피라미드 텍스트(Pyramid Texts)』가 바로 그런 문구들이다. 그런데 아무리 눈을 씻고 봐도 여기에서 왕이 죽은 후 심판을 받는다는 내용을 찾아볼 수 없다! 우리가 알고 있는 고대 이집트 종교는 후대에 대중적으로 재창조된 것이다. 그렇다면 원래의 고대 이집트 왕실 종교는 어떤 모습이었을까?

11

혹자는 비록 『피라미드 텍스트』에 명시적으로 나와 있지 않지만, 죽은 후 심판을 받는다는 내용이 신관들에게 적용되었다고 주장한다. 따라서 죽은 후 심판을 받는다는 사상이 원래부터 고대 이집트 종교에 존재했었다고 강변한다. 하지만 고대 이집트에서 신관 또는 일반인들에게 적용되는 징벌은 그 종교의 본질적 부분과 전혀 무관했다. 그렇다면 진정한 고대 이집트 종교의 핵심 내용은 무엇이었을까?

많은 학자가 파라오 중심의 고대 이집트 종교도 '장례'가 그 중심에 있었다고 생각한다. 『피라미드 텍스트』를 죽은 왕의 장례 문서 정도로 생각하기 때문이다. 하지만, 죽은 왕의 장례 의식은 고대 이집트 종교의식 일부에 불과했으며 핵심이라고 볼 수도 없었다. 장례식은 새로 등극할 후계자 대관식과 병행되었는데, 그 자세한 내용을 살펴보면 장례식이 대관식에 종속되어 있음을 간파할 수 있다. 다시 말해서 원래의 이집트 종교는 죽은 왕의 장례에 초점이 맞춰져 있지 않고 새 왕의 대관식에 초점이 맞춰져 있었다.

고대 이집트 왕실의 가장 중요했던 종교의식인 장례식/대관식에서 죽은 왕은 오시리스라는 신과 동일시됐다. 그리고 새로 등극할 왕은 호루스의 역할을 맡았다. 오시리스로 분장한 죽은 왕 미라와 호루스로 분장한 왕위 계승자가 주역을 맡은 장례식/대관식에서 가장 핵심적인 부분은 '입을 여는 의식'이라는 비밀 의식이었다. 그렇다면 이 의식의 내용은 무엇이었을까? 필자가 이 책을 통해 밝히려고 하는 고대 이집트 종교의식의 본질적 모습은 다음과 같다.

성인 호루스가 시간을 거슬러 오시리스의 장례식장으로 간다. 그는 오시리스 안의 호루스가 된 후 자기 눈을 바쳐 오시리스를 부활하도록 한다. 그는 오시리스의 생식기관 일부가 되고 오시리스의 성적 능력을 살려낸다. 그의 주관 아래 이시스와 오시리스의 성스러운 결합이 이루어진다. 이를 통해 그는 오시리스 성기에서 정자로써 방출되어 이시스의 자궁으로 이동한다. 그리고 결국 '태고의 언덕'에서 태양신의 적손인 아기 호루스로 태어난다. 이와 같은 아기 호루스 탄생이 바로 호루스 왕 대관식의 결론이었다!

필자는 이 책을 통해 호루스가 오시리스와 결합한 후 이시스의 자궁을 향해 정액으로 방출되어 세트의 정자 무리를 헤치고 나아가 자신의 잉태에 성공한 후 궁극적으로 최고신의 위치에 도달하는 과정을 철저한 고대 이집트 문헌 기록 고증을 통해 낱낱이 파헤칠 것이다.

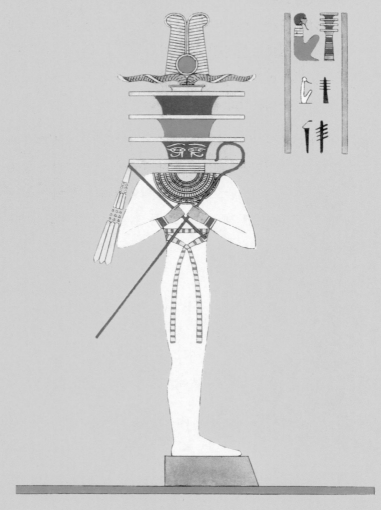

오시리스 모습의 제드 기둥

Djed pilar assuming Osiris

1부
히에로스 가모스

1장 『다빈치 코드』와 예수 종교의 기원

『다빈치 코드』의 비밀 섹스 의식

　여주인공 소피 느뷔(Sophie Neveu)는 노르망디의 별장에서 할아버지가 비밀 섹스 의식을 주도하는 장면을 우연히 목격하고 큰 충격을 받는다. 그후 할아버지와의 관계가 점점 멀어지게 된다.[1] 전 세계적으로 수천만 권이 팔린 댄 브라운(Dan Brown)의 베스트셀러 소설 『다빈치 코드(The Da Vinci Code)』의 한 대목이다. 아마 대다수 독자는 이 부분을 별생각 없이 지나쳤을 것이다. 하지만 소설 속에 공공연히 중요 참고 자료로 등장하는 서적들에 이 대목은 매우 의미심장하게 다루어지고 있다.

---

1 Brandt, Jennifer. The not so sacred feminine: Female representation and generic constraints in the Da Vinci Code. In Bowers, Bradley ed. 2009, pp.91-92.

느뷔의 할아버지 자크 소니에르(Jacques Saunière Saint-Clair)는 루브르 박물관 관장으로 소설 도입부에서 괴한에 의해 살해당하는 걸로 되어 있다. 사회적으로 저명인사였던 소니에르가 왜 비밀 섹스 의식을 주도했으며, 그것이 어떤 의미를 지니고 있었을까? 소설 『다빈치 코드』의 초반에서는 그 이유가 자세히 설명되지 않는다. 그러나 소설이 진행되면서 소니에르가 '시온 수도회(Priory of Sion)'라는 기독교 비밀 교단의 수장이었다는 사실이 밝혀지게 된다.

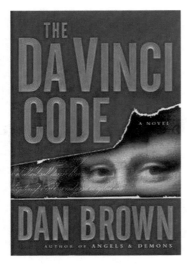

댄 브라운의 소설 『다빈치 코드』의
초판 표지

히에로스 가모스

『다빈치 코드』의 남주인공 로버트 랭던(Robert Langdon)에게 느뷔는 자신이 별장에서 본 장면이 무엇인지 물었다. 랭던은 그 의식이 고대로부터 전해오는 성스러운 결혼을 의미하는 '히에로스 가모스(Hieros Gamos)'라고 설명했다.[2] 그녀가 자신이 본 것은 전혀 결혼이 아니었다고 하자 랭던은 그것이 '결합으로써의 결혼'이라고 했다. 이에 느뷔는 섹스를 뜻하는 것이냐고 되묻자, 랭던은 어떤 의미로 보면 그렇게 볼 수도 있지만 단지 그런 식으로 해석해서는 안 된다고 했다. 그리고 계속해서 그것은 성욕과 무관한 정신적 행위로, 고대인은 남성이 신성한 여성과 육체적 결합을 하기 전까지 불완전하다고 여겼다고 했다. 그 때문에 신성한 여성과의 '성 의식(sexual ritual)'을 통해 도달하는 절정의 순간을 통해, 완전히 무(無)인 정신적 진공 상태를 경험하여 신과 대면하는 열반의 경지에 이를 수 있다는 것이다.[3]

시온 수도회라는 기독교 비밀 교단이 정말로 존재하는지, 존재한다면 그 조직에서 실제로 '히에로 가모스' 의식을 치렀나 하는 여부는 알려진 바가 없다.[4] 그런데 중세 때부터 '히에로스 가모스'를 종교적 이상으로 삼는 몇몇 교파들이 존재했다는 것은 역사적 사실로, 이들이 가톨릭에 의해 이단으로 몰려 탄압받았다는 기록이 전해져 온다. 그렇다면 이런 전통은 어디에서 온 것일까? 이집트학 학자 에릭 호르눙(Eric Hornung)은 기독교 이단 종파로 분류되는 그노시스파에서 실제로 '성 의식'을 치렀으며 이런 전통이 고대 이집트 후기의 오시리스 신앙과 연결되어 있다고 본다.[5]

2 Brown, Dan. 2003, pp.307-308.; 댄 브라운, 다빈치 코드 2권, 2004, pp. 110-112.
3 Brown, Dan. 2003, p.308.
4 Dunn, Jeff and Bubeck, Craig. 2006, pp.204-205.
5 Hornung, Erik. 2001, p.44.

모나리자의 비밀

댄 브라운은 『다빈치 코드』를 통해 '히에로스 가모스' 의식의 기원을 2,000년 전 고대 이집트에서 행해진 종교의식에서 찾고 있다. 그는 이시스 여신 시절부터 '성 의식'이 인간을 땅에서 천국으로 이어주는 유일한 다리로 인식되었으며, 이집트의 남자 신관들과 여자 신관들이 여성의 창조적인 힘을 축하하기 위해 정기적으로 그 의식을 수행했다고 주장한다.[6] 이시스는 고대 이집트의 대표적인 여신으로 남편 오시리스와의 사이에서 호루스를 잉태한 것으로 되어 있다. 특히 그녀에 대한 신앙은 고대 이집트 후기에 이집트인들 사이에서 크게 유행하여 로마 제국에까지 그 영향을 끼쳤다.[7]

책 제목에서 보여주듯 『다빈치 코드』는 레오나르도 다 빈치 그림들에 담긴 암호들을 주요 모티브로 하고 있다. 소설 속에서 시온 수도회의 수장을 맡았던 것으로 묘사되는 다 빈치가 그의 몇몇 그림 속에 '히에로스 가모스'에 대한 상징을 심어놓았다고 댄 브라운은 주장한다. 그런데 그런 작품 중 하나가 바로 시대를 초월한 명화로 꼽히는 모나리자다. 랭던은 모나리자(Mona Lisa)가 'Amon L'Isa'의 철자 순서를 바꾼 말(anagram)로, 이는 고대 이집트의 신들인 아몬과 이시스의 성스러운 결합을 의미한다고 설명한다. 이 소설에서 브라운은 아몬을 정력의 신, 호색한으로 자리매김하고 있다.[8] 아몬은 암몬

6 Brown, Dan. 2003, pp.308-309.; 브라운, D. 2004. 2권, pp.112-113.

7 Petersen, Lauren Hackworth. 2016.; Merced-Ownbey, D. Jasmine. 2008.

8 Brown, Dan. 2003, pp.120-121. 브라운, D. 2004, 1권, pp. 186-187.; Character and their involvement in the Da Vinci Code, The Da Vinci Code, Wikipedia. Available at http://en.wikipedia.org/wiki/The_Da_Vinci_Code

(Ammon) 또는 아문(Amun)으로 불리기도 하는데 기원전 2세기경의 고대 그리스 학자 디오도로스 기록에 의하면 고대 이집트에서 아몬과 오시리스를 같은 신으로 여겼다고 한다.[9]

예수가 고대 이집트 종교를 보급했나?

소설 『다빈치 코드』는 예수가 막달라 마리아와 결혼했고 후손을 남겼다는 주장을 담고 있어 논란을 불러일으켰다. 특히 이 부분에 대해 신학자들은 민감하게 반응했다. 그러나 사실 단순한 '결혼' 그 자체가 예수의 신성을 의심하게 하는 결정적 빌미를 제공하지는 않는다. 정말로 중요한 것은, 아마도 기독교 신학자들 대부분이 간과했겠지만, 『다빈치 코드』에는 예수가 히에로스 가모스, 즉 '신성한 결혼'을 했다는 사실이 암시되어 있다는 사실이다.[10] 댄 브라운 소설의 바탕에 깔린 기존 기독교 교단에 매우 치명적일 수 있는 메시지는 바로 예수가 막달라 마리아와 각각 남녀 신관 역할을 맡아 고대 이집트 종교의식을 치렀다는 것이다. 이는 예수가 유대의 전통을 계승한 메시아가 아니라 이집트의 '이방 종교'를 유대 땅에 보급했음을 가리킨다.

소설 속에 속 시원하게 털어놓고 있지 않은 종교적 배경은 댄 브라운이 『다빈치 코드』를 집필하면서 참고한, 이른바 '대체 역사서(代

---

9   Bernal, Martin. 1991. p.115. 아문이 정확히 오시리스와 동일한 신격은 아니다. 하지만, 아문이라는 신격에 오시리스의 한 측면이 포함되어 있다. 이 부분은 나중에 좀더 심층적으로 분석할 것이다.

10   Abanes, Richard. 2004, p.93.

替 歷史書'들을 통해 알 수 있다. 이런 책들은 그의 소설 속에서 악역을 맡은 주인공인 레이 티빙 경(Sir Leigh Teabing)의 서재에 꽂혀 있는 것으로 설정되어 있다. 그 책들은 마이클 베이전트(Michael Baigent), 리차드 라이(Richard Leigh)와 헨리 링컨(Henry Lincoln)의 『성혈, 성배(The Holy Blood and the Holy Grail)』를 비롯해 마거릿 스타버드(Margaret Starbird)의 『설화 석고 단지를 든 여인(The Woman with Alabaster Jar)』, 그리고 린 피크넷(Lynn Picknett)과 클리브 프린스(Clive Prince)의 『성전의 폭로(The Templar Revelation)』 등이다.[11]

『지저스 페이퍼』가 주장하는 예수의 정체

『성혈, 성배』는 예수의 혈육이 오늘날까지 이 세상에 존재한다는 점에 초점을 맞추고 있으며, 예수 신앙의 종교적 배경에 대해서는 자세하게 논의하고 있지 않다. 이 책에서 예수는 유대 지역에서 비의적(秘意的) 종교 교의 선교에 성공한 유력한 종교 지도자의 한 사람 정도로 규정되어 있을 뿐이다. 그런데 『성혈, 성배』의 공동 저자 중 한 명인 마이클 베이전트는 2006년에 출간한 『지저스 페이퍼(The Jesus Papers)』에서 그 비의적 종교의 정체를 본격적으로 파헤친다.[12]

---

11 브라운, D. 2004, 2권, pp. 26-27.; Regello, Rosemary. 2006.
12 Miller, Laura. 2006.

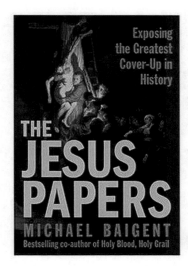

마이클 베이전트의 논픽션
『지저스 페이퍼』의 표지

베이전트는 이 책에서 예수 종교의 근원이 고대 이집트의 입문 신비 의식(mysteries)에 있다고 밝히고 있다. 또한 예수가 세례 요한에게 세례를 받은 30살 이후 이스라엘 지역을 떠나 이집트로 갔으며, 거기서 신비주의에 입문하여 수년간 교육을 받았다고 한다. 베이전트는 신약 성경에 예수의 언행으로 기록된 많은 부분은 신인(神人)의 영적인 죽음과 부활을 상징하는 고대 이집트의 신비 의식 내용을 소개한 것이며, 따라서 예수가 실제로 죽거나 부활한 것이 아니라고 주장한다. 결국 이 책에서 강조하는 핵심은 이집트 종교에서 신비 의식을 통해 입문자에게 '영적 중재' 임무를 맡겼으며, 예수가 바로 이런 임무를 수행했다는 것이다.[13]

13　Baigent, Michael. 2006. pp.131-153.

그렇다면 베이전트는 예수가 어떤 고대 이집트 신인의 신비 의식을 유대 땅에 도입했다고 주장하는 것일까? 그에 따르면, 예수가 활동 하던 당시 이집트 땅의 여러 신전에서 비전 의식이 정기적으로 행해졌 다고 한다. 그런데 그 의식의 핵심 레퍼토리는 오시리스의 영적인 죽 음과 부활이었다고 한다. 오시리스를 섬기는 남 신관들과 이시스를 섬기는 여 신관들이 비밀스럽게 신들의 세계로 들어가는 의식을 치렀 다는 것이다.[14]

실제로 고대 이집트에서 오시리스는 죽었다가 부활하는 대표적인 신이었으며, 이시스는 그의 부활을 도와주는 배우자 여신으로 알려져 있다. 『다빈치 코드』에는 예수의 혈통을 지키려는 '시온 수도회'가 히 에로스 가모스 의식을 치르는 것으로 묘사되어 있고, 남자 주인공의 입을 빌려 그 의식이 이시스 여신 숭배와 연관되어 있음을 넌지시 암시 하고 있다. 결국 『다빈치 코드』는 예수 종교를 고대 이집트의 이시스 와 오시리스 신화에 기반을 둔 비밀 의식과 연관시키는 것이다.

『성배와 잃어버린 장미』와 이시스의 애도

『다빈치 코드』에 직접 소개된 『설화석고 단지를 든 여인』은 우리 나라에서 『성배와 잃어버린 장미』라는 제목으로 출판되었는데, 이 책

---

14 Baigent, Michael. 2006 pp.172-173. 예수가 이집트에서 신비주의를 도입했다고 주장 하는 대목은 베이전트, M. 2007, p.184 참조; 고대 이집트의 비의가 오시리스와 이시스와 관련 있다는 내용은 베이전트, M. 2007, pp.234-235 참조; 베이전트, M. 2007, p.238 에 비전 의식에서 여자들을 이시스 여신을 섬기는 여 신관이라고 적시되어 있지만, 남자들 이 오시리스 신을 섬기는 남 신관이라는 표현은 없다. 그러나 전체 맥락상 그 신비 의식에 참여하는 남자 중에는 당연히 오시리스 신의 신관들이 포함되어 있었을 것이다.

의 저자는 막달라 마리아의 존재에 대해 조금 다른 각도에서 바라볼 것을 주문한다. 그는 중세와 르네상스 시기 회화에서 막달라 마리아가 머리를 푼 채 예수의 어머니 마리아와 함께 십자가 아래에 있는 모습이 자주 묘사되며, 「십자가로부터의 강하」라는 제목의 회화에서 예수의 발에 입을 맞추는 사람도 바로 그녀인데, 이런 그림들은 고대 신화에서 죽었다 부활하는 신들에 관한 이야기와 유사한 모티프를 공유한다고 말한다.

이런 신화들에는 공통으로 남편을 여읜 과부 여신들이 남편의 시신 위에 슬픔과 비탄을 쏟아내며 그들의 죽음을 고통스럽게 애도하는 장면이 등장하는데, 고대 이집트 신화에서 희생양이 된 오시리스를 애도하는 신부 이시스가 그 대표적인 여신으로서 기독교 전통에서 이미 잊힌 신부는 이러한 고대 신화의 표면 바로 아래 있다고 저자는 주장한다.[15]

이런 주장을 뒷받침하는 증거가 있을까? 저자는 막달라 마리아가 성서에 설화석고로 만든 단지에 담긴 비싼 향유를 예수의 머리에 붓는다고 되어 있어 서양 미술과 교회 성화(聖畵)에서 그녀가 항상 설화석고 단지를 든 여인의 모습으로 그려지게 되었다는 사실에 주목한다. 그에 따르면 당시 근동지역 왕국의 종교의식에서 신인으로 입문하는 왕의 머리에 기름을 붓는 전통이 널리 퍼져 있었다고 한다. 여신 역할을 맡은 왕실의 수석 여신관 또는 왕비가 기름 붓는 의식을 수행했다는 것이다. 결국 왕이 하늘의 축복을 받아 고귀

---

15 Starbird, Margaret. 1993, pp.31-43.; 스타버드, M. 2004, p.92.; Beavis, Mary Ann. 2015.

한 신분으로 진정한 '기름 부은 자(the anointed one)' 또는 메시아로 인정받기 위해서는 의식을 통한 여 신관과의 결합이 필수적이었다고 스타버드는 주장한다.[16]

『성전의 폭로』와 예수 종교의 기원

『다빈치 코드』를 보면 레이 티빙 경이 자신의 거실에서 레오나르도 다빈치의 명화 「최후의 만찬」에 대해 설명하는 장면이 나온다. 여기서 그는 중앙의 예수 그리스도 오른쪽에 앉은 인물이 요한이 아니라 막 달라 마리아라는 놀라운 주장을 한다. 그런데 이 내용은 사실 댄 브라운이 『성전의 폭로』에 나온 내용을 소설 속에 소개한 것이다.[17]

이 책의 공동 저자들인 피크넷과 프린스는 로마 가톨릭교회에 의해 원래의 예수 종교와 관련된 여러 문서 중 몇 가지가 선택적으로 편집되었고, 나머지는 이단으로 버려졌다고 하면서, 특히 예수와 막 달라 마리아의 긴밀한 관계를 설명하는 경전들이 이런 운명을 맞이했다고 강조한다.

저자들에 따르면 예수가 스승이었던 세례 요한에게서 고대 이집트의 '오시리스-이시스-호루스'에 얽힌 신비 의식을 배웠다고 한다. 예수는 이 오래된 종교의 비밀스러운 신비 의식에 입문했으나 세례 요한의 후계자가 되는 것보다는 그 자신만의 새로운 교단 세우기를 택했다는 것이다.[18]

---

16 Starbird, Margaret. 1993. pp.43-46.; 윌라스-머피, T. 200, pp.99-100.

17 Picknett, L. and Prince, C. 1998. pp.21-24.

18 Ibid. pp.391-392, pp.407-412.

그렇다면 막달라 마리아의 정체는 무엇일까? 막달라 마리아는 예수가 입문 의식인 '히에로스 가모스'를 치를 때 예수의 신성한 결혼 또는 성교 파트너였다고 한다. 즉 예수와 막달라 마리아는 각각 고대 이집트에서 오시리스와 이시스를 숭배하는 신비 종교의 수석 신관과 그 파트너 여 신관이었다는 것이다.[19]

이런 주장은 실로 정통 기독교 교단의 뿌리를 뒤흔들 만한 파괴력을 지니고 있다고 할 수 있다. 이것이 사실이라면 원래의 기독교는 인류의 죄를 대속하고 대신 죽어간 신의 독생자 아들에 의해 만들어진 종교가 아니라 오시리스와 이시스 종교를 재포장한 것일 뿐이기 때문이다.[20]

『예수 미스테리아』: 디오니스-오시리스 커넥션

『성전의 폭로』에 제기된 피크넷과 프린스의 가설과 비슷한 주장이 이미 우리나라에 출판되어 기독교계를 한바탕 시끄럽게 한 적이 있다. 티모시 프레크(Timothy Freke)와 피터 갠디(Peter Gandy)가 공동으로 집필한 『예수 미스터리: 예수가 원래 이교(異敎)의 신이었나?(Jesus Mysteries: Was the "Original Jesus" a Pagan God?)』라는 책인데, 국내에서는 『예수는 신화다』(동아일보사)라는 제목으로 출판되었다. 이 책이 출간되자마자 한국기독교총연합회와 한국복음주의협의회 등은 성명을 발

---

19 Ibid. pp.397-399, p.464.
20 Ibid. p.85, pp.385-386.

표하며 전량 회수를 요구하는 등 격렬하게 대응했다.[21] 결국 동아일보사는 이 책을 절판해야 했다. 도대체 그 책이 어떤 내용을 담고 있기에 이러한 소동이 일어난 것일까?

프레크와 갠디는 이 책에서 예수가 활동하던 시기에 유행했던 오시리스, 디오니소스, 아티스, 미트라스 등을 숭배하는 여러 신비주의 종교가 모두 죽었다가 부활하는 신인에 대한 신화를 근본으로 하고 있다는 사실에 주목한다. 이들을 통칭하여 '오시리스-디오니소스'라고 부르면서 저자들은 예수 신앙의 기원을 이런 종교적 전통에서 찾는다.

이런 신화 중 가장 오래된 것은 바로 오시리스 신화다. 오시리스는 죽음과 부활을 보여준 최초의 신으로, 죽었다가 부활한 고대 신들의 원형에 해당한다. 결론적으로 말해 고대 이집트 오시리스 성사극(聖史劇, Mysteries)으로부터 유대판 신비 의식인 예수 성사극이 비롯되었다는 것이 그들의 핵심적인 주장이다.[22]

『다빈치 코드』가 예수 종교 기원을 고대 이집트 신화에서 찾고 있다는 점에서 『예수 미스터리』와 일맥상통함에도 기독교계에서 크게 문제를 제기하지 않은 것은 댄 브라운이 그런 사실이 표면적으로 명확히 드러나지 않도록 교묘하게 서술하였기 때문이다. 하지만 『다빈치 코드』는 명백히 예수가 고대 이집트 오시리스-이시스 종교를 퍼뜨렸다는 메시지를 전달하고 있다. 그렇다면 『다빈치 코드』에 영

---

21 송홍근. 2002.

22 Freke, T. and Gandy, P. 1999, p.193, p.203.; 프리크, T. & 갠디, P. 2002, p.335, p.353.

향을 끼친 여러 저술이 한결같이 주장하는 예수가 오시리스 신화와 깊은 연관이 있다는 결론에 어떤 근거가 있는 것일까? 지금부터 오시리스 신앙의 뿌리를 찾는 여행을 통해 이 문제에 대한 답을 구해보기로 하겠다.

2장 디오니소스 축제와 신비 의식

고대 그리스 신비 의식과 성물

이탈리아 폼페이 소재 「미스테리아 빌라」의 디오니소스
입문 의식관련 프레스코화 | 가운데 천에 덮인 것이 성물(聖物)이다

입문자가 어두운 방으로 인도되었다. 제의복을 걸친 사제들이 둘
러싼 한가운데에는 특수 제작한 바구니에 성물(聖物)이 담겨 있고,
그 위로 천이 드리워져 있었다. 조금 전 입문자는 죽음 의식을 치렀

고, 새로운 자아로 다시 태어났다. 이제 그는 향정신성 음료 키케온 (Kykeon)을 마심으로써 신의 계시 받을 준비를 끝냈다. 마침내 의식의 클라이맥스에 이르렀고, 성물을 덮고 있던 천이 걷혔다.[23]

위 대목은 고대 그리스에서 성행하던 디오니소스(Dionysus) 비밀 입문 의식의 개요를 설명한 것이다. 도대체 이 의식에서 핵심의 위치에 있는 성물은 무엇이었을까? 비밀 의식이었기에 문서로 기록된 것이 남아 있지 않아서 단언할 수는 없지만, 오늘날 학자들은 그것이 무엇인지 대략 짐작을 하고 있다. 아마도 이 비밀 의식은 위대한 신과 여신의 결혼 의식이라는 사실이 중요한 힌트가 될 것이다. 정확히 그것이 무엇이었을지 그리스 신화 속에 등장하는 디오니소스라는 신에 얽힌 이야기와 그 신이 관련된 축제들에 대해 살펴보면서 함께 추측해 보기로 하자.

디오니소스 신화

그리스 신화에서 디오니소스는 원래 올림포스 정통 계보에 속한 신이 아니었다. 그는 제우스와 테베의 왕녀 세멜레(Semele) 사이에 태어난 반신반인이었다. 제우스의 아내 헤라는 세멜레를 질투해 농간을 부렸다. 그녀가 제우스의 번개에 죽게 한 것이다. 당시 세멜레는 디오니소스를

---

23 이탈리아 폼페이 소재 미스테리아 빌라(Villa of the Mysteries)의 디오니소스 입문 의식 관련 프레스코화에 바로 이런 비밀 신비 의식에 관한 장면이 묘사되어 있다. Harland, Philip A. 2003, pp.37-40.; Morgan, Delia. 2000. The Ivied Rod: Gender and the Phallus in Dionysian Religion.; Jackson, James W. The Villa of the Mysteries, Pompeii. Available at http://www.art-and-archaeology.com/timelines/rome/empire/vm/villaofthemysteries.html

잉태하고 있었다. 이를 알고 제우스는 세멜레의 뱃속에서 아기를 꺼내 자기 허벅다리에 넣어 키웠다. 출생한 디오니소스는 요정들에 의해 뉘사 산의 한 동굴에서 소젖으로 양육되었다. 그러다가 거인들에게 사로잡혀 온몸이 찢기는 불행을 당했다. 다행히도 제우스의 어머니 레아의 도움으로 그는 찢긴 몸을 회복하고 부활했다.

디오니소스

그후 헤라의 박해가 지속되었고 디오니소스는 급기야 정신이 혼미해져서 이집트와 시리아를 헤맨다. 그러다가 레아의 도움으로 제정신을 찾게 되고, 그녀로부터 비교(秘敎) 의식을 배웠다. 그때부터 그는 열광적인 신자들을 거느리고 온갖 박해를 무릅쓰며 포교의 세월을 보냈다. 그를 따르는 대표적인 신자들로 판 사티로스(Pan Satyros)와 신녀(信女)들인 마이나데스(maenads)가 있었다. 이들을 이끌고 디오니소스는 세계를 떠돌며 황홀경에 이르는 법과 포도와 곡물 재배법을 가르쳤다. 결국 그는 신으로 인정받아, 올림포스산에 사는 열두

신의 반열에 오르게 되었다.[24]

　디오니소스의 사랑과 모험 이야기지만 주신(酒神) 전설과 그 밖에 당시의 종교 연구에도 귀중한 자료가 된다. 온몸이 찢겨 죽은 후 다시 살아났고 포도를 비롯한 작물 재배의 풍요신적 면모를 갖추었기에 디오니소스는 먹거리로 부활하는 곡물 신 계보로 분류된다.[25]

2세기 로마 석관에 묘사된 디오니소스의 승리 | 디오니소스는 표범이 끄는 전차를 타고 있다 그의 행렬에는 코끼리와 기타 이국적인 동물이 포함된다

24　Konstantinidis, G. 2024.
25　Otto, Walter F. 1995. pp.152-159.

전국적으로 기념된 디오니소스 축제

그리스 신화에는 제우스, 아폴로, 아테나, 헤르메스, 포세이돈 등 우리에게 익숙한 12신이 등장한다. 디오니소스는 처음부터 이 12신 계보에 속하지 않았다. 그런 이유로 이 신의 존재와 그에 얽힌 이야기는 우리에게 비교적 익숙하지 않다. 그런데 놀랍게도 오늘날 고대 그리스와 고대 로마 유적지에서 디오니소스 신과 관련된 유물들이 가장 많이 나온다. 이처럼 그에 대한 숭배 흔적이 두드러진 이유는 고대 그리스의 헬레니즘 시기에 그리스 전역의 농촌과 도시에서 이 신을 기리는 대대적인 축제가 열렸기 때문이다.[26] 도대체 디오니소스 신의 정확한 실체는 무엇이었으며 어떻게 디오니소스 축제가 그리스 전역에서 개최될 수 있었던 것일까?

디오니소스 종교는 기원전 7세기와 6세기에 이미 고대 그리스에 널리 퍼져 있었다. 특히 당시 시골과 도시 전역에서 겨울 밀의 파종기와 추수기에 며칠 동안 디오니소스 축제를 거행할 정도로 대중적으로 큰 영향력을 발휘했다. 디오니소스가 주신(酒神)으로 널리 알려졌지만, 그의 대표적인 상징물은 남근(phallus)이었다. 그런 이유로 시골과 도시에서 거행된 축제에서 남근상은 행사의 중요한 소품이었다.

---

26 Henrichs, Albert. Between Country and City: Cultic Dimensions of Dionysus in Athens and Attica. In Griffith, M., & Mastronarde, D. J., eds. 1990. pp. 257-277. Available at https://escholarship.org/content/qt5xt4952c/qt5xt4952c.pdf?t=lnqtu0

시골 디오니소스 축제

기원전 7세기부터 그리스 전역에서 시골 디오니소스 축제가 열렸다. 이 축제는 남근 모양의 조각상을 든 여자들의 행렬로 시작했다. 이 남근상을 든 여자들 뒤로 바구니를 든 어린 소녀들, 길고 커다란 빵을 든 사람들, 그 밖의 다른 봉헌물을 든 사람들, 물 단지를 든 사람들, 그리고 포도주 단지를 든 사람들이 줄을 지어 따라갔다.[27]

이런 행렬이 끝난 뒤에는 디오니소스를 찬양하는 합창과 연극 경연대회가 벌어졌다. 그런데 이 축제의 하이라이트는 단연 '남근 찬가'였다. 코미디 공연에서 축하곡(revel song)으로 불리던 이 노래는 성가대와 배우들이 인조 남근을 뒤집어쓰고 등장해서 불렀는데 종종 섹스 향연으로 끝을 맺었다.[28] 이 찬가는 의미의 이중성과 노골적인 성적 묘사가 두드러졌다.

"오 남근이여! 남근이여! 홍겹게 떠들고 마시고 돌아다니는 디오니소스의 친구여. 희미한 황혼의 방랑자여! 음탕한 애인이여. 나는 여기 내 집에서 기쁜 마음으로 그댈 영접하노라. 최악의 겨울이 끝났으니 나는 이렇게 대담하게 간청하오."[29]

이런 시골 디오니소스 축제는 훗날 벌어지는 도시 디오니소스 축제의 원형이 되었다.

---

27 Reckford, Kenneth J. 2017, pp.457-458.
28 Plato. 1993, p.21.
29 김복래, 2007. p.151.; Csapo, Eric. 1997.

도시 디오니소스 축제

기원전 6세기에 이르러 디오니소스는 그리스에서 아주 중요한 신으로 추앙되어 도시에서도 디오니소스 축제가 개최되었다. 아테네 참주였던 페이시스트라토스(Peisistratos)는 이 축제를 국가적인 행사로 만들었다. 당시 아테네에는 열 명의 최고 집행관이 있었는데, 디오니소스 축제를 담당하는 감독관은 행사를 돕는 두 명의 보좌관과 함께 이들에 의해 선출되었다.[30]

오늘날 그리스에서 거행되는 디오니소스 축제의 장면(왼쪽)과 고대 그리스 화병에 그려져 있는 디오니소스 축제의 행렬에 등장하는 남근상(오른쪽)

도시 디오니소스 축제는 총 5일 동안 펼쳐졌다. 이 축제는 첫째 날 아고라에 있는 디오니소스 신전에서 디오니소스 신의 나무 조각상을 내오는 것으로 시작되었다. 신상을 든 신관들 뒤로 아테네 시

---

30   Kuritz, Paul. 1988. p.20.

민들과 아테네에 거주하는 외국인, 그리고 아테네의 식민도시에서 온 대표들이 뒤따랐다. 시골 디오니소스 축제와 마찬가지로 이 행렬에는 나무나 청동으로 만든 거대한 남근상을 실은 수레를 비롯해 바구니를 든 소녀, 물병과 포도주병을 든 사람들도 뒤따랐다.[31]

디오니소스 남근상의 종교 철학적 중요성

디오니소스는 성적 쾌락과 도취, 풍요의 신으로 고대 그리스에서 널리 받아들여졌다. 신화학자들은 남근을 풍요신앙의 대표적 상징이라고 주장하므로 디오니소스 종교의식에서 남근이 성물로 숭배되었다는 사실은 어찌 보면 당연해 보인다.[32] 그런데 그 이상의 다른 의미는 없었던 것일까? 기원전 6세기경의 고대 그리스 철학자 헤라클레이토스(Herakleitos)는 디오니소스 축제에 나타난 섹스 코드에 대해서 "디오니소스 신을 향한 것이 아니었다면, 그 미친 듯한 행진과 음란한 성기를 향한 찬송은 사실 수치스럽게 여겼을 것"이라고 말하고 있다.[33]

헤라클레이토스는 오늘날 변증법의 헤겔 철학과 니체의 사상에 지대한 영향을 끼쳤을 정도로 심오한 철학 체계를 구축했기 때문에 고대 그리스 최초의 철학자로 평가되고 있다. 그런 그가 이런 지적을 했다는 것은 디오니소스 숭배에 등장하는 성적인 상징에 뭔가 좀더 심오한 의미가 담겨있다는 것으로 해석될 수 있지 않을까?[34]

---

31 Reckford, Kenneth J. 2017, p.457.
32 Bromiley, Geoffrey W. ed. 1979, p.115.
33 Gray, Chris. 2011, p.72.
34 Heraclitus, The First Philosophers of Greece, 1898, line 115. Available at

관련 학자 중엔 디오니소스가 비록 성기-신(phallus-god)으로 자리 매김하고 있지만, 그의 복식이나 처신이 전혀 그런 칭호에 어울리지 않는다는 지적을 하는 이가 있다. 그 신이 성기를 드러낸 나체로 표현된 적도 거의 없으며 또 신화 속에서 그가 성애를 추구하는 것으로 묘사되는 경우도 매우 드물다는 것이다. 비록 그가 성기의 아이콘으로 꼽히긴 했지만, 축제에서 대중적으로 받아들였던 부분과 그 신에 대한 지식인들 태도가 달랐던 이유일 것이다.[35]

디오니소스적 맥락에서 남근은 그리스 정신의 합리적이고 절제된 한계에 대해 거칠고 극적인 침투를 나타낸다는 의견이 있다. 따라서 디오니소스적 남근은 기존 사회 질서를 강화하기보다는 위협했다는 것이었다.[36] 이것이 헤라클레이토스가 디오니소스 숭배의 남근 측면에 대해 절제된 태도로 말한 이유일까? 헤로도토스는 디오니소스의 성기가 '성스러운 이야기(Holy Tale)'와 관련 있음을 언급한 바 있다. 하지만 그는 그 내용이 무엇인지 기록으로 남기지 않았다.[37]

---

http://history. hanover.edu/courses/excerpts/221hera.html; 달비 A, 2004, p.225.; 종교학자 W. F. 오토는 이 구절과 관련하여 헤라클라이토스가 디오니소스를 명계의 신 하데스Hades와 동일시한다는 사실에 주목한다. 이것은 결국 남근 숭배가 죽은 신이 관련되었음을 시사하는 것이 아닐까? 고대 이집트 신화에서 오시리스는 명계의 신으로 자리매김하기도 한다. Otto, W. F. 1995, p.116 참조.

35 Csapo, Eric. 1997, p.261.

36 Ifejika, Matthias. 2015. p.8.

37 Lateiner, Donald. 1989, p.73.; 오늘날 일부 학자들은 이 성스러운 이야기가 바로 오시리스와 이시스의 히에로스 가모스였을 것이라고 추정한다. 디오니소스 숭배 의식에서 남근이 상징하는 깊은 의미가 고대 이집트 종교와 관련 있다는 얘기다. Csapo, Eric. 1979, p.271 참조.

디오니소스 축제의 이집트 연관성

앞에서 언급했듯, 디오니소스는 처음부터 고대 그리스 사회에서 중요한 신이 아니었다. 고졸기 그리스의 대표적인 작가 헤시오도스와 호메로스는 올림포스 12신의 반열에 들지 못하는 디오니소스를 보잘것없는 신으로 무시했다. 그런 신이 나중에 고대 그리스 문화를 대표하는 위대한 신인으로 탈바꿈되었다.[38] 그렇다면, 이런 탈바꿈이 어떻게 가능했으며 이를 주도한 이들은 누굴까?

헤로도토스의 기록 중에는 디오니소스 축제와 고대 이집트의 한 종교 축제가 매우 닮았다고 지적 부분이 있다. 그는 이집트를 여행하며 나일강 삼각주의 어느 신성한 모래톱에서 대규모 축제를 목격했다. 해마다 열렸던 그 축제에서 이집트인들은 '수만 명의 남녀'가 보는 가운데, 어느 위대한 신의 죽음과 부활을 재연하는 연극을 공연했다.

그는 이 주인공 신의 이름을 직접 언급하기를 꺼린다. 그런데도 그 신은 명백히 오시리스임이 틀림없다. 왜냐하면 그는 그 축제가 그리스에서 행해지고 있던 디오니소스 축제와 매우 닮았다고 지적하고 있기 때문이다. 헤로도토스는 그의 저술 다른 부분에서 오시리스를 디오니소스와 같다고 언급한 바 있으므로 그 축제는 오시리스 축제일 수밖에 없는 것이다.[39] 이점에 대해 신화학자 제임스 프레이저(James Frazer)는 다음과 같이 언급했다.

---

38 Orphism (religion). Wikipedia. Available at https://en.wikipedia.org/wiki/Orphism_(religion)

39 Herodotus. 1996, p.108.; Bremmer, Jan N. 2014. pp.110-111.

"오시리스 축제와 디오니소스 축제 사이에 나타나 보이는 유사성이 너무나도 확실하다는 사실을 발견한 헤로도토스는 후자가 전자와 무관하게 생겨났을 수는 없다고 생각했다. 그래서 그리스의 축제가 비교적 가까운 과거에 이집트로부터 약간 변형되어 수입되었다고 판단했다."[40]

---

40 Frazer, James George. 1966, p.127.; Herodotus, 1996, p.105.; 프레이저. J. G. 2005. p.91.

3장 디오니소스 축제 vs. 오시리스 축제

오시리스와 오시리스 축제

오시리스는 이집트 신화에서 중요한 위치를 차지하고 있는 신으로 고대 이집트인들은 그가 한때 이집트를 지배했던 신왕(神王)이었다고 믿었다. 그의 행적에 관한 단편적인 내용들을 헤로도토스, 디오도로스, 그리고 플루타르코스와 같은 고대 그리스 학자들이 기록으로 남겼다. 이들 기록에 따르면 그는 살아 있을 때 인류에게 농업을 전파한 문화영웅이었다. 하지만 그는 동생에 의해서 살해되며 종국에는 명계의 왕이 되었다. 헤로도토스는 『역사』에서 고대 이집트의 오시리스 축제의 개요를 다음과 같이 간략히 소개하고 있다.

"신관들이 오시리스 조각상을 신전에서 내와 이를 배에 싣고 행진한다. 그 뒤로 순례 행렬이 뒤따르고, 여러 신전을 순례한다. 그다음 오

시리스의 무덤으로 알려진 제단에 가서 신비 의식을 거행한다. 그런데,
오시리스 축제 행렬에서 남근상들이 주요 소품으로 등장한다."

헤로도토스는 이집트 오시리스 축제에 사용되었던 남근상을 그
리스의 디오니소스 축제에 등장하는 남근상과 비교했다. 그는 그
리스의 경우 남근 그 자체만을 축제 행렬에 동원했지만, 이집트에
선 꼭두각시 인형에 남근이 붙어있고, 그것을 실로 조작해서 움직
일 수 있게 했다고 기록했다. 꼭두각시 인형의 크기는 약 50센티미
터 높이로 거기에 달린 남근이 인형의 나머지 부분과 그 크기가 같
았다고 헤로도토스는 기록하고 있다.[41]

헤로도토스 이후에도 이집트 여행을 한 고대 그리스 학자 중
엔 오시리스 축제가 디오니소스 축제와 비슷하다는 기록을 남긴 이
들이 있었다.[42] 그 대표적인 인물들이 디오도로스와 플루타르코스
였다. 디오도루스는 고대 그리스인들이 디오니소스의 입문 의식이나
대중적인 희생제에 고대 이집트의 성기 숭배 의식을 도입했다고 주
장했다.[43] 또, 플루타르코스는 고대 이집트의 파밀리아(Pamylia)라고
불리는 오시리스 축제와 고대 그리스의 성기 행진(phallic processions)
이 닮았다고 지적했다.[44]

---

41 Herodotus. 1996, p.104.; Mikalson, Jon D. 2004, p.183.

42 Segal, Robert A. 1998, pp.97-98.; Csapo, Eric. 1997, pp.270-271.

43 Diodorus. 1989, p.71.

44 Plutarch. 2003, p.33.

고대 이집트 말기 시대에 제작된 파양스 도자기 부적 신상(神像)
다른 신체의 크기와 비슷한 크기의 거대한 성기를 갖고 있다

누가 오시리스 축제를 그리스 땅으로 수입했나?

헤로도토스는 멜람푸스(Melampus)가 남근 행렬로 특징되는 디오니소스 축제를 이집트에서 그리스로 도입한 장본인으로 지목한다. 멜람푸스는 필로(Pylos) 출신으로 아르고스(Argos)를 다스렸다는 전설적인 예언자였다고 호메로스의 오디세이에 소개되어 있다.[45] 그런데, 헤로도토스는 멜람푸스가 오시리스 종교행사의 독트린에 대해서 제대로 이해하고 있지는 못했을 것이라고 하면서 나중에 다른 그리스 철학자들에 의해 그것이 보강되었을 것으로 추정한다.[46]

디오도로스는 헤로도토스와는 달리 테베에서 열린 카드모스를

45 Melampus, Wikipedia. Available at https://en.wikipedia.org/wiki/Melampus#:~:text=In%20Greek%20mythology%2C%20Melampus%20(%2F,Pylos%2C%20who%20ruled%20at%20Argos.

46 Herodotus. 1996, pp.104-105.

기쁘게 하기 위한 오시리스 축제를 그리스로 도입한 이를 멜람푸스와 비슷한 종교적 성향을 보였던 오르페우스라고 보았다.[47] 오르페우스는 반쯤은 신화적 인물로 디오니소스와 비슷한 삶을 살았던 것으로 알려져 있다. 따라서 그를 디오니소스와 필적하는 신과 같은 존재로 평가하는 이도 있지만 기원전 5세기경의 그리스인들은 그를 실존했던 역사적인 종교 지도자로 자리매김했다. 당시 그는 디오니소스를 신으로 받들었던 예언자, 신관 또는 성인으로 추앙받았다.[48]

비록 그 시초가 누구였든 헤로도토스가 지적하듯 처음부터 이 종교는 그리스인들에게 제대로 소개되었던 것은 아니었다. 오히려 오랜 기간 이집트에서 유학하며 이집트 종교 도그마를 제대로 배운 이가 그리스에서 디오니소스 신앙을 본격적으로 확산시켰다는 정황이 있다.

피타고라스학파와 디오니소스 신비 의식

디오니소스 축제가 대중적인 행사였던 반면 디오니소스와 관련된 고대 그리스 엘리트층들만의 신비 의식 또는 비밀 입문 의식이 존재했다. 이와 같은 종교의식의 틀은 피타고라스학파에 의해 형성되었다. 피타고라스학파는 기원전 6세기 신비주의 철학자이며 수학자, 과학자였던 피타고라스에 의해 세워진 학교를 중심으로 탄생하였다. 당시 그리스 식민지 크로톤에 세워진 이 학교는 오늘날의 학교처

---

47   Edmonds, R. G. III. Dionysos in Egypt? Epaphian Dionysos in the Orphic Hymns. In Bernabé, A. et al., eds. 2013, pp.415–432.

48   Morford, Mark P. O., and Lenardon, Robert J. 1999, p.279.

럼 학문적 지식과 피타고라스의 정치적 이념, 철학 등을 가르쳤다. 이 학교는 피타고라스가 이집트 신전에서 22년 동안 이집트의 통과제의 의식을 거친 것처럼 모든 학생이 이 통과제의 의식을 거쳐야 졸업할 수 있었다.

피타고라스학파는 이집트의 오시리스 신비 의식(Osirian Mysteria)을 모델로 한 그리스의 통과제의 의식을 만드는 과정에서 역할 모델로 그리스 토착 주신(酒神)인 디오니소스를 선택했다. 고졸기 그리스 시대에 보잘것없는 신이었던 그를 피타고라스학파가 이집트의 오시리스에 필적하는 위대한 신인으로 탈바꿈시킨 것이다.[49]

디오니소스 비밀 의식은 이미 앞에서 소개한 바 있다. 여기에서 마지막 클라이맥스 순간에 입문자가 천에 덮인 성물 앞에서 의식을 치른 후 성물의 정체를 확인했다. 그렇다면 이 의식에서 핵심의 위치에 있는 성물은 무엇이었을까? 비밀 의식이었기에 문서로 남아 있지 않아 그 누구도 여기에 대해 단언할 수는 없지만, 오늘날 학자들은 그것이 무엇인지 대략 짐작을 하고 있다. 그것은 바로 '모조 남근'이라는 것이다.[50] 그렇다면 입문자가 입문 의식의 클라이맥스에서 오시리스의 성기를 상징하는 모조 남근과 마주하는 것이 도대체 어떤 의미가 있었던 것일까?

49 Henrichs, A. 2003.; Betegh, G., Pythagoreans, Orphism and Greek Religion. In Huffman, Carl A. 2014, pp.274-295.; Freke T. and Gandy, P. 1999, p.23.; 프리크, T.·갠디, P. 2002, p.55.

50 Hewitson, Owen. 2016.; 디오니소스의 가장 중요한 상징이 발기된 성기였다. Ifejika, Matthias. 2015 참조.

헤로도투스는 왜 오시리스를 직접 언급하지 않았나?

앞에서 소개했듯이 헤로도토스는 오시리스 축제의 세세한 진행 내용을 직접 목격했다. 하지만, 그는 『역사』에서 종교적 경건함 지키기 위해서라는 이유로 그 이집트 축제의 주인공을 직접 언급하지 않으며 세세한 내용도 소개하지 않고 있다.[51] 이와 관련해서 독일의 이집트학 학자 얀 아스만(Jan Assmann)은 독자들이 헤로도토스의 저술을 읽으면서 그가 오시리스 이름을 직접 언급하길 몹시 꺼리는 점에 적잖이 놀랄 것이라고 말한다.[52]

그렇다면 헤로도토스가 고대 이집트의 오시리스 축제에 대해서 마치 잘 알고 있는 것처럼 기술하면서도 막상 그 자세한 내용에 대한 언급을 꺼린 이유는 무엇일까? 헤로도토스가 그런 행동을 취한 것은 이집트 종교에서 이를 비밀에 부쳤기 때문이 아니다. 당시 이집트 땅에서 오시리스 신비 의식의 세부적인 내용, 특히 그의 죽음 및 부활이 관련된 부분은 대중들에게까지 잘 알려져 있었다.[53]

헤로도토스가 오시리스 축제의 세부 사항을 소개하지 않은 데는 다른 이유가 있었다. 오시리스 축제는 디오니소스 축제뿐 아니라 디오니소스 신비 의식의 핵심적인 내용까지 포함했기 때문이다. 디오니소스 의식은 디오니소스의 죽음 및 부활이 관련한 좀더 내밀한 내용들이 담고 있었는데 고대 그리스의 여러 비밀 교단에서 그 세부

---

51 Gould, Thomas. 2014, p.27.

52 Assman, J. 2001, p,189.

53 Hinge, George. Dionysus and Heracles in Scythia. Available at https://herodot.glossa.dk/orph.html

내용을 외부에 발설하는 것을 철저히 금지하고 있었다. 헤로도토스가 보기에 오시리스 축제는 그리스 땅에서 행해지던 디오니소스 축제와 비밀 의식을 포괄하고 있었고 따라서 오시리스 관련 의식을 상세히 기록하면 결과적으로 고대 그리스 비밀 교단들의 금기사항 위반이 되었다.[54]

그런데 헤로도토스가 비밀 교단들의 의식 내용을 자세히 알고 있었다는 사실은 그가 입문했다는 증거로 볼 수 있는 중요한 단서다. 그렇지 않고는 그가 '오시리스 수난극'이 그리스 엘레우시스에서의 극소수 입문자들이 지켜본 '디오니소스 수난극'과 똑같다는 사실을 알아챌 수 없었을 것이다. 고대 그리스에서 엘리트들 사이에서 비밀 교단들의 신비 의식 입문이 크게 유행했다. 이처럼 고대 그리스에서 선택된 소수만을 위해 엄격한 비밀 속에서 진행되었던 종교의식이 이집트에서 공공연히 공연되는 걸 보고서 헤로도토스가 매우 놀랐을 것이다.[55]

이 시점에서 헤라클레이토스가 디오니소스 축제에 대해 지적했던 내용을 다시 한번 음미해볼 필요가 있다. 그는 디오니소스 축제에서 대중적으로 나타난 광란적이고 음란한 부분을 지적하면서도 그것이 디오니소스와 연관되어 있음을 고려해 톤을 낮추었다. 이처럼 그가 디오니소스에 대한 경의를 표한 것은 그 또한 입문자여서 대중에게

54 Lloyd, A. B. 1976, p. 279.; Burkert, W. Mysterien der Ägypter in griechischer Sicht. In Assmann, J. & Bommas, M. eds. 2002, pp.9-26.; Hinge, George. Dionysus and Heracles in Scythia. Available at https://herodot.glossa.dk/orph.html

55 Freke T., and Gandy, P., 1999, p.22.

는 제대로 설명되지 않았던 남근상의 종교적 중요성을 익히 알고 있었기 때문이었던 것이 아닐까?

물론 그의 종교관에 대해선 여러 논란이 있다.[56] 하지만, 그의 시대 이후 헬레니즘 시기 그리스에서 디오니소스 교단(Dionysus cult)이 사회 전반에 큰 영향을 끼쳤고 국가와도 상호 영향을 주고받았던 것이 사실이고 보면[57] 최소한 그가 이 비밀 교단에 대한 우호적 태도를 보이지 않았을 것이라고 가정하긴 어렵다. 아마도 그런 이유로 그가 대중적 축제에서 나타나 보이는 난잡한 듯한 외형적 모습을 뛰어넘어 그것의 내밀한 상징성을 꿰뚫어 보고 있었던 것이리라.

---

56 Most, Glenn. 2013.; Majeed, Hasskei Mohammed. 2013. pp. 129-130.

57 Eckhardt, Benedikt. Eating and Drinking (with) Dionysus. In Hellholm, David & Sänger, Dieter eds. 2017. p.1769. Available at https://www.academia.edu/35219316/Eating_and_Drinking_with_Dionysus

4장 고대 그리스 학자들이 전하는 오시리스 이야기

헤로도토스의 기록

헤로도토스는 『역사』 2권에서 "이집트는 나일강의 선물"이라고 썼다. 이 표현은 오늘날에도 고대 이집트 역사서들에서 종종 인용되고 있다. 『역사』 2권에 기술된 고대 이집트 문명에 관한 내용은 당시 이집트인들 스스로가 기술하지 않은 현존하는 가장 오래된 기록으로서 이집트 문자 해독이 불가능했던 시대를 살던 학자들이 고대 이집트를 연구하는 데 많은 도움을 주었다.

헤로도토스는 『역사』 2권에서 오시리스와 그의 아내 이시스에 관한 이야기를 서구에 최초로 소개했다. 그는 여기서 고대 이집트인들이 지역마다 숭배하는 신들이 달랐지만, 오직 오시리스와 이시스만이 전국적으로 숭배되었다고 쓰고 있다.[58] 그에 의하면 이집트의

---

58 Herodotus. 1996, p.101.

주요 신들이 그리스 신들과 같다고 하면서 오시리스는 디오니소스와 그리고, 이시스는 데메테르(Demeter)와 같다고 했다.[59] 그는 또 오시리스와 이시스 슬하에 아들 호루스가 존재한다는 사실도 기록으로 남겼는데 이 신이 아폴로와 같다고 했다.[60]

헤로도토스는 이집트 신화와 관련해서 몇 가지 단편적인 이야기를 채집하였다. 그중 나일 삼각주에 있는 떠도는 '섬'이라 불리는 케미스(Chemmis)에 얽힌 전설이 나오는데, 여기에 호루스와 타이폰의 싸움에 대한 에피소드가 담겨있다. 이 에피소드에 따르면, 호루스가 타이폰을 피해 이 섬으로 도망을 왔고, 레토 여신이 이 움직이는 섬에 숨겨주어 그를 구했다고 한다.[61] 결국 호루스는 타이폰을 무찌르고 이집트의 왕좌에 앉은 마지막 신이었다고 헤로도토스는 기록하고 있다.[62]

헤로도토스에 의해 언급된 이집트의 신화 내용을 종합해 보면, 오시리스와 이시스 사이에서 태어난 호루스가 타이폰 신에게 쫓겨다니다 결국 그를 무찌르고 왕좌에 올랐다는 것이 개요임을 알 수 있다. 그런데 이와 같은 헤로도토스의 기록만으로는 오시리스의 이집트 신화 속 위상을 정확히 알 수 없으며, 또 그의 축제가 남근 중심적으로 이루어지는 이유도 알기 어렵다.

---

59 Herodotus. 1996, p.101, p.145.
60 Ibid. pp.144-5.
61 Ibid. pp.144.
62 Ibid. p.139.

디오도로스의 기록

시칠리아의 디오도로스는 기원전 1세기경에 활동한 그리스 역사가로 40권에 달하는 『역사 총서(Bibliotheca historica)』를 저술했다. 이 책 3권에 오시리스가 인류에게 문명을 전해준 문화영웅이었다고 되어 있다.[63] 오시리스는 군대를 이끌고 세상을 돌며 인간들의 삶을 윤택하게 하는 데 심혈을 기울였다. 그는 전쟁을 싫어했으며, 그의 가장 큰 관심은 인간들에게 농사법을 전파하는 것이었다.[64] 그는 온 세상을 돌며 만나는 이들에게 포도를 재배하고, 밀과 보리를 경작하는 방법을 가르쳤다.[65]

헤로도토스는 오시리스와 타이폰의 관계를 정확하게 밝히지 않았지만, 디오도로스는 이 둘의 관계가 형제지간임을 밝히고 있다. 그렇다면 왜 타이폰이 호루스를 죽이려 한 것일까? 타이폰이 오시리스를 찢어 죽인 후 그의 아들 호루스도 죽이려 했다고 디오도로스는 기록했다. 그러나 타이폰의 시도는 성공하지 못했다. 오시리스의 여동생이자 아내인 이시스가 아들 호루스의 도움을 받아 타이폰을 죽이고, 스스로 이집트 여왕으로 등극했다. 그리고 그녀의 뒤를 이어 호루스가 왕위를 이어받는다.[66]

여기서 타이폰이 호루스를 죽이려 한 이유를 알 수 있다. 왕위 계

---

63 1권에서는 오시리스와 이시스를 태양과 달의 신으로 소개한다. Diodorus Siculus, Library of History Book I (beginning), chapter 11 참조. Available at https://penelope. uchicago.edu/Thayer/E/Roman/Texts/Diodorus_Siculus/1A*.html

64 Diodorus. 1989, p.65.

65 Ibid., p.55.

66 Ibid., pp.67-69.

승이 가능한 조카 호루스를 제거함으로써 자신의 지위를 지키려 한 것이다. 디오도로스 기록에서 타이폰이 호루스를 죽이려 뒤쫓는 장면을 찾아볼 수 없지만 헤로도토스 기록과 맞추어보면 이런 식의 해석이 가능하다.

플루타르코스의 기록

플루타르코스는 기원후 1세기경에 활동했던 그리스의 역사가로 그의 저술 『모랄리아(Moralia)』에서 오시리스를 언급했다. 플루타르코스도 디오도로스와 마찬가지로 오시리스가 이집트의 왕이 되어 백성들이 이전의 가난하고 야만적인 삶에서 벗어나 문명화하도록 해준 문화영웅으로 묘사하고 있다. 그는 인류에게 지구상의 온갖 과실 재배법을 가르쳤고, 올바르게 살도록 법을 제정했으며, 신들을 숭배하도록 가르쳤다고 한다. 또 오시리스는 전 세계를 돌며 그의 제도를 받아들이도록 힘썼는데, 무력이 아니라 설득으로 사람들을 감화시켰고, 그런 수단으로 노래와 음악을 사용했다.[67] 이 기록은 디오도로스와 거의 일치한다.

플루타르코스도 타이폰을 오시리스의 동생으로 자리매김한다. 그에 의하면 이집트인들이 타이폰을 세트(Seth)라고 부른다고도 했다. 오시리스가 머나먼 여행을 마치고 본국에 돌아왔을 때 타이폰, 즉 세트는 성대한 환영식을 열어주었다. 그런데 사실 이 환영 파티는 오

---

67 Plutarch. 2003, p.35.

시리스를 제거하기 위한 것으로 오시리스의 부하 수십 명이 이 역모에 가담했다. 오시리스의 시신은 나무 상자에 담겨 나일강물을 따라 흘러 내려갔다.[68]

비보(悲報)를 접한 그의 아내 이시스는 오시리스의 시신이 담긴 나무 상자를 찾아온 온 나라를 헤매고 다녔다. 비블로스까지 가서 겨우 오시리스의 시신을 찾아 이집트 땅으로 돌아왔다. 하지만 잠시 한눈을 파는 사이 타이폰이 오시리스의 시신을 여러 조각으로 잘라서 나라 전역에 뿌렸다.[69] 이시스는 이 조각들을 찾아 이집트 전역을 돌아다녔으며, 각 부위를 발견할 때마다 장례식을 거행하고 묘소에 묻었다.[70] 디오도로스 기록에선 세트를 물리친 후 이시스와 호루스가 순서대로 왕위를 이어받았다고만 되어 있으나 플루타르코스 기록은 오직 호루스의 왕위 계승만을 기록하고 있다. 물론 이 과정에서 이시스가 세트의 광기와 분노를 잠재운 복수자 역할을 했다는 언급이 있긴 하다.[71]

플루타르코스 기록은 죽은 오시리스와 관련된 후일담이 있다. 그의 기록에 따르면, 오시리스는 자신의 억울한 죽음의 한을 풀기 위해 저승에서 올라와 호루스에게 싸우는 법을 가르친다.[72] 이제 전

---

68 Plutarch. 2003, p.121. 타이폰이 이집트어로 세트라고 밝힘. pp.35-37.

69 Ibid., pp.37-45.

70 Budge, E. A. Wallis. 1994, p.225.

71 Plutarch. 2003, p.67.

72 Plutarch. 2003, p.47.; 이 부분은 죽은 왕이 그의 아들에게 나타나 자신의 한을 토로하고, 자신의 왕위를 찬탈한 아우를 그에게 징벌하도록 한다는 윌리엄 셰익스피어의 비극 『햄릿Hamlet』이야기와 매우 흡사한 모티브를 보여 준다. 실제로 셰익스피어가 자신의 여러 작품들의 시나리오를 쓰면서 플루타르코스의 원전들을 많이 참고했다는 사실이 널리

사(戰士)가 된 호루스는 세트와 대결한다.[73] 결국 토트라는 신의 도움으로 호루스가 왕위 계승의 정통성을 제신(諸神)들로부터 인정받는 것으로 호루스와 세트의 싸움은 결말지어진다.[74] 그런데, 플루타르코스는 끝부분에서 이시스가 죽은 오시리스와 관계하여 아들 호루스를 얻었다고 마치 사족처럼 기록해 놓았다.[75] 그렇다면, 이 호루스는 오시리스가 명계에서 올라와 싸움을 가르친 호루스가 아닌 또 다른 호루스인가?

죽은 오시리스 성기의 행방

앞에서 고대 이집트 오시리스 축제에 남근상이 등장한다는 사실을 소개한 바 있다. 그 축제 이름에서 알 수 있듯 이 남근의 주인공은 오시리스가 분명해 보이는데 그렇다면, 디오도로스나 플루타르코스는 오시리스 성기에 대해 뭐라고 언급했을까? 디오도로스와 플루타르코스는 이시스가 오시리스의 시신 조각을 대부분 회수했지만, 오직 특정한 신체 부위를 찾지 못했다고 기록하고 있다. 그런

알려져 있다. 그래서 「옥스포드 세익스피어 사전The Oxford Companion to Shakespeare」에는 "플루타르코스의 세익스피어에 대한 영향은 결코 간과할 수 없다.Plutarch's influence on Shakespeare is hard to overestimate."고 되어 있다. 세익스피어는 햄릿에 앞서 「안토니와 클레오파트라Antony and Cleopatra」를 내놨는데 이 작품을 쓰기 위해 1603년에 필레몬 홀란드Philemon Holland가 영역한 플루타르코스의 「이시스와 오시리스에 대하여」를 참고했을 가능성이 이미 관련 전문가들에 의해 언급된 바 있다. Foran, Scott. p.4 참조.

73 Budge, E. A. Wallis. 1994, p.227.

74 Plutarch. 2003, p.49; Budge, E. A. Wallis. 1994, p.228.

75 Plutarch. 2003, p.49.

데 그 부위는 바로 남근이다!

  디오도로스는 이시스가 오시리스의 남근을 제외한 나머지 시신 부위만을 찾아서 무덤에 묻도록 했다고 한다. 타이폰이 오시리스의 신체 부분을 공모자들에게 나누어줄 때 아무도 그것을 원하지 않아서 그냥 나일강으로 던져버렸기 때문이다.[76] 그런데 플루타르코스도 디오도로스와 마찬가지로 이시스가 오시리스의 다른 신체 부위는 다 찾았으나 오직 성기만을 찾지 못했다고 기록했다. 성기가 나일강에 던져졌으며, 그 즉시 물고기가 삼켜버렸기 때문이다.[77]

  플루타르코스는 잃어버린 오시리스 성기와 관련한 후일담을 남기지 않았지만, 디오도로스는 그 이후 조치에 대해 자세히 설명했다. 그에 의하면, 이시스는 오시리스의 다른 신체 부분처럼 성기 또한 숭배의 대상이 되어야 한다고 생각하고, 모조 남근을 만들어 신전에 봉헌하여 특별히 숭배하도록 했다고 한다. 그 결과 이집트에서 오시리스 남근은 각종 종교의식에서 제일 존경받고 섬기는 대상이 되었다는 것이다. 이 부분은 오시리스 축제에서 모조 남근이 행렬의 중심에 있었던 이유와 고대 그리스의 디오니소스 종교의식에서 남근상이 매우 중요한 역할을 한 연유를 밝히는 데 직접적인 연관성이 있어 보인다. 실제로 디오도로스는 디오니소스와 연관된 난교 파티나 축제들 대부분이 이집트로부터 영향을 받았기에 고대 그리스인들도 신비 의식이나 입문 의식에서 남근을 숭배했다고 지적한다.[78]

---

76 Diodorus. 1989, p.71.
77 Plutarch. 2003, p.47.
78 Diodorus. 1989, p.71. 디오도루스에 따르면, 디오니소스가 '남근'으로 불렸다고 한다.

하지만 곰곰이 생각해보면, 남근 분실로 인해 그것이 오시리스 종교 신비 의식의 핵심이 되었다는 설명은 뭔가 좀 석연찮다. 큰 의미가 없어 보이는 이 정도의 상징으로 대철학자인 헤라클레이토스가 디오니소스 신비 의식에서의 남근 숭배를 용인했던 것일까? 플루타르코스는 이집트인들이 가리키는 곳마다 성기가 발기된 인간의 모습의 오시리스 조상(彫像)들이 있었다고 기록하면서 이는 오시리스가 창조와 생장력의 상징으로 여겨졌기 때문이라고 쓰고 있다.[79] 이렇게 중요한 종교적 상징을 함축하고 있는 성기가 분실되어 버렸기에 오히려 중요한 숭배 대상이 되었다는 말인가?

---

79 Plutarch. 2003, p.125.

5장 근대 서구에 소개된 고대 이집트 문명

프리메이슨

지난 장에서 피타고라스학파의 비밀 제의 의식이 오시리스 신화를 바탕으로 하고 있다는 사실을 소개했다. 피타고라스와 그의 추종자들이 디오니소스를 이집트의 오시리스와 동일화시킨 후 그를 통한 입문 의식을 치렀다. 피타고라스학파는 피타고라스가 죽은 후에도 지속적인 발전을 이루었고 많은 제자와 신봉자들이 생겨 피타고라스 교단으로 자리 잡았다.

로마 제국 시대와 중세를 거치면서 피타고라스 교단의 가르침을 바탕으로 여러 비밀결사 조직이 생겨났는데 그중 프리메이슨(Freemason)이 있었다.[80] 잉글랜드와 스코틀랜드에서 14세기경 석공 조합원들이 모여 비밀 종교 결사체를 조직했다. 그후 16세기에 이

---

80 Mackey, Albert G. & Hall, Manly P. 2020.

르러 프리메이슨이란 이름으로 스코틀랜드를 중심으로 본격적인 활동이 시작되었다. 신앙과 교리가 일반적으로 그들이 속해 있는 사회에서는 용납되지 않았기 때문에, 그들은 비밀결사 조직으로 움직일 수밖에 없었다.[81] 프리메이슨 등급은 도제, 숙련공, 장인의 세 등급으로 되어 있었는데 이는 피타고라스 교단의 형식을 본뜬 것이다. 근대에 접어들면서 이 조직에 세계적인 명성을 떨치는 인물들이 참여하게 된다.

고대 이집트 비밀 제의 의식과 프리메이슨 입문 의식

18세기 말에 활동한 볼프강 아마데우스 모차르트의 대표적인 오페라인 「마술피리(Die Zauberflöte)」가 고대 이집트에서 진행된 비밀 제의 의식과 관련이 있다는 사실을 알고 있는 사람은 거의 없을 것이다. 이 오페라는 고대 이집트의 피라미드 안에서 거행되었던 오시리스와 이시스의 비전 의식을 밑바탕에 깔고 있다.[82]

오페라에서 주인공인 통치자가 살고 있는 궁전은 오시리스와 이시스의 신전이기도 하다. 그는 이 두신을 향한 기도를 통해 지혜와 축복을 염원한다. 따라서, 오시리스와 이시스 신화는 이 오페라의 주요 배경이다.[83]

---

81   Ruggeri, Amanda. 2022.; 김정배. 2014, pp.17-18.
82   자크. C. 2003. p.313.; Hornung, Erik. 2001, p.125.; Gee, John Laurence. 2004.
83   Grant, Denice Raymundo. 2012, p.13.

모차르트의 마술피리 음반 표지 | 오페라 「마술피리」는
피라미드 안에서 일어나는 비밀 의식을 배경으로 한다

그 자신이 프리메이슨 입문자였던 모차르트는 오스트리아 왕 요제프 2세의 고문이며, 동시에 오스트리아의 프리메이슨 지부를 맡고 있던 이그나츠 폰 본(Ignaz von Born)의 논문 「이집트인들의 미스테리아에 관하여(Über die Mysterien den Aegyptier)」에서 영감을 받아 그의 친구이며 역시 프리메이슨 입문자였던 요한 에마누엘 쉬카네더(Johann Emanuel Schikaneder)와 함께 이 오페라 대본을 만들었다. 폰 본의 논문은 프리메이슨의 기원이 고대 이집트에 있다는 것이었다.[84]

84　자크, C. 2003, p.43; Hornung, Erik. 2001, pp.123-125.

오페라 마술피리의 한 장면

　18세기를 대표하는 많은 서구의 지성들이 프리메이슨에 가입하고 입문 의식을 치렀다. 그중에는 독일과 프랑스의 대표적인 지성인 괴테, 몽테스키외, 그리고 볼테르 등이 포함되어 있다. 또한 조지 워싱턴, 토머스 제퍼슨, 벤저민 프랭클린 등 미국의 국부들 모두가 프리메이슨 일원이었다는 사실은 더 이상 놀라운 뉴스도 아니다. 이들이 프리메이슨과 깊이 연관되어 있다는 점은 1달러 지폐 도안에 나타난 피라미드와 그 꼭대기 벤벤석(Benben stone) 안에 그려진 빛나는 눈, 그리고 워싱턴 광장의 오벨리스크를 보면 잘 알 수 있다.[85]

85　Horunung, Erik, p.125.; Ruli, Chris. 2022.; 데이비드 오배슨은 미국 국부들이 고대 이집트에서 신성시한 천체들을 중심으로 건국일을 정했으며, 심지어는 수도를 설계할 때 이런 천체들의 운행을 고려했다고 주장한다. 특히 태양이 시리우스성과 같이 뜨는 날을 건국일로 잡았다는 주장은 실제로 고대 이집트에서 이런 천체 현상을 매우 중요시했기에 설득력이 있다. Ovason, David. 1999, p.150 참조.

미국 버지니아주 알렉산드리아에 건축된 조지 워싱턴 프리메이슨 국립기념관 벽화에 묘사된 벽화 | 미 국회 의사당 초석을 놓는 이 장면에서 조지 워싱턴은 프리메이슨 예복을 입고 있다

그들이 고대 이집트에서 그 연원을 찾은 만큼 프리메이슨 입문 의식은 상당 부분 고대 이집트의 종교의식을 재현했고, 그 배경에 오시리스와 이시스 관련 신화가 있었다. 예를 들어 입문 의식을 마친 프리메이슨 단원들에게는 '과부의 아들들(Sons of the Widow)'이라는 칭호가 주어졌다. 여기에서 과부는 암살당한 남편을 찾아 나서 갈가리 찢긴 남편의 시신을 다시 모은 이시스를 가리킨다고 볼 수 있다. 결국 이 사실은 입문자가 입문 의식을 통해 새로이 호루스로 태어남을 시사한다.[86]

---

86 Mogelli, Anthony Jr. 2013, p.68.

미국 1달러 지폐 후면에는 피라미드와 그 위쪽에 벤벤석 안에 묘사된
'지혜의 눈'이 그려져 있다

    프리메이슨이 디오니소스 비밀 입문 의식을 모방했다는 사실을
전제로 한다면 앞에서 제대로 파악하지 못했던 디오니소스 의식의
절정부를 나름대로 해석할 수 있을 것이다. 입문 의식에서 입문자가
절정의 순간에 오시리스의 성기를 마주하는 것은 그가 오시리스와
이시스의 성스러운 결합, 즉 '히에로스 가모스(Hieros Gamos)'를 통해
호루스로 탄생함을 상징하는 것으로 봐야 하지 않을까?

1745년 파리에서 거행된 프리메이슨 의식 장면

나폴레옹의 이집트 원정

17세기 서구 학자들 사이에 고대 이집트에 관한 관심, 특히 그중에서도 오시리스와 이시스 신화에 관한 관심이 고조되어 있었다.[87] 하지만, 실제로 18세기 후반에 이를 때까지 서구에 알려진 고대 이집트 문명에 관한 내용들은 아주 미미한 수준이었다. 성경과 고대 그리스·로마 작가들에 의해 소개된 것들이 거의 전부였다.[88]

지식층 사이에서의 프리메이슨 운동 확산은 이와 같은 갈망과 관련이 있었다. 하지만, 그들이 얻을 수 있는 고대 이집트 비전의 지식이

---

87   Hornung, Erik, 2001, p.104.
88   Trigger, Bruce G. 1989, p.39.

라는 것은 뚜렷한 한계가 있었다. 피타고라스가 이집트 땅에서 배워 온 입문 의식에 대한 지식이 한정적이었으며, 또 피타고라스 교단에 서 흘러나온 지식이 프리메이슨에 얼마나 제대로 전해졌는지도 미지 수였기 때문이다. 서구로의 본격적인 고대 이집트 비전 지식 소개는 나폴레옹의 이집트 원정 이후에 이루어졌다.

18세기 중반 영국에서 프랑스로 프리메이슨 운동이 전파된 후 파리를 중심으로 프리메이슨 세력이 확장되었다. 1774년 독립 선언문을 발표한 미국 혁명(American Revolution) 세력들이 프리메이슨이라는 사실에 자극받은 이들은 1789년 프랑스 혁명에서 중요한 역할을 했다.[89] 예를 들어 혁명의 핵심적 메시지인 「인권 선언문」은 미국 혁명을 주도한 프리메이슨인 토머스 제퍼슨(Thomas Jefferson)과 프랑스의 프리메이슨 영향을 받은 몽테스키외(Montesquieu), 볼테르(Voltaire) 등의 사상이 반영되어 만들어졌으며,[90] 1793년에 혁명 정부 수립을 주도한 정치가 로베스피에르(Robespierre) 또한 프리메이슨이었다.[91]

프랑스의 초기 혁명 정부는 이처럼 프리메이슨에 의해 주도되었으며 그들에 의한 나폴레옹의 이집트 원정 결정은 크게 놀라운 사실이 아니었다. 원정 당시 나폴레옹이 프리메이슨이었을 가능성은 불분

---

89 Burke, J. M. and Jacob, M. C. 1996.

90 Fremont-Barnes, Gregory. 2007. p.190.; Declaration of the Rights of Man and of the Citizen: France [1789], Britannica. Available at https://www.britannica.com/topic/Declaration-of-the-Rights-of-Man-and-of-the-Citizen; Consequences of The 1723 Constitutions part 2: France, United Grand Lodge of England. Available at https://www.ugle.org.uk/discover-freemasonry/blog/consequences-1723-constitutions-part-2-france

91 Zgheib, Rodolph. 2021.

명하지만[92] 그의 네 형제 모두 프리메이슨이었다. 나폴레옹은 황제가 된 후 형제들을 요직에 임명했는데 그들 중 두 명이 프랑스의 프리메이슨 최고위직에 있었다.[93]

앙투안-장 그로(Antoine-Jean Gros)가 그린 피라미드 전투(The Battle of the Pyramids) 중앙에 말을 탄 나폴레옹의 모습이 보인다

1798년 세계적인 영웅을 꿈꾸면서 나폴레옹이 이집트 원정에 나선다. 비록 나폴레옹의 이집트 원정은 군사 및 정치 외교적 측면에서 실패로 끝났지만 이집트 문명을 서구에 본격적으로 소개함으로써 이

92 Dachez, Roger. 2003, p.81.
93 Freemasonry in France. Available at https://en.wikipedia.org/wiki/Freemasonry_in_ France.

집트학(Egyptology)이라는 새로운 학문이 싹 트는 데 크게 공헌했다. 이런 성취가 가능했던 것은 3백 명에 육박하는 학자들이 나폴레옹 원정단에 포함되어 있었기 때문이다. 보통 나폴레옹의 이집트 원정은 영국과의 정치적 문제로 해석한다. 하지만 나폴레옹은 나중에 황제가 된 후 이 원정의 의의를 프리메이슨 운동과 관련시켰을 뿐 아니라 자신을 다음과 같이 프리메이슨의 대표로 불렀다. "(내가 이끈) 군대는 프리메이슨이고, 나는 그 조직의 최고 수장이다(The military are a freemasonry and I am its Grand Master)."[94]

나폴레옹의 이집트 원정은 유럽의 엘리트층에 신선한 충격을 안겨주었다. 원정단에 동행한 화가들은 신전과 무덤들의 그림과 그런 유적의 벽화들을 필사하고 그림으로 남겼으며, 이 작품들은 엘리트들의 모임에서 주된 화제 대상이었다. 하지만, 그런 것들에 대한 정확한 이해는 불가능했다. 상형문자를 해독할 수 없었기 때문이다. 고대 그리스 시대까지만 해도 고대 이집트 상형문자를 그리스어로 번역할 수 있는 사람들이 있었다. 그런데 세월이 지나면서 서구에 상형문자를 해독할 수 있는 사람들이 존재하지 않게 되었다. 도대체 어떤 일이 일어났던 것일까?

「로제타석」의 해독

로마 제국의 고대 이집트 왕국 정복 초기에 신관들은 신전에 머물면서 이전부터 거행되어 온 종교의식을 계속했다. 하지만, 4세기 이

---

94   Cole, Juan. 2007, p.5.; Bourrienne, Louis Antoine Fauvelet de. 1892, p.163.

후 로마 제국이 기독교 국가가 되면서 종교적 박해가 시작되었고 신관들은 뿔뿔이 흩어지게 되었다. 고대 이집트 왕국에서 신관들은 최고 엘리트 계층으로 상형문자로 쓰인 오래된 종교문서들을 주기적으로 필사하여 후세에 알리는 역할을 맡아왔다. 이들이 종적을 감추면서 상형문자 해독법을 아는 이들이 더 이상 존재하지 않게 되었다.[95]

나폴레옹 원정단의 「로제타석」 발견은 1천여 년간 서구 사회에 암호로만 여겨졌던 이집트 상형문자를 해독할 수 있는 중요한 계기가 되었다. 기원전 196년 이집트 신전의 신관들은 이 검은색 현무암 비석에 프톨레마이오스 5세에게 경의와 감사를 표하는 같은 내용의 상형문자, 이집트 민용문자, 그리고 그리스 문자를 기록해 놓았다.[96]

나폴레옹 원정대가 이집트
로제타에서 발견한 로제타석

95 Adkins, Lesley and Adkins, Roy. 2000, p.17.
96 Peters, Erin A. 2009.

이 비문의 해석을 처음 시도한 이는 영국의 토머스 영(Thomas Young)이었다. 1802년부터 해독에 착수한 그는 「로제타석」 중간 부분에 있는 이집트 민용문자의 의미를 알아내는 데 크게 공헌했다. 하지만, 하단의 상형문자에 너무 포괄적이고 구체적이지 않은 음가(音價)를 붙여 오히려 「로제타석」의 해석을 어렵게 만들었다.[97]

그 뒤를 이어 프랑스의 장 프랑수아 샹폴리옹(Jean-François Champollion)이 1808년부터 해독에 착수했다. 1820년경, 그는 당시 입수할 수 있었던 고대 이집트 비문 사본에 새겨진 이집트 왕명을 고대 그리스 학자들의 기록과 대조했다. 필레 섬의 오벨리스크에 새겨진 클레오파트라의 상형문자 사본과 「로제타석」과 비교 대조함으로 그는 P, O, L에 상당하는 기호가 공통으로 존재한다는 사실을 발견하였다. 그리고, 이어서 그는 아부심벨 대 신전 벽에 새겨진 문서 사본에 쓰인 왕과 신들의 이름을 자신의 방법대로 해독하는 데 성공했다.

샹폴리옹은 직감적으로 그때까지 언어학자들이 이집트의 상형문자를 무조건 표의 문자(뜻을 표기하는 문자)라고만 간주했던 것에 문제가 있음을 깨닫고 고대 이집트 상형문자는 표의 문자인 동시에 표음 문자(음을 표기하는 문자)라는 혁신적인 아이디어를 내놓았다. 그는 자기 아이디어를 바탕으로 마침내 1824년에 고대 이집트 상형문자를 거의 완벽하게 해독할 수 있었다.[98]

---

97 Robinson, A. 2007.
98 Romer, J. 1981, pp.111-120.; Budge, E. A. Wallis. 1977, pp.183-187.

이집트학의 성립

샹폴리옹의 상형문자 해독 성공으로 나폴레옹의 이집트 정복 후 고분 발굴 작업으로 쏟아져 나온 문서들의 내용 파악이 가능해졌다. 이집트학이란 학문 출범을 의미했다. 이로부터 본격적인 이집트 문명 연구가 시작되었기 때문이다.

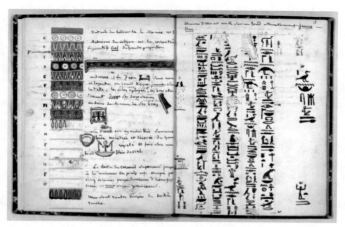

샹폴리옹의 노트

디오도로스나 플루타르코스의 기록은 샹폴리옹이 상형문자를 해독하기 전까지 서구의 학자들 사이에서 오시리스 신화에 대한 가장 권위 있는 기록들로 평가받았다. 하지만 샹폴리옹의 등장으로 고대 이집트인들이 신전이나 고분의 내벽이나 파피루스 등에 쓴 상형문자들을 직접 해독할 수 있게 되면서 오시리스의 죽음과 부활에 얽힌 신화의 본질에 대해 한 차원 더 높은 접근이 가능해졌다.[99]

---

99   Tully, Caroline. 2020, p.146.

6장 『사자의 서』 vs. 『피라미드 텍스트』

『사자의 서』 해독

19세기 초 샹폴리옹이 상형문자 해독에 성공할 무렵 프랑스의 이집트학 학자들이 가장 쉽게 구할 수 있었던 문서는 '키탑 알 마이이트(Kitab al Mayyit)'라고 불리는 장례 문서였다. 1823년 샹폴리옹은 이탈리아 토리노 박물관을 뒤지다가 한 구석에서 잠자고 있던 『이집트 왕명표』 일부와 함께 신왕조 제26왕조 때 살았던 아우팡크라는 사람의 키탑 알 마이이트를 발견했다.[100]

샹폴리옹은 이 문서를 장마다 번호를 붙이고 해석을 시도하면서 최초로 '장례 의식(funerary ritual)'이라는 용어를 사용했다. 그는 대부분 내용을 해석해 냈으나 완성하지 못하고 죽는 바람에 이

---

100   Adkins, Lesley and Roy. 2000, pp.214-218.

를 출판하지 못했다. 샹폴리옹의 작업을 마무리한 사람은 그의 뒤를 이어 상형문자 연구에 매진한 독일의 이집트학 학자 리하르트 렙시우스(Karl Richard Lepsius)였다. 그는 1842년 미발간된 샹폴리옹의 연구 내용을 보완하여 책자를 발간하면서 이를 『상형문자 파피루스에 기초한 이집트인의 '사자의 서'('Das Todtenbuch' der Ägypter nach dem hieroglyphischen Papyrus)』라고 이름 붙였다.[101] 그후 신왕조 시대에 제작된 파피루스 장례 문서는 모두 『사자의 서(The Book of the Dead)』로 불리게 되었다. 이집트학 학자들은 이런 문서가 죽음과 그 이후의 세계를 인생에서 가장 중시했던 고대 이집트인들의 복잡한 믿음 체계를 엿볼 수 있는 창문을 열어주었다고 평가하고 있다.[102]

『사자의 서』는 렙시우스가 편찬한 것 이외에도 여러 판본이 있는데, 1800년대에 편찬된 것 중에서는 월리스 버지(E. A. Wallis Budge)에 의해 1894년에 발간된 『사자의 서(The Book of the Dead: The Papyrus of Ani in the British Museum)』가 대표적이다. 이 문서는 특별히 '아니 파피루스'라고도 불린다. 아니는 신왕국 제18왕조의 투트모스 3세 시대에 살았던 궁정 서기였다. 이 책은 당시 윌리엄 버틀러 예이츠(William Butler Yeats)나 제임스 조이스(James Joyce)와 같이 기독교 이외의 종교에서 신비주의적 영감을 얻으려 했던 영국 문인들에게 지대한 영향을 끼쳤다.[103]

---

101 Lepsius, Richard. 1842.

102 Carelli, Francesco. 2011.

103 Wallis Budge, Wikipedia. Available at http://en.wikipedia.org/wiki/E._A._Wallis_Budge | 월리스 버지의 『사자의 서』 번역본은 완성도가 매우 높고 유명해 오늘날까지 판매되고 있다. 최근에는 에릭 호르눙Erik Hornung과 레이먼드 펄크너 Raymond O. Faulkner의 새 번역본들이 나왔다.

『사자의 서』 개요

『사자의 서』는 모두 200여 장으로 구성되어 있으며, 죽은 자의 관 속이나 프타-소카-오시리스(Ptah-Sokar-Osiris)라는 멤피스의 장례신 신상(神像)과 함께 무덤 속에 넣어졌다. 이 문서는 죽은 자의 성공적인 사후 삶에 도움 되는 모든 지식을 공급해 줄 목적으로 만들어졌다.[104] 여러 주술문이 담겨있는 이 문서에는 사후 세계에서 죽은 자가 물이나 공기를 공급받는 것이 보장되거나, 공동묘지에서 부패하지 않고 두 번째 죽음도 겪지 않게 해줄 수 있다는 믿음이 깔려있었다. 죽은 자는 실제적이거나 마법적인 보조를 받음으로써 태양이 저무는 서쪽 지평선 너머에 있는 사후 세계로 무사히 갈 수 있는 것이다.[105]

그런데 이 중에서 가장 탁월한 보조는 주술적으로 죽은 자가 신들과 같아지는 것이었다.[106] 고대 이집트인들에게 모든 위험을 극복할 수 있는 권능을 가진 신으로는 창조신이자 태양신인 아툼(Atum) 또는 라(Ra), 또 다른 창조신인 프타(Phta), 지혜의 신 토트(Thoth), 부활한 위대한 오시리스, 그리고 용맹한 승리의 신 호루스 등이 있었다. 죽은 자는 이들 신과 동일시됨으로써 명계에서의 위험을 극복할 수 있다는 것이다.[107]

---

104 Wilkinson, Toby A. H. 2005, p.43.

105 Hornung, E., 2001, p.17.

106 앙드라, G. 외, 2000, p.99.; Budge, E. A. Wallis. 2010, p.1xxiii.

107 Book of the Dead, Wikipedia. Available at https://en.wikipedia.org/wiki/
    Book_of_the_Dead; Taylor, John H. ed. 2010. p.51, p.56.; Campitiello, Sam.
    2022. The Book of the Dead: translation of the first chapter, Medium. Sep 7,
    2022. Available at https://medium.com/@sam.campitiello/the-book-of-the-

그렇다면 『사자의 서』가 추구하는 궁극적인 목표는 무엇일까? 그것은 죽은 자가 명계에서 심판받고 제2의 삶을 사는 것이다.

『사자의 서』에 나타난 오시리스의 모습

『사자의 서』에 나타난 오시리스의 모습은 궁극적인 승리의 신이다. 그는 적들을 물리치고 명계의 통치자가 되며 그의 아들 호루스를 이승의 통치자로 우뚝 세운다.[108] 이처럼 최고 권능을 보유한 그가 명계에서 맡은 중요한 역할이 있으니, 그것은 죽은 자들의 심판을 하는 것이다. 이것이 『사자의 서』에서 가장 핵심적인 사항이었다.[109]

태양을 따라 하계(Underworld)로 진입하여 온갖 역경을 극복한 죽은 자는 오시리스의 왕국에 도달해 하계 중심의 로스토(Rostau)에 있는 법정에서 심판받는다. 그는 죄를 짓지 않았음을 맹세하는 '부정고백(Negative Confession)'을 하고 여러 신들이 보는 앞에서 천칭에 자신 심장의 무게를 단다. 이 심판을 무사히 통과한, '축복받은 죽은 자'는 제2의 삶을 얻어 천국에 머물 수 있게 된다.[110]

---

dead-translation-of-the-first-chapter-e06a7ebf9689

108 서규석. 2001. p.130.; Naydler, J. 1996, pp.275-276.; "Yesterday is Osiris, and Today is Ra, when he shall destroy the enemies of Neb-er-tcher (the lord to the uttermost limit), and when he shall establish as prince and ruler his son Horus." THE PAPYRUS OF ANI (THE EGYPTIAN BOOK OF THE DEAD) Translated by E.A. Wallis Budge. Available at https://www.africa.upenn.edu/Books/Papyrus_Ani.html

109 Hornung, E. 2001, p.17.; Toby, T. p.44.

110 천칭에 심장을 달 때 이에 견주어 무게를 다는 것은 깃털 모양으로 생긴 마앗(Maat)이다. 고대 이집트의 절대 선 개념인 이것은 그 무게가 거의 없으며, 따라서 고대 이집트인들은 죄를 짓지 않았다면 영혼의 심장 무게가 이것처럼 가볍다고 생각했다.

파피루스에 묘사된 부정 고백 후 심장을 천칭에 올려 무게를 재는 의식을 치르는 아니

여기서 오시리스가 명계의 지배자라는 내용은 플루타르코스의 기록과 일치한다. 그런데 플루타르코스 기록에 따르면, 오시리스는 호루스의 복수를 돕기 위해 명계에서 이승으로 올라오는 것으로 되어 있다. 고대 그리스 신화에서 인간이 이승과 저승을 자유롭게 넘나들지 못하지만, 신들은 그것이 가능한 것으로 되어 있으며,[111] 플루타르코스는 이런 관점에서 오시리스 신화를 해석한 것으로 보인다. 하지만, 고대 이집트 『사자의 서』엔 오시리스가 저승을 벗어나 이승으로 올 수 있다는 내용을 찾아볼 수 없다. 그는 영원히 하계에 있는 그의 왕국에 머문다.

Goelet, Ogden. 2003. p.19 참조.; Spell 125: Osiris and the judgement of the dead. The Fitzwilliam Museum. Available at https://book-of-the-dead.fitzmuseum.cam.ac.uk/explore/the-book-of-the-dead/spell-125

111 예를 들어 디오니소스 신이 명계 여행 후 이승으로 돌아온다. Edmonds, Radcliffe G. III. 2004. p.13 참조.

『사자의 서』가 보여주는 한계

『사자의 서』는 죽은 자가 고난을 극복하고, 오시리스의 왕국에 도달하여 심판을 거쳐 부활한다는 매우 일관된 내용을 보여주고 있는 듯하지만, 그 내용을 자세히 살펴보면 서로 무관하거나 상호 모순되는 내용들이 뒤섞여 있는 잡탕임을 깨닫게 된다. 특히 죽은 자가 오시리스 왕국으로 가서 오시리스의 심판을 받아야 하는데도 오시리스와 동일시되기도 하며, 또 어느 경우엔 죽은 자가 호루스와 동일시되어 오시리스의 부활에 관여하는 대목도 있다.[112]

심판을 받기 위해 가는 자가 심판자와 동일시되는 것도 이상하지만, 심판자를 부활시키는 역할을 맡는 것은 더 이상하다. 하지만 『사자의 서』가 선대의 여러 문서를 부분 편집하고 그 시대 민중 사이에 싹튼 새로운 생사관까지 반영하여 적당히 각색한 잡동사니였다는 사실을 고려한다면 그리 놀라운 것은 아니다.

이집트학 학자들은 한때 『사자의 서』가 고대 이집트인들의 '바이블'이라고 믿었다. 하지만 그후 훨씬 오래되고, 또 고대 이집트 왕실과 직결된 권위 있는 『피라미드 텍스트(Pyramid Texts)』가 발견되면서 이집트학 학자들의 관심권에서 밀려나기 시작했다.[113]

112　Smith, Mark. 2014. p.88.
113　Bauval, R. & Gilbert, A. 1994, p.68.

『코핀 텍스트』

『사자의 서』의 기본 골격은 중왕국 시대의 『코핀 텍스트(Coffin Texts)』에서 가져왔다.[114] 고대 이집트 고왕국 후기부터 중왕국에 이르는 시기부터 왕이나 왕족, 그리고 고위 관료와 귀족들의 관에 직접 장묘 문서를 써넣는 것이 유행했다. 이 때문에 이집트학 학자들은 이런 장묘 문서를 『코핀 텍스트』라고 부른다. 이 문서의 내용을 보면, 죽은 자가 오시리스, 토트(Thoth)와 같은 오시리스의 조력자 신들, 그리고 그의 충실한 아들인 호루스와 동일시되는 장면 등이 종종 나타나는데, 이를 볼 때 『코핀 텍스트』는 『사자의 서』의 뼈대를 이루는 원형이라고 할 수 있다.[115]

그런데 이집트학 학자들의 연구 결과 고왕국 5·6왕조 시대 때 사카라에 건설된 피라미드 내벽에 써진 장묘 문서인 『피라미드 텍스트』가 존재하며, 『코핀 텍스트』는 여기서 상당 부분을 베낀 것이라는 사실이 드러났다. 하지만, 거기엔 『피라미드 텍스트』에 등장하지 않는 새로운 관점들이 포함되어 있었다.[116]

---

114 앙드라, G. 외. 2000, pp.98-99.; Lichtheim, Miriam. 1973, p.119.

115 Hornung, E. 2001, p.11.

116 Coffin Texts, Wikipedia. Available at https://en.wikipedia.org/wiki/Coffin_Texts

『피라미드 텍스트』의 발견

19세기 중반까지 3왕조와 4왕조 시대에 만들어진 피라미드 내부를 샅샅이 조사했으나 아무런 문자도 발견되지 않았다. 그래서 피라미드에는 의미 있는 문자 기록이 존재하지 않는다는 것이 이집트학 학자들 사이에 정설로 굳어져 있었다. 그런데 1879년 겨울 카이로 시내에 있는 아직 발굴되지 않은 5·6왕조 시대에 만들어진 사카라의 작은 피라미드들 내벽에 고대의 비문이 아로새겨져 있다는 소문이 돌기 시작했다. 이 소문은 마침 카이로에 와 있던 프랑스 출신의 문헌학자 가스통 마스페로(Gaston C. C. Maspero)의 관심을 끌게 되었다.

마스페로의 5·6왕조 피라미드 발굴 작업을 보도한 신문 기사

콜레주 드 프랑스(Collège de France)의 샹폴리옹 석좌교수로 재직하고 있던 마스페로는 프랑스 정부 파견단 대표로 1880년 11월 이집트 유적 탐사에 나섰다. 고고학자보다 언어학자로서 더 자질이 있던 그는 사카라 고대 비문에 대한 소문에 솔깃했고 이를 직접 확인하고자 했다. 하지만 마스페로의 작업이 처음엔 순조롭지 못했다. 이집트 카이로 박물관을 건설하고 관장으로 재직하고 있던 프랑스 고고학자 오귀스트 마리에트(F. August Marriette)가 피라미드 안에서 비문을 찾는 일이 시간과 돈 낭비라고 굳게 믿고 있었기 때문이다.[117] 그의 이런 믿음은 이전까지 탐사한 3, 4왕조 피라미드 내부에서 그 어떤 비문도 발견되지 않았다는 데 기인했다.

1881년 1월에 마리에트가 사망한 후 마스페로는 그의 후임자가 되어 본격적인 사카라 고분 발굴 작업에 착수했다. 그 결과 1882년까지 5왕조 페피 1세, 메렌레 왕의 피라미드와 6왕조의 우나스 왕과 네페르카레 왕, 그리고 테티 왕 등의 피라미드를 발굴해 그 내벽에서 4천 구절에 이르는 『피라미드 텍스트』를 발견하는 쾌거를 이뤘다.[118]

『피라미드 텍스트』의 구성과 내용

19세기 말 마스페로는 『피라미드 텍스트』 번역 작업에 착수했으나 초벌 번역 수준에 그치고 말았다. 마스페로의 초벌 번

---

117 Bauval, R. & A. Gilbert, 1994, p.61.

118 Gaston Maspero, Wikipedia. Available at https://en.wikipedia.org/wiki/Gaston_Maspero

역보다 완성도가 높은 번역본이 1912년 독일의 이집트학 학자 쿠르트 세테(Kurt H. Sethe)에 의해 발간되었다. 그다음 알렉산더 피엔코프(Alexander Pienkoff)는 우나스 왕의 비문을 번역했다. 가장 최근에는 영국 문헌학자로 앨런 가디너의 조수로 활동했고, 영국 런던대학교(UCL)에서 언어학과 교수를 역임한 레이먼드 O. 포크너(Raymond O. Faulkner)가 제일 완성도 높은 『피라미드 텍스트』를 내놓았다. 이 책에서 포크너는 『피라미드 텍스트』가 현존하는 이집트의 종교, 장묘 문헌으로서 가장 오래된 것이며, 본래의 내용이 가장 잘 보존되었다고 말하고 있다.[119]

그런데 이 문서의 성격을 최초로 정확히 규정한 이는 미국 시카고대학교 교수이자 박물관장이었던 이집트학 학자 제임스 헨리 브레스테드(James H. Breasted)였다. 1912년에 『고대 이집트의 종교와 사상의 발전(Development of Religion and Thought in Ancient Egypt)』을 저술했는데, 여기서 그는 『피라미드 텍스트』를 다음과 같이 평했다.

"일반적인 생각과는 달리 이집트의 성스러운 문헌들의 핵심은 『사자의 서』가 아니라 『피라미드 텍스트』로 불리는 더 오래된 작품들이다. 사카라에 있는 5·6왕조 피라미드에 있는 이 문헌들은 고대 세계로부터 전해져 내려온 것이고, 우리에게 인류 지성사의 첫 장을 보여준다."[120]

브레스테드는 처음부터 『피라미드 텍스트』를 완역하려 한 것은 아니었다. 그는 대신 자신의 저서에 거기 담긴 내용을 포괄적으로 소개했다. 그러면서 다음과 같이 6가지로 분류했다.

---

119 Bauval, R. & Gilbert, A. 1994, p.70.
120 Breasted, James Henry. 1972. p.xi.

1. 장례 의식과 무덤 안에 넣는 제물에 관계된 의식
2. 마술적인 주문
3. 아주 오래된 고대의 숭배 의식
4. 고대의 종교적인 찬송가
5. 옛 신화들의 일부
6. 죽은 왕을 위한 기도와 기원[121]

이런 그의 분류를 보면, 이 문서가 전반적으로 장묘 문서가 아님을 알 수 있다. 첫 번째와 여섯 번째를 제외하고는 주술적, 신화적 내용이 많은 것이다.[122] 그런데 기독교 사상에 투철했던 브레스테드는 그의 분류에서 여섯 번째인 '죽은 왕을 위한 기도와 기원'이 죽은 왕들의 사후 문제들과 관련한 마술사─신관들의 오래되고 미신적인 허튼소리라고 판단했다.[123]

브레스테드의 작업 이후 『피라미드 텍스트』가 고왕국보다 훨씬 이전에 사용되거나 전해오던 얘기들을 편집해 놓은 것이라는 견해가 이집트학 학자들 사이에 널리 받아들여지게 되었다. 그런데 『피라미드 텍스트』 편집자들은 원전을 제대로 이해하지 못했으며 또 심지어 그 내용에 대해 혼란스러움을 느꼈다는 여러 정황이 감지된다.[124] 결국 『사자의 서』와 마찬가지로 『피라미드 텍스트』 역시 잡동사니였다.

---

121 Breasted, James Henry. 1972. p.93.; Bauval, R. & A. Gilbert, 1994, p.66.
122 필자는 이 첫 번째와 여섯 번째 내용도 사실상 장례 문서와 관련이 없다고 본다. 이것조차 단순한 장례 의식이 아닌 종교의식의 일환으로 만들어졌다는 게 필자 판단이다.
123 Brestead, James Henry. 1972. p.93.
124 Budge, E. A. W. Wallis. 1960. p.6.

그렇지만 초기 고대 이집트인들의 종교관을 이해하는데 그 중요성은 매우 크다고 하겠다.[125]

『피라미드 텍스트』의 오시리스와 이시스 신화

우리가 이집트 신화의 본질을 파악하는 데 있어 브레스테드가 다섯 번째로 분류한 '옛날 신화들의 일부'는 매우 중요한 나침반 역할을 한다. 그뿐 아니라 나머지 장례 의식이나 마술적 주문, 고대 숭배 의식, 그리고 죽은 왕을 위한 기도나 기원 등도 모두 오시리스와 이시스가 주인공으로 등장하는 신화와 아주 긴밀하게 연관되어 있다. 이 신화는 호루스 왕으로 군림한 파라오의 왕권 계승에 대한 정당성을 부여하는 종교의식과 직결되어 있었기에 이를 특별히 '왕권 신화(myth of kingship)'라 부를 수 있다.

그런데 『피라미드 텍스트』로부터 오시리스와 이시스와 관련된 신화 이야기를 완벽하게 재구성할 수 없다는 문제가 있다. 여기엔 마치 고대 이집트인들이 이 신화를 너무 잘 알고 있어서 오시리스와 이시스에 대한 구체적인 이야기를 설명할 필요성을 느끼지 못한다는 식으로 기술되어 있기 때문이다.[126]

---

125 Faulkner, Raymond O. 1969, p.v.
126 Bauval, R. & A. Gilbert, 1994. p.92.

『피라미드 텍스트』는 『사자의 서』와 다르다!

『사자의 서』는 왕족이나 고위 관료, 상인 등을 포함해 고대 이집트의 다양한 계층에서 폭넓게 사용되던 장묘 문서였다. 하지만 『피라미드 텍스트』는 고대 이집트 파라오의 피라미드 안에서만 발견되었으며 오직 왕만을 위해 사용되었다는 점이 다르다.

그런데 『피라미드 텍스트』는 『사자의 서』와 근본적으로 다른 점이 몇 가지 있다. 앞에서 『사자의 서』는 죽은 자가 저승으로 잘 가기 위한 여러 가지 보조를 할 수 있는 주술문이 주를 이룬다고 했다. 그중에서 가장 탁월한 주술문은 죽은 자를 신들과 동일화시켜 주는 것이다. 죽은 자가 명계에 안착하기 위해서 오시리스와 동일화했지만, 거기까지 도달하기 위한 여로에서 가장 선호된 신은 호루스였다.[127]

그렇다면 『피라미드 텍스트』에도 이런 내용이 주를 이루고 있을까? 체코 프라하 찰스 대학교(Univerzita Karlova v Praze) 예술 학부 철학 및 종교 연구소의 미칼 세르마크(Michal Čermák)는 『사자의 서』와 마찬가지로 『피라미드 텍스트』에도 죽은 왕이 저승에서 영생하기 위한 목표 추구를 위한 여러 가지 전략이 나타나 있다고 말한다.

그는 이 중 가장 선호되는 것으로 신과의 동일시를 꼽는다. 이것이 『사자의 서』와 같은 장례 문서와 이집트 종교 전반에 걸쳐 나타나

---

127 예를 들어, 「아니 파피루스」에서 죽은 자는 호루스가 되어 세트 무리를 무찌르고 오시리스를 부활시킨다. Naydler, Jeremy. 1996, p.260 참조.; Naydler, J. 1996, p.276.; Book of the Dead, Wikipedia. Available at https:// en.wikipedia.org/wiki/Book_of_the_Dead; Taylor, John H. ed. 2010. p.51, p.56.; Campitiello, Sam. 2022.

는 전형적인 모티브였다는 것이다. 그에 의하면 이집트의 다양한 신과 여신은 우주의 힘을 나타내며 왕족이든 아니든 주술 의식을 통해 필요에 따라 사용할 수 있다고 고대 이집트인들이 믿었다고 한다.

따라서, 『피라미드 텍스트』에 죽은 왕이 신들과 동일시되는 경우가 나오는데 이 중에서 가장 두드러진 예는 왕을 오시리스와 동일시하는 것이며 이는 전체 문서에서 "오시리스 NN"이라는 문구에서 볼 수 있다고 지적한다. 이런 식으로 왕이 자신 죽음이 관련된 이야기를 오시리스의 살해와 부활 드라마와 연결하여 축복받은 죽은 자들의 통치자로서 새로운 삶을 확보하는 것이 『피라미드 텍스트』의 골자라는 게 세르마크 주장이다.[128]

실제로 『피라미드 텍스트』에서 죽은 왕은 주로 오시리스와 동일화된다.[129] 그런데 왜 『사자의 서』에서 오시리스와 함께 호루스가 많이 선호되는데 『피라미드 텍스트』에선 오시리스가 압도적으로 선호된 것일까? 『사자의 서』는 호루스가 적을 궤멸시키는 승리자로, 오시리스가 명계를 장악한 승리자로 각각 자리매김하였다. 따라서, 이들이 선호된 게 당연해 보인다. 하지만 『피라미드 텍스트』에서 죽은 왕이 승리의 화신인 호루스와 동일화하지 않는다는 문제도 있지만, 그보다 오시리스와 거의 전적으로 동일화한다는 게 더 문제다. 거기서 오시리스는 승리자의 면모가 전혀 나타나 보이지 않기 때문이다.

---

128 Čermák, Michal J. 2015. p.41.

129 Griffiths, J. G. 1980, p.44; Hornung, E. 2001, p.11.; Taylor, John H. 2001. p.27.; Griffiths, J. Gwyn. Osiris: Myth and Kingship. In Redford, D. B. ed. 2002, p.305.; el-Shahawy, Abeer. 2005. p.73.

만일 『피라미드 텍스트』에 오시리스의 살아생전 행적이 나타나 있어 그의 문화영웅으로서의 면모가 드러나거나 명계를 다스리는 존재로 묘사되어 있다면 그는 승리자라고 볼 수 있을 것이다. 하지만 『사자의 서』에서와는 달리 『피라미드 텍스트』에서 오시리스는 항상 무기력하게 죽어있는 신이며, 승리와는 무관한 존재로 묘사된다.[130] 그렇다면 저승의 심판관으로서 그의 위용이 거기 드러나 있지 않다는 말인가? 그렇다! 세르마크의 주장과는 달리 『피라미드 텍스트』에는 오시리스가 축복받은 죽은 자의 통치자라는 언질이 없으며 그가 저승의 지배자로 죽은 자들을 심판한다는 내용 또한 그 어디에서도 찾아볼 수 없다![131]

---

130 Smith, G. Elliot. 2016, p.38.; Gardiner, Alan H. 1915a, p.122.; Sharp, Mary J. O. Does the Story of Jesus Mimic Pagan Mystery Stories? In Copan, Paul and Craig, William Lane. 2012, p.156.; 이런 무기력한 모습은 『코핀 텍스트』에도 등장한다. 거기서 오시리스는 '위대한 무기력자great Listless One'라고 불린다. Rundle Clark, R. T. 1993, p.127 참조.

131 새뮤얼 머서는 『피라미드 텍스트』가 만들어지던 시기에 이미 오시리스의 재판권에 관한 개념(conception of judgeship)이 내재되어 있다고 주장한다. Mercer, S. 1949. p.120 참조. 하지만, 거기에 오시리스가 죽은 자를 심판한다는 언질 자체가 없다. 만일 오시리스가 그런 역할을 했다면 『피라미드 텍스트』에는 오시리스와 동일화하는 죽은 왕 이외에 심

판을 할 다른 죽은 인간들이 등장해야 한다. 하지만 그렇지 않다. 실제로 그는 중왕국이 되기 전까지 이집트 종교엔 오직 죽은 왕의 심판에 관한 이야기만 존재했다(we hear only of a judgement of the dead king)고 말하고 있다. Mercer, 1949. p.121 참조. 그런데 죽은 왕이 정말 오시리스의 심판을 받긴 받는가? 오시리스와 동일화되어서?

『피라미드 텍스트』와 『사자의 서』의 근본적인 차이점

무엇보다도 중요한 사실은 『피라미드 텍스트』에서 『사자의 서』의 핵심이라고 할 수 있는 부분인 죽은 자의 '부정 고백'이나 오시리스에 의한 '최후의 심판'과 같은 서사를 전혀 찾아볼 수 없다는 점이다.[132] 『사자의 서』의 가장 중요한 이 부분이 원래 『피라미드 텍스트』에 존재하지 않는다니 도대체 이게 무슨 일인가?

얀 아스만(Jan Assmann)은 이러한 내용들이 원래 고왕국 시절 죽은 왕과 전혀 무관했다고 지적한다. 이것들은 고왕국 시절 왕권 신화와 관련된 종교의식에 참여했던 신관들이 해야 했던 맹세와 관련이 있었을 것이라는 게 그의 추정이다. 당시 신관들은 종교의식에 임하기 전에 "나는 신전 공물을 훔치지 않았습니다"나 "나는 살인을 저지르지 않았습니다" 같은 자백을 해야 했기 때문이다.[133] 따라서 『피라미드 텍스트』에서 죽은 왕이 '축복받은 죽은 자의 통치자'로 새로운 삶을 확보한다는 세르마크 주장은 터무니없다.

---

132 Taylor, John H. 2001.p.196.; "we ⋯ have good reason to assume that the concept of judgment after death was not fully developed before that period(New Kingdom)." See Stadler, Martin A. Judgement after Death(Negative Confession). In Dieleman, Jacco and Wendrich, Willeke. eds. 2008.

133 Assmann, Jan. Death and initiation in the funerary religion of ancient Egypt. In Simpson, W. K. ed. 1989. pp.135-159.; Shafer, Bayron E. Temples, Priests, and rituals: An overview. In Shafer, Bayron E. ed. 2005. p.10.; Stadler, Martin A. Judgement after death((Negative Confession), In Dieleman, Jacco and Wendrich, Willeke. eds. 2008.

『피라미드 텍스트』는 장묘 문서가 아니다

이처럼 『피라미드 텍스트』가 『사자의 서』와 전혀 다른 맥락을 갖는 문서라면 고대 이집트의 왕권 신화에 기반을 둔 초기 왕실에서 전해오던 종교 의례는 『사자의 서』 때문에 대중적으로 널리 알려진 이집트 종교와는 확연히 달랐을 것이다. 죽은 왕은 명계에서 오시리스의 심판을 받지도, 그리고 오시리스로써 명계의 지배자로 군림하는 것도 아니었다. 그렇다면 『피라미드 텍스트』가 담고 있는 고대 이집트 종교의 핵심적 내용은 무엇일까?

결론부터 말한다면, 그것은 바로 명계가 아닌 이승에서 오시리스와 이시스의 히에로스 가모스를 죽은 왕과 새로 왕이 될 후계자가 주술 의식으로 연출하는 것이었다. 『피라미드 텍스트』가 원래 장묘(莊廟) 문서로 쓰인 게 아니었다! 지금부터 이와 같은 사실을 『피라미드 텍스트』 그 자체는 물론이거니와 고대 이집트의 주요 신전 벽화에 그려진 내용들을 중심으로 해서 밝힐 것이다.

7장 오시리스 신화에 등장하는 주요 신들의 모습

오시리스의 모습

미라 형태로 앉아있는 모습의 오시리스

미라 형태로 서 있는 모습의 오시리스

지금까지 살펴본 고대 그리스 학자들이 묘사한 대표적인 오시리스 모습은 살아있는 문화영웅의 면모를 보여준다. 하지만, 고대 이집트의 무덤이나 피라미드, 그리고 파피루스 문서의 그 어디에도 이런 면모는 찾아볼 수 없다. 그나마 오시리스가 능동적인 듯 보이는 모습은 『사자의 서』에서 죽은 자들 심판관 역할을 하는 장면에 나타난다.[134] 하지만 이 장면에서조차도 오시리스는 살아있는 모습이 아니라 죽어서 미라가 된 모습이다. 이처럼 오시리스의 정형화된 대표적인 모습은 도리깨와 갈고리를 든 두 손을 모은 채 천에 감겨있는 미라 형태다. 이 모습은 종종 서 있는 자세나 앉은 자세, 그리고 종종 누운 자세로 묘사되었다.[135]

오시리스의 또 다른 형태는 양손을 옆에 가지런히 놓고 바르게 눕거나 선 자세에서 발기된 성기를 노출한 모습이다.[136] 그리고 이와 비슷하지만 변형된 또 다른 유형은 누운 자세에서 발기된 성기를 한 손으로 잡고 나머지 손을 들어 올리고 있는 포즈를 취한 모습이다.[137]

---

134 The Judgment of the Dead by Osiris. World History Encyclopedia. Retrieved from https://www.worldhistory.org/image/504/the-judgement-of-the-dead-by-osiris/; Hunefer's Book of the Dead and Judgment in the Presence of Osiris. Brewminate: A Bold Blend of News and Ideas. January 12, 2018. Retrieved from https://brewminate.com/hunefers-book-of-the-dead-and-judgment-in-the-presence-of-osiris/

135 Budge, E. A. Wallis. 1973. Vol.2, p.51.

136 Statuette of Osiris as a Mummy with Erected Phallus. Egypt Museum. Retrieved from https://egypt-museum.com/statuette-of-osiris-as-a-mummy-with-erected-phallus/#google_vignette

137 Budge, E. A. Wallis. 1973, Vol.2, p.45.

진흙을 구워 만든 작은 오시리스 조각상
가지런하게 양팔을 옆에 붙이고 누워있으며 성기가 발기되어 있다

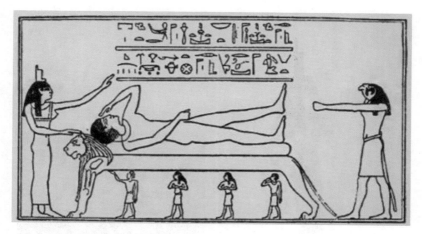

덴데라 하토르 신전 벽화에 묘사된 오시리스 모습
한 손으로 성기를 쥐고 다른 한 손은 얼굴 쪽으로 올리고 있다

이시스의 모습

이시스는 대체로 시스 드레스(sheath dress)를 입고 한 손에는 파피루스 지팡이를, 다른 손에는 앙크(anhk)를 들고 있는 여성으로 표현된다. 그녀의 가장 확실한 신분 표시 상징은 '보좌'이다. 보통 머리에 관 형태로 쓰고 있으며 때로는 앞에 높여 있다.[138]

이시스의 대표적인 모습

람세스 3세의 관에 묘사된
날개옷을 입은 이시스

---

138   Isis. Wikipedia. Available at https://en.wikipedia.org/wiki/
      Isis#:~:text=Iconography,-Queen%20Nefertari%20being&text=In%20
      Ancient%20Egyptian%20art%2C%20Isis,used%20in%20writing%20her%20
      name.

이시스의 또 다른 주요한 모습은 '날개옷'을 입은 것이다. 그녀는 오시리스의 부활이 관련된 듯한 장면에 이 옷을 입고 등장한다. 날개의 상징은 보호라고 할 수 있으며, 그 대표적인 장면이 람세스 3세의 관에 새겨져 있다.[139]

그런데 이시스의 날개는 단지 마법을 발휘하는 의복이라는 상징성만 있는 것일까? 사실 이 날개옷은 이시스가 새로 변신할 수 있음을 상징하며 이시스의 중요한 또 다른 모습이 바로 솔개 형태다.[140] 한 전설에서 솔개 모습을 한 이시스는 그녀의 죽어서 누워있는 남편 오시리스 주변을 맴돌며 울부짖다가 시신 위에 올라가 날갯짓하여 소생시키는 역할을 하는 것으로 되어 있다.[141]

139 Juliana Rasnic - Isis and Nut. Virginia Commonwealth University. Retrieved from https://www.people.vcu.edu/~djbromle/art-symbolism/student-projects-2001/isis-rasnic.html

140 Wilkinson, R. H. 2007, p.159.

141 Hair and Death in Ancient Egypt: Ancient Egypt documents show us what happened in the Egyptian funerary ceremony. Retrieved from https://hairanddeathinancientegypt.com/tag/kite/

솔개의 모습을 한 이시스

베를린 알테스 박물관에 전시된 투트모시스 왕자
조각상에 표현된 솔개 모습의 이시스
오시리스와 히에로스 가모스 의식을 하고 있다

이시스는 종종 하토르라고도 불리는데 이때엔 머리에 두 소뿔
사이에 태양 원반을 끼운 관을 쓰고 있다.[142] 이런 모습의 여신은 주
로 아기 호루스와 동반해서 나타난다. 예를 들어 26왕조 때 청동으
로 만들어진 이시스-하토르 신상은 아들 호루스를 안고 있는 포즈

142　Holland, Glenn S. 2009, p.26.; Isis/ Hathor. The Walters Art Museum.
　　　Retrieved from https://art.thewalters.org/detail/18572/isis--hathor/;
　　　Isis, Hathor, and the Egyptian Mysteries. Retrieved from https://myemail.
　　　constantcontact.com/Unveiling-the-Mysteries-of-Isis-and-Hathor.html?soi
　　　d=1101385726553&aid=JPOZU_nELkw

를 취하고 있다. 하토르 관을 이 여신은 독수리 머리 장식의 긴 가발을 쓰고 있다.[143]

고대 이집트 26왕조 때 청동으로 제작된 이시스-하토르 상

기원전 15세기경 건축된 하트셉수트 장제전에 조각된 하토르 모습 소의 귀를 갖고 있다

하토르는 '호루스의 집'이란 뜻으로 호루스가 그녀의 아들임을 가리키고 있다. 출산의 기쁨이 관련된 그녀는 다산을 상징했다. 그녀는 소의 귀를 가진 아름다운 여성으로 흔히 묘사되며, 그녀의 양육

143 Isis-Hathor, Égypte, circa 650-525 B.C. Musée des Beaux-Arts de Lyon. Retrieved from https://www.mba-lyon.fr/en/fiche-oeuvre/isis-hathor#:~:text=Isis%2C%20wife%20and%20sister%20of,nurse%2C%20in%20a%20subsequent%20era

하는 본성, 그리고 다산과 모성애에 대한 연관성을 보여준다. 그녀의 이런 모습은 이집트 건축에 사용되어 일부 사원과 건물에 기둥으로 표현되어 있다.[144]

세트의 모습

세트는 이집트학 학자들에 의해 '세트 짐승(Seth animal)'이라 불리는 모습으로 나타나는데 그 정확한 정체를 알 수 없다. 그 모습은 쟈칼, 아프리카 들개, 하이에나 같기도 하며, 땅돼지(aardvark), 당나귀, 영양(antelope), 또는 오카피(okapi)의 특성들을 합성해 놓은 모습으로 보이지만, 이집트학 학자들은 대체로 갯과 동물의 형태로 본다.[145]

세트의 대표적인 모습

갯과 동물의 모습을 한 세트

144 Cassar, Claudine. 2024.
145 Velde, H. Te. 1967. p.13.; Set, Wikipedia. Available at https://en.wikipedia.org/wiki/Set_(deity)

왕조시대 초기에 묘사된 세트 형상의 대표적인 예로 3왕조 조세르왕에게 봉헌된 헬리오폴리스 신전 벽화에 새겨진 모습을 꼽을 수 있다. 여기서 그는 매끈하고 날렵한 모습의 갯과 동물 형상을 하고 있다.[146] 한편 세트가 갯과 동물의 머리를 한 인간 모습으로 표현되기도 한다.[147]

돼지 모습으로 표현된 세트

하마 모습으로 표현된 세트

세트는 포악한 짐승을 대표하는 모습으로 등장하며 고대 이집트의 한 전설에서 그는 돼지로 변신하여 '호루스의 눈'을 파괴하려는 공작을 펼친다. 이 눈은 달을 상징하는데 결국 호루스는 이를 복수하는 의미로 달에 돼지 봉헌 제사를 지낸다.[148]

---

146 Words and Images of Joan Lansberry. Available at http://www.joanlansberry.com/setfind/setglyp2.html

147 Statue of Ramesses III with Horus and Seth, Egypt Museum. Retrieved from https://egypt-museum.com/statue-of-ramesses-iii-with-horus-and-seth/#google_vignette

148 Simoons, Frederick J. 1994. p.99.

그런데 호루스와의 맞대결하는 국면에서 대표적인 세트의 모습은 하마다. 형인 오시리스나 조카인 호루스를 공격하거나 태양신에 반역을 저지를 때 주로 그는 하마 모습을 하고 등장한다.[149] 그 대표적인 예로, 그는 한 전설에서 하마 모습으로 수중에서 호루스가 탄 배를 뒤집으려 한다.[150]

네프시스의 모습

비록 플루타르코스의 기록은 네프시스를 세트 배우자로 묘사하고 있지만, 초기의 고대 이집트 기록에서 이 둘의 연관성을 찾아보기 힘들다. 세트가 엔네아드의 일원으로써 우주 질서를 잡는 한 전설에서 그녀는 세트와 공조하고 있다는 묘사가 있긴 하지만.[151]

네프시스의 대표적인 모습   솔개의 모습을 한 네프시스

149 Pinch, Geraldine. 2004. p.68.
150 Behrmann, A. 1996. pp. 67-77.
151 Levai, Jessica. 2007.; Nephthys. Wikipedia. Available at https://en.wikipedia.org/wiki/Nephthys

고대 이집트 왕권 신화 속에서 세트와 짝을 이룬 장면을 찾아보기 어렵지만, 네프시스가 오시리스 부활의 주요 장면에서 항상 이시스와 짝을 이뤄 등장한다.[152]

그녀는 이시스와 쌍둥이처럼 닮았으며, 복장도 사실상 같다. 시스 드레스(sheath dress)를 입고 한 손에는 파피루스 지팡이를, 다른 손에는 영생을 상징하는 앙크(ankh) 표시를 들고 있는 것으로 묘사된다. 또한 신화 속에서 그녀는 마치 이시스 분신처럼 행동한다. 다만 이시스와 구분되는 것은 직사각형의 건물 같아 보이는 머리 장식이다. 이 상형문자는 집을 나타낸다.[153] 이시스가 날개옷을 입고 있을 때 그녀도 함께 날개옷을 입고 등장한다. 또, 이시스가 솔개의 형태로 나타날 때 그녀도 함께 솔개로 나타난다.[154] 이런 상황은 『피라미드 텍스트』의 535행에 다음과 같이 표현되어 있다.

"울부짖는 새가 온다. 애통해하는 솔개가 온다. 그것은 이시스와 네프시스다. (the wailing-bird comes, the morning-kite comes, that is Isis and Nephthys)"[155]

---

152 Nephthys was typically paired with her sister Isis in funerary rites because of their role as protectors of the mummy and the god Osiris. Nephthys. Wikipedia. Available at https://en.wikipedia.org/wiki/Nephthys

153 Nephthys, Wikipedia. Available at https://en.wikipedia.org/wiki/Nephthys

154 Beatrice, Teissier. 1996. pp.195-196.

155 Hays, Harold M. Between Identity and Agency in Ancient Egyptian Ritual. In Nyord, Rune & Kjølby, Annette. 2009. p.29.

호루스의 모습

호루스는 대부분은 매로 묘사되었는데, 아마도 랜너 매나 송골 매일 가능성이 높으며, 많은 경우 매 머리를 가진 인간 모습으로 묘사되었다.[156] 호루스는 최초로 알려진 국가적 신으로, 특히 통치 파라오와 관련이 있었다.

호루스의 대표적인 모습   매의 모습을 한 호루스

성장한 상태의 호루스가 이처럼 매의 얼굴 모습으로 묘사되는 데 반해 어린 호루스는 종종 인간의 얼굴 모습으로 표현된다. 이때 나체로 등장하며 청춘의 표시로 머리 오른쪽에 머리카락 한 올을

---

156   Wilkinson, Richard H. 2007. p.202.; Statue of Ramesses III with Horus and Seth, Egypt Museum. Retrieved from https://egypt-museum.com/statue-of-ramesses-iii-with-horus-and-seth/#google_vignette

두르고 나타나거나,[157] 동시에 손가락을 빨고 있는 청년의 모습으로 표현된다.[158] 또, 어린 호루스가 이시스 품에 안긴 형태로 표현되기도 한다.[159]

나체 상태로 머리 오른쪽에 머리카락 한 올을
두르고 손가락을 빨고 있는 어린 호루스

호라크티

157 Sidelock of Youth, Wikipedia. Available at https://en.wikipedia.org/wiki/
     Sidelock_of_youth

158 Horus, Wikipedia. Available at https://en.wikipedia.org/wiki/Horus;
     Statuette of Horus the Child, The Walters Art Museum. Retrieved from
     https://art.thewalters.org/detail/18814/statuette-of-horus-the-child/

159 Moris, Alexandra Francesca. 2022. p. 430.

인간의 몸에 새매 머리를 한 존재로 그 위에 떠오르는 태양이 배치되어 젊음이 표현된 모습의 호루스가 왕권 신화의 매우 중요한 순간에 등장한다. 이런 상태의 호루스는 호라크티(Horakhty)라고 부르는데 이는 '두 아켓의 호루스'라는 뜻이다. 아켓은 고대 이집트의 최고 성지로 알려져 있다. 이 경우 종종 태양신 라와 동일화된 상태로 나타난다.[160]

한편 고대 이집트인들에게 날개 달린 원반(구체)은 호루스 신의 또 다른 형태였다. 그는 베흐데트의 호루스(Horus of Behdet)로 알려졌으며 성장한 호루스의 한 형태로 여겨졌다. 대부분의 호루스 형태와 마찬가지로 많은 파라오가 베흐데트의 호루스 화신이라고 믿어졌다. 한 전설에서 이집트의 통치권을 놓고 호루스와 세트가 벌인 싸움에서 호루스는 전투에 나가 날개 달린 태양의 모습으로 세트와 맞선다. 호루스를 나타내는 날개 달린 태양의 가장 확실한 표현은 에드푸 신전 정문 윗부분에 부조로 묘사되어 있다.[161]

---

160 Ra-Horakhty, Ancient Egyptian gods and goddesses, The British Museum. Retrieved from https://www.britishmuseum.org/learn/schools/ages-7-11/ancient-egypt/ancient-egyptian-gods-and-goddesses; Strudwick, Helen. 2006. pp. 158–159.

161 Winged Sun, Wikipedia. Available at https://en.wikipedia.org/wiki/Winged_sun; Rhys, Dani. 2023. What Was the Winged Sun in Egyptian Mythology? Symbolsage. April 6, 2023. Available at https://symbolsage.com/winged-sun-egyptian-mythology/

베흐테트의 호루스

8장 고대 이집트 문서에 묘사된
오시리스 죽음에 대하여

죽어있는 신 오시리스

디오도로스와 플루타르코스는 오시리스가 문화영웅이었다고 기록하고 있다. 그런데 이상하게도 고대 이집트 종교문서 어디에도 오시리스의 살아생전 행적에 관한 기록은 나와 있지 않다. 그래서 앨런 가드너(Alan Gardner)와 헨리 프랭크포르(Henri Frankfort)는 오시리스가 고대 이집트인들에게 처음부터 '항상 죽어있는 신'이었다고 규정짓고 있다.[162]

이처럼 오시리스의 살아생전 모습을 고대 이집트 기록들에서 찾아볼 수 없는 이유는 뭘까? 『사자의 서』는 장묘 문서로 제작되었으

---

162   Smith, G. Elliot. 2016, p.38.; Gardiner, Alan H. 1915. p.122.; Sharp, Mary J. O. Does the Story of Jesus Mimic Pagan Mystery Stories? In Copan, Paul and Craig, William Lane. 2012, p.156.

며, 죽은 자를 오시리스와 동일화하기 위해선 죽은 상태의 오시리스만 필요했기 때문이라고 볼 수 있다. 하지만, 『피라미드 텍스트』는 장묘 문서가 아니라고 하지 않았나? 이 문서는 죽은 오시리스와 이시스 간의 히에로스 가모스를 목적으로 만들어졌다고 했다. 이 경우 역시 살아있는 오시리스가 등장할 이유가 없다. 주술 의식과 관련된 이 문서엔 정확히 죽어있는 오시리스만 필요했다.

『피라미드 텍스트』에 나타난 오시리스의 죽음

오시리스의 죽음은 『피라미드 텍스트』에 암시되어 있다. 거기에 오시리스 신화와 관련된 내용이 일관되게 쓰여있진 않다. 하지만 오시리스 운명에 대한 핵심 사실들에 관한 언급이 여기저기에 매우 자주 나타난다.[163] 오시리스가 세트를 나타내는 듯한 동물로부터 치명적인 공격을 받아 괴로워하는 부분에 대해 감질나게 말하거나, 그가 아비도스 지역의 네드예트(Nedyet)에 있는 강둑에 쓰러졌다고 묘사하고 있다.[164]

중왕국 시대의 한 조신의 관에 채색된 주문들(『코핀 텍스트』)에는 오시리스의 살해자가 세트임을 밝히고 그가 가헤스티(Gahesty)에서 오시리스를 공격해 네드예트의 강가에서 살해했다고 되어 있다. 영국 대영 박물관의 이집트학 학자 조지 하트(George Hart)는 가헤스티

---

163 Griffiths, J. Gwyn. Osiris: Myth and Kingship. In Redford, D. B. ed. 2002, p.304.
164 Hart, G. 1990, pp.30-31; Budge, E. A. Wallis. 1994, p.xlix.

를 아비도스와 같은 곳으로 본다.[165] 그런데 플루타르코스는 오시리스가 연회에 참석했다가 멤피스 근처의 나일강에서 살해되었다고 하지 않았나?

아비도스의 오시리스 종교극에 나타난 오시리스의 죽음

아비도스는 상고시대인 1, 2왕조 시대 파라오의 고분들이 있는 매우 신성한 종교 도시였다. 마치 이슬람교도의 메카나 유태교도의 예루살렘처럼 고대 이집트인들에게 아비도스는 일생에 한 번은 반드시 찾아가 봐야 하는 성지여서 전 왕조 기간에 걸쳐 순례 행렬이 끊이지 않았다. 이처럼 아비도스가 고대 이집트인들에게 가장 중요한 성지로 인식되었던 이유는 그곳에 오시리스가 묻혔다는 신앙이 중왕국 이후에 성행했기 때문이다. 이 때문에 아비도스는 이집트 왕조 시대 내내 오시리스 신앙의 중심지가 되었는데, 기원전 2040년경의 중왕국 시절부터 매년 아비도스에서 오시리스 종교극(Osiris Mysteries)이 열렸다.

오시리스 종교극은 『피라미드 텍스트』가 전해주지 못하는 현장감 넘치는 오시리스의 행적이 관련된 '이야기'를 담고 있다는 점에서 매우 주목할 만하지만, 역시 오시리스의 살아생전 활동상에 대해서는 생략되어 있다. 총 8막으로 구성된 이 종교극은 오시리스 일행을 태운 배가 아비도스의 신성한 호수를 건너는 것으로부터 시작되며,

---

165 Hart, G. 1996, pp.153-154.

이 과정에서 그가 적의 공격으로 살해당하고, 토트 등에 의해 호숫가에서 발견되어 매장당했다가 부활하는 내용으로 이어진다.[166]

이 종교극은 『피라미드 텍스트』의 기록과 어느 정도 일치한다. 여기서 오시리스는 플루타르코스가 기록했듯 연회에 참석했다가 살해되어 멤피스 근처의 나일강에 던져지지 않는다. 이 종교극에서 그는 배를 타고 아비도스 근처의 호수를 이동하다가 불의의 공격을 받고 숨진다.

멤피스 신학

고대 이집트 고왕국 기간 내내 수도였던 멤피스는 나일 삼각주 남쪽의 나일강 서쪽 연안에 자리하고 있다. 전해오는 바에 따르면, 이집트를 통일한 메네스가 멤피스를 이집트 최초의 수도로 정했다고 한다. 도시의 원래 이름은 '하얀 벽'이며, 상이집트와 하이집트의 중앙에 존재했다.[167]

고왕국 수도 이름이 붙여진 멤피스 신학(Memphite Theology)은 고왕국 시절에 만들어진 문서는 아니다. 그것은 고대 이집트 말기 시대의 25왕조 때 『사바카석』이라 불리는 화강암에 기록된 내용으로, 고대 이집트 인들의 종교적 전통을 이해하는 데 중요한 자료가 되고 있다. 한때 쿠트 세테(Kurt Sethe)와 같은 이집트학 학자들은 이 문서가 고왕국이나 그 이전의 신학 체계를 소개하고 있다고 믿었다. 이

---

166 Assmann, J. 2005, p.226.
167 Dimick, M. T. 1956, p.8.

때문에 멤피스 신학이란 이름이 붙여졌다. 하지만 오늘날에 와서는 람세스 시절에 만들어졌을 것으로 추정되고 있다.[168] 하지만 그 내용이 이미 고왕국 시절부터 존재했을 것이란 추정은 가능하다. 왜냐하면 매우 체계적이고 신학적 완성도가 뛰어나며 문법적으로도 고왕국 시대의 틀을 온전히 보존하고 있기 때문이다. 이런 이유로 많은 이집트학 학자 사이에서 『사바카석』은 고왕국 시대 신학의 정수를 담고 있다는 평가를 받고 있다.

이러한 평가를 하는 학자들은 이 비문이 만들어지던 시대적 상황에 주목한다. 중간기를 극복하고 성립된 25왕조의 통치자들은 오래된 고대 이집트 전통을 이어받았음을 보여줌으로써 그들 정권의 정당성을 인정받고 싶었기에 고왕국의 틀에 그들의 모든 걸 담아 내려 했으며 『사바카석』은 그런 노력의 일환으로 제작되었다는 것이다.[169]

『사바카석』에 기록된 오시리스의 죽음

『사바카석』에는 오시리스가 멤피스 근처의 나일강에 빠져 죽은 것으로 기록되어 있다.[170] 이 기록은 일견 오시리스가 세트의 꾐에 빠져 상자에 갇힌 채로 멤피스 근처 나일강 물속에 던져졌다는 플루타르코스의 기록과 부합되어 보인다. 실제로 고대 이집트에서 오시리스를 지칭하는 문구 중에 '상자 속에 넣어진 자'라는 표현이 있다.

---

168 Dunand, F. 2004. p.44; On the Shabaka Stone. Available at http://www.maat.sofiatopia.org/shabaka.htm

169 Bodine, Joshua J. 2009. p.4.

170 Griffiths, J. Gwyn. Myths: Osiris Cycle. In Redford, D. B. 2002, p.254.

이는 플루타르코스가 채록한 전설에서 세트가 오시리스를 죽인 방법에 대한 정보를 담고 있는 것으로 여겨졌다. 하지만 조지 하트는 그런 가능성이 거의 없다고 주장한다.[171]

어쨌든 멤피스 신학이 플루타르코스의 기록과 더 부합하는 이유는 아마도 비교적 늦은 시기인 25왕조 때 만들어진 『샤바카석』에 대한 정보를 플루타르코스가 좀더 쉽게 접근할 수 있었기 때문으로 보인다.

오시리스는 어디서 죽었나?

『피라미드 텍스트』에는 오시리스가 아비도스 근처에서 죽었다고 되어 있다. 하지만 『샤바카석』은 그곳이 멤피스 근처라고 되어 있다. 만일 두 곳이 비교적 가깝다면, 이 두 곳 사이 어디에선가 오시리스가 죽었다고 볼 수 있을 것이다. 하지만 아비도스는 멤피스에서 남쪽으로 무려 520킬로미터 이상 떨어져 있다.

새뮤얼 머서는 『고대 이집트의 종교(The Religion of Ancient Egypt)』에서 오시리스가 원래 왕조시대 훨씬 전에 나일강 하류의 삼각주로 이주해 와서 살았던 왕이나 부족장이었을 것이라고 가정한다.[172] 만일 이 가설이 옳다면, 오시리스가 죽은 곳은 나일강 상류에 있는 아비도스 근처가 아니라 하류 델타에 있는 멤피스 근처일 가능성이 높으며, 결국 헬리오폴리스 신학보다 멤피스 신학이 더 전통적

---

171 Hart, G. 1996, pp.153-154.
172 Mercer, S. 1949, p.97.

신앙을 반영하고 있다고 볼 수 있다. 그런데 헬리오폴리스 신학을 대변하고 있는 것이 가장 권위 있는 문헌으로 꼽히는 『피라미드 텍스트』라는 사실을 고려하면, 이런 가정에 다소 문제가 있어 보인다. 그렇다면 헬리오폴리스 신학과 멤피스 신학을 모두 만족시키는 방법은 없을까?[173]

조각난 오시리스 시체

디오도로스와 플루타르코스는 오시리스 시체가 세트에 의해 산산조각이 났다고 기술하고 있다. 비록 고대 이집트 장묘 문서 어디에도 세트가 오시리스의 신체를 조각내는 장면이 직접적으로 묘사되어 있지 않지만, 세트가 그런 식으로 오시리스를 살해했을 것으로 짐작되는 내용이 담긴 주술문(『코핀 텍스트』)이 중왕국 시절의 한 석관에 다음과 같이 쓰여있다.

"보시오, 내가 죽어있는 당신을 발견했소. 아, 차디차게 식어버린 그대여. 나의 여동생이여(이시스가 네프시스에게 말한다). 이것이 우리의 오라버니일세. 이리 와서 같이 그의 머리를 들자. 이리 와서 그의 뼈들을 다시 맞추자. 이리 와서 그의 신체 부분을 제자리에 맞춰 놓자. 이리 와

---

173 아마도 멤피스와 아비도스가 사실은 이집트 땅이 아닌 다른 어느 곳에 존재한 동일 지역의 다른 이름들이라는 식으로 가정하는 것이 가장 좋은 해결책일 것이다. 예를 들어 이집트 문명이 수메르 지역에서 비롯되었으며, 멤피스와 아비도스가 모두 수메르 신화에 등장하는 엔키신의 본거지인 에리두와 관련이 있다는 주장이 있다. Rohl, David. 1999. pp.336-347 참조. 특히 엔키신의 맏아들로 아사리라는 신이 존재했는데 이 신이 사실상 오시리스라는 지적도 있다. Albright, W. F. 1919. 및 Budge, E. A. Wallis. 1925. pp.277-278 참조. 이 문제는 다음 기회에 좀더 심도 있게 다룰 것이다.

서 그를 위해 보호 장벽을 치자. 우리 손으로 이분을 살리자. … 오시리스여, 살아나소서. 오시리스여, 제발 이 완전히 식어버린 육신이 다시 살아나소서. 나는 이시스입니다."[174]

이 대목에서 알 수 있듯, 오시리스의 신체는 이시스와 네프시스에 의해 다시 맞추어졌고, 결국 이런 과정을 거쳐 오시리스가 부활한다. 『피라미드 텍스트』에도 오시리스의 조각 난 육신을 이시스가 묶었다는 기록이 있다. 고왕국 6왕조의 네 번째 왕인 페피 2세의 피라미드 벽에 이시스가 오시리스를 부활시키려고 그의 조각난 육신을 모아서 묶은 뒤 안았다고 되어 있다.[175]

이처럼 고대 이집트의 여러 문서는 오시리스가 산산조각이 나거나 죽었다는 사실을 명백히 언급하고 있어 이 부분에 관한 한 두 그리스 역사학자의 채록이 옳다는 사실을 보여주고 있다. 하지만 『피라미드 텍스트』를 비롯한 고대 이집트 문서들의 관련 내용은 오시리스의 조각난 신체들이 산재하여 묻혔다는 두 고대 그리스 학자들 기록과는 어긋난다. 오시리스 시신의 처리 방법에 대한 왕실의 전통적인 기록에 오시리스의 조각난 신체를 이시스가 묶었다고 되어 있으니 오시리스 신체 각 부위 시신이 나뉘어져서 여러 군데 묻혔을 가능성은 없다. 따라서 오시리스 시신이 여러 조각으로 나뉘었다는 그들의 기록은 고대 이집트의 전통 신앙과 일치하지만, 그의 시신이 여러 곳에 나뉘어 묻혔다는 주장은 비전통적이다.

---

174   Meeks, D. & Favard-Meeks, C. 1977, p.142; Barguet, P. 1987, p.119
175   Budge, E. A. Wallis. 1973, Vol.1, p.86.

인체를 구성하는 비육체적 요소들

가스통 마스페로와 같은 초창기 이집트학 학자들은 고왕국 시대의 헬리오폴리스와 헤르모폴리스(Hermopolis)의 신관들이 고대 이집트 종교 사상을 체계화했다고 보았다. 그 결과 상당히 높은 수준의 신학적 도그마가 구축되었다는 것이다.[176] 따라서 여러 장묘 문서에 오시리스의 시신이 찢겼다고 기술된 것이 어쩌면 고대 이집트 종교의 차원 높은 생사관을 반영하는 것일 수 있다. 실제로 우리는 프톨레마이오스 왕조 시대 때 카이로에서 남쪽으로 약 650km 떨어진 덴데라(Dendera)에 건축된 하토르(Hathor) 신전 기록을 통해 고대 이집트인의 생명 철학을 엿볼 수 있다.

데이빗 로버츠(David Roberts)가 1838년에 스케치한 덴데라 하토르 신전의 전경

---

176   Sayce, Archibald Henry. 1903a, p.32.; Alred, Cyril. 1987, p.204.; 알드레드, C. 1998, p.304.

덴데라는 하토르 신앙의 중심지였다. 그곳에는 여러 신들을 모신 신전들이 복합단지를 이루고 있는데 그중에서도 단연 하토르 여신의 신전이 가장 웅장하게 지어졌다. 그 신전은 기원전 54년경 이집트 파라오 프톨레마이오스 12세가 건축하기 시작해 로마 제국 황제 티베리우스 통치기인 1세기경에 완공했다. 그런데 신전 건축을 진행했던 프톨레마이오스 왕조의 파라오들은 훨씬 이전에 이미 거기에 신전이 존재했다는 기록을 남겼다.[177]

덴데라 하토르 신전 천장에 그려져 있는 42명의 신관 행렬 의식

---

177 Temple of Hathor at Dendera Facts Part 1/2, Ancient Egypt. Available at http://www.ancient-egypt.info/2013/08/temple-of-hathor-at-dendera-facts-part.html.

하토르 신전 천장에는 42명의 신관 행렬이 그려져 있다. 이들 신관은 놈(Nom)이라 불리는 고대 이집트의 42개 지역을 대표하며, 각자 항아리를 하나씩 들고 있다. 이 항아리에는 토막 난 오시리스의 신체 부위가 들어 있다. 종교의식을 통해 이것들이 재결합되어 온전한 상태의 오시리스가 되는 것이다.

여기서 우리는 말기 시대 이집트 신관들은 오시리스의 시신이 디오도로스 기록처럼 26조각도, 그리고 플루타르코스의 기록처럼 14조각도 아닌 42조각이 되어 이집트 각지에 골고루 흩뿌려진 것으로 보았다는 사실을 알 수 있다. 놈의 개수인 42는 아마도 고대 이집트인들에게 매우 중요한 상징성을 띤 숫자였을 것이다. 오시리스 시신이 전국 각처에 골고루 흩뿌려졌다면, 그것은 각각의 놈에 한 군데도 빠지지 않고 뿌려졌다고 가정하는 것이 합리적이다. 그런데 세트가 오시리스 시신을 이렇게 조각조각 내서 흩뿌린 이유는 무엇일까? 아마도 그 답은 고대 이집트의 생명관과 관련이 있는 듯하다.

"나는 놈(Nom)의 수도(首都)들을 가져왔습니다. 그들은 당신의 사지(四肢)입니다. 그들은 당신과 함께 있는 당신의 카(ka)입니다. 나는 당신에게 '이름'을 가져왔습니다. 당신의 바(ba)를 가져왔습니다. 당신의 '그림자'를 가져왔습니다. 당신의 '형태'를 가져왔습니다. 당신의 '이미지'를 가져왔습니다."[178]

---

178 Assamann, J., 2002, p.410.

여기서 사지 이외에 바, 카, 그림자, 형태, 이미지 등은 오늘날 관점에서 비육체적이라 부를 수 있는 생명체의 구성 요소로, 특히 이집트학 학자들은 바와 카를 각각 혼(soul)과 영(spirit)이라고 해석한다. 이처럼 고대 이집트 인들은 오시리스의 육체적인 부분뿐만 아니라 이른바 비물질적인 요소도 신체 구성 부분으로 간주했다.[179] 결국 세트가 오시리스를 산산조각 냈다는 것은 단지 그의 육체만 분해한 것을 의미하는 것이 아니라 그의 비육체적 요소까지 분리해 냈음을 시사하는 표현으로 볼 수 있다.

결국 오시리스 신화에서 신체가 조각나서 죽었다는 얘기는 사지 및 비육체적 요소가 살아 있는 생명체를 구성하고 있다는 종교적 신념의 표현을 위해 필요한 기제였을 수 있다. 이처럼 고대 이집트인들은 오늘날 우리의 영혼 사상 비슷한 것이 있었다. 아니 엄밀히 말하자면, 오늘날 서구 종교 전통은 고대 그리스, 로마 문명을 통해 고대 이집트 혼령관을 상당 부분 채용한 것이다.[180]

---

179 Johnston, Sarah Iles. 2004, p.471.
180 Gardiner, Philip. 2006, p.169.

9장 신전 벽화에 묘사된 오시리스 신비 의식

고대 이집트 신전의 벽화 해독

이집트 상형 문자는 히에로글리프(Hieroglyph)라고 부른다. 이 고유 명사는 그리스어로 성스러움을 뜻하는 '히에로스(hieros)'와 문자를 뜻하는 '글리포스(glyphos)'를 합성해서 만든 것이다. 이런 이름이 붙은 것은 그런 문자들이 주로 신전이나 무덤 등 고대 이집트인들이 성스럽게 여겼던 장소들의 벽에 쓰여 있었기 때문이다.[181] 따라서, 글뿐 아니라 신전이나 무덤 내벽에 그려진 그림 역시 성스러운 그림이었다.

고대 이집트 신전은 신들의 거주지로 여겨졌고, 그 안에서는 주기적으로 고대 이집트 종교의 가장 핵심을 이루는 여러 가지 의식들이 치러졌다. 특히 신전에서 신관들의 역할극을 통해 신화 속 중요한

---

181 Egyptian hieroglyphs, Wikipedia. Available at https://en.wikipedia.org/wiki/Egyptian_hieroglyphs

사건들을 재현하는 것이 매우 중요했는데 이를 통해 이집트 땅에 과거 신들의 황금시대가 지속된다고 믿었다.[182] 신전이나 무덤의 벽에는 이런 종교 역할극들의 중요한 장면들이 새겨져 있었으며, 그 내용을 상형 문자로 설명해 놓기도 했다.

고대 이집트 신전에 모신 주요 신들로 호루스, 라, 아문, 이시스, 하토르, 그리고 오시리스가 있었다. 그런데 이 중에서 오시리스 신전은 죽은 왕 장례식과 관계가 있었기에 이집트학 학자들은 특별히 장제전(mortuary temple)이란 명칭을 붙였다.[183] 18세기 말, 고대 이집트 상형문자 해독이 가능해지면서 그 이전까지 고대 그리스인들이 채록한 기록에 의존해 해석하던 고대 이집트 신화 세계를 직접 신전이나 무덤 벽에 묘사된 장면들로부터 이해할 수 있게 되었다.

덴데라 하토르 신전 벽화에 묘사된 오시리스 신비 의식

덴데라 하토르 신전 벽에는 여러 신화 속 장면들이 새겨져 있다. 그중에서도 오시리스 신비 의식이 관련된 장면이 존재한다. 다음 페이지 위 그림이 바로 그것인데 발기된 채 누워있는 이는 오시리스이고 그의 발치 쪽과 머리맡에 서 있는 여인은 각각 이시스와 네프시스다.

---

182 Egyptian temple, Wikipedia. Available at https://en.wikipedia.org/wiki/Egyptian_temple

183 Mortuary temple, Wikipedia. Available at https://en.wikipedia.org/wiki/Mortuary_temple

덴데라 하토르 신전 벽화에 묘사된 오시리스의 부활 의식 장면

솔개 모습을 한 이시스가 부활한 오시리스와 관계하고 있다

앞쪽 페이지의 아래 그림은 위 그림 다음 순서를 나타내는 것으로 누워서 발기된 성기를 노출한 오시리스 위에 솔개 모습의 이시스가 올라타고 있다. 이 장면은 죽어있는 오시리스의 생식기관이 소생하여 이시스와의 결합을 가능하게 함을 묘사하는 것으로 보인다. 이시스가 죽은 오시리스와 관계한다고 한 플루타르코스 기술 내용이 결코 사족이 아니라 오시리스 신비 의식의 핵심적인 부분임을 보여준다.

오시리스의 성기는 결코 분실된 것이 아니라 오시리스의 시신에 제대로 붙어있었고 중요한 순간에 제대로 작동하여 호루스 탄생을 가능케 했다고 봐야 할 것이다. 결국 디오니소스 축제와 신비 의식의 모체가 된 오시리스 축제와 신비 의식은 죽었다 소생한 오시리스 성기와 이시스 결합으로 호루스가 탄생하는 주제를 다루고 있었음을 재확인시켜 준다.

필레의 이시스 신전 벽화에 묘사된 오시리스 신비 의식

카이로에서 남쪽으로 약 980킬로미터 떨어진 아스완 인근의 섬 필레(Philae)는 오시리스의 무덤이 존재한다고 널리 알려진 곳으로 일찍부터 이시스 신앙의 중심지였다. 이미 오래전부터 그곳에 신전이 존재했을 것으로 추정되지만 알려진 바에 의하면 그곳에 이시스 신전이 지어지기 시작한 것은 말기 시대인 30왕조의 넥타네보 1세(Nectanebo I) 때다. 그후 본격적으로 건축이 이루어졌던 시기는 프톨레마이오스 왕조 때였으며, 로마 시대 때 아문-오시리스 관련 부속 건물들이 지어졌다.[184]

---

184   Philae temple complex, Wikipedia. Available at https://en.wikipedia.org/

필레의 이시스 신전 전경

그런데 식량 증산을 목적으로 1902년 아스완 로우 댐(Aswan Low Dam)이 건설된 뒤 불어난 수위 때문에 이시스 신전은 연중 물속에 잠겨 있는 때가 많아 문화재 보호에 적신호가 켜졌다. 결국 유네스코 주도로 1970년대에 4만여 조각으로 해체, 이동하여 인근 아기르키아(Agirkia) 섬에 재조립되었다.[185] 따라서 이제는 이시스 신전이 더 이상 필레 섬에 존재하지 않지만, 전통에 따라 현재에도 필레의 이시스 신전으로 부른다.

---

wiki/Philae_temple_complex

185 정규영. 2004, pp.103-105.; Shafer, B. E. 2005, p.190.

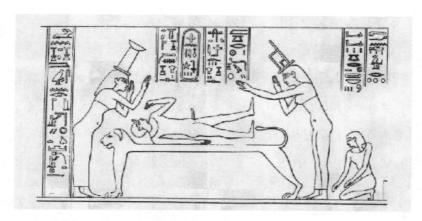
필레 이시스 신전 벽화에 묘사된 오시리스의 부활

　필레의 이시스 신전에서도 오시리스 신비 의식이 관련된 벽화를 찾아볼 수 있다. 신전의 오시리스 방에 그려진 한 벽화에는 이시스와 오시리스의 결합이 임박했음을 알리는 장면이 있다. 여기서 오시리스는 한쪽 팔을 든 채 발기된 성기를 노출하고 있다. 덴데라 하토르 신전 벽화에서와 마찬가지로 그의 발치 쪽과 머리맡에 각각 이시스와 네프시스가 서 있다.[186]

---

186 A Scene from the Mysteries of Osiris at Philae. Available at http://www. egyptology. com/extreme/opet/philae.html

아비도스 오시리스 신전 벽화에 묘사된
오시리스 신비 의식

　카이로에서 남쪽으로 약 600킬로미터 떨어진 곳에 오시리스 신앙의 중심지 아비도스가 위치한다. 신왕국 19왕조의 두 번째 왕 세티 1세는 이곳에 오시리스 신전을 건립했다. 그런데 그 신전의 프타-소카 채플 벽화에 '히에로스 가모스'의 결정적인 장면들이 새겨져 있다. 새매 모습의 이시스가 누워있는 오시리스의 성기 위에 올라타 성교를 하고 있는 것이다.[187]

아비도스의 세티 1세 신전 벽 부조 | 새매로 변한 이시스가 오시리스의 발기된 성기 위에 올라앉아 성교하고 있다

187　Hart, G. 1995, p.32.; Muller, Louise. The Greco-Egyptian origins of Western myths and philosophy, and a note on the magnificence of the creative mind. In Mosima, Pius M. 2018, pp.251-281.

고대 이집트 종교의 핵심은 히에로스 가모스

헤로도토스는 고대 그리스의 신 디오니소스의 성기를 '성스러운 이야기'와 연관시켰다. 에릭 사포(Eric Csapo)는 아마도 그 성스러운 이야기가 바로 오시리스 신전 벽화에 묘사된 오시리스와 이시스의 성스러운 결합, 즉 '히에로스 가모스'였을 것으로 추정한다.[188]

지금까지 살펴본 고대 이집트 주요 신전 벽화에서 죽은 오시리스의 가장 중요한 임무가 바로 이시스와의 히에로스 가모스임을 알 수 있다. 고대 이집트에서 왕은 죽으면 오시리스화 했다. 그렇다면 죽은 왕이 그의 장례식에서 맡은 제일 중요한 임무 역시 히에로스 가모스였다고 봐야 하지 않을까? 그가 명계의 지배자가 되는 게 아니라. 그리고 당연히 고대 이집트인들의 종교 경전이라고 봐야 마땅한 『피라미드 텍스트』의 핵심 내용도 그들의 가장 중요한 종교의식인 '히에로스 가모스'에 초점이 맞추어져 있을 것이다. 이와 같은 사실을 확인하기 전에 먼저 오시리스 축제 속에서 이런 사실이 드러나 있는지 확인해 보자.

---

188 Csapo, Eric. 1997, p.271.

10장 오시리스 축제 속에 나타난
오시리스의 죽음과 부활

이집트는 나일강의 선물

헤로도토스는 이집트를 '나일강의 선물'이라고 말했다. 이것은 나일강의 주기적인 범람이 이집트인들의 생활 양상을 절대적으로 지배했고, 이를 기반으로 그들의 경제와 문화, 그리고 사회 및 종교 시스템이 구축되었기 때문이다. 나일강물은 한여름에 범람하기 시작해 나일강 하류 삼각주가 온통 물바다를 이루었다. 물이 빠지기 시작하는 때는 넉 달쯤 지난 늦가을에서 초겨울에 접어드는 시기였다. 이때 퇴적토에 덮인 비옥한 땅이 수면 위로 드러나면 이집트 농부들은 여기에 파종했다. 그리고 또 넉 달쯤 지나 봄이 되면 이를 수확했다. 이런 주기적인 생활이 이집트 땅에서 수천 년 동안 반복되었다.

그런데 20세기 접어들면서 이런 오래된 그들의 관행이 더 이상 지속되지 못하게 되었다. 1902년에 아스완 로우 댐 건설은 필레의 이시스 신전 침수 문제를 일으켰을 뿐 아니라 삼각주에서 일어나던 범람이 잦아들게 했다. 1970년 다목적용 아스완 하이 댐이 건설되면서 이집트 땅에 규칙적으로 찾아오던 홍수가 완전히 사라져 버렸다.[189]

고대 이집트인들의 달력

고대 이집트인들의 삶에 있어 그들 신화 속 이야기를 종교의식이나 축제의 형태로 현실 세계에 반복적으로 구현하는 것이 중요했다. 그 신화의 핵심은 오시리스와 이시스, 그리고 호루스에 얽힌 주제를 다루는 왕권 신화였다. 이런 행사는 연중 반복해서 진행되었는데 계절 변화와 관련하여 특정한 날들이 특별히 중요하게 취급되었다.[190]

그들은 달과 태양 주기를 섞어 만든 달력(Luni-solar calendar)을 만들었다. 오늘날 우리와 마찬가지로 그들은 365일을 1년으로 했으며, 1달은 30일이었다. 따라서, 12달에 5일을 더해 1년이 되었다.[191] 고대 이집트의 1년은 오늘날처럼 봄, 여름, 가을, 겨울의 4계절이 아닌 아켓(Akhet), 페렛(Peret), 그리고 쇼무(Shomu)의 3계절로 이루어져 있었다.

첫번째 계절인 아켓은 한여름에 시작되는 '범람의 계절(Season of Inundation)'로 총 넉 달(120일)로 구성되었다. 나일강 물이 범람해서 땅이 물에 잠겨 있는 기간에 해당했다. 두 번째 계절인 페렛은 늦

---

189 Aswan High Dam, River Nile, Sudan, Egypt. Water Technology. Available at https://www.water-technology.net/projects/aswan-high-dam-nile-sudan-egypt/

190 Festivals in the ancient Egyptian calendar. Available at https://www.ucl.ac.uk/museums-static/digitalegypt/ideology/festivaldates.html

191 Watterson, B. 1996, p.7.

가을부터 겨울에 걸쳐 '싹트는 계절(Season of Coming Forth, Peret)'로 역시 넉 달로 구성되었다. 이 기간은 뭍이 물 밖으로 드러나면서 파종한 곡물 씨앗에서 새싹이 돋아 자라는 기간이었다. 마지막 넉 달로 구성된 세 번째 계절인 쇼무는 봄의 '물이 잦아드는 계절(Season of Deficiency of Water, Shomu)'로 수확하는 시기였다. 1년 365일 중 나머지 5일은 신들이 탄생한 특별한 날들로 기념되었다.[192]

고대 이집트 달력의 3계절과 12달의 이름

범람의 계절(아켓)	싹트는 계절(페렛)	물이 잦아드는 계절(쇼무)
1. 토트 Thoth	5. 티비 Tybi	9. 파콘스 Pachons
2. 파오피 Phaophi	6. 메키르 Mechir	10. 파이니 Payni
3. 아티어 Athyr	7. 파메노스 Phamenoth	11. 에피피 Epiphi
4. 코이악 Choiak	8. 파르무티 Pharmuthi	12. 메소레 Mesore

초기 이집트 왕국 기록에는 달의 개별 이름이 존재하지 않았고, 그 순서로 호칭했다. 하지만, 중왕국에 접어들면서 달의 명칭을 붙여 쓰게 되었고, 신왕국 때 그 명칭이 다소 변경되었다. 신왕국 때의 명칭은 그리스를 통해 서구에 알려졌다.[193] 고대 이집트 중왕국, 신왕

---

192 Watterson, B. 1996, p.7.

193 Egyptian Calenadar, The Hyksos Saga Wiki. Available at https://the-

국, 그리고 고대 그리스 시대에 불린 달의 명칭이 각각 달랐는데 이 저술에서는 라틴어로 표기된 그리스식 명칭을 사용했다.

고대 이집트의 축제들

고대 이집트에서 일 년 중 축제가 없는 날이 축제 있는 날보다 적을 정도로 다양한 축제들이 치러졌다. 그중에서 12개월 외 추가된 5일은 왕권 신화 주역들의 탄생을 기념하는 축제가 거행되었다. 첫째 날 오시리스를 시작으로 둘째 날은 호루스, 셋째 날은 세트, 그리고 넷째, 다섯째 날은 각각 이시스와 네프시스 탄생을 기념하는 축제가 열렸다.[194]

고대 이집트 왕국에서 한여름에 시작하는 첫째 달을 토트(Thoth)라고 불렀다. 그달의 첫날이 새해 첫날이었다. 이를 기념하여 웨펫-렌펫 축제(Wepet-Renpet Festival)가 거행되었는데 웨펫-렌펫은 '새해를 여는 것(opening of the year)'을 뜻한다. 그렇다면 도대체 새해를 연다는 의미가 무엇일까? 그것은 '나일강 홍수'의 시작과 함께 오랫동안 보이지 않던 시리우스성이 태양과 함께 처음 떠오르는 것을 의미했다. 한여름에 일어났던 이 현상은 고대 이집트인들의 주술 세계에서 천상에 투사한 신화적 스토리텔링의 모티브가 되었다.

---

hyksos-saga.fandom.com/wiki/Egyptian_Calendar

194 Ancient Egyptian Festivals, Gastang Museum of Archaeology at the University of Liverpool. Available at https://garstangmuseum.wordpress.com/2017/12/13/ancient-egyptian-festivals/

그들은 시리우스성을 소프뎃(Sopdet)이라 부르며 이시스를 상징하는 것으로 보았다. 그리고 이 별 근처에서 동쪽 지평선 위로 떠오르는 태양은 새로 태어나는 이시스의 아들 호루스(Horus, newly born son of Isis)로 여겼다.[195] 이런 상징체계에 기인하여 초기 이집트 왕조 성립기 때 새해 첫날 가장 성대한 축제가 열렸다. 그래서 '웨펫-렌펫 축제'를 '소프뎃 출현 축제(Coming forth of Sopdet Festival)'라고도 부른다.

그런데 세월이 흐르면서 이런 상징성이 퇴색되기 시작했으며,[196] 신왕조 때엔 토지에서 새싹이 돋아나는 상징성이 크게 떠올랐다. 나일 삼각주에서 뭍이 드러나기 직전인 네 번째 달인 코이악(Choiac) 중반부터 코이악 축제들(Choiac Festivals)이 잇달아 열렸다. 이 일련의 축제들은 관련 학자들에 의해 오시리스 축제라고 통칭하기도 하는데 코이악 달 마지막 날 자정 무렵 오시리스를 상징하는 제드 기둥(Djed pillar)을 일으켜 세우는 의식에서 절정을 이루었다고 알려졌다.

신왕조 시대에 이르러 코이악 축제가 절정에 이르는 때와 연결하여 다섯 번째 티비(Tybi) 달의 첫날이 새해로 여겨졌다. 바로 그날이 뭍에서 새로이 싹이 돋는 날의 상징성을 띠었기 때문이다. 이것은 죽은 오시리스에서 살아있는 호루스가 태어난다는 상징성이 있었다. 따라서, 그날 가장 성대한 축제가 거행되었는데 그 명칭은 네헵-카우 축제(Neheb-kau Festival)였다. 당연히 이 축제는 소프뎃 출현 축

---

195 Horus the child, Ancient Egypt Online. Available at https://ancientegyptonline.co.uk/horuschild/

196 Ancient Egyptian Festivals, Garstang Museum of ArchaeologyAttheUniversityofLiverpool.

제와 형식적으로 매우 유사했다.[197] 그 밖에도 두 번째 달인 파오피(Phaophi)에 15일 동안 열린 오펫 축제(Festival of Opet), 10번째 달인 파이니(Payni)에 열린 계곡 축제(The Festival of the Valley) 등이 있었다.[198]

코이악 축제들

고대 이집트 달력에서 세 번째 달인 아티어(Athyr)는 세트가 오시리스를 살해한 사건을 상징하는 달로 여겨져, 이집트 전역이 눈물로 뒤덮이고 집집마다 통곡 소리가 들렸다. 그리고 네 번째 달인 코이악부터 본격적인 축제가 시작되었다.[199] 이 네 번째 달 후반부부터 다섯 번째 달 첫날까지 행해졌던 일련의 축제들은 오시리스와 세트, 이시스와 네프시스, 그리고 호루스가 주역인 이집트 신화 속에 나타나는 왕권을 둘러싼 일련의 드라마를 나타내 보여주고 있다.[200]

일련의 코이악 축제들이 네 번째 달 18번째 날부터 마지막 날까지 진행되었는데 그 주요 축제 행사로 22번째 날의 땅을 갈아엎는 의식, 26번째 날부터 5일 동안 거행된 소카 축제, 그리고 마지막 날인 30번째 날 심야에 거행된 제드 기둥 세우기 의식 등이 있었다.[201]

---

197 "The festival (Nehebkau) was similar in many respects to the Wepet-Renpet Festival of the New Year." Mark, Joshua J. 2017.

198 Quirke, Stephen. 2014. p. 101.

199 Roberts, A. 2000. pp.169-170.; Eaton, Katherine J. 2006.

200 Gardiner, A. 1915, p.124.

201 Quirke, Stephen. 2015. p.101.; The Festival of Khoiak. Available at https://www.ucl.ac.uk/museums-static/digitalegypt/ideology/khoiak.html

투탕카멘 무덤에서 발견된 오시리스 모판

하워드 카터(Howard Carter)는 이집트 발굴 사상 가장 위대한 업적을 남긴 영국 출신의 이집트학 학자이자 고고학자이다. 가난한 화가로 정규 교육을 제대로 이수하지 못한 그는 17세 때 이집트 탐사기금 소속으로 이집트 무덤 벽화를 모사(模寫)하는 일을 맡게 되면서 이집트학 학자의 길을 걷게 된다. 그는 1899년부터 1905년까지 이집트 고대 유물국 책임 감독관으로 활동했다.

투탕카멘의 미라를 조사하고 있는 하워드 카터

1907년부터 카나본 경(Lord Carnarvon)의 후원을 받아 이집트 유적 탐사를 추진하던 그는 1922년 파라오 투탕카멘(Tutankhamen) 무덤 발굴을 주도하게 되었다. 그리고 그가 지휘하는 고고학 탐사팀은 이집트 유적 발굴 역사에서 최초로 거의 완벽하게 보존된 고대 이집트 파라오 무덤을 발굴하는 쾌거를 거두었다.[202]

비록 투탕카멘이 오늘날 람세스 2세와 함께 역대 이집트 파라오 가운데 가장 유명한 파라오 중 한 명으로 꼽히고 있지만 고대 이집트 왕조에서 그의 존재는 극히 미미했다. 19왕조 시대의 왕들은 아마르나 왕들로 일컬어지는데, 투탕카멘은 세 번째 왕으로 이집트학 학자들이 종교적 이단자로 평가하는 아케나톤(Akhenaton)의 아들이었다. 당대의 신관들을 탄압하고 종교관이 너무나도 혁명적이었던 탓에 19왕조 왕들은 고대 이집트 왕명표(王名表)에서 제외되는 수난을 겪었는데, 이것이 오히려 전화위복이 되어 도굴을 면할 수 있었다.[203]

투탕카멘의 무덤에서 발굴된 유물들

---

202 Waren, John, Egypt Feature Story: Howard Carter. Available at http://www.touregypt.net/featurestories/carter.htm.

203 카터, H. 2004.

지금까지 이집트 파라오의 무덤이 도굴되지 않고 거의 완벽한 상태로 발굴된 것은 투탕카멘의 경우가 유일하며, 그의 무덤에서 3,400여 점의 진귀한 보물들이 발굴되었다. 3중 관속에 누운 왕의 미라, 찬란한 황금 가면, 수많은 보석과 부적, 가구와 의복, 전차와 무기 등은 그 보존 상태와 양적, 질적인 면에서 '왕들의 골짜기'에서 발굴된 어떤 파라오 무덤보다도 이집트 고고학자들을 흥분시키기에 충분했다. 특히, 투탕카멘의 미라를 덮은 황금 가면은 보물 중의 보물로 평가되고 있다.

그런데 투탕카멘 무덤 발굴의 의미가 매우 높게 평가받는 것은 단지 값지고, 화려한 부장품 때문만은 아니다. 온전한 무덤 발굴은 그 시대의 미적 예술적 수준뿐 아니라 종교, 문화, 사회 전반의 분위기를 읽을 수 있는 좋은 단서를 제공하기 때문이다. 이집트학 학자들은 한없이 들뜨지 않을 수 없었다. 실제로 투탕카멘의 무덤에서 일반인들 관심에서는 벗어났지만, 이집트학 연구자들에게 매우 값진 부장품들이 많이 쏟아져 나왔다. 그중 대표적인 것이 바로 '오시리스 모판(Osiris Bed)' 또는 '싹트는 오시리스 상(germinating Osiris figures)'이다.[204]

---

204 West, Glennise. 2019. p.15.; Veiga, Paulaa. 2019.; The Festivals of Khoiak. Digital Egypt for Universities. Available at https://www.ucl.ac.uk/museums-static/digitalegypt/ideology/khoiak.html

투탕카멘 무덤에서 발견된 오시리스 모판

　무덤 한구석 장례 설비들 가운데서 이를 발견한 하워드 카터는 '가장 묘한 유물'이라고 표현하면서 그것이 장례 설비로서 오시리스와 죽은 왕의 부활을 상징하는 역할을 했으며, 고대 이집트 장례식에서 다양한 형태로 오시리스와 죽은 왕을 동일시했음을 알려주는 예 중 하나라고 설명한다.[205] 그런데 원래 이것은 코이악 축제에서 사용되던 곡물-미라의 일종이었다. 당시 왕이 죽으면 그의 장례식은 특별한 형태로 치러진 오시리스 축제와 네헵-카우 축제의 형태를 띠었다. 아마도 투탕카멘의 무덤에서 발견된 오시리스 모판은 이때 사용된 것이었을 것이다.

205　카터, H. 2004, p.412; Wilkinson, T. H. 2005, p.180.

곡물–미라

프톨레마이오스 통치 기간에 이집트를 방문했던 그리스 학자들은 속이 빈 미라 형태의 오시리스 인형에 모래와 보리를 채우고, 여기에 물을 주는 행사를 목격하고 기록으로 남겼다. 그런데 이미 훨씬 이전에 네 번째 달에 접어들면 고대 이집트 신전들에서는 곡물과 모래 등으로 오시리스와 소카 형상을 만드는 의식이 시작되었다. 그 제조 방법은 지역과 시기에 따라서 조금씩 달랐지만, 기본적으로 곡물–미라(corn mummies)를 만든다는 개념은 같았다. 그들은 이 두 형상에 물을 주고 햇빛을 비춰 싹이 나도록 했다.[206]

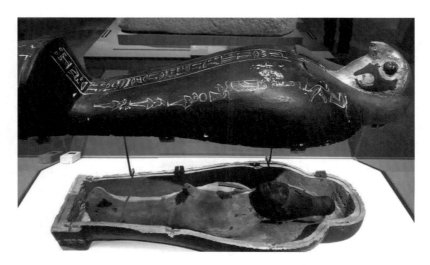

미니애폴리스 미술관(Minneapolis Institute of Art)에 소장되어 있는 오시리스 곡물 미라와 소카 신상 형태의 관

---

206 Eaton, Katherine. 2014, p.105.

보리 씨앗과 흙으로 형상을 만든 다음
천을 감아 완성한 오시리스 곡물 미라

　기원전 1300년경에 건축된 이집트 테베의 네페르호텝 1세
(Neferhotep I) 영안실에 기록된 바에 의하면 4번째 달 18번째 날부터
25번째 날까지 보리 모판으로 이루어진 오시리스 상에 물을 주는
행사가 이루어졌다.[207]

　보리 모판으로 이루어진 오시리스 상에 물을 주는 기간 중 열린
축제가 있었으니 '땅을 갈아엎는 축제(Hacking Up of the Earth Festival)'
가 바로 그것이었다. 4번째 달 22번째 날 열렸던 이 행사의 주요 내
용은 쟁기질과 파종이었다. 여기서 씨를 뿌리는 것은 오시리스의 매

---

207 The Festival of Khoiak. Available at https://www.ucl.ac.uk/museums-
　　static/digitalegypt/ideology/khoiak.html

장이나 묘지에 넣는 것을 의미하는 것으로 여기서 싹이 돋아날 때 이집트인들은 그것이 오시리스의 부활을 상징한다고 생각했다.[208]

소카-오사리스 축제

고대 이집트 달력으로 네 번째 달 스물여섯 번째 날 본격적인 축제가 열렸으니 그 이름은 소카 축제(Sokar Festival)였다.[209] 이 축제는 죽음 후에도 잠재적인 삶이 존재한다는 믿음이 반영된 행사였다.[210] 소카는 초기 왕조시대부터 멤피스에서 숭배되던 신으로 사실상 오시리스의 한 측면이라고 볼 수 있다.[211]

소카 축제는 원래 멤피스에서 거행되고 오시리스 축제는 아비도스에서 거행되었으나 신왕국 시대에 접어들면서 이 두 축제가 이집트 전역에서 거행되면서 합쳐졌다.[212] 1왕조 때부터 소카 축제는 멤피스에서 왕이 직접 주재한 것으로 보인다.[213]

축제에는 흙과 보리를 섞어 만든 소카 신상이 동원되었다.[214] 처음에 이 신상은 소카로만 불렸으나 오시리스 축제와 합쳐지면서 소카-오시리스, 또는 프타-소카-오시리스로 불리게 되었다. 당시 이집

208 Ismail, Fatma Talaat. 2019. p.123.

209 Eaton, Katherine. 2014, pp.109-111.

210 Wilkinson, Toby A. H. 2012. p.99.

211 Smith, Mark. 2017. pp.239-244.

212 Eaton, Katherine. 2014, p.106.

213 Gaballa, G. A. & Kitchen, K. A. 1969. p.18.

214 Corn Mummy. Brooklyn Museum. Retrieved from https://www.brooklynmuseum.org/opencollection/objects/154356

트인들은 소카가 이시스에 의해 수습되어 미라가 된 오시리스라고 생각했다. 그런데 소카와 오시리스는 외형으로 구분되었다. 오시리스 신상은 인간의 모습인데 소카 신상은 매의 모습을 하고 있었다.[215] 고왕국 5왕조 때부터 오시리스와 동일화되어 숭배되다가 헤로도토스 시대에 이르러 소카-오시리스 신앙이 대중화되었다.[216] 고대 이집트 네크로폴리스 지명인 사카라는 이 소카 이름에서 비롯되었다는 주장이 있다.[217]

메디넷 하부(Medinet Habu)에서 발견된 20왕조의 람세스 3세 (Ramesses III) 시대 달력에 따르면, 소카-오시리스 축제는 코이악 달 26번째 날부터 열렸다. 그 전날 밤 거행된 '두 여신의 축제(ntryt)'에서 행사에 참여한 이집트인들은 양파 5개로 목걸이를 만들어 목에 걸었다. 그 양파 5개는 죽은 오시리스의 오감을 되살리는 '입을 여는'의식이 관련이 있었다. 양파 다발을 든 사람들은 소카를 실은 성스러운 배인 헤누선(Hennu barque)을 따라 신전 벽을 도는 의식을 거행했다.[218]

소카-오시리스 축제는 대대적인 행렬을 이루면서 진행되었다. 이때 소카와 오시리스 신상을 각각의 신전에서 내와 헤누선에 실어 행렬에 동원했다. 또한 오시리스 모판도 따로 장례선에 실려 행렬에 합류했다.[219] 이 행렬은 오시리스 신화와 긴밀하게 연계된 것으로 축제 기간

---

215 Apuleius. 1975. p.36.

216 Chassinat, É. 1966.; Zaid, O. Abou. 2019. p.61.; Lloyd, Alan B. 1994. p.278.

217 Collins, Andrew. 2009. p.48.

218 Mironova, Alexandra V. 2020.

219 시기에 따라 행렬에 동원된 오시리스 및 소카 이미지가 조금씩 달랐다. 19왕조 때엔 이른바 '오시리스 주물 Osiris Fetish'라는 것이 헤누선에 실렸다. 그런데 프톨레미 왕

에 드라마로 연출되었다. 거기엔 독백과 대화 찬양, 춤과 음악이 아우러져 있었다. 이런 드라마는 축제에 참여하기 위해 몰려든 대중들이 함께 즐겼다.[220]

소카 신상과 오시리스 신상은 그의 성스러운 무덤이 있는 것으로 믿어진 장소로 이동되었다. 의식적으로 성스러운 호수로의 항해지만 현실적으로는 나일강과 사막지대를 지나는 여정으로 짜였다. 이 항해는 3일이나 걸렸다. 이 여정 동안 오시리스 신상과 소카를 비롯한 다른 신상들이 개입되는 신화적 드라마가 전개되는데 그 핵심적 내용은 세트와 그 밖의 오시리스 적들로 분장한 배우들이 이 행렬을 공격하는 것이다. 그리고 이 적들은 패배한다.

행렬이 오시리스의 묘지에 도달하면 그 신상을 이용해 오시리스의 부활 의식이 행해진다. 그 의식이 끝나고 나면 오시리스 신상은 대중들의 축하 행렬에 휩싸여 다시 그의 신전으로 되돌아가게 된다.[221] 하지만 소카 신상은 '소카의 집(House of Sokar)'이라 불리는 방에 묻혔다.[222]

조 때엔 새매 형태의 '소카-오시리스'와 자칼 형태인 '오시리스-케티멘티우Osiris-Khentyimentiu' 신상이 헤누선에 실리고, 장례선에는 오시리스 성기를 비롯한 오시리스의 조각난 신체들의 상징물들이 실렸다. 헤누선은 멤피스의 소카-오시리스 축제의 성스러운 배이며, 아비도스에서 오시리스 축제에 사용된 오시리스 베드를 위한 장례용 배는 네쉬멧 선Neshmet barque이라고 불렸다. Eaton, Katherine J. 2006. 참조.

220   Cornelissen, Matthieu. 2019.; Eaton, Katherine. 2014, p.106.

221   Dewsbury, Laura M. 2016. pp.91-92.; Mojsov, B. 2005. p.51; O'Connor, D. 2009. p.16.

222   Naydler, J. 1996. pp.80-81.

소카를 실은 헤누선 행렬

 네 번째 달 마지막 날의 오시리스 부활이 관련된 의식들은 비밀리에 치러졌다. 이런 비밀 의식은 신전의 특별한 방에서 거행되었다.[223] 이 의식의 구체적인 내용에 대해서 알려지진 않았지만, 중요한 내용은 오시리스 인형의 매장이었다. 이는 오시리스의 몸의 씨앗 발아가 무덤에서 일어난다는 것을 의미했다.

223 Cornelissen, Matthieu. 2019.; Eaton, Katherine J. 2006.

곡물-미라에 싹이 돋는 것의 상징

소카-오시리스 축제에서 드러나는 중요한 모티브는 곡물-미라에서 싹이 트는 것이다. 그렇다면 싹이 트는 것이 상징하는 바가 무얼까? 씨를 뿌리는 것은 오시리스의 매장이나 묘지에 넣는 것을 의미하는 것으로 여기서 싹이 돋아날 때 이집트인들은 그것이 오시리스의 부활을 상징한다고 알려졌다.[224] 씨앗이 싹트지 않고 있을 때는 일종의 휴면기로 오시리스가 죽은 상태를 의미한다고 본다. 하지만 싹이 트는 것처럼 생명력이 가시적으로 드러나는 과정이 작동한다면, 그것은 오시리스의 생명력이 활성 상태에 돌입한다는 것이다.[225] 따라서 고대 이집트인들이 소카-오시리스 축제를 통해서 오시리스의 부활을 기렸다는 게 주류 학계의 공통된 의견이다. 그런데 그것이 전부일까?

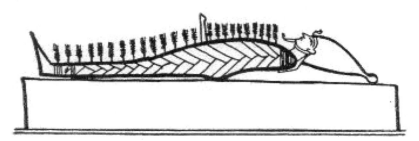

그레코-로만 시대에 작성된 주밀학 피피루스에 묘사된 오시리스 곡물 미라
곡물이 싹트는 모습과 함께 오시리스의 성기도 마치 새싹처럼 돋아 있는 묘사가 돋보인다

224　Ismail, Fatma Talaat. 2019. p.123.
225　Naydler, J. 1996. pp.78-79.

로마제국 시대에 만들어진 주밀학 파피루스(Jumilhac papyrus)에 그려진 오시리스 곡물-미라에는 오시리스 인형의 몸에 새싹이 돋아나 있는데 이와 함께 오시리스의 남근도 발기되어 있다. 이 장면은 새싹이 트는 것이 단지 오시리스의 부활을 의미하는 것이 아니라 앞으로 히에로스 가모스를 통해 새 생명인 호루스가 탄생함을 나타내는 것이라고 해석해야 하지 않을까?

제드 기둥 세우기 의식

많은 관련 학자는 오시리스 축제의 하이라이트로 4번째 달 마지막 날 거행되었던 것으로 추정되는 '제드 기둥 세우기(Raising of Djed Pillar)' 의식을 꼽는다.[226] '소카의 집'에서 거행되는 비밀 의식들의 종결 행사로 알려진 이 의식은 심야에 거행되었다.[227] 이 의식이 거행된 시점에 대해 학자들 간에 이견이 존재한다. 일부는 그것이 네 번째 달 마지막 날 밤에 이루어졌다고 주장한다.[228] 하지만, 일부는 그것이 다섯 번째 달 새벽녘에 이루어졌다고 본다.[229]

어쨌든 중요한 사실은 제드 기둥 세우기 의식이 치러짐으로써 부활의 시기인 2번째 프로엣(Proyet) 계절의 첫날이 도래하며 5번째 달

226 Taylor, John H. 2001, p. 204.; The Festivals of Khoiak. Available at https://www.ucl.ac.uk/museums-static/digitalegypt/ideology/khoiak.html
227 Wilkinson, R. H. 1994a, p.165.
228 The Festivals of Khoiak. Available at https://www.ucl.ac.uk/museums-static/digitalegypt/ideology/khoiak.html
229 Khoiak Festivals. OsirisNet. Available at https://www.osirisnet.net/tombes/nobles/kheru/e_kherouef_04.htm

의 첫날임에도 불구하고 고대 이집트인들은 그날을 또 다른 새해 첫날로 여겼다는 점이다.[230]

제드를 나타내는 상형문자는 기둥 형태다. 그런데 고대 이집트인 들은 이것이 오시리스를 상징한다고 믿었다. 그래서 종종 윗부분의 가로 막대들 양옆으로 눈을 그려 넣고 기둥이 오시리스를 나타내는 갈고리와 도리깨를 쥐고 있는 것처럼 묘사하곤 했다.[231]

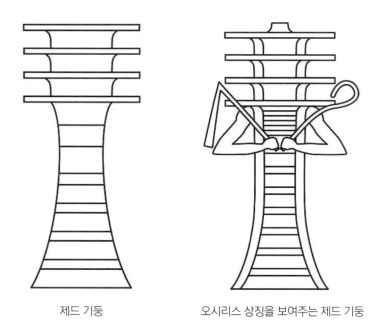

제드 기둥   오시리스 상징을 보여주는 제드 기둥

---

230   Naydler, J. 1996, pp.82-83.

231   Russmann, Edna R. et al. 2001, p.126.; Djed, Wikipedia. Available at https:// en.wikipedia.org/wiki/Djed#cite_note-9

아비도스의 세티 1세 신전 첫 번째 오시리스홀 서쪽 벽에는 '제드 기둥 세우기' 의식을 거행하는 모습이 그려져 있다.[232] 여기서 제드 기둥을 들고 있는 이는 수석 신관 또는 수석 의례 관리로 호루스의 역할을 맡았던 파라오가 분명하다.[233] 이 사실은 머리 위쪽에는 연상의 호루스를 나타내는 날개 달린 원반(구체)으로 확인된다. 그 앞에서 제드 기둥을 받는 모양새를 취하는 여성은 여 신관으로 이시스의 역할을 하고 있다. 이는 머리에 쓴 보좌 형태의 머리 장식으로 알 수 있다.

제드 기둥 세우기 의식

232 Park, Rosalind. 1995.
233 Frankfort, H., 1955. p.vii; Griffiths, J. G. 1980, pp.2-3; Tobin, V. A. 1998; Aldred, C. 1965, p.51. Wainwright, G. A. 1938. p.103.

관련 학자들은 이 의식이 오시리스 축제의 피날레를 장식하는 하이라이트로 오시리스의 부활을 상징한다고 한다. 그렇다면 오시리스 축제의 핵심은 오시리스 부활에 있는 걸까?

11장 의복 봉헌 의식

제드 기둥과 티트의 결합

지난 장에서 살펴본 바와 같이 고대 이집트 왕권 신화와 관련된 오시리스 축제 끝 무렵 제드 기둥 세우기 의식이 치러졌다. 관련 학자들은 파라오가 제드 기둥을 일으켜 세움으로써 오시리스 축제가 절정을 이루었다고 본다.[234]

하지만, 필자는 이보다 훨씬 더 중요한 의식이 후속으로 이어졌다고 생각한다. 제드 기둥이 세워지고 나서 행사 대단원의 막을 내리기 전에 한 가지 의식을 더 치렀다. 제드 기둥 세우기 의식을 묘사한 세티 1세 신전 부조를 자세히 살펴보면, 제드 기둥을 세운 뒤 그가 제드 기둥 앞에서 의식을 치르는 장면이 등장한다.

---

234 Wilkinson, R. H. 1994a. p.165.

제드 기둥 세우기 의식 후속으로 치러진 옷을 봉헌하는 의식

그런데 제드 기둥을 세울 때 모습과 비교하면 제드 기둥 모습이 다르다는 사실을 깨닫게 된다. 기둥 아랫부분에 뭔가가 묶여있다. 이것이 무엇일까?

고대 이집트 왕조시대 때 신상(神像)에 옷을 입히는 '옷 축제(Cloth festival)'가 이집트 전역에서 행해졌다.[235] 이런 맥락에서 이 장면은 '의복 봉헌(Offering of cloths)' 의식 정도로 부를 수 있다. 그런데 오시리스 축제에선 신상이 아니라 제드 기둥에 옷을 입힌다는 점이 다르다. 그렇다면 여기서 제드 기둥 하단에 두르는 옷의 정체는 무엇일까?

---

235 Quirke, Stephen. 2014. p.100.

앤 베어링(Anne Baring)과 줄스 캐쉬포드(Jules Cashford)는 그들의
저서 『여신의 신화(The Myth of Goddess)』에서 그것이 '티트'라고 말한
다.[236] 티트(Tit, Tiet, Tyat)는 이시스의 매듭(Knot of Isis)이라고 알려진
성물(聖物)이다.[237] 베어링과 캐쉬포드는 제드 기둥에 티트를 두르
는 것을 오시리스와 이시스의 결합(Union of Osiris and Isis)이라고 명명
하면서 이를 '조화의 회복(restoration of harmony)'을 위한 의식행위로
해석한다.[238] 두 성물의 결합이 상징하는 바를 이 정도로 판단해도
충분할까?

제드 기둥과 티트 조합의 중요성

제드 기둥과 함께 관속에 미라와 함께 넣어지는 부적으로도 많
이 사용되었던 티트에 관해 아직 그 정확한 정체가 파악되지 못하고
있다. 이 때문에 지금까지 파라오의 제드 기둥 세우는 장면에 대해
많은 이집트학 학자가 논의했고, 그 중요성을 언급한 논문들이 많이
나왔으나, 정작 이 마지막 티트가 묶인 장면은 이렇다 할 주목을 받
지 못했다.

---

236 Baring, Anne and Cashford, Jules. 1993, p.242.; The Djed Pillar. Available
    at http://www.lesphotosderobert.com/Egypte/AbydosE/SethyTemple/
    ComplexeOsirien/pilierdjed.html

237 Ancient Egypt-The Mythology. Available at http://www.egyptianmyths.net/
    isisknot.htm; Djed, Wikipedia. https://en.wikipedia.org/wiki/Djed#cite_
    note-9

238 Baring, Anne and Cashford, Jules. 1993, p.242.

제드 기둥과 티트가 나란히 배열된 부적

체다 목재로 만든 투탕카멘의 네모난 상자
모양의 가구 | 제드와 티트 문양이 교대로
배열되어 있다

　　제드 기둥과 티트는 고대 이집트에서 서로 매우 밀접하게 다루
어졌다. 이들의 조합은 고대 이집트의 신전 벽이나 무덤, 관, 가구
등 어디에서나 쉽게 찾아볼 수 있다. 예를 들어 투탕카멘의 무덤에
서 발굴된 보물 중에는 왕의 의복을 담아두기 위한 체다 목재로
만든 네모난 상자형 가구가 있는데, 이 가구 옆면에는 제드 기둥과
티트 형태들이 교대로 그려져 있다.[239] 그뿐만 아니라 투탕카멘의
관을 덮는 첫 번째 덮개의 옆면에도 제드 기둥과 티트가 나란히 짝

239　Von Dassow, Eva. 2008, p.157.; Eternal Egypt, Box Decorated with
　　Tiet and Djed signs. Retrieved from http://www.eternalegypt.org/
　　EternalEgyptWebsiteWeb/HomeServlet?ee_website_action_key=action.
　　display.element&story_id=&module_id=&language_id=1&element_
　　id=61139.

지어 있는 그림들로 채워져 있다.[240]

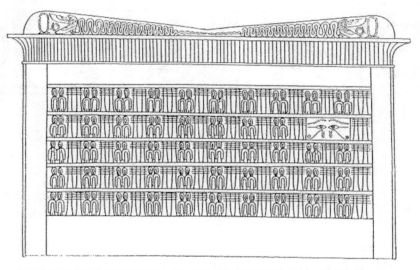

투탕카멘 관을 덮는 첫 번째 덮개 옆면 | 제드 기둥과 티트가 교차된 문양이 보인다

    이런 형태는 오시리스의 상형 문자가 나타나기 이전의 고왕국 시
대의 유물에서도 발견된다. 고왕국 3왕조 조세르왕의 희년 축제용
건축물에는 조세르 이름을 새긴 둥근 카르투시의 양옆에 제드 기둥
과 티트가 결합한 형태가 묘사되어 있다. 제드 기둥에 옷(loin-cloth)을
입힌 것 같은 형상을 하고 있다.[241]

---

240 Piankoff, A. 1955, p.134, fig.44.; Wilkinson, R. H. 1994a, p.200.

241 Rundle Clarck, R. T. 1993, p.237.

조세르 이름을 새긴 카르투시 | 양쪽에 제드 기둥과 티트가 결합한 형태가 보인다

이 모습은 세트 1세의 제드 기둥 세우기 의식에 등장하는 것과 정확히 일치한다. 제드 기둥에 치마와 띠가 묶인 형태이기 때문이다. 이 시기에 이미 고대 이집트에서 제드 기둥과 티트의 결합에 대한 상징이 보편화되어 있었다. 이런 관습은 2왕조의 카세케무(Khasekhemui)왕 시절에 만들어진 묘석에도 나타나는 것으로 보아 제드-티트 결합 의식은 이집트 왕조 초기 때부터 알려져 있던 풍습인 것이 확실하다.[242]

제드와 티트 결합은 히에로스 가모스?

고대 이집트인들은 제드 기둥과 티트가 각각 오시리스와 이시스의 대표적 상징으로 받아들이고 있었다. 또한 제드 기둥과 티트는

---

242   Rundle Clarck, R. T. 1993, pp.236-237.

이집트인들의 장묘 문화에서 가장 중요한 부적이기도 했다.[243] 룬들 클라크(R. T. Rundle Clark)는 이런 사실에 근거해 '제드 기둥에 티트를 묶는 의식'에 대해 다음과 같이 언급한 바 있다.

> "이 두 표상(表象)들의 조합은 오시리스와 이시스의 결합을 의미한다 고 보아야 한다. 이런 남성과 여성의 결합은 분명히 어떤 의미가 있 다. 하지만 이것이 여타의 다른 상징들과 어떤 관련이 있는지를 알아 내는 것은 불가능하다. (It is to be presumed that the combination of both emblems denotes the union of Osiris and Isis. This union of male and female obviously has some meaning, but it is impossible to see how it links up with the rest of symbolism)"[244]

그런데, 정말로 다른 상징들과의 관련성을 찾아내는 것이 불가능 할까? 우리는 이미 앞에서 오시리스가 죽은 다음 이시스와 성교를 하는 것, 즉 '히에로스 가모스'가 고대 이집트 왕권 신화에서 매우 중요한 모티프였음을 여러 신전 벽화와 왕실 종교의식을 통해 확인 한 바 있다. 그렇다면 룬들 클라크가 언급한 남성과 여성의 결합은 오시리스와 이시스의 성적 결합이라고 보는 것이 옳지 않을까? 이런 주장을 정당화하려면 뭔가 보다 구체적인 증거가 필요하다.

티트와 제드 기둥은 각각 여성과 남성 성기를 묘사한 것

월리스 버지는 여러 고대 이집트 문헌을 살펴보고 '티트'가 단순

---

243 Budge, E. A. Wallis. 1934, p.65.
244 Rundle Clarck, R. T. 1993, p.237.

히 이시스 여신의 '피'와 관련이 있는 것이 아니라 '월경 피'와 관계있으며, 구체적으로 그것이 '월경 피'가 나오는 기관이라는 결론에 도달했다.[245] 그런데 월경 피가 나오는 기관은 여성의 성기다.

이제 제드 기둥과 티트의 결합이 성적 결합이 되려면, 제드 기둥에 어떤 성적 상징성이 있어야 한다. 고대 이집트인들은 정액이 아기 잉태에 매우 중요한 역할을 하는 것을 잘 알고 있었으며, 정액이 남성의 뼈에서 나와서 아기의 골격을 형성한다고 생각했다. 따라서 고대 이집트인들은 정액의 출구에서 가까운 등뼈가 남성의 가장 중요한 성기 부분이라고 간주했다.[246]

앞에서 언급한 대로 고대 이집트인들은 제드 기둥을 오시리스의 등뼈로 인식하고 있었다.[247] 결국 제드 기둥은 오시리스의 성적 상징물이었으며, 티트가 묶이는 위치로 볼 때 '제드 기둥과 티트의 결합'은 성교를 가리키고 있다는 확신을 갖게 한다. 이와 관련하여 월리스 버지는 원래 제드 기둥이 성기와 연결되어 있었는데, 나중 사람들이 그런 관련을 모르게 되었다고 주장한다.[248]

월리스 버지의 이런 주장은 단지 막연한 추측에 근거해서 나온 것이 아니다. 그는 제드 기둥 세우기 축제에 나타난 상징물들을 전문가의 도움을 받아 인체 해부학적인 관점에서 해석했으며, 제드 기둥과 티트가 각각 남성과 여성 생식기관, 정확히 말하면 '성기'의 부

245 Budge, E. A. Wallis. 1934, p.66.
246 Shaw, Ian and P. Nicholson. 1995, p.265.; Schwabe, Calvin et al. 1982.
247 Gordon, Andrew Hunt and Schwabe, Calvin W. 2004, p.119.
248 Budge, E. A. Wallis. 1934, p.65.

정확한 그림이라고 믿을 만한 충분한 근거가 있다는 결론에 도달했다.[249] 그리고 그는 제드 기둥을 오시리스의 '천골(os sacrum)', 티트를 이시스의 '자궁(uterus)'과 '질(vagina)'이라고 말한다.[250]

리차드 윌킨스 같은 이집트학 학자는 티트가 원래는 이시스와 무관했는데 오시리스를 상징하는 제드 기둥과 자주 연관되다 보니 그것이 오시리스의 파트너인 이시스와 관련 있는 것처럼 되었다고 주장한다.[251] 하지만, 앞에서 살펴보았듯 이 두 상징물은 고대 이집트 왕국 초기부터 매우 긴밀하게 연관되어 있었고 월리스 버지의 해부학적 고찰로 판단컨대 처음부터 남성과 여성의 성적 결합을 상징했다고 봐야 한다. 따라서 이것들의 결합이 왕권 신화에서 매우 중요한 오시리스와 이시스의 '히에로스 가모스'를 상징하는 것이었음이 틀림없다.

오시리스와 이시스의 결합에 의한 호루스 잉태

지금까지 주류 학계에선 제드 기둥 세우기 의식이 오시리스 축제의 정점으로 피날레를 장식한다고 해왔다. 필자는 이 저술을 통해 이런 관점이 잘못되었음을 증명했다고 생각한다. 어차피 제드 기둥을 둘러싸고 일어난 의식으로 그 상징하는 바가 거기서 거기 아니냐는 반론이 제기될 수 있다. 하지만, 제드 기둥 세우기와 의복 봉헌 의식은 전혀 다른 상징체계를 보여준다. 제드 기둥 세우기 의식은 그 주

---

249   Ibid. p.292.
250   Budge, E. A. Wallis. 1973, Vol.2, p.365.
251   Wilkinson, R. H. 1994a, p.201.

물로 상징되는 오시리스 부활에 대한 것이고, 의복 봉헌 의식은 부활한 오시리스와 이시스의 히에로스 가모스에 관한 것이기 때문이다.

앞에서 신전 벽화에 묘사된 죽은 오시리스와 이시스의 성교 장면을 소개한 바 있지만, 그렇다고 이 장면이 오시리스 신화의 가장 핵심적 사건이라고 단정하기에는 다소 무리가 있었다. 오시리스 신화가 일목요연하게 정리되어 기록된 게 아니어서 단편적인 벽화의 한두 장면으로는 전체 맥락에서 그것의 중요성을 평가하기 쉽지 않기 때문이다. 하지만 이제 우리는 오시리스 축제의 하이라이트에 나타나는 제드-티트 결합의 본질적인 모습을 살펴봄으로써 고대 이집트 왕권 신화의 핵심이 오시리스와 이시스의 성적 결합, 즉, '히에로스 가모스'임을 알게 되었다.

12장 고대 이집트 왕권 신화의 최종 목표는 히에로스 가모스

『오시리스 찬가』에 나타난 히에로스 가모스

네덜란드의 고전학자 앤 버튼(Anne Burton)은 고대 이집트의 종교의식이나 희생제에서 오시리스 성기가 중요하게 다루어진 증거를 찾을 수 없다고 주장한다.[252] 하지만, 이미 우리는 헤로도토스의 눈에 비친 오시리스 축제에서 그 중요성이 드러나 있음을 확인했을 뿐 아니라 구체적인 증거들을 고대 이집트의 여러 신전 벽화를 통해 확인하였다. 거기엔 오시리스의 성기를 중심으로 벌어지는 일련의 상황들을 묘사하고 있으며 오시리스와 이시스의 성스러운 결합이 최종 목표임이 확실해 보인다. 하지만, 그 구체적인 정황은 설명되어 있지 않다.

아마도 독자들은 지금까지 소개된 벽화들에 나타나는 공통적인 상황에 대해 다음과 같은 의문을 제기할 것이다. 왜 이들 장면에서

---

252 Burton, Anne. 1973, p.97.

항상 오시리스는 누워있고, 히에로스 가모스는 여성 상위 체위로만 이루어지는 것일까? 그가 사실상 여전히 시신인 상태이며 오시리스가 이승 세계로 부활한 것이 아니기 때문일까? 이런 추정을 지지하는 듯한 내용이 신왕국 시대에 쓰인 『오시리스 찬가』에 다음과 같이 등장한다.

> "동생 이시스가 당신의 보호자 역할을 합니다. … 그녀는 마술적 힘을 가진 주술을 낭독합니다. … 그녀는 날아올라 주변을 수없이 맴돌며 슬픔을 주체하지 못해 통곡합니다. 그녀는 날개 짓하며 그녀 남편의 죽음에 통곡합니다. 그녀는 심장이 멈춘 남편의 성기를 일으켜 세워 거기로부터 정액을 뽑아내 후계자를 만듭니다."[253]

여기서 이시스의 목표는 오시리스의 부활보다는 오직 호루스 탄생에만 있는 것 같다. 그녀는 죽은 오시리스의 심장을 다시 뛰게 하는 과정은 생략한 채 그의 성기를 발기시키는 데 집중하는 것처럼 묘사하고 있으니 말이다. 실제로 토론토 대학 고전학과 교수인 에릭 카사포(Eric Csapo)는 오시리스 축제 때 행진에 동원되는 인형에서 성기만 움직일 수 있게 만든 것은 오시리스 시신 중에서 오직 성기 부분만 살아났음을 나타내기 위해서라고 주장한다.[254]

하지만 오시리스의 실질적인 소생에 방점을 찍는 견해도 있다. 오시리스의 성기가 분실되었다는 고대 그리스 학자들의 기록을 중시하는 영국의 이집트학 학자 그윈 그리피스(J. Gwyn Griffiths)는 이시스가

---

253 Budge, E. A. Wallis. 1973, Vol.1, p.94.
254 Csapo, Eric. 1997, p.271.

죽은 오시리스를 살려낸 다음 어떤 식이든 그와 성행위를 한 것 같다면서 그녀가 어쩌면 인조 성기를 사용해 임신을 가능하게 했을지도 모른다고 주장한다.[255] 하지만 앞에서 소개한 내용에서 오시리스의 생식기는 멀쩡히 제자리에 있으며 이시스가 그것을 '일으켜 세워 정액을 뽑아냈다'라고 그 기능까지 세밀히 묘사하고 있다.

『오시리스 찬가』는 고대 이집트 왕권 신화를 소개한 정통적인 문서가 아니기에 정말로 오시리스가 이승 세계에서 부활한 것이 옳은지 여부나 그의 성기가 분실되었음에도 '히에로스 가모스'가 가능했는지 여부를 판단하기는 어렵다. 하지만 여기서 확실한 사실은 그 어느 경우라고 해도 오시리스와 이시스의 '히에로스 가모스' 목적이 이승에서의 '후계자 호루스 잉태'라는 것이다. 플루타르코스가 사족처럼 기술한 내용이 사실 '히에로스 가모스'의 핵심이었고 후계자 호루스를 탄생시키는 것이 그 목적이었다!

호루스 탄생과 직결된 히에로스 가모스

미국 프린스턴 대학교의 비교문학 교수인 톰 헤어(Tom Hare)는 플루타르코스의 이야기에서 오시리스의 성기가 분실되는 것으로 묘사되고 있음에도 오시리스 신화 속에서 성기는 명백히 가장 중요하며, 그 이유는 오시리스를 호루스와 연결하기 때문이라고 말한다.[256] 고대 이집트 왕권 신화에서 죽은 오시리스의 성기가 발기되고 이시스

---

255 Rigoglioso, M. 2009, p.215.
256 Hare, T. 1999, p.23.

와 결합하여 호루스를 낳았다는 이야기는 가장 핵심이며 따라서 엄청난 중요성을 띠고 있음이 틀림없다.

오시리스의 남근을 숭배하는 것은 결코 그것을 분실했기 때문이 아니었다. 오히려 그것의 존재가 호루스 잉태에 결정적인 역할을 했기 때문이다. 또한 히에로스 가모스에서 핵심적인 부분은 정액 상태의 호루스를 담고 있는 오시리스 성기 부분임이 『오시리스 찬가』를 통해 확연히 드러나 있다. 결국 고대 이집트 신화에서 오시리스의 죽음과 부활은 오시리스와 이시스의 성교에 초점이 맞추어져 있으며, 이 히에로스 가모스를 더욱 극적인 이벤트로 만들어주는 역할을 한다고 볼 수 있다.

『피라미드 텍스트』와 히에로스 가모스

이제 오시리스와 이시스의 히에로스 가모스와 관련된 마지막 검증의 때가 되었다. 『피라미드 텍스트』에 과연 오시리스와 이시스의 히에로스 가모스가 언급되어 있는가 하는 점을 살펴봄으로써 고대 이집트 왕권 신화의 본질에 대한 결론에 마지막 방점을 찍는다. 정말 그 문서가 두 신 사이의 히에로스 가모스를 묘사하고 있을까? 결론부터 말하자면 '있다'이다. 『피라미드 텍스트』의 632행에 다음과 같이 오시리스와 이시스의 히에로스 가모스와 관련된 구절이 등장한다.

"당신의 여동생 이시스가 당신을 즐겁게 하려고 당신에게 다가갑니다. 당신은 그녀를 당신의 성기 위에 올려놓고 당신의 정액이 그녀에게로 흘러갑니다. 그녀는 이제 소프넷이 되었고, 호루스-소프두 (Horus-Sopdu)는 당신으로부터 방출되어 소프넷 안에 있는 호루스 가 됩니다."[257]

『오시리스 찬가』와 달리 여기서 오시리스 역할은 다소 능동적이다. 비록 상징적인 형식을 취하고 있긴 해도 권위 있는 문서에서 오시리스의 온전한 부활을 지지하고 있다.[258]

우나스 왕의 피라미드 텍스트

---

257 Faulkner, R. O. 1969, p.244.; 이 문단과 관련해 그윈 그리피스는 "오시리스가 … 오리온과 소티스(시리우스)와 사귀었다"라고 주장한다. 여기서 소티스(Sothis)는 소프넷 Sopdet의 그리스식 이름이다. Griffiths, J. Gwyn. Myths: Osiris Cycle. In Redford, D. B. 2002, p.254 참조. 하지만 오시리스가 오리온과 사귀는 것이 아니다. 그는 오직 시리우스, 즉 천상의 이시스와 사귄다. 오시리스는 오리온과 동일화되어 사Sah로써 소프넷Sopdet과 성적으로 교제하는 것이다.

258 대부분의 이집트학 학자는 오시리스의 부활이 명계에서 새로 태어나는 것으로 본다. 비록 그것이 신화적 공간이긴 하지만 명백히 기술된 내용은 오시리스가 저세상에서 태어나는 것이 아니라 현생에서 소생하는 것임을 가리킨다. 이 점은 고대 이집트 왕권 신화의 본질이 무엇인가 하는 문제와 직결되므로 다음에 다시 논의할 것이다.

10장에서 소개했듯이, 소프뎃은 시리우스성으로 상징적인 천상의 이시스다. 이 구절은 왕국의 초기 단계에 쓰였고 당연히 '시리우스성의 일출 동반(heliacal rising of Sirius)'과 관련이 있다. 초기 왕조시대 이집트인들은 천상적 수준에서 신화적 토대를 상상했다. 그들은 새해 첫날 동쪽 지평선 위로 떠오르는 태양을 이시스의 새로 태어난 아들인 호루스로 여겼다.[259] 그러나 여기서 호루스는 태양이 아니라 시리우스 내부에 존재한다. 어떻게 그럴 수 있나?

화자(話者)가 오시리스에게 말하고 있는 위 구절은 천상적 배경을 갖고 있다. 따라서, 오시리스 역시 천상적 존재인 어떤 천체일 것이다. 그렇다면 오시리스는 어느 천체에 해당할까? 고대 이집트인들이 천랑성인 시리우스성을 소프뎃이라 부르면서 이시스와 동일시했고, 오리온 좌를 사(Sah) 또는 사후(Sahu)라 부르면서 오시리스와 동일시했다.[260] 오리온 좌는 시리우스성에서 각도로 약 6도 떨어져 있으며 고대 이집트의 무덤 벽화에 이 두 천체가 함께 등장한다. 고대 이집트인들은 이 별자리를 시리우스성의 배우자로 생각했다.[261]

이제 천상에서의 히에로스 가모스를 심도 있게 해석해보자. 시리우스가 태양과 함께 떠오를 때, 오리온 역시 태양과 함께 나타난다. 따라서 우리는 세 천체, 즉 오리온 좌, 시리우스성, 태양이 모두 신화적 무대에 함께 나타난다고 상상할 수 있다. 첫 번째 단계에서

259 Horus the child, Ancient Egypt Online. Available at https://ancientegyptonline.co.uk/horuschild/

260 McNamara, Kenneth J. 2010, p.180.; Lull, Jose and Belmonte, Juan Antonio. The Constellations of Ancient Egypt. In Belmonte, Juan Antonio and Shaltout, Mosalam eds. 2009, p.161.

261 Wilkinson, Richard H. 2003. p.127.

호루스는 천상적 오시리스인 별자리 오리온에 정자 형태로 거주한다.[262] 두 번째 단계에서 정자 상태인 호루스는 오시리스의 사정으로 인해 천상의 이시스인 시리우스 성으로 이동해 그곳에 머무른다. 세 번째 단계는 위 구절에는 생략되었지만 새로 태어난 호루스가 천상의 호루스인 태양이 된다. 이것이 고대 이집트 왕권 신화의 최종적 결론이다.

에브 코크레인(Ev Cochrane)은 이집트학 학자들 대다수가 '호루스의 태양적 요소가 명백히 압도적이다(The solar element in Horus is clearly predominate)'라고 판단하지만, 초기 왕조시대엔 별로써의 호루스 존재감이 두드러졌다고 주장한다.[263] 하지만 고대 이집트인들은 천상의 '히에로스 가모스'에서 호루스가 이동하는 경로에 따라 몇몇 별을 거쳐서 궁극적으로 태양이 되었다고 보았음이 분명하다.

『피라미드 텍스트』에서 오시리스 부활의 의미

그런데 이 지점에서 우리는 한 가지 중요한 문제에 봉착하게 되었다. 히에로스 가모스가 천상 세계에서 펼쳐진다는 점이 바로 그것이다. 그리고 이 점 때문에 오래전부터 주류 학계에서 고대 이집트 왕권 신화에 대한 이상한 결론을 내려왔다. 오시리스의 부활이 이승에서의 부활이 아니라 저승에서의 부활이라는. 명계에서 죽은 자들의

---

262 새뮤얼 머서는 호루스가 오리온 좌의 7개 별 중 하나와 동일시되었다고 했다. Mercer, S. 1949. p.25.

263 Cochrane, Ev. 2017, pp.139-141.

지배자로 제2의 삶을 산다는 것이다.

오시리스가 명계에서 제2의 삶을 사는 것이란 아이디어는 물론 『사자의 서』를 기반으로 제기된 것이다. 거기서 오시리스를 명계의 통치자로 자리매김한다. 그렇다면 『피라미드 텍스트』에도 그런 내용이 실려있나? 필자는 6장에서 『피라미드 텍스트』는 『사자의 서』와는 다르다고 한 바 있다. 『사자의 서』는 장묘용으로 작성된 게 분명하지만 『피라미드 텍스트』는 그렇지 않다는 거였다. 거기에 물론 죽은 왕의 장례와 관련된 내용이 포함되어 있긴 하다. 하지만 그 부분은 왕실 종교의식의 일부분에 해당하며 전체적인 맥락에서 볼 때 그 문서는 장례나 장묘용으로 만들어진 게 아니라는 게 필자 결론이다.

하지만, 주류 학자들은 『사자의 서』와 마찬가지로 『피라미드 텍스트』에 죽은 이(왕)가 저세상으로 가서 불멸의 삶을 누리도록 하는 문구가 존재한다고 주장한다. 그리고 이런 주장의 근거는 일찍이 이집트 출신의 이집트학 학자 셀림 하산(Selim Hassan)으로부터 나왔다. 하산은 『기자에서의 발굴(Excavations at Giza)』에서 오래전 어떤 시대에 이집트인들은 죽은 왕의 영혼이 하늘의 별이 된다는 종교적 믿음을 갖고 있었다고 주장했다.[264] 하산의 주장은 새뮤얼 머서에 의해 다시 확대 재생산되었다. 그는 『피라미드 텍스트』에서 죽은 왕이 별이 되었다는 사실을 다음과 같이 지적한다.

오시리스와 오리온 좌가 동일시되었다는 점에 대해 놀랄 필요는 없다. 왜냐하면 『피라미드 텍스트』의 중요한 주제는 죽은 왕을 오시리

---

264 Hassan, S. 1946. p.43.

스와 완전히 동일시 하는 것이기 때문이다.[265]

　머서는 『피라미드 텍스트』의 주제가 되는 이야기가 죽은 왕이 별
로 다시 태어나며 그의 영혼은 하늘나라로 여행을 해 죽은 자들의
신이자 부활의 신인 오시리스의 별세계인 오리온 좌에 정착한다는
고대 이집트인들의 강력한 믿음이 반영되어 있다고 보았다. 오늘날
이런 관점은 이집트학 학자들에게 널리 받아들여져서 죽은 왕이 오
리온 좌가 되어 영면을 누리는 것이 『피라미드 텍스트』의 핵심 메시
지인 것처럼 해석되고 있다. 하지만 누차 강조하듯 이 문서의 핵심 메
시지는 오시리스와 이시스의 히에로스 가모스다. 오시리스의 영면이
아니라. 그렇다면 어디서 잘못된 것일까?

　주류 이집트학 학자들은 죽은 왕이 별과 동일시된다는 점을 그
가 오시리스가 되어 영면하는 것으로 잘못 이해했다. 만일 그렇다면
천상의 히에로스 가모스에 참여하는 이시스도 죽은 것인가? 그리고
새로 태어나는 호루스도 명계에서 태어나는 것인가? 필자는 죽은
왕이 오시리스와 동일시되어 오리온 좌로 가는 게 그가 영면에 들기
위함이 아니라 주술 의식의 한 과정이라고 생각한다. 히에로스 가모
스라는 목표를 향해서 가는 여정 중에 오시리스화 한 죽은 왕이 오
리온 좌에 머물 필요가 있는 것이다. 그리고 이 여정은 신화 속에서
살아있는 이시스와 호루스, 그리고 다른 신들이 함께 참여한다. 이런
주술 의식의 구체적인 성격에 대해선 이 저술을 통해 앞으로 차차 밝
힐 것이다.

265　Mercer, 1949. p.112.

연상의 호루스
Horus the elder

2부
두 호루스 문제

13장 고대 그리스 작가들이 채록한 오시리스의 형제자매와 자식들

알렉산드로스의 질투

기원전 4세기경 고대 이집트 왕국을 정복한 마케도니아의 알렉산드로스는 멤피스에서 종교의식을 치르고 파라오가 되었다.[266] 그는 이후 멀리 인도까지 정벌을 감행했다. 그런데 그가 이런 대장정을 펼치는 데 큰 동기를 부여한 인물이 있었다고 한다.

당시 그에게 필적할 만한 사람은 지상 어디에도 존재하지 않았다. 하지만 그에겐 잠 못 이루게 했던 경쟁자가 있었다. 바로 전설 속에서 온 세상을 돌아다니며 문명을 전파했다는 문화영웅(Culture Hero) 오시리스였다. 알렉산드로스의 인도 정벌은 그의 행적을 모방하기 위함이

---

266 Witt, De R. E. 1997, p.46.

었다고 전해진다.[267] 알렉산드로스는 후에 이집트학 성립에 크게 공헌한 나폴레옹의 역할 모델이었다. 나폴레옹은 알렉산드로스의 행적을 밟아 이집트 정복 후에 인도 정벌을 꿈꾸었다.

그런데 이러한 신화 속 문화영웅이 오히려 반대로 알렉산드로스의 대원정에 의해 재창조되었을 가능성이 제기되었다. 알렉산드로스의 인도 정벌에서 디오니소스의 인도 정벌 이야기가 만들어졌고, 이 이야기가 다시 디오도로스와 같은 작가에 의해 이집트 신화에 접목되었을 것이란 얘기다.[268]

이처럼 고대 그리스 시대 작가들이 태곳적 이집트 땅 문화영웅 오시리스를 당대의 역할 모델과 그들의 풍부한 상상력으로 꾸며냈을 가능성이 있지만 그들의 이야기 원천이 이집트 땅이었음은 틀림없다. 헤로도토스, 디오도로스, 그리고 플루타르코스는 이집트 땅을 여행하면서 아직 왕조시대가 유지되던 시절의 이집트인들에게서 문화영웅 오시리스의 이야기를 직접 듣고 채록했기 때문이다. 물론 상당 부분은 그들 시각에서 그리스적 잣대를 들이대 각색했을 것이다. 하지만, 오시리스의 혈연관계와 관련된 부분은 그곳에서 채록한 내용에서 크게 벗어나지 않았을 것으로 기대할 만하다.

---

267 Bernal, Martin. 1991, p.115. 엄밀히 말해서 디오니소스의 행적을 모방했다.; Tarn, W. W. 2003, pp.51-2.

268 Ryholt, Kim. Imatitio Alexandri in Egyptian literary tradition. In Whitmarsh, Timand Thomson, Stuart eds. 2013. p.76.

오시리스의 형제자매들

헤로도토스는 오시리스를 제우스의 아들로, 그리고 이시스를 제우스의 누이로 자리매김해서 그 둘이 조카와 고모 사이인 것으로 기록했다.[269] 디오도로스는 크로노스와 레아 혹은 제우스와 헤라 사이에서 오시리스와 이시스, 타이폰, 아폴로, 아프로디테가 태어났다고 적고 있다.[270] 플루타르코스는 크로노스와 여신 레아 사이에서 오시리스, 아폴로, 타이폰(세트), 이시스와 네프시스(Nephthys, 아프로디테)가 태어났다고 했다.

플루타르코스의 기록에 따르면, 크로노스와 레아의 은밀한 성 관계에 태양신 헬리오는 분노해 레아가 1년 중 그 어느 때도 출산할 수 없게 저주했다고 한다. 이를 안타깝게 여긴 헤르메스 신이 1년에 다섯 날을 더해주었고, 그 덕분에 크로노스와 레아 사이에서 이 닷새 동안 매일 한 명씩 모두 다섯 신이 차례대로 탄생했다는 것이다.[271] 아마도 플루타르코스는 고대 이집트인들이 12달에 추가된 5일 동안 치렀던 축제의 유래에 대한 설명을 채록한 듯하다. 실제로 고대

---

269 Herodotus, 1996, pp.144-145. 헤로도토스는 오시리스를 디오니소스와 이시스를 데메테르와 같은 신이라고 했다. 고대 이집트 신화에서 디오니소스는 제우스의 아들이고 데메테르는 제우스의 누이이므로 헤로도토스의 기록대로라면 이 둘은 조카와 고모 사이가 된다.

270 Diodorus. 1989. p.47. 고대 그리스 신화에서 크로노스와 레아 사이에서 올림포스 주신들인 포세이돈(Poseidon), 하데스(Hades), 데메테르(Demeter), 헤스티아(Hestia), 헤라(Hera, 그리고 제우스(Zeus)가 태어난 것으로 되어 있다. 제우스와 헤라 사이에서는 아레스(Ares), 에일레이티이아(Ilithya), 그리고 헤베(Hebe)가 태어났다고 되어 있다.

271 Plutarch. 2003. pp.31-33.; Budge, E. A. Wallis. 1994, p.217.; 플루타르코스는 전해오는 다른 가계도 소개했는데, 여기에는 오시리스와 아폴로가 태양신 헬리오에게서, 이시스가 헤르메스로부터, 타이폰과 네프시스는 크로노스로부터 나왔다는 것이다. Plutarch. 2003. p.3참조.

이집트인들은 이 추가된 5일 동안 성대한 축제를 열었다. 이 축제는 첫째 날 오시리스, 둘째 날 호루스, 셋째 날 세트, 그리고 넷째, 다섯째 날 각각 이시스와 네프시스 탄생을 기념했다.[272]

오시리스의 가계와 관련하여 형제자매에 대한 사항은 디오도로스와 플루타르코스의 기록이 상당 부분 같다. 헤로도토스는 오시리스와 이시스의 관계만 언급하고 있어 다른 형제자매의 존재 여부는 알 수 없지만, 디오도로스와 플루타르코스는 오시리스, 아폴로, 세트(타이폰), 이시스, 네프시스(아프로디테)가 형제자매라고 묘사한 점이 서로 일치한다.

오시리스의 자식들

오시리스의 자녀에 관해서는 헤로도토스, 디오도로스, 플루타르코스의 설명이 각각 다르다. 헤로도토스는 호루스와 부비스타스(Bubistas, 아르테미스)를 오시리스와 이시스의 자식으로 소개하며, 오시리스에게 딸이 있다고 주장한다.[273] 그러나 다른 두 학자, 디오도로스와 플루타르코스는 오시리스에게 딸이 있다고 언급하지 않는다. 특히 디오도로스는 오시리스의 해외 원정과 관련해 아누비스와 마세돈를 언급하는데,[274] 이시스의 오시리스 원수 갚기 장면에서는 갑자기 호루스가 그의 아들로 등장한다.[275] 앞에서의 두 아들은 전쟁에

272 Ancient Egyptian Festivals, Posted on December 13, 2017. Garstang Museum of Archaeology at the University of Liverpool. Available at https://garstangmuseum.wordpress.com/2017/12/13/ancient-egyptian-festivals/
273 Herodotus. 1996. p.145.
274 Diodorus. 1989. p.57.
275 Diodorus. 1989. p.65.

서 전사했고, 호루스는 그후에 얻은 늦둥이인 걸까?

디오도로스와 마찬가지로 플루타르코스의 기록에서 아누비스가 오시리스의 자녀인 것으로 되어 있다. 그러나 아누비스는 오시리스와 이시스 사이에서 태어난 것이 아니라 오시리스와 네프시스 사이에서 태어났다고 한다. 결국 적자(嫡子)가 아닌 서자(庶子)로 묘사되며, 이 때문에 아누비스는 왕권 쟁탈전의 전면에 나서지 않고, 이시스가 오시리스의 시신을 수습하는 것을 도와주는 역할만 한다고 플루타르코스의 기록에 나와 있다.[276]

연하의 호루스 vs. 연상의 호루스

오시리스의 형제와 자식들에 대해 기술한 디오도로스의 기록에는 한 가지 커다란 문제가 있다. 디오도로스는 오시리스와 한배에서 태어난 아폴로가 해외 원정 전쟁에 따라나섰다고 적시하고 있다.[277] 하지만 그는 다른 부분에서 오시리스의 아들인 호루스를 언급하며, 그가 아폴로로 불린다고 적고 있다.[278] 헤로도토스는 오시리스의 아들 호루스를 아폴로와 동일시 한 바 있으며,[279] 결국 헤로도토스와 마찬가지로 디오도로스도 호루스와 아폴로를 동일시했다. 그렇다면 혹시 오시리스의 형제인 호루스와 아들인 호루스가 각각 따로 있는 것일까?

---

276 플루타르코스에 의하면, 세트(타이폰)와 결혼한 네프시스가 오시리스와 동침하여 아누비스를 낳았다. 이시스는 아누비스를 불쌍히 여겨 그를 거두었다고 한다. Plutarch. 2003, p.39 참조. 이 기록대로라면 아누비스도 오시리스의 자식인 셈이다.

277 Diodorus. 1989, p.57.

278 Diodorus. 1989, p.83.

279 Herodotus. 1996, p.139.

이 문제에 대해 플루타르코스는 다른 해석을 제시한다. 그는 아폴로로 불리는 호루스가 실제로 오시리스와 한배에서 태어났지만, 레아의 배 속에서 오시리스와 이시스가 결합하여 낳은 아들이라는 식으로 설명한다. 이렇게 비록 한 배에서 나왔음에도 호루스를 오시리스의 아들로 자리매김하여 이 문제를 해결했다. 이런 식이라면 형제처럼 보이지만 실제로는 아들인 존재로 호루스를 자리매김할 수 있을 것이다. 이로써 디오도로스가 마치 오시리스와 형제인 호루스와 아들인 호루스가 따로 존재하는 듯 묘사한 부분은 아주 명쾌하게 해결된 것처럼 보인다.

하지만 여전히 개운치 않은 문제가 남아있다. 왜냐하면 플루타르코스는 이 호루스를 '연상의 호루스(Horus the elder)'라고 부르고 있기 때문이다.[280] 연상의 호루스라고 특별히 지칭하는 것은 그 상대 개념으로 '연하의 호루스(Horus the younger)'가 존재한다는 것을 전제하는 것이 아닌가? 실제로 플루타르코스의 기록은 동명이인인 두 명의 호루스가 존재함을 보여준다. 호루스가 아버지 오시리스의 원수를 갚는 것으로 대단원의 막을 내리면서, 플루타르코스는 마치 사족처럼 오시리스가 사후에 이시스와 관계하여 '아기 호루스'라고 해석할 수 있는 하포크레이츠(Harpocrates)를 낳았다고 짧막하게 언급하고 있기 때문이다.[281] 이처럼 오시리스 사후에 이시스와의 사이에서 태어난 호루스가 존재한다면, 결국 오시리스와 한배에서 태어난 연상의 호루스와 오시리스가 죽은 뒤 태어난 사생아인 연하의 호루스가 각각 존재한다는 얘기 아닌가?

---

280 Plutarch. 2003, p.133.
281 Plutarch. 2003, p.49.

오시리스의 형제자매들과 자녀들에 대한 고대 그리스 학자들의 견해

출처	오시리스의 형제자매들	오시리스의 자녀들
헤로도토스	언급 없음	호루스(아폴로), 부비스타스 (아르테미스)
디오도로스	이시스, 타이폰, 아폴로, 아프로디테	아누비스, 마세돈, 호루스(아폴로)
플루타르코스	이시스, 세트(타이폰), 네프시스(아프로디테)	연상의 호루스, 연하의 호루스, 아누비스(오시리스와 네프시스 사이)

지금까지 논의한 내용은 이집트학 학계에서 여전히 논쟁 중인 '두 호루스의 문제'와 관련이 있으며, 이 책에서 다루려고 하는 이집트 왕권 신화의 본질과 깊은 연관이 있다.[282] 지금까지 우리는 고대 그리스 학자들이 채록한 신화만을 토대로 오시리스 가계(家系)를 살펴보았다. 즉, 고대 이집트인들이 직접 남긴 기록이 아니라는 얘기다. 따라서 오시리스의 형제자매나 자녀들에 관한 문제를 제대로 파악하기 위해선 고대 이집트에서 직접 작성된 더욱 권위 있는 자료들의 해석이 요구된다.

---

282 Hollis, Susan Tower. 2009.

14장 고대 이집트 창조 신화에 나타난
오시리스 가계도

『브렘너-린드 파피루스』의 오시리스 가계도

1865년에 대영박물관은 오늘날『브렘너-린드 파피루스(The Bremner-Rhind Papyrus)』라 부르는 고대 이집트 문서를 입수했다. 1885년 대영박물관에서 일하고 있던 월리스 버지(Wallis Budge)는 이 문서를 참고하여 고대 이집트 상형문자 사전을 만들었다.[283] 그는 이런 작업 과정에서 이것이 데르 엘 바리(Deir el Bahri)에 있는 왕실 미라 은닉처에서 나온 장묘 문서로 보았다. 그러나 이 문서를 완역한 영국 문헌학자이자 런던대학교(UCL) 언어학과 교수를 역임한 레이먼드 포크너(Raymond O. Faulkner)는 이 문서가 테베에서 제작되었으며 신전 도서관의 종교 저술 작업을 통해 만들어진 것으로 판단했다.[284] 거기에 담

---

283   Budge, E. A. Wallis. 2013, p.xlvii.
284   Faulkner, Raymond O. 1933, pp. III-VI.

긴 내용의 상당 부분이 신전 공식 의식과 관련이 있었기 때문에 포크너의 이런 견해가 오늘날 주류 학자들에게 받아들여지고 있다.[285]

『브렘너-린드 파피루스』

　『브렘너-린드 파피루스』는 통상 장묘 문서로 쓰이는 것과는 다른 구성으로 되어 있다. 『사자의 서』로 대표되는 장묘 문서들은 죽은 자들이 하계(Underworld)에 있는 오시리스 세계로 진입할 수 있도록 돕는 주술문 위주로 구성되어 있다. 하지만 이 문서에는 축제나 종교의식 때 사용된 신들에 대한 찬송이나[286] 태양신에 의한 창조와 같은 내용들이 실려있다.

285　Reidy, Richard J. 2010, p.158.
286　Faulkner, Raymond O. 1933, pp. VI-VII. 이 문서의 초반에는 오시리스 축제에 사용된 것으로 보이는 이시스와 네프시스의 노래, 소카에 대한 찬송, 하토르와 오시리스에 대한 찬양 노래들이 실려있다.

이 문서의 많은 내용에는 테베 교단의 교리가 반영되어 있다. 하지만 그중 일부에 헬리오폴리스 신학의 창조 신화를 기술한 내용이 포함되어 있다. 오시리스의 탄생과 관련된 부분이 바로 여기에 등장한다. 여기서 창조를 주관하는 이는 태양신 아툼(Atum)이다. 그는 수음(手淫)으로 슈(Shu)와 테프네트(Tefnet)라는 신을 탄생시키고, 그다음이 둘이 겝(Geb)과 누트(Nut)를 낳으며, 마지막으로 이 두신 사이에서 오시리스, 두 눈의 호루스(Horus Two-Eyed, Mekhantenirti), 세트, 이시스, 그리고 네프시스가 탄생하는 것으로 되어 있다.[287]

호루스를 포함한 다섯 신이 여신의 한배에서 태어났다는 내용은 디오도로스와 플루타르코스의 기록과 일치한다. 『브렘너-린드 파피루스』의 최종본은 프톨레마이오스 통치기인 기원전 4세기경에 만들어졌는데[288] 아마도 고대 그리스의 학자들이 이 내용을 알고 있었던 것으로 보인다. 그리스 학자들은 세트를 타이폰으로 네프시스를 아프로디테로 불렀다.

고대 이집트 창조 신화들

『브렘너-린드 파피루스』의 창조 신화는 오시리스의 가계를 매우 자세하게 설명하고 있지만, 기록된 시기가 너무 늦어 그것이 정말로 고대 이집트의 정통 신학을 담고 있는지에 대해서는 의문의 여지가 있다. 따라서, 좀더 권위 있는 기록들이나 문서들을 참고할 필요

---

287 Faulkner, R. O. 1938, p.41.; García, José Lull. 2011, p.26.; Hollis, Susan Tower. 2019, p.32.

288 Assamann, J. 2001, pp.119-121.

가 있다. 고대 이집트의 문헌 분석에 따르면 헤르모폴리스, 헬리오폴리스, 멤피스, 테베의 4가지 창조 신화가 있다.

헤르모폴리스 신화는 주로 원초의 물에 초점을 맞추고 있으며, 그 고유한 특성은 오그도아드(Ogdoad)라는 8명의 신으로 표현된다. 이들 중에 아문(Amun)이라는 신이 창조에 가장 크게 기여했다.[289] 이 신들은 결국 모여 최초의 땅인 '태고의 언덕(primeval mound)'을 만들어 냈고, 거기에서 태양이 솟아올라 세상을 밝혔다.[290]

헬리오폴리스 신학에서는 창조가 아툼에서 비롯된다. 이 신은 나중에 태양신 라로 현현하게 되는, 원초적 물속의 불활성 잠재적 존재다. 아툼은 스스로를 탄생시킨 후 태고의 언덕에서 슈, 테프네트, 겝, 누트, 오시리스, 세트, 이시스, 네프시스의 8신의 탄생을 주관한다. 아툼과 이 8신들을 합친 9신을 통칭해 '엔네아드(Ennead)'라 부른다. 이는 주신(主神)을 의미한다.[291]

멤피스 창조 신화에서 최초로 세상을 창조한 존재는 프타(Phta)다. 그는 먼저 태고의 언덕 화신인 타-테넨(Ta-tenen)을 창조했다.[292] 그의 창조는 '말씀(Word)'과 '마음(Mind)'에 의해 이루어진 지성적인 것이었다. 프타의 창조적인 말과 생각이 엔네아드를 낳았다.[293]

---

289 Hart, George. 1995. p.10.

290 Fleming, Fergus and Lothian, Alan. 1997.pp.27-28.

291 Wilkinson, Richard H. 2003. pp.99-100.; Pinch, Geraldine. 2002b, p.66.; Haynes, John H., Deity in the Biblical communities and among their neighbors. In Suggs, M. Jack & Sakenfeld, Katharine Doob &Mueller, James R. eds. 1992, p.145.

292 Fleming, Fergus & Lothian, Alan. 1997. p.25.

293 Allen, James P. 2000. p.172.

테베 창조 신화에 따르면 세상은 최고 신 아문에 의해 창조되었다.[294] 아문의 창조 행위는 원시 물의 고요함을 깨고 오그도아드와 엔네아드가 나타나게 했다.[295] 테베 신학에서 아문은 단순히 오그도아드의 일원이 아니라 세상 모든 것 뒤에 숨겨진 힘이었다. 그는 창조 이후 다른 오그도아드와 함께 망각의 존재로 머물지 않고, 원초적 언덕인 타-테넨이 되었다.[296] 그리고 엔네아드는 아문의 현현으로 여겨진다.[297]

지금까지 간략히 소개한 고대 이집트 창조 신화들은 근본 철학이나 세부 묘사에 차이가 있지만 이 세상이 원초적 물에서 솟아 나온 최초의 땅과 태양으로부터 시작되었다는 공통된 주제를 공유한다.[298] 이러한 창조 신화 중 오시리스와 그의 가계가 잘 묘사된 것은 멤피스와 헬리오폴리스 신학에 포함된 내용들이다.

멤피스 신학과 『사바카석』의 창조 신화

고대 이집트 말기 왕조시대인 기원전 7세기경에는 과거의 영광을 되살리려는 강력한 회귀 움직임이 나타났다. 이 시기에 만들어진 유적과 유물들은 2천 년 전 고왕국 시대의 그것들과 구분할 수 없을

294 Seton-Williams, M. V. 1999, p. 6.
295 Fleming, Fergus and Lothian, Alan. 1997.pp.28-29.
296 Hart, George. 1995. p.24.
297 Assamann, J. 2001, pp.119-121.
298 Ancient Egyptian creation myths, Wikipedia. Available at https://en.wikipedia.org/wiki/Ancient_Egyptian_creation_myths#CITEREFFlemingLothian1997

만큼 유사했다. 마치 2천 년 동안 숨겨져 있던 설계도들이 있어 이것들을 바탕으로 복원 작업이 이루어졌다고 밖에 볼 수 없을 정도다.

이러한 역사적 복원과 과거 회귀의 움직임은 에티오피아인인 사바카(Shabaka)가 사이스의 기존 왕조를 격파하고 25왕조를 수립하면서 본격적으로 시작되었다. 그는 오늘날 수단 지역에 있었던 쿠쉬 왕국을 기반으로 이집트를 통일했고, 이를 통해 자신이 고대 이집트 파라오 전통의 적법한 계승자임을 입증할 필요성을 절감했다. 이를 위한 그는 고대 이집트 왕국의 첫 번째 통일 왕국 수도였던 멤피스로 수도를 정했다.[299]

사바카석

299 Bodine, Joshua J. 2009.; Kraus, R. Wie jung ist die memphitische Philosophie auf dem Shabaqo-Stein? In Larson, John A. &Teeter, E. & Wente, E. F. eds. 1999, pp.239-246.; Dungen, Wim van den. The Theology of Memphis: fugal monotheism, creative speech & pan-en-theism in Ancient Egyptian thought. Available at http://www.sofiatopia.org/maat/memphis.htm#4

한편 그는 자신이 종교적 차원에서 고대 이집트 왕권의 정식 후계자임을 자처할 필요가 있었다. 이를 위해 그는 2천 년 전의 멤피스 신학이 담긴 종교문서를 작성했다. 바로 그 결과물이 『사바카석(Shabaka Stone)』이다. 이 비문을 처음 분석한 학자들은 그것이 고왕국 시대의 1, 2왕조 때 만들어진 건지 아니면 5, 6 왕조 때 만들어진 건지를 놓고 격론을 벌였다.[300] 이는 당시 사람들이 유적과 유물뿐만 아니라 고왕국 시절에 존재했던 종교문서까지도 충실하게 복원했음을 보여주는 증표라고 볼 수 있다. 그런데 『사바카석』에 『브렘너-린드 파피루스』에 있는 것과 비슷한 창조 신화가 등장한다.

멤피스 창조 신화에 따르면, 아톰-라 신이 원초의 물에서 솟아난 '프타라는 태고의 언덕(Ptah the Hill)'에 앉아 8신을 창조 하는 작업을 시작했다고 한다. 이를 통해 그는 '부동의 운행자(Unmoved Mover)'가 되었다고 전해진다.[301] 그의 창조 행위로 먼저 슈와 테프누트가 탄생하고 이 둘 사이에서 겝과 누트가 탄생한다. 이후 겝과 누트 사이에서 오시리스, 이시스, 세트와 네프시스가 탄생하는 것으로 되어 있다.[302] 여기서 오시리스 형제자매 가운데 '호루스'가 포함되어 있지 않다.

---

300 Assmann, J. 1996, p.346.

301 CHAPTER VIII: The Memphite Theology is the Basis of all Important Doctrines in Greek Philosophy. Available at https://www.sacred-texts.com/afr/stle/stle12.htm

302 Assmann, J. 1996, p.347.

헬리오폴리스 교단

헬리오폴리스는 오늘날 이집트의 수도 카이로에서 북동쪽으로 약20 여 킬로미터 떨어져 있으며, 고왕국 5왕조 시절부터 왕권 신앙의 최고 중심 교단 역할을 해왔다. 멤피스 교단에 대해서는 그리 많은 것들이 알려지지 않았지만, 헬리오폴리스 교단에 대해서는 오늘날 비교적 많은 사실이 알려져 있는데, 이는 『피라미드 텍스트』가 발견된 덕분이다.

헬리오폴리스의 신관들은 고대 이집트 왕국 초창기부터 활동하며 신학 체계를 주도적으로 수립했다. 그러나 이들이 작성한 것으로 여겨지는 매우 체계적인 도그마를 담은 문서는 오늘날까지 전해오지 않는다. 다만 그 일부 내용이 고왕국 5·6왕조 시대 때 피라미드 내벽에 기록된 『피라미드 텍스트』 형태로 전해지고 있다.

『피라미드 텍스트』에 나타난 창조 신화

『피라미드 텍스트』에도 고대 이집트의 창조 신화가 기록되어 있다. 이 신화에 따르면 태초에는 '눈(Nun)'이라는 '원초적 물'이 존재했으며, 이 물에서 만물이 창조되었다는 것이다. 이 원초의 물에서 아툼이라는 태양신이 스스로를 창조하고, 이후 다른 신들을 만들어내기 시작했다. 『피라미드 텍스트』 1248a~1248d행에는 아툼이 헬리오폴리스에서 수음을 통해 슈와 테프누트라는 남녀 쌍둥이를 창조했다고 기술되어 있다. 그러나 1652c행에서는 아툼이 슈를 재채기해서 내어놓고, 네프누트는 뱉어냈다고 묘사하고 있다.[303] 이후 슈와 테프누프가 결합하여 남녀 신인 게브와 누트를 탄생시키고, 다시 게브과 누트가 결합하여 오시리스, 이시스, 세트, 그리고 네프시스를 낳는 것으로 끝이 난다. 이 명단에 호루스는 포함되어 있지 않다.

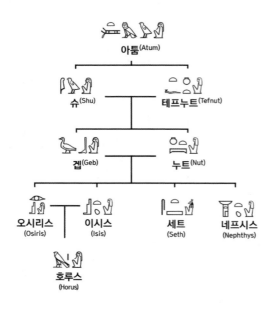

『피라미드 텍스트』 창조 신화에 등장하는 엔네아드 계보

이처럼 관련 학자들에 의해 가장 권위 있는 문서로 평가되는 『피라미드 텍스트』에 따르면, 게브와 누트 사이에서 태어난 자녀들은

303   Pinch, Geraldine. 2002b, p.63.; Hart, George. 1995. p.13.

오시리스, 세트, 이시스, 네프시스 단 네 명이다.[304] 여기에 호루스가 끼어들 여지는 없다. 『피라미드 텍스트』 1652b~1655c행은 이 부분을 다음과 같이 명백히 보여준다.

"불사조의 집인 벤벤석 위로 떠오르십니다. 당신은 슈를 뱉어냈고, 테프누트를 뱉어냈으며, 카의 상징인 두 팔로 그들을 포옹하여 당신의 카가 그들 안에 있게 합니다. … 오, 위대한 헬리오폴리스의 만신이시여! 아툼, 슈, 테프누트, 게브, 누트, 오시리스, 이시스, 세트, 그리고 네프시스여. 아툼의 아이들이여 …"[305]

이 구절에서 우리는 고대 이집트의 전통적 신앙 체계에서 게브와 누트의 자녀들에 호루스는 포함되지 않는다는 결론을 내릴 수 있다.[306] 이는 사실상 창조 신화에 있어 멤피스 신학과 헬리오폴리스 신학이 상당 부분 일치한다는 사실을 가리키고 있다. 독일 이집트학 학자 쿠르트 세트(Kurt Sethe)는 원래 선왕조 시대부터 헬리오폴리스를 중심으로 교단이 번성하고 있었는데 왕조시대에 접어들면서 멤피스가 수도가 되면서 멤피스 교단이 형성되었다고 보았다. 그리고 원래 번성했던 헬리오폴리스 신학의 편린이 5·6왕조의 『피라미드 텍스트』

---

304 Wilkinson, R. H. 2003, pp.17-18.; Dunand, F. et al. 2004. p.29, p.44.; Hart, G. 1995, pp.14-15.

305 Egyptology Online: Religion in ancient Egypt. Available at http://www.egyptologyonline.com/religion.htm.

306 Pinch, G. 2002a, p.33.

로 남아있다고 판단했다.[307] 물론 이 주장은 아직 가설일 뿐이다. 하지만 한 가지 확실한 점은 고대 이집트 초기의 권위 있는 신학 체계에 누트의 자궁에서 태어난 호루스가 존재하지 않으며, 오직 오시리스와 이시스 사이에서 태어난 호루스만 존재한다는 사실이다.

307   Assmann, J. 2002. p.347.

15장 오시리스 부활을 주도하는 호루스

고대 그리스 작가들의 두 호루스 이야기

디오도로스는 오시리스가 군사를 거느리고 세계를 정복하러 갈 때 그의 동생 호루스(아폴로)와 동행했다고 했다.[308] 이후 이시스는 아들 호루스의 도움을 받아 타이폰을 죽이고 이집트의 여왕이 되었으며, 그 뒤를 이어 호루스가 왕이 되었다고 기록되어 있다.[309] 디오도로스의 이야기에는 삼촌과 조카 관계인 두 명의 호루스가 분명히 존재한다. 반면, 플루타르코스는 오시리스에게 동생인 호루스의 존재를 부정했다. 그는 오시리스와 한배에서 나온 호루스가 사실 오시리스가 어머니 여신의 뱃속에서 이시스와 관계해 낳은 아들인 연상의 호루스라는 설명을 제시했다. 그리고 그는 오시리스가 죽은 후 이시스와의 사이에서 또 다른 호루스가 태어났다고 언급한다. 그의 이야기 속에서 이 호루스가 유일한 '연하의 호루스'임이 틀림없다.

---

308 Diodorus. 1989, p.57.

309 Ibid. pp.67-69.

앞에서 살펴보았듯 고대 이집트의 가장 정통성 있는 문서들로 평가받는 『사바카석』과 『피라미드 텍스트』에 기록된 창조 신화에는 오시리스와 형제인 호루스는 존재하지 않는다. 따라서 디오도로스의 기록은 정통 고대 이집트 신화와 일치하지 않는다. 이제 남은 것은 플루타르코스의 기록이다. 과연 오시리스에게 정말 두 명의 호루스라는 아들이 있었던 것일까? 고대 이집트 신전이나 피라미드 내벽에 묘사된 신화적 그림들과 쓰인 글들은 플루타르코스의 기록을 지지하는 듯 보인다.

오시리스 부활을 주도하는 호루스

고대 그리스 학자들이 재구성한 오시리스 신화에서 오시리스의 시신을 수습하러 다니는 이는 이시스다. 따라서 적잖은 관련 학자들은 오시리스의 부활이 이시스의 주도로 이루어졌다고 생각한다.[310] 그러나 고대 이집트 관련 문헌들을 살펴보면 이는 사실과 다르다는 것을 알 수 있다. 『피라미드 텍스트』 1257행에는 이시스와 네프시스가 오시리스를 미라로 만들었다고 기록되어 있다.[311] 하지만 이 대목을 근거해서 이시스 주도의 오시리스 부활이 이루어졌다고 볼 수 없다. 미라 만드는 행위는 부활의 준비단계에 불과하기 때문이다.

---

310 "After Osiris' brutal murder at the hands of his brother Seth, Isis recovers his corpse and, uses her magic powers to revive [him] for just long enough to conceive a son." Willis, Roy. 2012, pp.232-233.

311 Faulkner, R. O. 1969, p.200.

『피라미드 텍스트』에는 호루스가 그의 죽은 아버지 오시리스를 위해 행한 여러 가지 마술 의식들이 기록되어 있으며, 그후에 쓰인 몇몇 문헌은 그 마술 의식이 무엇이었는지 자세히 묘사하고 있다. 이런 의식들과 호루스가 외운 주문들은 단 한 가지 목표를 갖고 있는데, 그것은 오시리스의 죽은 신체를 되살려내는 것이다.[312] 한 예로 『피라미드 텍스트』 1683~1685행을 살펴보자.

> "나를 위해 일어나주세요, 오 나의 아버지시여! 나를 위해 일어나주세요, 왕이신 오시리스여! 나는 진정한 당신의 아들 호루스입니다. 내가 당신을 위해 여기 왔습니다. 당신을 깨끗이 닦고, 정화하기 위해서 …나는 당신을 살리려고 합니다. 당신의 뼈를 한데 모으고, 당신의 살점을 한데 모으고, 당신의 찢긴 신체 부위를 한데 모아서 … 왜냐하면 나는 그의 아버지를 보호하는 호루스이기 때문입니다."[313]

영국의 대영박물관 이집트 유물관 부관리자 앨런 스펜서(Alan J. Spencer)는 오시리스가 세트에 의해 신체가 갈기갈기 찢겨서 죽었다는 사실이 이 장면과 일치한다고 말한다.[314] 여기서 호루스가 맡고 있는 역할은 고대 그리스 문서에서 이시스와 네프시스의 역할로 대치된다. 그러나 위 인용문에서 볼 수 있듯 고왕국 시대에는 분명히 호루스가 직접 오시리스의 시신을 수습하고 그를 살려내려고 한다.

---

312 Budge, E. A. Wallis. 1973, Vol.2. p.82.

313 Faulkner, R. O. 1969, p.242.

314 Spencer, Alan J. 1991, pp.41-42.

그런데 『사바카석』에는 관련 내용이 아래와 같이 조금 다르게 기술되어 있다.

"이시스와 네프시스가 쳐다보다 그를 발견하고 물 밖으로 끄집어냈습니다. 호루스가 이시스와 네프시스에게 다음과 같이 명령했습니다. 그를 잡으시오. 그가 물에 빠져 죽지 않도록 하시오. 호루스가 이시스와 네프시스에게 말했습니다. '서두르시오. 그를 잡으시오.' 이시스와 네프시스가 오시리스에게 말했습니다. '우리가 당신을 구하러 왔습니다.' 그들은 제때 나타났습니다. 그리고 그들은 그를 물가로 데려갔습니다."[315]

고대 그리스 학자들 기록처럼 여기에 오시리스가 이시스와 네프시스에 의해 구조되고 있다. 하지만, 이 모든 것이 호루스의 명령으로 이루어졌음을 강조하여 사실상 오시리스 부활을 호루스가 주도했음을 밝히고 있다.[316] 헨리 프랭크포르는 고대 이집트 왕권 신화에서 호루스가 오시리스 부활을 '주도'했다고 말한다.『사바카석』에서 호루스가 주관하여 오시리스가 구조되는 것과 『피라미드 텍스트』에서 호루스가 오시리스를 돕는 모든 행동들의 유발자로 기록된 것이 상호 일치한다는 것이다.[317]

---

315 Assamann, Jan. 2001, p.349.

316 Frankfort, H. 1955, p.31.

317 Ibid. 오시리스-이시스 신화에 대한 그리스 학자들의 기록에서 이시스가 오시리스를 부활시키는 주도적인 역할을 하는 것으로 묘사된 것은 당시 이시스 숭배가 성행하여 그 여신의 위상이 다른 어느 신보다도 높아졌기 때문으로 볼 수 있다.; Witt, De R. E. 1997, p.55.; Isis, Wikipedia. Available at http://en.wikipedia.org/wiki/Isis

오시리스 부활의 호루스 주도를 보여주는 신전 벽화들

고대 이집트 신전 벽화들에 묘사된 오시리스 부활 장면에서도 호루스의 역할이 두드러져 나타나 보인다. 덴데라 하토르 신전 벽화에 죽어서 침상에 누워있는 오시리스에게 직접 '입을 여는 의식(Ritual of Opening the Mouth)'을 시행하고 있는 호루스 모습이 등장한다.[318] 이시스와 네프시스는 앞뒤에서 이 장면을 지켜보고 있다. 죽은 자의 '입을 여는 의식'은 마술로써 죽은 자에게 감각들을 되돌려주려는 목적에서 행해졌다고 알려졌다.[319] 따라서 오시리스의 입을 여는 의식은 오시리스를 되살리려는 것이라고 말할 수 있다. 또한 덴데라 벽화 중에는 막 깨어나는 오시리스를 맞이하는 형태의 호루스 모습도 나온다. 이는 사실상 오시리스 부활을 호루스가 주도함을 보여주는 것이다.

덴데라 신전 벽화에 묘사되어있는 호루스 주관으로 오시리스의 입을 여는 의식

---

318 Budge, E. A. Wallis. 1973, Vol.2. p.54 그림 참조.
319 Roth, Ann Macy. 1993.

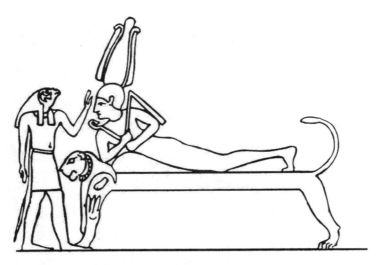

덴데라 신전 벽화에 묘사되어있는 오시리스 부활을 주도하는 호루스

　　한편 세티 1세의 오시리스 신전 프타-소카 채플 벽화의 한 장면
에는 이시스와 함께 호루스가 침상 앞에 서서 오시리스의 부활을 주
도하는 듯한 모습이 등장한다. 이어지는 장면에서는 새매로 변한 이
시스가 오시리스의 남근에 올라타 성교하며 호루스가 이를 돕는 듯
한 모습을 보여주고 있다.[320]

320　Hare, T. 1999, pp.120-121.

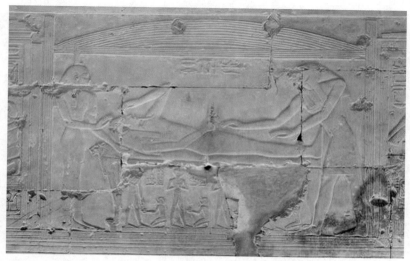

아비도스의 세티1세 프타-소카 신전에 묘사된 오시리스 부활 장면의 오른쪽에는 이를 주도하는 호루스가 묘사되어 있다

소카의 정체

이 시점에서 소카 신에 대해서 생각해보자. 오시리스 이름이 이집트 땅에 처음 나타나기 전에 그와 비슷한 성격을 띤 듯 보이는 신으로 소카가 있었다.[321] 소카는 왕조시대 초기부터 멤피스에서 숭배되던 신으로 그 형태는 매의 모습이었다.[322] 고왕국 5왕조 때부터 오시리스와 동일화되어 숭배되기 시작해 신왕조 때엔 오시리스의 다른 이름이거나 그의 한 측면으로 인식되었다.[323] 헤로도토스 시대에 이르

---

321 Gaballa, G. A. and Kitchen, K. A. 1969, p.58.;Cervelló-Autuori, Josep. 2005, p.34.

322 Apuleius. 1975, p.36.

323 "After the New Kingdom Sokar was increasingly little more than a name or aspect of Osiris." Gaballa, G. A. and Kitchen, K. A. 1969, p.36.

러 소카-오시리스 신앙은 대중화되어 있었다.[324]

주류 학계에서는 원래 소카신이 멤피스의 지역신이었는데[325] 초기 왕조 시절에 알려지지 않았던 오시리스가 5왕조 이후 이집트 땅에 널리 알려지며 이 신의 속성을 흡수했다고 본다.[326] 하지만 지금까지의 논의에서 오시리스가 이미 선왕조 시대부터 고대 이집트인들에게 잘 알려져 있던 신격이라는 여러 정황이 드러났다. 따라서 원래 전혀 오시리스와 무관했던 소카가 오시리스에 흡수된 것은 아닐 것이다. 그렇다면 그 신의 정체는 무엇일까?

소카는 오시리스와 동일시되기도 하지만[327] 호루스와도 깊이 연관되어 있다.[328] 따라서 단순히 소카를 오시리스라고 볼 수 없다. 프랑스의 CNRS 석좌 연구원인 이집트학 학자 루스 슈만-앙텔므(Ruth Schumann-Antelme)는 소카가 이시스와의 성교 직전에 아버지 오시리스와 곧 태어날 그의 아들 호루스가 겹쳐서 표현된 신으로 묘사한다.[329] 제레미 나이들러는 매 모습의 소카 신을 호루스와 오시리스의 합체(amalgam)로 본다.[330]

---

324 Chassinat, É. 1966.;Lloyd, Alan B. 1994, p.278.; Zaid, O. Abou. 2019, p.61.

325 Gaballa, G. A. and Kitchen, K. A. 1969, p.18.

326 Smith, Mark. 2017, pp.239-244.

327 Gaballa, G. A. and Kitchen, K. A. 1969, p.58.

328 Ibid.

329 Schumann-Antelme, Ruth et al. 2001, p.18.

330 Naydler, Jeremy. 1996, p.219.

『피라미드 텍스트』 620행에 소카는 호루스가 지탱하고 있는(bear up) 상태의 오시리스라고 되어 있다.[331] 따라서 아직 그 정확한 상황을 말할 수는 없으나 최소한 소카가 호루스의 도움을 받는 상태에 놓인 오시리스라고 볼 수 있다.[332] 이처럼 오시리스가 매 형태로 표현된 건 오시리스 부활에 호루스가 아주 가까이에서 중요한 역할을 맡고 있음을 상징적으로 표현한 것이라고 볼 수 있다.

히에로스 가모스와 두 호루스 문제

1부에서 필자는 오시리스와 이시스의 히에로스 가모스를 이시스가 주도하는 것으로 묘사한 「오시리스 찬가」 구절과 오시리스가 주도하는 것으로 묘사한 『피라미드 텍스트』 구절들을 소개했다.[333] 또한, 세티 1세의 오시리스 신전 프타-소카 채플 벽화에서 새매로 변한 이시스가 오시리스의 남근에 올라타 성교하려는 장면이 호루스의 관여 없이 두 신 사이에서 이루어지는 것처럼 소개하기도 했다.[334] 그러나 이제 이 모든 일에 호루스가 관여하고 있음을 알 수 있게 되었다. 앞에서 확인해 본 바와 같이 권위 있는 고대 이집트 창조 신화에서는

---

331 Faulkner, R. O. 1969, p.119.

332 Gaballa, G. A. and Kitchen, K. A. 1969, p.58.

333 Budge, E. A. Wallis. 1973, Vol.1, p.94.; Faulkner, R. O. 1969, p.244.; Bauval, Robert and Gilbert, Adrian. 1994, p.136.; Baines, John. Origins of the Egyptian Kingship. In O' Connor D. and Silverman, D. P. eds. 1995,pp.129-130.; Jacq, Christian. 2009, pp.24-25.; Eliade, Mircea. 1963, p.6

334 Hart, G. 1995, p.32.; Muller, Louise. The Greco-Egyptian origins of Western myths and philosophy, and a note on the magnificence of the creative mind. In Mosima, Pius M. 2018, pp.251-281.

오시리스와 이시스의 형제로서의 호루스는 존재하지 않는다. 따라서 오시리스의 부활과 오시리스와 이시스의 히에로스 가모스를 주도하는 호루스는 이들 사이에서 태어난 아들 호루스임이 명백하다.

한편 1부에서 오시리스와 이시스의 히에로스 가모스 목적이 아들 호루스를 탄생시키는 것임을 확인한 바 있다. 따라서 히에로스 가모스의 결과로 태어나는 호루스가 존재할 것이다. 이러한 구도가 사실이라면 오시리스와 이시스 사이에 두 명의 아들들인 연상의 호루스와 연하의 호루스가 존재했다는 플루타르코스의 기록에 정당성이 부여되는 것 같다. 만일 그렇다면 이 둘 중에서 누가 세트와 싸우고 승리해 대관식을 치르는 것일까?

16장 고대 이집트 왕권 신화의 중요성

고대 이집트 종교의식과 축제의 중요성

몇몇 신권국가의 국민을 제외하고 오늘날 현대인들에게 있어 신앙생활은 지극히 개인적인 문제다. 하지만, 고대 문명권에서 신앙은 개인적인 것이 아니고 집단적, 나아가서 국가적인 차원의 문제였다. 이 정도로 설명하면 독자 대부분은 그들이 오늘날 신권국가 수준의 종교 환경에서 살았다고 생각할 것이다. 하지만, 그런 수준을 훨씬 넘었다. 그들 신앙의 원천은 신화였으며, 신화를 생활 속에서 여러 종교의식으로 반복하는 것이 그들에겐 역사였기 때문이다.

영국 옥스퍼드 대학의 이집트학 교수였던 존 바인즈(John R. Baines)는 고대 이집트에서 역사가 종교의식이며, 종교의식이 곧 역사라고 주장하면서, 왕권 그 자체가 종교의식이라고까지 말한다.[335]

---

335 Baines, John. Origins of the Egyptian Kingship. In O'Connor D. and

프랑스의 이집트학 학자이자 베스트셀러 작가 크리스티앙 자크 (Christian Jacq)는 그의 대표적인 역사 에세이 『위대한 파라오의 이집트(L'Égypte des grands pharaons)』에서 고대 이집트 기록에는 현대에 유행하는 '역사적 관점'이나 '객관적 역사'는 없다고 하면서 파라오들에게 중요한 것은 그들 백성의 역사를 자연과 신과의 합일이나 축제로 축복하는 것이라고 주장한다.[336] 여기서 자연이나 신과의 합일은 주로 신전에서 신관 중심으로 거행된 종교의식을 말하는 것으로 보이며, 축제는 신성 도시들을 중심으로 거행된 대중적인 종교축제를 가리키는 것으로 보인다.

신화가 역사다!

미국 시카고 대학 종교학과 교수를 역임한 미르치아 엘리아데 (Mircea Eliade)는 고대 사회에서 종교의식이나 축제의 주요 내용이 아주 오래된 신들의 성스러운 이야기, 즉 '신화'라고 지적한다. 그는 당시 이집트인들에게 진정한 역사는 우리가 생각하는 사실 그대로의 기록이 아니라, 그들에게 항상 현실을 다루고 있다고 여겨진 신화였다고 말한다.[337]

　　　　Silverman, D. P. eds. 1995,pp.129-130.

336　Jacq, Christian. 2009, pp.24-25.; 크리스티앙 자크. 1997, p.24.

337　"The myth is regarded as sacred story, and hence a 'true history', because it always deals with realities." Eliade, Mircea. 1963, p.6.; Eliade, Mircea. Myth and Reality. In Miles-Watson, Jonathan and Asimos, Vivian eds. 2019, p.110.; Rennie, Bryan S. 1996, p.63.

엘리아데는 『영원회귀의 신화(Eternal Return of Myth)』에서 '영원회귀'
란 주술적 의식 등을 통해 일시적으로 매우 중요한 특정한 태고의
'신화시대(mythical age)'로 되돌아가는 것을 반복한다는 의미다.[338] 고
대 이집트인들에게 이 특정한 태고의 신화시대는 주로 오시리스와 이
시스의 시대였을 것이다.

고대 이집트 왕권 신화와 파라오의 중요성

고대 이집트에서 왕권은 그들 종교에 있어서 핵심적인 요소였다.
수석 신관으로서 왕은 인간과 신을 연결해주는 고리 역할을 했기
때문이다.[339] 따라서, 오시리스-이시스-호루스와 관련된 왕권 신화
는 그들에게 있어서 무엇보다도 중요했다. 그런데 그들이 느끼는 중
요성은 오늘날 우리가 신화나 종교에 대해 느끼는 것과 근본적으
로 달랐다.

네덜란드 라이덴 대학(Leiden University)의 이집트학 교수인 올라
프 케이퍼(Olaf E. Kaper)는 고대 이집트에서 국가와 종교가 왕권 신화
를 통해 불가분으로 뒤엉켜 있었으며, 상호 간에 그 역할을 보조하
고 인정하는 관계를 맺었다고 주장한다.[340] 왕권 신화는 고대 이집트

---

338 Doniger, Wendy. Foreword to the 2004 Edition. InEliade, Mircea. 2004, p.
     xiii.; Eternal return (Eliade), Wikipedia. Available at https://en.wikipedia.
     org/wiki/Eternal_return_(Eliade)

339 Kingship was a key element of Egyptian religion, through the king's role
     as link between humanity and the gods. Egyptian mythology. Wikipedia.
     Available at https://en.wikipedia.org/wiki/Egyptian_mythology

340 Kaper, Olaf E. Myths. In Redford, D. B. ed. 2002, p.243.

왕, 파라오의 권한을 둘러싸고 전개되는 신화를 말하며, 따라서 이 역사화된 신화 또는 신화화된 역사의 한가운데에 파라오가 있었다. 따라서 고대 이집트의 파라오는 어떤 의미에서 그 어느 신들보다도 더 중요한 존재였다는 것이다.[341]

341 Baines, John. Origins of the Egyptian Kingship. In O'Connor D. and Silverman, D. P. eds. 1995, p.113.

17장 오시리스 축제에 드러난 호루스의 역할

오시리스 축제의 주요 내용

고대 이집트에서 대중적으로 가장 중요시했던 축제는 오시리스 축제였다. 멤피스와 아비도스에서 매년 거행된 이 축제는 고대 이집트 달력으로 네 번째 달 후반부부터 준비되고 진행되어 다섯 번째 달 첫날에 이르는 순간 절정을 이루었다. 오시리스 축제는 이미 1부에서 멤피스의 소카 축제를 중심으로 소개한 바 있으며, 여기서는 아비도스에서 열린 축제를 살펴보려 한다.

중왕국 시대부터 아비도스에서 매년 다섯 번째 달 첫날 신전 안에서 신의 역할을 맡은 신관들이 주관하는 비밀스럽고 성스러운 의식과 결합하여 일반 대중들이 참여하는 대규모의 축제가 열렸다. 이 축제에서 오시리스의 시신을 실은 배가 행진했는데, 신전에서 출발하여 무덤으로 가는 동안 일반 대중들이 일정 역할을 맡아 참여했다. 축제 시기가 가까워지면 이집트 전역에서 수천 명의 순례 행렬이 아비도스로 몰려들었으며, 평생에 꼭 한 번은 이 축제에 참여하는 것이 고대 이집트인들의 큰 소망이었다.[342]

여러 종교의식과 행진들로 구성된 이 축제는 오시리스 신화의 여러 에피소드를 바탕으로 한 것이다. 신화에 따르면 오시리스는 세트와 그의 추종자들에 의해 살해된다. 이를 재현한 첫 번째 의식은 신관들이 의식용 배에 오시리스 신상(神像)을 싣고 신전에서 출발하는 장면으로 시작되며, 행진 중에 세트와 그의 무리로 분장한 신관들에 의해 공격받고 신상이 누워지면서 그의 죽음이 선언하는 장면으로 이어진다.

두 번째 의식은 '셈 신관의 출동(Going Forth of Sem Priest)'이다. '셈 신관'이 아버지의 복수를 위해 출동하는 의식이다. 여기서 셈 신관은 호루스를 나타내는 의복을 입고 등장한다.[343] 곧이어 그는 적들을 몰아내고 쓰러진 신상을 다시 신전으로 들여서 미라 만드는 의식을 주도한다.

그다음 오시리스 신상을 배에 싣고 셈 신관이 앞장선 세 번째 의식인 '위대한 출동(Great Going Forth)'이 이어진다. 이 행진에는 이집트 민중들도 참여하는데 이들은 행렬이 나아가는 길 양옆에 서서 오시

---

342 Breasted, James Henry. 1906, pp.297-298.

343 이 행진은 '웹와웻의 출동(Going Forth of Wepwawet)'이라고도 불렸다. 웹와웻은 쟈칼 형상을 한 신으로 호루스의 다른 형태로 알려져 있다. Lavier, M-Christine. 1998 참조.

리스의 먼 여행길을 축복했다. 이 행진은 곧바로 두 세계를 나누는 넓은 물(바다?)을 상징적으로 건너는 행사로 이어진다. 이렇게 해서 최종적으로 도달하는 곳은 장제전이었다. 그리고 그곳 지성소(Holy of the Holies)에서 오시리스 장례식이 거행되었다.[344]

장례식은 일부 신관들에 의해 비밀 의식들이 진행되었고, 가장 중요한 의식은 '제드 기둥 세우기'와 '의복의 봉헌' 의식이었다. 관련 학자들은 주로 제드 기둥 세우기 의식을 축제의 절정이라고 평가하지만,[345] 필자는 이보다 의복의 봉헌 의식이 진정한 의미에서 축제의 절정이라고 본다.

제드기둥세우기 의식 장면의 분석

오시리스 축제는 주로 셈-신관에 의해 주도되었는데 그 축제 막바지의 제드 기둥 세우기 의식에서 그는 직접 제드 기둥을 일으켜 세우는 역할을 했다. 그후 그는 제드 기둥을 이시스 여신 역할을 하는 여 신관에서 넘겨준다. 이어지는 의복 봉헌 의식에서는 제드 기둥 하단에 티트가 묶이는데, 이는 오시리스와 이시스의 신성한 결합(히에로스 가모스)를 상징했다는 것이 1부의 가장 중요한 결론 중 하나였다.

---

344   Ibrahim, Hebatallah Sobhy. 2020.

345   Wilkinson, R. H. 1994a, p.165.

오시리스 축제의 마지막 단계에서 거행되는 제드 기둥 세우기 의식

그렇다면 이 히에로스 가모스를 주도하는 주체는 누구일까? 우선 제드 기둥을 세우는 이가 누구인지 주목해보자. 그는 바로 셈 신관, 신화적 공간에서의 호루스다. 앞서 15장에서 오시리스 부활을 호루스가 주도한다는 사실을 확인했듯, 여기에서도 호루스가 오시리스 부활을 주도한다는 사실을 알 수 있다. 그리고 이어지는 의복 봉헌 의식 또한 그가 집행하며 결국 이는 호루스가 오시리스와 이시스의 히에로스 가모스를 주도하는 것으로 해석할 수 있다.

그 결과 새로운 호루스가 탄생할 것이며, 이것이 히에로스 가모스의 최종 목적일 것이다. 그런데 여기서 중요한 의문에 봉착하게 된다. 왜 한 호루스가 히에로스 가모스를 통해 또 다른 호루스의 탄생을 도모하는 것일까? 이 문제는 매우 심각하다. 앞에서 강조했듯이 고대 이집트 종교축제는 이집트인들의 생생한 역사 그 자체였기 때문이다.

복잡해진 고대 이집트 왕권 신화 구도

1부에서 필자는 고대 그리스 학자들이 채록한 오시리스와 이시스 이야기를 소개하고, 고대 이집트 문서를 통해 파악된 왕권 신화 내용을 정리했다. 이로부터 파악된 합리적인 왕권 신화 내용을 요약하면 다음과 같다.

> 먼 옛날 오시리스가 이집트 땅을 통치했다. 그는 농업과 주조 등 인류에게 많은 것을 가르쳐준 문화영웅이었다. 그런데 어느 날 동생 세트가 그를 죽이고 왕위에 올랐다. 세트는 죽은 오시리스의 시체를 여러 조각내어 이집트 땅 전역에 흩뿌렸다. 오시리스의 아내 이시스는 이를 찾아 이집트 전역을 헤매었고 결국 모든 시신 수습에 성공한다. 그리고 히에로스 가모스를 통해 그와의 사이에서 호루스가 탄생한다. 호루스는 성장하여 세트를 물리치고 왕좌에 오른다.

그런데 이제 좀더 자세히 살펴보면 이 내용에 중요한 호루스 역할이 빠져 있다는 사실을 알 수 있다. 따라서 이 문제를 고려해 다시 정리하면 다음과 같이 된다.

먼 옛날 오시리스가 이집트 땅을 통치했다. 그는 인류에게 많은 것을 가르쳐준 문화영웅이었다. 그런데 어느 날 그의 동생 세트가 그를 죽이고 왕위에 올랐다. 그는 죽은 오시리스의 시체를 여러 조각내어 이집트 땅 전역에 흩뿌렸다. 오시리스의 아내 이시스는 여동생 네프시스와 함께 오시리스 시신을 찾아 이집트 전역을 헤매었고 결국 모든 시신 수습에 성공한다. 그런데 그의 아들 호루스가 이 과정에 깊이 개입하여 주도한다. 그뿐 아니라 호루스는 오시리스 부활 및 오시리스와 이시스의 히에로스 가모스도 주도한다. 이를 통해 아기 호루스가 탄생한다. 호루스는 나중에 세트를 물리치고 왕권을 차지한다.

비교적 완결성을 띠었던 앞글과는 달리, 호루스의 역할을 강조한 이 두 번째 이야기는 다소 애매하다. 연상의 호루스가 연하의 호루스 탄생을 주도하면서 왕권을 차지할 두 명의 호루스가 등장하게 되었기 때문이다. 그렇다면 궁극적으로 오시리스의 후계자로 왕권을 물려받을 호루스는 둘 중 누구일까? 그냥 두면 자신이 왕권을 물려받았을 연상의 호루스가 군이 연하의 호루스가 탄생하도록 해 왕위 계승에 대한 복잡한 구도를 자초한 이유는 무엇일까?

18장 호루스 왕의 대관식

죽은 파라오가 오시리스와 동일화된 이유

고대 이집트에서 신화가 곧 역사였음을 보여주는 가장 큰 증거는 바로 대관식이다. 왕이 죽으면 왕위 계승자는 반드시 대관식을 치러야 했고, 이 의식은 철저히 왕권 신화적 배경에서 이루어졌다. 그래서 대관식은 오시리스의 왕위를 호루스가 승계하는 공식을 따랐다.

죽은 파라오가『피라미드 텍스트』에서 주로 오시리스 신과 동일시되었다는 점은 이미 언급한 바 있다. 이를 형상화하기 위해 그는 미라로 만들어졌고, 신화 속 오시리스의 모습과 유사하게 꾸며졌다. 죽은 왕을 오시리스처럼 꾸민 것은 그를 명계의 영원한 지배자로 만들기 위해서가 아니라 영원회귀의 '역사' 구현을 위해 대관식으로 대표되는 왕실 종교의식에 한시적으로 '사용'하려 함이었다.

대관식이 오시리스 축제와 겹쳐질 때

대관식에 있어 한 가지 확실했던 점은 종교의식 목적으로 죽은 왕의 미라가 '사용'되었다는 사실이다. 이와 관련하여 헨리 프랑크포르는 왕이 죽어서 오시리스가 되기 때문에 이집트 사람들이 매년 기리던 신이 실제로 그들 앞에 선왕 시체 형태로 나타난다고 말한다. 그는 계속해서 다음과 같이 주장한다.

> *"자연의 힘들 복구가 이때보다 더 부활에 대한 희망과 결부된 때가 없었다. 항상 이 계절에 내재해 있던 번영에 대한 기대와 보장이 '제드 기둥 세우기' 축제에 이어 새 왕의 대관식 행사들이 거행될 때보다 더 생생히 체험되었던 적이 없었다."[346]*

프랑크포르의 지적에서 알 수 있듯 왕이 죽고 대관식이 치러져야 하는 경우 그 의식은 오시리스 축제의 마지막 부분의 '제드 기둥 세우기 의식'과 '의복 봉헌 의식' 직후 거행되었다. 다시 말해 호루스 왕의 대관식은 오시리스와 이시스의 히에로스 가모스 의식과 연계되어 있었다. 프랑크포르는 계속해서 다음과 같이 말한다.

> *"따라서 선왕의 죽음이 호루스가 오시리스를 계승한다는 공식에 현실성을 부여했을 때 오시리스 축제일 중에 거행되는 왕위 계승의 의식들은 오시리스 축제와 왕실 의식의 조합으로 이루어지는 것이 아니라*

---

346 Frankfort, H. 1955, p.194.

이 두 가지가 아예 한 의식으로 합쳐져서 거행된다. 그런데 이 의식은 왕을 통해 자연의 섭리 안에서 작동하는 한 사회의 저변에 깔린 구상이 아주 특별한 강도로 실현되었다."[347]

대관식이 열리는 경우 오시리스 축제의 레퍼토리가 다소 바뀌었다. 오시리스 신상의 자리에 죽은 파라오 미라가 놓였고, 장례식은 대관식과 병행해서 진행되었다. 이는 대관식의 날짜가 단순히 새로운 시작을 의미하는 날에 맞춰진 것이 아니라, 오시리스 축제의 마지막 절정에 자연스럽게 접목되도록 설계된 것을 의미한다. 앨런 가디너는 이러한 접목이 네 번째 달 중순부터 시작되어 다섯 번째 달 첫날 끝나는 오시리스 축제가 명백히 오시리스와 호루스의 신화적인 역사 속에서 한 범례로 만들어진 왕권에 대한 드라마이기 때문이라고 말한다.[348]

실제의 대관식 vs. 이론적 대관식

프랭크포르의 주장을 요약하자면 다음과 같다. '왕이 죽으면 그 왕의 시신은 오시리스로 꾸며져 대관식에 사용되며 그 대관식은 오시리스 축제의 절정 순간과 일치하여 치러진다.' 그런데 왕이 항상 오시리스 축제 시기에 맞추어서 죽을 리 만무하다. 그렇다면, 왕이 언제 죽든 그의 시신은 오시리스 축제 때 '사용'될 수 있도록 준비되어야 할 것이다. 죽은 파라오를 미라로 만드는 것은 오시리스의

347 Ibid.
348 Gardiner, A. H. 1915, p.124.

토막 난 시신을 묶는 종교적 상징 이외에 시신이 대관식에서 '사용'
될 수 있도록 보존할 필요에도 있었다. 대관식 날까지 부패하지 않
도록 미라로 처리해야 했던 것이다.

그렇다면, 후계자는 오시리스 축제가 끝날 때까지 왕좌에 오르
지 않고 대기해야 했을까? 그건 아니다. 선왕의 타계 즉시 그는 대
관식을 치르고 보좌에 올라 이집트 왕국을 통치했다. 하지만, 이것
은 공식 대관식이 아닌 약식 대관식으로 일종의 즉위식(accession) 이
었다. 통치자의 공백기를 극복하기 위해 임시방편으로 치렀다고 볼
수 있다. 공식 대관식은 따로 거행되었으며, 오시리스 축제의 절정에
맞춰 이루어졌다. 이와 관련해 가디너는 고대 이집트인들이 실제 대
관식과 이론상의 대관식을 구분했다고 다음과 같이 말한다.

"실제의 대관식은 선왕이 죽은 뒤 약 70일이 지나서 행해졌던 것으
로 보인다. 하지만 이론상의 대관식은 연중 특별한 날에 치러지도
록 결정되어 있었다. 비록 그가 실제 왕위에 오른 날이 전혀 다른
날이었다는 기록이 있는데도 메디넷 하부(Medinet Habu)의 신전에 있
는 벽에는 매년 이집트 달력으로 다섯 번째 달 첫날이 람세스 3세
가 왕위에 오른 이론적인 날이라고 기록되어 있다. 이것은 다섯 번
째 달 첫날이 모든 파라오가 왕위에 오를 수 있는 가장 옳고 적당
한 날이었기 때문이라고밖에 생각할 수 없다."[349]

고대 이집트에서 신화적 차원에서 이루어진 행사는 이집트인들에

---

349 Gardiner, A. H. 1915a, p.124.

게 '역사' 그 자체로 여겨졌다. 따라서 대관식 행사에는 이집트 왕권에 있어 새로운 역사를 일으키는 중요성이 부여되었다. 그런데 여기서 한 가지 의문이 생긴다. 대관식이 정말로 중요하다면, 아예 그것이 치러지는 날을 첫 번째 달 첫날, 즉 '새해 첫날'로 정하지 왜 굳이 다섯 번째 달 첫날이라 명명했을까? 가디너는 새로운 왕이 호루스의 '새해 첫날'과 같은 날 신화적 차원에서 왕위에 오르게 되어 있다고 말한다.[350] 파라오의 대관식이 '새해 첫날' 치러지는 게 마땅하다는 얘기다. 실제로 고대 이집트 왕조 성립기에는 한여름 첫 번째 달 첫날이 대관식 날짜로 선호되었다는 기록이 있다.

새해 첫날: 고대 이집트의 최고 신성한 두 날들

고대 이집트인들은 신화 속 이야기를 종교의식이나 축제의 형태로 현실 세계에 구현함으로써 역사를 반복했다고 앞서 소개했다. 이러한 행사는 연중 여러 번 진행되었으며, 특히 선호되는 특정한 날짜들이 있었다.[351] 고대 이집트에서 가장 중요한 종교축제 날은 두 날로 여겨졌다. 그 두 날은 고대 이집트 달력에서 첫 계절의 첫 번째 달(토트Thoth) 첫날과 두 번째 계절의 첫 번째 달(다섯 번째 달, 티비Tybi) 첫날에 해당했다. 그런데 이 두 날 모두 '새해 첫날'이라고 불렸다. 그렇다면 어떤 연유로 다섯 번째 달 첫날도 '새해 첫날'로 기념되었던 것일까?

---

350 Ibid.

351 Festivals in the ancient Egyptian calendar. Available at https://www.ucl.ac.uk/museums-static/digitalegypt/ideology/festivaldates.html

10장에서 고대 이집트 왕국이 성립되던 시기의 한여름에 나일강이 범람하면서 새벽에 시리우스성이 태양과 함께 떠올랐다고 했다.[352] 당시 이집트인들에게 시리우스성은 소프뎃이라 불린 천상의 이시스였고, 시리우스 곁의 태양은 갓 태어난 이시스의 아들 호루스였다.[353] 이러한 이유로 초기 이집트 왕국 시절에 진정한 새해 첫날 대관식이 이 시기에 거행되었다.[354]

그런데 이런 상징체계가 세월이 흐르면서 무너지기 시작했다. '시리우스성의 일출 동반(Heliacal Rising of Sirius)'이 일어나는 날이 한여름 홍수기와 어긋나기 시작했기 때문이다. 이러한 변화는 2만 6천 년 주기의 지축 회전과 4만 1천 년 주기의 지축 기울기 변화에 기인한다.[355] 이 때문에 원래의 새해 첫날보다 두 번째 계절이 시작하는 다섯 번째 달 첫날이 새해 첫날로 강조되기 시작했는데, 새싹이 돋는 현상을 새 생명으로써 호루스가 탄생하는 것과 동치시킬 수 있었기 때문이다.[356]

---

352 Nicklin, T. 1900.

353 Ali, Mona Ezz. 2021.; Sopdet, Wikidepia. Available at https://en.wikipedia.org/wiki/Sopdet; Horus the child, Ancient Egypt Online. Available at https://ancientegyptonline.co.uk/horuschild/

354 The coronation of the king was determined to be at the time of the inundation of the Nile, when the bright star Sirius appeared to rise just before the sun and after a period of seventy days since it was last seen in the west after sunset. This is termed astronomically as the "heliacal rising of Sirius". This specific astronomical event was established as the beginning of the Egyptian New Year and coincided with the annual flooding of the Nile. O'Kane, Chris A. 2005. p.36.

355 Schaefer, B. E. 2000. p.150.

356 흔히 새싹이 나는 것을 오시리스의 부활로 해석하는 경향이 있다. 이는 오시리스 형태의 모판에 밀이나 보리를 심고 물을 주어 새싹이 나게 하는 소카 의식이 오시리스 축제에 포

다섯 번째 달 첫날은 일찍이 고왕국 시절부터 오시리스 축제의 절정으로 기념되었으며 신왕국 시절에는 아예 '새해 첫날'로 공인되었다. 그런 이유로 '호루스 베데티'의 통치가 시작되는 '새해를 여는 축제'가 다섯 번째 첫날 에드푸에서 열렸다. 실제로 에드푸에서 고대 이집트 달력으로 다섯 번째 달 첫 번째 날은 '에드푸 호루스의 새해 첫날'이라고 불렸다. 독일의 이집트학 학자 쿠르트 세테(Kurt Sethe)에 의하면 고대 이집트인들이 호루스가 에드푸에서 이날 왕권을 차지했다고 믿었다고 한다.[357]

대관식과 새해 첫날

고대 이집트에서는 시간이 흐르면서 새싹이 돋는 새해 첫날을 점점 더 선호하게 되었음을 많은 자료에서 확인할 수 있다. 만약 이 시기에 새 파라오가 즉위하게 된다면, 제드 기둥 세우기와 의복 봉헌 의식에 뒤이어 대관식이 거행되었다.[358] 이는 최소한 신왕국 시대 이후부터의 관례였다. 헨리 프랑크포르는 대관식이 편리한 아무 때나 거행된 것이 아니라, 자연의 진행상 어떤 새로운 시작에 해당하는 때까

함되어 있기 때문이다. 하지만, 이 의식은 오시리스의 부활도 부활이지만 그 안에서 호루스의 생명이 태동하는 것을 상징한다고 볼 수 있다. 소카 의식에서 오시리스는 호루스 모습으로 누워있는 것으로도 묘사되는데 이는 오시리스 안에 호루스의 생명이 존재함을 나타낸다. Schumann-Antelme, Ruth. 2001, p.18. Gaballa, G. A. & Kitchen, K. A. 1969, p.58. Faulkner, R. O. 1969, p.119. 참조.

357 Sethe, K. 1905, p.136.; Gardiner, A. H. 1915a, p.124.

358 Morris, Ellen F. The pharaoh and pharaonic office. In Lloyd Alan B. ed. 2010, p.206.

지 기다려야 했다고 지적한다. 그는 왕의 통치권이 단순한 정치적인 제도가 아니라 사회의 변화와 우주적 사건들에 잘 순응해야 했으며, 따라서 대관식은 초여름과 가을에 자연이 재개되는 때에 맞물려 거행되었다고 설명한다.[359] 프랭크포르는 또한 고대 이집트에서 여러 개의 '새해'가 가능하다고 주장한다. 이 새로이 시작되는 때가 새싹이 돋거나 태양의 춘추분, 동하지 그리고 나일강이 범람하는 때 등이 될 수 있기에 이 모든 순간이 새 파라오가 왕위에 즉위할 수 있는 때라는 것이다.[360]

프랭크포르의 주장이 어느 정도 일리는 있지만, 고대 이집트인들에게 이러한 다양한 선택지가 있었다고 보긴 어렵다. 그들이 대관식으로 가장 선호되었던 시기는 나일강이 범람하는 날과 새싹이 돋는 날이었다. 특히 나일강이 범람하는 날은 첫 번째 달 첫날이었고 새싹이 돋는 날은 바로 그들 달력으로 다섯 번째 달 첫날이었다.[361]

---

359 Frankfort, H. 1955, p.102. 초여름 자연이 재개하는 때는 하지였고, 가을 자연이 재개하는 때는 두 번째 계절의 첫째 달 첫날이었다.

360 Ibid., p.103.

361 헨리 프랭크포르의 주장 중에서 하지와 나일강이 범람이 일치하는 날이 초기 왕조시대에 가장 선호되었다.

에드푸에서 거행된 호루스 매의 대관식 축제

에드푸 호루스 신전의 '탄생의 집'

에드푸는 룩소르에서 남쪽으로 약 100킬로미터 떨어져 있는 곳으로 룩소르와 아스완의 중간쯤에 위치해 있다. 에드푸의 호루스 신전은 프톨레미 왕조 시기인 기원전 237년부터 기원전 57년까지 180년에 걸쳐 건설되었다.[362] 로마 시대에 기독교의 영향으로 버려졌고, 한동안 모래더미에 묻혀 있다가 1800년대에 오귀스트 마리에트에 의해 발굴되었다. 오랫동안 모래 속에 묻혀 있던 덕분으로 이 신전은 비교적 보존 상태가 양호하다.[363]

---

362   Temple of Edfu, Wikidepia. Available at https://en.wikipedia.org/wiki/Temple_of_Edfu

363   Egypt Travel – Aswan: The Temple of Horus at Edfu (ldfu), Tour Egypt.

이 신전은 호루스와 관련된 여러 축제의 중심지였다.[364] 그중에서도 가장 중요한 축제는 '호루스 매의 대관식'이었다.[365] 이 신전의 '탄생의 집(Birth House)'에서 매의 대관식이 고대 이집트 달력으로 다섯 번째 달 첫날에 열렸다. 호루스 매의 대관식 축제와 관련해서 바버라 워터슨(B. Watterson)은 다음과 같이 설명한다.

> "이 의식은 겨울의 첫 번째 달(고대 이집트의 다섯 번째 달)의 첫 5일 동안 열렸다. … 성스러운 매의 대관식 의식은 단지 매년 성스러운 매를 뽑는 의식 이상의 의미를 지녔다. 그것은 고대 이집트 왕의 대관식을 기리는 것이었다. 따라서 그 축제가 열리는 다섯 번째 달의 첫날은 중요했다. 그날은 오시리스의 부활이 이루어지는 달이 끝나고서 바로 이어지는 날이었다. 즉, 그의 아들 호루스가 왕관을 쓰는 날이었다."[366]

바버라 워터슨의 설명을 통해 고대 이집트 왕권 신화의 핵심이 오시리스의 죽음 후 부활과 호루스의 대관식을 치르는 것임을 알 수 있다. 실제로 고대 이집트에서 죽은 파라오의 장례식과 새 파라오의 대관식은 이러한 왕권 신화를 현실 세계에 구현하는 중요한 수단으

Available at http://www.touregypt.net/Edfut.htm

364 "Each year, Hathor travelled south from her temple at Denderah to visit Horus at Edfu, and this event marking their sacred marriage was the occasion of a great festival and pilgrimage." David, Rosalie.1993. p.99

365 Hoven, C. van den. 2017.; Birth House of Horus, Ancient Egypt and Archaeology Web Site. Available at https://www.ancient-egypt.co.uk/edfu/edfu_temple/index.htm

366 Watterson, B. 1996, p.92.

로 병행하여 치러졌다.[367]

죽은 왕의 장례식과 새 파라오의 대관식이 병행해서 치러지는 것은 자연스럽다. 이 두 의식이 융합되어 왕권 계승이 명확하게 드러날 수 있기 때문이다. 그러나 이것이 단지 세속적인 의식이 아니라면 좀 더 생각해봐야 할 점이 있다. 고대 이집트에서 종교의식은 진정한 역사로 여겨졌으므로 죽은 왕의 장례식은 이집트 땅에서 오시리스의 장례식이 거행되는 것과 같았다. 그리고 새로이 왕이 왕좌에 오르는 대관식 거행은 호루스의 대관식과 같았다.

연상과 연하의 호루스 중 누가 대관식의 주인공인가?

여기서 우리는 고대 이집트에서 죽은 왕의 장례식과 새로이 왕좌에 오를 후계자의 대관식은 불가분의 관계를 맺고 있었다는 사실을 깨닫게 된다. 그런데 이 장례식/대관식에서 방점은 아무래도 장례식이 아니라 대관식에 찍혀 있음을 알 수 있다. 오시리스와 관련된 장례의식이 결국 새해 첫날에 거행되는 대관식을 위한 과정이기 때문이다. 주류 학계에서는 고대 이집트 왕실 종교의 핵심이 죽은 왕의 장례라고 보지만 사실 그것이 아니다!

지금까지의 논의를 통해서 재구성한 고대 이집트 신화에서 연상의 호루스는 장례식장에서 오시리스를 부활시킨 후 그가 이시스와 히에로스 가모스를 치르도록 한다. 그 결과 연하의 호루스가 탄생

---

367 Frankfort, H. 1978, p.110.; Coronation of pharaoh, Wikipedia. Available at https://en.wikipedia.org/wiki/Coronation_of_the_pharaoh

한다. 아마도 연상 또는 연하의 호루스 중 하나가 그후 세트와 싸움을 벌일 것이다. 그리고 결국 그는 세트를 무찌르고 왕권을 차지하게 된다.

만일 이 성스러운 이야기에서 연상의 호루스가 주인공이라면, 그는 오시리스를 부활시키고 아마도 그의 지원을 받아 곧바로 세트를 무찌르고 즉시 왕좌를 차지할 수 있다. 오시리스 부활과 호루스 대관식이 곧바로 이어지는 고대 이집트 대관식 전통은 이런 방향을 가리키고 있다. 반면, 연하의 호루스가 이 이야기의 주인공이라면 그는 성장한 후에야 비로소 세트와 대결을 해 승리를 하고 왕좌에 오를 수 있을 것이다. 이 경우 오시리스 부활과 호루스의 대관식 사이에는 상당한 시차가 생길 수밖에 없다.

이러한 상황을 고려할 때 고대 이집트의 대관식을 신화적 차원에서 연상의 호루스가 왕좌에 오르는 것으로 해석하는 것이 더 적절해 보인다. 그렇다면, 왜 왕권 신화 속 연상의 호루스는 연하의 호루스 탄생에 주력했던 것일까? 지금까지 논의의 핵심은 오시리스의 부활이 연하의 호루스 탄생과 직결된 '히에로스 가모스'를 위함이라는 것이다. 이런 지향점이 옳다면 결국 왕권 신화에서 왕좌를 차지해야 할 주인공은 연하의 호루스이어야 한다. 그런데 이런 일을 추진한 연상의 호루스가 연하의 호루스를 제치고 자신이 왕좌를 차지할 것이라면 무엇 때문에 그가 이런 쓸데없는 일을 벌이는 것일까?

19장 오시리스와 호루스의 카 합체

대관식의 카-포옹 의식

고대 이집트 의식 중에는 지성소에서 이루어지는 신과의 신성한 포옹(sacred embrace)이 있다. 이 장면은 투탕카멘의 무덤 벽화에서 볼 수 있다. 여기서 투탕카멘이 오시리스와 포옹하고 있다. 여기서 투탕카멘은 호루스의 복식을 하고 있으며, 그의 뒤엔 그의 카를 상징하는 존재가 서 있다. 그래서 이 의식을 카-포옹(ka-embrace) 의식이라고 부른다. 주류 학계에서는 이를 고인이 축복받은 사후 세계(blessed afterlife)로 진입할 수 있는 후보로 보장받았음을 의미하는 것이라고 본다.[368] 이런 설명대로라면 죽은 왕인 투탕카멘이 명계로의 진입을 예비하는 장면이라고 봐야 한다. 정말 그럴까? 그런데 엉뚱하게도 이 장면은 투탕카멘의 장례식이 아니라 대관식을 묘사하는 것으로 보인다.[369]

---

368 Ricks, Stephen D. 2020. p.323.

369 고대 이집트 왕의 무덤에는 왕이 살아생전 기념될 만한 것들을 넣어두었던 것처럼 보인다. 그의 장례식 관련 물품이 아니라.

카-포옹 의식은 고대 이집트 대관식에서 매우 중요한 의식이었다. 지성소에서 거행된 이 의식에서는 오시리스로 분장한 죽은 왕이 호루스로 분장한 후계자와 포옹하게 된다. 오시리스와 호루스가 '카(ka)'라는 개념으로 서로 연합하는 것이라고 볼 수 있다.[370] 8장에서 '카'가 바나 그림자와 함께 오시리스 신체의 비물질적 요소 중 하나인 것으로 언급된 바 있다. 고대 이집트인들은 이 중에서도 '카'를 매우 중요시했다.

자신의 카(오른쪽)와 대동한 투탕카멘(중앙)이
오시리스(왼쪽)과 성스러운 포옹을 하고 있다

---

370 "Osiris and Horus are united in the concept of Ka." Assman, Jan. Resurrection in Ancient Egypt. In Peters, Ted & Russell, Robert Johnand Welker, Michael eds. 2002. p.129. Available at http://archiv.ub.uni-heidelberg.de/propylaeumdok/3108/1/Assmann_Resurrection_2002.pdf

그렇다면 대관식에서 카-포옹 의식은 어떤 방식으로 치러졌을까? 비록 벽화 그림에는 죽은 선왕의 미라를 후계자가 끌어안는 것처럼 묘사되어있지만 실제로는 그러지 않았다. 이 의식에는 '케니 스토마커(Qeni stomacher)'라는 의식용 조끼가 사용되었다. 왕위 계승자가 이 조끼를 입음으로써 선왕의 미라를 포옹하는 효과가 있었다.[371] 그런데 도대체 이런 의식이 의미하는 바는 무엇일까? 정말로 고인이 명계에서 축복받은 제2의 삶을 보장받는다는 뜻일까? 그러나 이러한 해석은 대관식 장면의 맥락을 설명하기에 부적절해 보인다.

네헵-카우 축제와 카-포옹 의식

왕이 사망하지 않아 대관식이 거행되지 않는 경우, 오시리스 축제 뒤를 이어 '네헵-카우(Neheb-Kau)'라는 이름의 축제가 거행되었다. 고대 이집트 달력으로 다섯 번째 달 첫날에 제드 기둥 세우기와 의복 봉헌 의식이 끝난 뒤, 네헵-카우 축제가 이어지는 것이다.[372]

---

371 헨리 프랭크포르는 케니 스토마커에 오시리스의 불사적 요소가 내재해 있을 거로 추정한다. Frankfort, H. 1955, p.133-134 참조. 한편 월리스 버지는 케니 스토마커가 그것을 입은 자에게 어떤 심령적인 힘을 부여하고, 그가 하는 말이 실제로 효력을 발휘하도록 해준다고 생각한다. Budge, E. A. Wallis. 1909, p.13 참조. 정말로 케니 스토마커가 이런 능력이나 역할을 한다면, 왜 다른 의식에서는 사용되지 않고 이 의식에만 등장하는 것일까? '케니'는 사실 '포옹'을 뜻하는 상형문자다. Assmann, Jan. Semiosis and Interpretation in Ancient Egypt. In Biderman, Šelomo and Scharfstein, Ben-Amieds. 1992, p.101 참조. 따라서 이 의복을 입는 것으로 호루스와 오시리스의 포옹이 이루어진다고 볼 수 있다. 결국 이 의복이 어떤 실제적 효력을 발휘한다면 그것은 셈 신관이 오시리스 신상이나 선왕의 미라를 끌어안지 않고도 '포옹'을 이룰 수 있도록 효력을 발휘하도록 하는 데 국한된 것이며, 그 자체에 오시리스의 불사적인 요소가 담겨 있다거나 입은 자에게 심령적인 힘을 부여하는 것은 아닐 것이다.

372 Festivals in the ancient Egyptian calendar, 2003, UCL. Available at https://

이 축제의 내용은 첫 번째 달 첫날에 열리던 웨펫-렌펫 축제와 사실상 같았다.[373] 신왕국 시대에는 대관식이 오시리스 축제와 맞물려 거행되었으므로 그 연장선에 있는 네헵-카우 축제의 요소가 대관식에도 반영되었다.[374] 카-포옹은 이 축제에서 대관식에 반영된 가장 중요한 요소였다.

대관식에서 죽은 왕의 후계자는 케니 스토마커를 착용했고, 축제에서 셈 신관이 같은 행위를 했다. 케니 스토마커 착용은 호루스가 그의 아버지 오시리스를 포옹함을 의미한다. 헨리 프랑크포르는 이 행위를 살아있는 아들 호루스(living Horus)가 오시리스를 보호하는 것이라고 해석한다.[375] 장례식/대관식을 놓고 볼 때 장례식 측면에서만 바라보면 이런 해석이 옳아 보인다. 하지만 대관식 측면에서 이 행위는 새로이 왕좌에 오르는 호루스를 위한 것이라고 봐야 하지 않을까? 아무래도 장례식/대관식에서 대관식이 고대 이집트 왕권 신화 차원에서 훨씬 중요했다.

www.ucl.ac.uk/museums-static/digitalegypt/ideology/festivaldates.html

373 "The festival (Nehebkau) was similar in many respects to the Wepet-Renpet Festival of the New Year." Mark, Joshua J. 2017. 이는 왕조 성립기 초기에 '새해를 여는 축제'가 대관식의 형식을 띠고 있음을 의미한다.

374 Sellers, Jane. 1992. p.215.

375 Frankfort, H. 1955. p.133.

네헵-카우 정령 = 오시리스와 호루스의 카 합체자

영국의 고대 근동 사학자 앨리슨 로버츠(Alison Roberts)는 다섯 번째 달 첫날이 한 해 중에서 획을 긋는 가장 중요한 전환점(cardinal turning point)이라고 말하며, 식물의 생장을 통해 오시리스의 힘이 가시적으로 드러나는 이 의식을 '카를 묶는 정령(Uniter of kas)'인 네헵-카우가 주재한다고 언급한다.[376] 그렇다면 이 축제의 목적은 무엇일까? 영국 리버풀 대학교의 이집트학과 교수를 역임한 오일워드 블랙면(Aylward M. Blackman)은 네헵-카우 축제가 오시리스의 재생력이 최고조에 달하는 시기에 거행되었기 때문에 그 축제의 목적은 오시리스의 생명력을 극대화하는 데 있다고 말한다.[377] 정말 네헵-카우 축제의 의미를 이 정도로만 규정해도 충분할까?

뱀의 모습을 하고 있는 네헵-카우 정령

---

376 Roberts, Alison. 2000, p.170.

377 Blackman, A. M. 1998, p.63.

네헵-카우 축제의 정확한 의미를 이해하려면 네헵-카우 정체부터 파악해야 할 것이다. 네헵-카우는 뱀의 모습을 한 정령이다. 이 태고의 뱀(primival serpent)은 '특성의 제공자(provider of attribute)'라거나[378] '존엄을 주는 자(bestower of dignities)'로 알려져 있다.[379] 그렇다면 도대체 이 정령의 정확한 역할은 무엇일까? 오일워드 블랙먼과 비슷한 맥락에서 디미트리 믹스(Dimitri Meeks) 등은 그 축제를 주관하는 네헵-카우가 신성한 에너지를 모아주는 역할을 하며 생명 발아에 관여한다고 말한다.[380] 그런데 특히, 네헵-카우는 축제에서 오시리스와 호루스 사이에 관여한다. 오늘날 알려진 바에 따르면 이 정령의 역할은 '오시리스와 호루스 카의 합체자(uniter of kas of Horus and Osiris)'이다.[381]

앞에서 우리는 제드 기둥과 티트 결합이 오시리스와 이시스의 신성한 성적 결합을 상징한다고 결론지었다. 그런데 이어지는 네헵-카우 축제는 생명 발아와 관련이 있다고 한다. 이 축제는 주로 오시리스와 호루스 사이에서 벌어지는 일이며, 정확히 말하면 둘의 '카'라는 비물질적 신체 부분을 합치는 과정에서 생겨나는 것이다. 그렇다면 여기서 이시스는 어디로 사라진 것일까? 오시리스와 호루스가 카를 합체한다는 것은 정확히 어떤 의미를 갖는 것일까? 이 질문에 답하기 위해서는 무엇보다도 카에 대한 좀더 본질적인 의미를 탐구할 필요가 있다.

---

378   Rundle Clarck, R. T. 1993, p.241.

379   Shorter, Alan W. 1935.

380   Meeks D. and Favard-Meeks, C. 1977, p.155.

381   Gardiner, A. H. 1915a. pp.123-124.; Frankfort, H. 1955. p.104.; Roberts, Alison. 2000. p.170.; 네헵카우는 태양신 라가 하계를 여행할 때 그를 보호하는 전사 중 한 명으로 여겨지기도 했다. Ali, Nageh Omar. 2012 참조.

고대 이집트 신관의 역할은 신의 카를 담는 용기

앞에서 언급했듯 네헵-카우 축제를 주관한 이는 호루스 역할을 하는 셈 신관이었다. 이 축제에서 그는 호루스의 카를 오시리스의 카와 합치는 의례를 치러야 했다. 그러려면 당연히 그가 호루스의 카를 지니고 있어야 한다. 그것이 어떻게 가능했을까? 이 시점에서 고대 이집트 신관들의 정확한 역할을 고민해볼 필요가 있다.

고대 이집트에서 종교의식이나 축제의 주요 레퍼토리는 아주 오래된 신들의 성스러운 이야기, 즉 '신화'였다. 당시 이집트 엘리트들은 진정한 역사가 우리가 생각하는 사실 그대로의 기록이 아니라, 신화 속 사건들이라고 여겼다. 그들은 중요한 신화적 사건들이 항상 현실로 재현되어야 이 세상이 온전히 유지된다고 믿었다. 이를 위해 그들은 주술적 의식 등 통해 특정한 태고의 '신화시대'로 잠시 되돌아가는 '영원회귀' 행위를 반복했다.[382]

고대 이집트 왕실에서 이 특정한 태고의 신화시대, 그중에서도 가장 중요한 순간이 오시리스와 이시스의 히에로스 가모스가 일어나는 시기였다. 따라서 모든 종교 행사의 핵심은 이런 신성한 사건이 이 세상에서 제대로 재현되는 것이었다. 그렇다면 이를 위해서 무엇보다도 선행되어야 할 것은 무엇일까? 바로 신화적 사건의 재현에 동원되는 신관들이 신화 속의 신들과 일치하는 것이다. 그리고 신관과 신의 동일화에서 무엇보다 중요한 요소는 주술적으로 신관에게 신의 카를

---

382 Eternal return (Eliade), Wikidepia. Abailable at https://en.wikipedia.org/
    wiki/Eternal_return_(Eliade); Doniger, Wendy. Foreword to the 2004 Edition.
    InEliade, Marcea. 2004, p. xiii.

담는 일이었다. 따라서 셈 신관은 주술 의식을 통해 호루스 복식을
갖춘 자신 몸에 호루스의 카를 담았다.

이처럼 신관들이 신들의 카를 담는 일련의 주술 의식이 이루어졌
는데, 그중에서도 아주 독특한 신관이 있었다. 그는 바로 다름 아닌
미라화된 죽은 파라오였다. 오시리스 복식으로 한 그의 몸에는 주
술 의식을 통해 오시리스의 카가 담겼으며, 새 파라오의 대관식에 오
시리스 역할의 신관으로 참여했다. 고대 이집트인들에게는 죽은 자도
신화적 사건을 재현하는데 필요한 신관으로 여겨졌다. 이처럼 죽은
파라오를 미라로 만들어 오시리스로서 종교의식에 참여시키는 일을
오늘날 주류 학계에선 그의 장례를 치르는 행사로만 여기고 있다.

카의 의미

고대 이집트인들은 인간을 비롯한 만물이 물질적인 것 이외에 다
른 여러 요소로 구성되어 있다고 믿었다. 그중 대표적인 것이 '카(ka)'
와 '바(ba)'였다. 특히 초기 왕조시대의 이집트인들은 여러 구성 요소
중에서도 '카'를 가장 중요한 것으로 여겼다. 이들은 만물의 본질적
특성을 규정하는 핵심 요소가 '카'라고 본 것이다.[383] 고대 이집트의
사상에서 '카'만큼 이집트학 학자들 사이에 논란이 된 개념도 드물

---

383 Nyord, Rune. The Concept of ka between Egyptian and Egyptological
    Frameworks. In Nyord, Runeed. 2019, p.150. Abailable at https://brill.com/
    view/book/edcoll/9789004399846/BP000007.xml. 카는 고대 그리스 철학
    자 플라톤의 이데아론에 큰 영향을 끼친 걸로 알려져 있다. Stilwell, Gary A. 2000,
    pp.165-167 참조.

다. 이집트학 학자들은 무엇보다도 '카'는 인간을 비롯해 만물을 구성하는 최고의 요소였다는 사실을 인정하면서도 그 본질적인 모습에 대해서는 다양한 견해를 피력하고 있다.[384]

독일의 이집트학 학자 헨리 브루그쉬(Henri K. Brugsch)는 카를 '개성(individuality)'이라고 정의했다.[385] 프랑스의 이집트학 학자 가스통 마스페로(Gaston Maspero)는 '제2의 분신(double)'이라고 불렀다.[386] 앨런 가디너(Alan H. Gardiner)는 '정수(essence)', '인격(personality)', '영혼(soul)', '개성(individuality)', 그리고 '기질(temperament)' 등 다양한 의미 부여를 했다.[387] 독일 베를린 대학의 이집트학 교수였던 아돌프 에르만(J. P. Adolf Erman)과 독일 뮌헨 대학교 이집트학 교수였던 프리드리히 폰 비싱(Friedrich F. von Bissing)은 카를 '생명 원리(life-principle)'라고 했다.[388] 한편, 미국의 이집트학 학자 제임스 브레스테드(James H. Breasted)와 독일 라이프치히 대학교의 이집트학과 석좌교수를 역임한 게오르그 쉬타인도르프(Georg Steindorff)는 카를 '보호령(protective spirit)' 또는 '정령(genius)'이라고 했다.[389]

다소 특이한 정의를 내린 학자도 있는데, 프랑스 파리의 에콜 프라티끄(Ecole Pratique)에서 이집트 종교학 교수를 역임한 알렉산드르

384 Taylor, J. H. 2001, p.18.; Najovits, Simson. 2003, p.50.
385 Edwards, Amelia B. 2011, p.118.
386 Maspero, Gaston. 2009, p.110.; Najovits, Simson. 2003, p.50.
387 O'Brien, Alexandra A. and O'Brien, Alexandra. 1996.
388 Ibid.
389 Bynum, Edward Bruce. 2012, p.194.; Steindorff, George and Seele, Keith C. 1957, p.146.

모레(Alexandre Moret)는 인류학적 용어인 '마나(mana, 우주 만물에 깃든 초자연적인 힘)'로 카를 설명했다.[390] 그리고 앞에서 여러 번 언급한 바 있는 헨리 프랭크포르는 카를 '생명력(vital force)'으로 생각했다.[391] 이처럼 관련 학자들은 대체로 '카'를 특성, 정령, 생명력 세 가지 범주로 해석하고 있다. 그런데 무엇이 되었든 그것이 인간을 비롯한 만물을 구성하는 최고 요소라면 뭔가 좀더 특별한 의미가 담겨 있지 않을까?

---

390 O'Brien, Alexandra A. and O'Brien, Alexandra. 1996.

391 Frankfort, Henri. 2012. p.91.

20장 카-포옹의 진정한 의미

카-포옹은 생명력 전달?

고대 이집트 신화와 주술 의식에서 호루스와 오시리스가 카를 합치는 행위는 카-포옹을 통해 이루어졌다.[392] 그렇다면 두 신의 카-포옹은 무엇을 위한 것일까? 『피라미드 텍스트』 1248행에 다음과 같은 표현이 있다. '너의 두 팔이 카의 팔로써 그들을 안고 있다.' 고대 이집트인들은 이 동작을 '카의 행위(act of Ka)'라고 불렀다. 룬들 클라크는 포옹, 즉 자기의 팔로 다른 이를 감싸는 행위가 고대 이집트인들에게는 자신의 생명 유지에 필수 불가결한 요소를 나누어주는 것을 의미했다고 설명한다. 그의 해석에 따르면 카-포옹은 생명력 전수의 수단인 것이다.[393] 그는 호루스와 오시리스의 카-포옹

392 Assmann, Jan. 2001, p.44.
393 Hare, T. 1999, pp.112-113.; Rundle Clarck, R. T. 1993, p.231.

을 통해 호루스가 오시리스의 카를 받는 것이라고 말한다.[394]

룬들 클라크는 카를 '생명력'이라고 정의했는데, 그렇다면 오시리스의 카를 호루스가 받는다는 것은 오시리스의 생명력이 호루스에게 전해진다는 의미가 된다. 도대체 이를 어떻게 해석해야 할까? 지금까지 논의된 고대 이집트 왕권 신화의 핵심은 오시리스에게 생명력을 부여하여 그를 부활시키는 것은 호루스 몫 아니었던가? '카'를 생명력이라고 보는 학자 중에는 카-포옹을 통해 호루스의 생명력이 오시리스에게 전해진다고 보는 이들도 있다.[395]

카-포옹은 왕권 전달?

카-포옹이 왕권 전달과 관련 있다는 주장들이 있다. 얀 아스만 (Jan Assmann)은 '카'를 '왕권 승계의 당위성 원리(legitimating dynastic principle)'라고 정의한다. 따라서 카 포옹은 오시리스로부터 호루스에게로 왕권 전달하는 의식이라는 것이다.[396] 리처드 파킨슨(Richard B. Parkinson) 역시, 호루스가 오시리스와 카-포옹을 함으로써 오시리스로부터 호루스에게로 왕관이 전달되는 효과가 있다고 말한다.[397]

헨리 프랭크포르는 앞의 주장들과 비슷하지만, 한 가지가 더 추가된 견해를 피력한다. 오시리스가 호루스의 카이기에 카-포옹을 통해 오시리스에 내재된 왕권의 신성한 힘이 그의 계승자인 호루스에게

---

394   Rundle Clarck, R. T. 1993, p.130.

395   Roberts, A. 2000, p.170.

396   Assmann, J. 2001, p.44.

397   Parkinson, R. B. 1991, p.124.

전달된다는 것이다. 여기까지는 앞에서 언급했던 다른 학자들의 견해와 일치한다. 하지만 계속해서 프랭크포르는 오시리스가 저승(the Beyond)으로 가는 아주 중요한 순간에 아들 호루스의 생명력에 의한 지원을 받는다고 말한다.[398] 앞에서 셈 신관의 제드 기둥 세우기 의식으로 인해 주술적으로 오시리스가 부활한다고 했는데 프랭크포르의 설명에 의하면 카-포옹 의식은 오시리스가 저승으로 잘 갈 수 있도록 돕는 의식인 셈이다. 그렇다면 신화 속에서 호루스는 오시리스를 잠시 이승에 부활시켜 그에게서 왕권을 받은 후 그를 영원히 저승으로 보내는 것일까? 아무래도 카를 저승과 연관시키는 건 왕권 신화의 본질에서 벗어나는 것 같다.

카와 생식력

다양한 이집트학 학자들이 '카'에 대해 제시한 여러 해석을 앞에서 살펴보았다. 대체로 정령, 생명력, 개성 등이라는 식의 해석이 주류를 이루었지만, 고대 이집트 초기의 카에 대한 정의는 이와는 사뭇 달랐다. 초기 기록에 따르면, 카에 부여된 중요한 의미는 '생식력(generative force)' 또는 '대를 이을 수 있게 하는 필수능력(vital force to continue generations)'이었다.[399]

---

398 Frankfort, H. 1955, p.133.

399 Bains, John. Society, Morality, and Religious Practice. In Shafer, B. E. ed. 1999, p.145.

실제로 초기의 이집트 시대에 카는 특히 남성의 '성적 능력(male potency)'을 가리켰다. 그래서 남성의 성적 힘을 상징하는 황소도 똑같이 '카'라고 발음되었으며,[400] '카'의 의인화된 형상은 '강한 황소'로 나타났다.[401] 그렇다면 오시리스와 호루스의 카 결합의 원래 의미는 단순한 생명력 전달이라기보다 생식과 관련하여 상당히 다른 의미로 해석될 수 있지 않을까? 이와 관련해 셈 신관의 매우 독특한 역할에 대한 고려가 필요하다.

셈 신관 = 조상 영혼의 포옹자

셈 신관은 원래 상고시대(Archaic Period) 때 '조상 영혼의 탐색자 및 포옹자(Seeker/Embracer of the ancestral spirit)'로 불렸다.[402] 이는 지금까지 전혀 생각해보지 못했던 부분이다. 왜 셈 신관이 조상들의 영혼을 찾아 카—포옹을 하는 것일까? 이 시점에서 플린더즈 페트리(Flinders Petrie)가 카를 '조상의 후광(ancestral emanation)' 또는 '조상의 영(ancestral spirit)'이라고 표현했다는 점에[403] 주목해보자. 필자는 그의 주장처럼 카 그 자체가 조상의 영은 아니라고 본다. 하지만 조상 영의 카가 왕권 신화와 관련된 주술 의식에서 매우 중요한 역할을 한다는 사실은 틀림없어 보인다. 이와 관련해 프랭크포르의 다음과 같이 주장한다.

400 Lurker, M. 1980, p.73.
401 Frankfort, H. 1955, p.72.
402 Assmann, J. 2001, p.303.
403 Bynum, Edward Bruce. 2012, pp.194-195.

"왕은 호루스로서 그 수장이 오시리스인 사자(死者)의 세계와 총체적으로 신화적 관계를 맺고 있다. 사실 죽은 조상의 영들과 오시리스와 동일시된 선왕과 합일시키는 역할을 하는 이는 호루스다. 여기서 죽은 조상 정령들은 다름 아닌 신들이다."[404]

프랭크포르는 계속해서 호루스가 카를 통해 신들과 결합할 때, 다른 신들이 모두 호루스에게 의존하게 된다고 설명한다.[405] 여기서 오시리스가 제신의 수장이란 표현이 문제 있지만 대체로 이 부분은 왜 셈 신관에게 '조상 영들의 포옹자'라는 지위가 부여되었는지를 설명하는 데 도움이 된다. 셈 신관이 조상들의 영과 카-포옹을 하는 것은 호루스가 제신들과 카-포옹하는 것과 같다. 호루스가 카-포옹을 하는 이는 단지 오시리스만이 아니다! 그뿐 아니라 여기서 호루스의 지위는 다른 신들보다 월등하게 됨을 알 수 있다. 고대 이집트 종교의식에서 셈 신관이 왜 그렇게 중요한 위치를 차지했는지 알 수 있는 대목이다.

실제로 『사바카석』에 묘사된 호루스 대관식 장면에서도 카-포옹은 호루스와 오시리스 사이에서만 이루어지는 것이 아니라 제신과도 함께 이루어진다는 사실을 알 수 있다. 여기서 호루스가 새로 보좌에 오르며 오시리스를 껴안고, 제신들 또한 이 포옹에 참여하는 장면이 연출된다.[406]

---

404 Frankfort. H. 1955, p.114.

405 Ibid. p.77.

406 Assamann, Jan. 2002, p.349.

카-포옹 = 자손을 만드는 행위

앞에서 호루스와 오시리스의 카-포옹이 호루스로부터 오시리스로의 생명력 전달이라거나 오시리스로부터 호루스로의 왕권 전달이라는 식의 해석을 소개했다. 그러나 이제 카-포옹이 이 둘만의 이벤트가 아니라 제신들이 모두 참여한다는 사실이 드러났다. 그렇다면 둘만의 관계에만 초점이 맞혀 있는 종래의 해석이 달라져야 하지 않을까?

룬들 클라크는 고대 이집트인들이 조상들의 영과 관계를 맺는 것을 자녀를 갖는 것이라고 믿었다고 한다.[407] 즉, '카'는 자녀를 낳을 수 있는 남성의 생식 능력이며, 이 능력은 조상들이 관장하는데, 바로 아버지가 이 능력이 발현되는 매개자라는 것이다.[408] 이런 견해와 페트리와 프랭크포르의 주장을 결합하면, 호루스와 오시리스의 카-포옹은 새로운 신을 낳는 것으로 귀결된다.

그러나 룬들 클라크는 오시리스와 호루스의 카 포옹에 이와 같은 해석을 적용하지 않는다. 그는 이 행위를 단순한 보호로 보고 원래 원칙은 아버지가 아들을 보호하는 것이지만 호루스가 오시리스를 포옹하기 때문에 상호 보호하는 것이라고 설명한다.[409] 실제로 『피라미드 텍스트』에는 이런 방향을 가리키는 것처럼 보이는 다음과 같은 문구가 등장한다.

---

407 Rundle Clark, R. T. 1993, p.232.
408 Ibid.
409 Rundle Clark, R. T. 1993, pp. 232-234.

"오 오시리스여, 이것은 당신의 팔 안에 있는 호루스입니다. 그분은 당신을 지지하실 것입니다. 당신과 함께 그에게 또 다른 변형(아크, akh)이 있습니다. 당신의 이름으로 라가 나오는 빛의 땅(아켓)의 자'입니다. 당신은 그를 감싸 안으셨습니다. 그는 당신을 떠나지 않을 것입니다. 호루스는 당신이 아픈 것을 허용하지 않습니다. 호루스는 당신의 적을 당신의 발아래 두었습니다. 그리고 당신은 (다시) 살아 있습니다."[410]

하지만 필자는 오시리스와 호루스 카 포옹의 본질이 무엇보다도 자손을 만드는 데 있다고 본다. 고대 이집트 창조 신화에서 최고신 라의 카 포옹은 그의 자손인 엔네아드의 신성한 탄생으로 귀결된다. 이처럼 『피라미드 텍스트』에 나와 있는 카-포옹의 가장 중요한 역할은 같은 본질을 공유하는 분신(分身)들을 만드는 행위다.[411] 따라서 필자는 오시리스와 호루스의 카-포옹을 이러한 측면에서 해석해야 한다고 생각한다. 그렇다면 셈 신관이 주도하는 대관식에서 카-포옹을 통해 신화적 시공간에서 탄생하는 신은 누구일까?

410   Frankfort, H. 1955, p.135.
411   Budge, E. A. Wallis. 1973, Vol.1. p.86.

21장 입을 여는 의식과 신의 탄생

입을 여는 의식

투탕카멘 무덤 내벽에 그려진 입을 여는 의식 모습
셈 신관이 오시리스 신상을 대상으로 하고 있다

고대 이집트 오시리스 축제나 대관식에서 핵심적인 종교의식은 신전에서 몇몇 신관들에 의해 거행되었다. 그중에서도 특별히 중요한 의식은 '입을 여는 의식(Opening of the mouth ceremony)'이었다. 이 의식은 독경 신관(Lector priest, 이집트어로 케르-헵(ḫry-ḥb.t)이 주관하고, 셈 신관과 호루스의 또 다른 면모를 상징하는, '사랑하는 아들 신관'(Beloved Son, 이집트어로 사메르프Sa-mer-f) 등 몇몇 신관들이 참여하여 비밀리에 진행했다.[412]

이 의식은 원래 '입과 눈을 여는 의식(Opening of the mouth and eyes ceremony)'이라고 불렸다. 중왕국 이전까지 그 내용이 철저히 비밀로 지켜져 신전 벽화에만 극히 제한적으로 일부 노출되었으나 신왕국 이후부터는 상당한 분량이 바깥으로 흘러 나갔다. 의식에 참여했던 신관들에 의해 그 내용들이 일부 유출되었을 것이다. 입을 여는 의식은 오시리스와 관련된 고대 이집트 종교에서 가장 핵심적인 의식이었다고 볼 수 있다.[413]

관련 정보는 고왕국 시대 무덤이나 신전, 그리고 『피라미드 텍스트』에 일부나 매우 축약된 형태로 나타나 있지만 신왕국 시대에 이르러 무려 75개의 종교의식으로 이루어진 텍스트가 등장했다.[414]주요 내용을 살펴보면, '입을 여는 의식'은 오시리스 신상에 성수(聖水)를 뿌리고, 향을 피운 후, 7가지 향이 나는 성유(聖油) 연고를 바르고 눈 화장을 하면서 시작된다.[415]

---

412 The Osiris Festivals, Osirisnet. Abailable at https://www.osirisnet.net/dieux/osiris/e_osiris_02.htm

413 Roth, Ann Macy. 1993, pp. 57-79.; The Editors of Encyclopaedia Britannica, Reanimation rite, Egyptian religion, Encyclopedia Britannica. Abailable at https://www.britannica.com/topic/reanimation-rite

414 Ayad, Mariam F. 2004.

415 Budge, E. A. Wallis. 1914.pp.13-14.

오시리스 신상을 실은 배가 오시리스가 부활하는 장소인 '황금의 집(House of Gold)'으로 이동한다. 그리고 그 안의 지성소인 태고의 언덕을 상징하는 작은 모래 둔덕 위에 신상을 올려놓는다. 태고의 언덕은 고대 이집트 창조 신화에서 태곳적에 태양이 최초로 눈(Nun)이라는 원초적 바다에서 솟아올랐다는 신성하디 신성한 신화적 배경의 장소다.[416]

여기에서 신상의 정화와 준비단계, 마력 등을 부여하는 봉헌물의 진상, 그리고 조상의 신체 부위를 마술적 자질을 갖는 도구로 건드림으로써 감각을 살려내는 순서로 치러졌다.[417] 아마도 이 단계에서 주술적으로 카를 비롯해 오시리스의 바, 그림자, 이름 등이 신상에 담겼을 가능성이 크다.

그러나 후세에 전해진 '입을 여는 의식'이 과연 고왕국 시대의 원래 의식 순서와 내용을 제대로 재현한 것인지에 대해선 의문의 여지가 있다. 상징적 완결성을 갖고 진행되었을 원래 의식과는 달리 상호 무관해 보이거나 맥락이 닿지 않는 내용들이 간간이 뒤섞여 있기 때문이다.[418] 이는 『사자의 서』가 원래 왕실에서 진행된 주술 의식과는 다른 형태로 변형되었던 것과 같다. 오시리스의 민주화가 상당히 진행된 신왕국 시대부터 '명계에서의 심판'이란 사상에 기반해 그들의 입맛에 맞춰 편집된 내용들이 일반 대중들의 장례식에 사용되었으며

---

416 Frankfort, H. 1955, p.150-151.; Frankfort, H. 1975, p.53.; Rundle Clark, R. T. 1993, p.40.

417 Blackman, Aylward M. 1924.; Waugh, Richey L. 2018.

418 Roth, Ann Macy. Opening of the Mouth. InRedford, Donald B. ed. 2002, p.294.

로마 점령기까지 이집트 땅에서 널리 행해졌다.

입을 여는 의식의 최종 목적

신왕국 시대에 접어들면서 '입을 여는 의식'은 죽은 자의 명계 여행을 돕기 위한 목적으로 수행되었다. 죽은 이의 입과 눈을 특별한 도구로 건드려, 그들의 영혼이 음식과 물을 섭취하고 숨을 쉴 수 있게 하며, 시각을 되찾을 수 있도록 하는 게 주된 목적이었다. 당시 이집트인들은 자양물(滋養物)과 빛이야말로 생명이 영원히 유지될 수 있는 두 가지 주요 요소라고 믿었기 때문이다.[419]

이런 의식에서 특별히 매개 역할을 맡는 신은 오시리스였다. 마지막 단계에서 죽은 이에게 '오시리스 N'(죽은 이의 이름)이라고 명명한 후 거행되는 이 대중화된 의식의 목적은 죽은 자가 오시리스와 같아져 명계에서 영생할 수 있도록 하는 것이었다.[420] 아마도 고대 이집트 문명에서 이 의식보다 더 알려지고 널리 퍼진 의식은 없을 것이다. 이 의식은 오랜 세월 동안 다중적 의미가 부여되고 종종 상호 모순되는 내용이 뒤섞이는 변형을 겪었다. 이 때문에 원래의 의미가 무엇인지 밝혀내기는 쉽지 않다.[421]

419 The 'Opening of the Mouth' ritual, Digital Egypt for Universities. University College London. Abailable at https://www.ucl.ac.uk/museums-static/digitalegypt/religion/wpr.html

420 Waugh, Richey L. 2018, p.190.; The Opening of the Mouth. Abailable at http://stsmith.faculty.anth.ucsb.edu/courses/Opening%20of%20the%20Mouth.pdf

421 Lovari, L. P. 2020.; The Opening of the Mouth Performed by the Gods, Near

앞에서 카-포옹에 관한 논의하면서 대관식에서 오시리스화된 죽은 왕의 미라가 카를 담는 용기로 사용되었다고 했다. 신왕국 시대에 대중화한 입을 여는 의식은 고위 관리나 신관들에 의해 일부가 유출되어 대중적인 장례 의식으로 자리를 잡았을 것이다.[422]

지금까지 주류 학계는 이러한 신왕국 시대의 변형된 의식 내용에 영향을 받았고 거기에 집착하는 경향을 보였다. 그 결과 '입을 여는 의식'의 최종 목적이 호루스에 의한 오시리스 영혼의 명계에서의 영생이라고 단정했다. 그러나 본래 의식의 목적이 이와는 확연히 달랐다는 게 필자의 판단이다. 고대 이집트 왕권 신화 속 '입을 여는 의식'에서 호루스는 오시리스를 (최소한 찰나나 부분적으로나마) 이승에서 살려내려고 노력한다고 보기 때문이다. 내세에서의 삶을 위한 것이 아니라 현세에서 부활시키기 위한 의식이었을 거란 말이다.

입을 여는 의식의 시작은 카를 담는 의식으로부터

입을 여는 의식은 일종의 성변화(聖變化, consecration) 의식이었다. 보통 신상을 대상으로 행해진 것으로 알려졌는데 신왕국 시절부터는 관을 놓고도 이런 의식이 있었다. 일반적으로 알려지기는 이 의식이 원래 신전에서 의식에 사용될 신상에 카를 담을 목적으로 행해졌다는 것이다. 고대 이집트인 신관들은 신상의 입과 눈에 자귀, 끌, 또는

Eastern Archaeology, February 18, 2012. Abailable at http://nearchaeology.
blogspot.com/2012/02/opening-of-mouth-performed-by-gods.html

422 Riggs, Christina. 2014, p.97.

특별한 도구를 대는 의식을 통해 신상의 입과 눈이 상징적으로 열리도록 했다. 이 의식은 기본적으로 작업장에서 장인에 의하여 신상이 만들어지면 바로 행해진다. 이 의식에 사용되는 도구들이 주로 장인이 조각할 때 필요한 도구들인 이유가 바로 여기에 있다. 신상의 제작을 완성하는 과정으로서의 이 의식을 통하여, 그 신상은 그것이 나타내는 신의 카와 연결되게 된다.[423]

그렇다면 모든 신상에 이런 의식이 적용되었을까? 아마도 그랬을 것이다. 하지만, 오늘날 우리에게 알려진 '입을 여는 의식'은 특별히 호루스와 오시리스 간에 일어나는 왕권 신화의 사건 재현과 관련 있다.[424] 여기서 입을 여는 의식의 주재자는 호루스이고, 입을 여는 의식은 주로 오시리스 신상을 대상으로 했을 것이다. 신화적 차원에서 호루스는 오시리스의 입을 특정 도구로 건드려 죽은 오시리스에게 카를 부여해 감각을 되찾게 해주는 것이라고 해석할 수 있다. 그런데 최근에 입을 여는 의식 중에는 어떤 신성한 탄생 또는 재생과 관련된 것이 존재한다는 주장이 제기되었다. 앤 로쓰(Ann M. Roth)는 신상에 카를 담는 의식과는 무관하게 고왕국 시대에 입을 여는 또 다른 의식이 존재했다고 말한다.[425]

---

423 Roth, Ann Macy. Opening of the Mouth. In Redford, Donald B. ed. 2001, p.606.; 강승일, 2016, p.55.

424 Roth, Ann Macy. 1993, p.64.

425 Ibid. p.75. 로쓰는 이 두 의식들 모두 탄생 의식(birth ritual)에서 비롯되었다고 주장한다.

입을 여는 의식에 참여하는 신관들

신화적 차원에서 호루스와 오시리스는 가장 오래된 '입을 여는 의식'의 참가자였다.[426] 이 의식은 오시리스 신상을 둘러싸고 진행되었는데 독경 신관,[427] 셈 신관, 사랑하는 아들 신관, 무덤의 신관(Priest of the Tomb, 이집트어로 이미-이스imy-is), 두 솔개로 분장한 곡을 하는 여인들(the mouners, 이집트어로 헤메트 네트제르스Hemet Netjers) 등의 신관들이 참여했다.[428] 이들 중에서 의식의 중심엔 셈 신관, 독경 신관, 그리고 오시리스 신상이 있었다.[429]

전체 내용을 살펴보면 독경 신관의 등장이 가장 많아 그가 이 의식의 주연인 것처럼 보이나 그의 임무가 주어진 텍스트를 읽어서 의식의 흐름을 설명하는 것이라는 점을 고려하면, 실제 이 의식의 주인공들은 오시리스 신상과 호루스 역할을 맡는 셈 신관임을 알 수 있다.

---

426 Roth, Ann Macy. 1993, p.64.

427 Lector priest, Wikipedia. Abailable at https://en.wikipedia.org/wiki/Lector_
     priest

428 Budge, E. A. Willis. 1914, p.13.; Assamann, Jan. 2005, p.302.; Schumann-
     Antelme, Ruth& Rossini,Stéphane. 1998, p.17.; Geisen, Christina. 2012,
     p.232.; Ancient Egyptian Priests, Facts About Ancient Egyptians. Abailable
     athttps://ancientegyptianfacts.com/ancient-egyptian-priests.html

429 Blackman, Aylward M. Priest, Priesthood (Egyptian). InLloyd, Aylward M. ed.
     2012, pp.119-120.

22장 수면 의식

셈 신관의 수면 의식

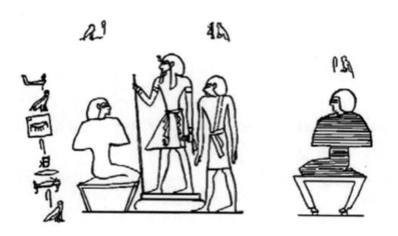

황금의 집 지성소에서 수행되는 초기의 입을 여는 의식(왼쪽)과
수면 의식 중인 셈 신관(오른쪽)

입을 여는 의식의 모든 준비가 끝나면 셈 신관이 천 또는 가죽으로 몸을 두르고 오시리스 신상 앞에 앉아 조는 듯한 포즈를 취한다. 대다수 학자는 이 장면을 꿈속에서 죽은 오시리스를 만나기 위해 셈 신관이 잠들거나 졸고 있는 것으로 해석한다. 그래서 보통 '수면 의식'이라고 부른다.[430]

그러나 이를 일종의 명상 상태로 보는 견해도 있다. 예를 들어 한스-W. 피셔-엘페르트(Hans-W. Fisher-Elfert)는 이 장면에서 셈 신관이 죽은 오시리스의 조상 제작을 지휘하기 위해 깊은 명상 상태에 빠져 있다고 해석한다.[431] 얀 아스만은 그리스-로마 점령기 이전의 고대 이집트에 샤머니즘이나 신비주의가 없었다고 보지만, 특히 이 장면만큼은 거의 유일한 최면 상태나 명상 상태를 나타내는 것으로 봐야 한다고 생각한다.[432] 또 최근에는 이 장면을 무속적 최면(shamanic trance) 상태에서 오시리스 신상에 생명력을 부여하는 아주 오래된 황홀경 의식(ecstatic practice)으로 보는 학자도 있다.[433]

학자들 간에 이러한 견해 차이가 있는 이유는 이 장면에 대한 명확한 설명이 부족하기 때문이다. 앉아있는 셈 신관의 모습으로부터 이런 제각각의 해석을 도출하고 있다. 물론 이들이 이런 해석을 하는데 전혀 근거가 없는 게 아니다. srd와 kd란 용어가 어느 정도 이런 해석의 근거가 된다. srd는 특별한 밤을 의미하는데 그들은 이

---

430 Schiavo, R. 2018, p.11.; Tribl, Gotthard G. 2011, pp.27-28.; Aziz, Sofia. 2019, p.18.

431 Schiavo, R. 2018, p.8.

432 Ibid., p.9.

433 Ibid., p.10.

단어로부터 수면, 명상, 또는 최면 상태란 해석을 끄집어낸다. 또, kd는 그 정체가 모호한 용어인데 그들은 이를 꿈, 자각몽, 또는 황홀경과 연관시킨다. 일반적으로 꿈을 가리키는 고대 이집트 문자는 rswt이다.[434]

필자는 이른바 '수면 의식'의 신화적 맥락을 찾는 것이 매우 중요하다고 생각한다. 여기서 수면으로 해석되는 sdr이나 꿈으로 해석되는 kd가 우리의 일상에서 체험하는 그런 종류가 아닌 신화적 의미를 담고 있다고 봐야 한다는 것이다.

호루스와 오시리스의 동일화

졸고 있는 듯한 행동을 하는 셈 신관을 무덤의 신관이 상징적인 제스처로 깨운다. 이후 셈 신관은 케니 스토마커를 입는다. 그렉 리더(Greg Reeder)는 이 조끼가 '이어지는 의식 도중에 그를 보호하기(to protect him during the next rite)' 위해 사용된다고 주장하지만,[435] 우리는 이제 그 의미가 오시리스와 호루스의 '카 포옹'을 일으키기 위한 것임을 알고 있다. 실제로 이 상황에서 셈 신관은 "내가 당신을 포옹하러 왔습니다. 나는 당신의 아들 호루스입니다"라고 말한다.[436]

---

434 Ibid., pp.10-11.; Tribl, Gotthard G. 2011, pp.25-26. 'srd'는 아비도스의 오시리스 축제 중 오시리스 부활과 관련된 하이라이트 의식이 진행되는 특정한 밤을 가리키는 데 사용된다.

435 Reeder, Greg. 1994.p.59.

436 Gillan, Robin. 2005, pp.69-72.; Budge, E. A. Wallis. 1997. p.195.

이어서 셈 신관은 "나는 나의 아버지의 모든 모습을 보았다"라고 선언하고 다른 신관들이 그가 호루스가 되어 오시리스를 보호하도록 요구한다.[437] 그다음 장면은 오시리스 신상을 타격하는 것으로 이어진다. 리더는 이것을 세트에 의한 오시리스의 살해되는 장면의 모사라고 해석한다.[438]

이어지는 장면에서 셈 신관은 "그가 나를 때린다"라고 말한다. 이는 셈신관이 오시리스 역할을 하는 것으로 볼 수 있다. 하지만 셈 신관은 원래 살아있는 호루스 역할을 한다고 하지 않았는가? 그렇다면 이 장면을 어떻게 해석해야 할까? 그다음 장면에 답이 있는 듯 보인다. 여기서 셈 신관은 "나의 아버지를 때리지 말라"고 말한다. 케니 스토마커를 입음으로써 호루스는 오시리스와 하나가 되었고 이러한 상황을 셈 신관이 연기하는 것이다. 따라서 셈 신관은 오시리스와 호루스의 역할을 오가며 연기하고 있으며, 이는 그가 동시에 호루스이면서 오시리스임을 나타낸다.

이런 상황은 매우 명백하게 셈 신관과 독경 신관 사이의 대화에서 드러난다. "아버지의 모든 모습을 봤다"는 셈 신관의 말에 독경 신관은 "네가 너의 아버지와 함께 있는 것이 아닌가(Is not your father with you)?"라고 묻는다. 이 대목으로만 놓고 보면 호루스가 오시리스를 대면하는 상황처럼 보일 수 있지만, 단순한 '대면 상태'가 아님이 이어지는 독경 신관의 말에서 드러난다.

---

437 Hill, J. 2016. Opening of the Mouth. Abailable at https://ancientegyptonline.
    co.uk/openingofthemouth/
438 Reeder, Greg. 1994.p.59.

그는 "호루스가 '사'이며, 너의 아버지도 '사' 아니냐(Horus is a Sah; is not your father a Sah)?"라고 묻는다.[439] 12장에서 사(Sah)가 오리온 좌를 가리킨다는 사실을 언급한 바 있다. 그런데 이 표현은 호루스가 오시리스와 같아졌다는 말이다. 실제로 셈 신관이 몸에 두른 천 또는 가죽을 벗으며 선언하는 내용에 따르면, 오시리스가 살아 있으며 모든 측면에서 호루스와 같다는 것이다.[440] 마크 스미스(Mark Smith)는 『피라미드 텍스트』에서 오시리스와 동일화한 죽은 왕이 다른 신들과도 동일화되는 경우가 있다고 지적한다.[441] 아마도 '입을 여는 의식'에서 오시리스와 호루스가 동일화되는 경우가 바로 그런 상황이라고 할 수 있을 것이다. 그렇다면, 어떻게 호루스가 오시리스와 같아질 수 있는 것일까?

오시리스 안의 호루스

호루스와 오시리스 동일화가 무엇을 의미하는지에 대한 단서는 다음과 같은 대목에서 찾아볼 수 있다. 몸에 두른 천 또는 가죽을 벗은 셈 신관에게 독경 신관이 다음과 같이 말한다. "나는 당신에게 호루스의 눈을 주었습니다(I have given thee the Eye of Horus)." [442] 호루

---

439 Smith, Stuart T. 2006a. p.3.
440 Budge, E. A. Wallis. 1914, p.14.
441 "Osiris is not the only god with whom the deceased share this complicated, apparently contradictory, relationship. Some of the same spells that identify the deceased with Osiris identify them with other divinities as well." Smith, Mark. 2014. p.88.
442 Budge, E. A. Wallis. 1914, p.14.

스의 눈은 성스러운 생명 에너지라는 것이 관련 학자들 해석이다.[443] 따라서, 이 장면은 호루스가 오시리스에게 생명 에너지를 바침으로써 그를 부활시키려 하는 것으로 볼 수 있다. 신왕국 시대의 자료들에 나온 내용은 이것이 전부다. 그런데, 이 상황이 정확히 무엇인지 알려주는 대목이 『피라미드 텍스트』에서 발견된다.

『피라미드 텍스트』 26-30행에 '오시리스 안에 머물러 있는 호루스(Horus, Dweller in Osiris N)'가 호루스의 눈을 오시리스에게 가져가서 그를 부활시킨다고 되어 있다.[444] 이는 명백히 호루스가 오시리스 안에 거주하는 상황을 묘사하는 장면처럼 보인다.[445] 레이먼드 포크너(Raymond O. Fulkner)는 '안에 머문다'라는 표현이 별 의미가 없으니 그냥 '오시리스인 호루스'라고 하자고 주장한다.[446] 하지만, 로버트 린터(Robert K. Rinter)는 그 표현이 의미 없는 것이 아니라 '이전에 살아있던 왕이 이제는 죽은 자의 신인 오시리스 안에 머물게 되며, 결국 이 두 신이 결합되었다(the former living Horus-king is now indwelling in the god of the dead, Osiris; they have fused)'는 사실을 가리킨다고 말한다. 즉, 살아있던 호루스 왕이 죽어서 오시리스와 합쳐졌음을 뜻한다는 것이다.[447]

---

443 Velde, H. T. 1997, p.51.

444 Mr(Pyramid) Text Study Utterances 26-31: From "The Pyramid Texts" Translation by Samuel A. B. Mercer. Abailable at http://mrtextstudy. blogspot.com/2007/12/mr-pyramid-text-study-utterances-26-31.html

445 Rinter, Robert K. Divinization and Empowerment of the Dead. In Scalf, Foy. 2017. p.109.

446 Faulkner, Raymond O. 1969. p.5.

447 Rinter, Robert K. Divinization and Empowerment of the Dead. In Scalf, Foy. 2017. p.109.

하지만 필자는 이런 해석이 잘못되었다고 본다. 대관식에서 호루스 연기자는 죽은 왕이 아니라 '살아있는' 그의 후계자다. 정황상으로 볼 때 이 종교의식에서 살아있는 호루스의 역할을 하는 후계자가 오시리스 역할을 하는 죽은 왕의 안으로 들어가는 것이다.

23장 가죽 의식

가죽 의식은 탄생 의식

수면 의식에서 셈 신관의 행위가 무엇을 상징하는지 제대로 파악하려면 그의 복식에 초점 맞출 필요가 있다. 그는 외투 같은 것을 둘둘 말아서 입고 있는데 관련 학자들은 그것이 원래 천이 아니라 짐승 가죽이었다고 판단한다. 그래서 이 의식에 '가죽 의식(skin ritual)'이란 명칭을 붙이는 학자도 있다. 그런데 이 가죽은 어떤 짐승의 가죽일까? 많은 관련 학자가 고대 이집트의 종교의식에서 주로 소가죽이 사용되었다는 데 동의한다. 초기엔 그것이 암소 가죽이라고 보는 견해가 제기되었는데 최근엔 대체로 그것을 황소 가죽으로 본다.[448]

---

448 Lefébure, E. 1904, p.17.; Campbell, C. 1912, pp.73–74.;Thomas, E. The
　　Magic Skin. In Petrie, W. M. Flinders ed. 1923. Part 1, pp. 3-8, Part 2, p.53.;
　　Spieser, C. 2006, p.232.; West, Glennise. 2019, pp.8-10.

어쨌든 이 의식은 호루스와 오시리스와의 왕권 신화 중 일부를 구성하는 가장 오래된 의식의 원조였다.[449]

소가죽을 뒤집어쓰는 행위를 재생과 연관시킨 최초의 학자들로 알렉산드르 모레와 루이스 스펜스를 꼽을 수 있다. 그들에 의하면 고대 이집트 초기에 재생 의식을 치르는 존재인 '티케누(Tikenou)'가 있었다고 한다. 이 존재는 자다가 깨어나서 죽은 오시리스의 '그림자(khaibit)' 또는 '재생된 영혼'을 가져오는 존재라는 것이다.[450] 그들에 의하면 이 존재는 '입을 여는 의식'에서 셈 신관이 맡는 역할과 일치한다.[451]

모레와 스펜스 주장대로라면 '가죽 의식'은 오시리스의 장례식 때 셈 신관이 호루스 또는 아누비스와 동일화하여 암소 가죽을 뒤집어썼다 벗는 의식이다. 결과적으로 이를 통해 '오시리스가 누트 여신 뱃속에서 다시 태어난다'는 것이다.[452] 물론 관련 학자들이 이런 주장에 모두 동의하는 것은 아니다. 관련된 자료가 너무 제한적이고 문자로 설명이 되어 있지도 않기 때문이다.[453]

이처럼 이집트학 학자들이 셈 신관이 하는 행위를 '재생(rebirth)'과 관련시키는 것은 '입을 여는 의식'에 아기 출생과 관련된 듯한

449 Roth, Ann Macy. 1993, p.64.

450 Spence, Lewis. 2007, pp.215-220.

451 Moret, A. 1922, p.50.

452 Spence, Lewis. 2007, pp.219-220. 이와 같은 해석을 하는 이유는 죽은 오시리스가 오리온 좌로 가는 종교의식의 오독 때문으로 보인다. 이 상황은 오시리스가 하늘의 여신 누트의 뱃속에서 다시 태어나는 것으로 해석하는 게 그럴듯해 보인다.

453 West, Glennise. 2019, p.5.

내용이 존재하기 때문이다. 예를 들어 「팔레모석(Palermo Stone)」에는 원래 입을 여는 의식이 어떤 신적 존재의 탄생과 입을 여는(birth and the opening of the mouth [the statue] of the god X) 목적에서 치러지는 것이라고 쓰여 있다.[454] 고대 이집트 초기에 입을 여는 의식이 주로 오시리스를 상대로 치러졌다고 믿고 있는 관련학자들은 탄생하는 신적 존재는 당연히 오시리스일 거라고 판단한다. 하지만 그렇지 않다는 것이 필자 판단이다.

소가죽 뒤집어쓰는 행위의 상징

월리스 버지는 초기에 '가죽 의식'에서 셈 신관이 뒤집어쓰는 짐승 가죽을 암소 가죽이라고 생각했다. 그는 가스통 마스페로의 주장을 인용해 그것이 호루스가 오시리스에게 그림자를 가져다주는 것일 수 있다고 했다. 오시리스가 죽으면서 떠나버린 그림자를 그가 되찾아주는 장면이라는 것이다.[455] 8장에서 필자는 고대 이집트인들이 그림자가 생명체를 구성하는 비물질적 요소 중 하나로 인식하고 있었다는 점을 지적한 바 있다.[456]

---

454 Roth, Ann Macy. 2002, p.295.; The Ceremony "Opening of the mouth". Abailable at http://leonardolovari.altervista.org/the-ceremony-opening-of-the-mouth/?doing_wp_cron=1602990021.2825810909271240234375#page-content

455 Budge, E. W. Wallis. 1997. p.194.

456 Assamann, J., 2002, p.410.

그런데 버지는 나중에 셈 신관이 뒤집어쓰는 것이 황소 가죽이며, 그럼으로써 '가공의 죽음 상태(feigned death)'를 연기하는 것으로 보았다. 그리고 가죽을 벗기는 행위가 죽은 왕이 오시리스가 되어 재생, 또는 '영적 신체(spirit-body, sahu)'로 부활하는 것을 상징한다고 결론지었다.[457] 이는 죽은 왕이 오시리스가 되어 명계에 머무르게 됨을 의미한다.

스위스 프리보로 대학(University of Fribourg)의 역사학자 캐티 스피저(Cathie Spieser)는 이 소가죽이 암소 가죽인지 황소 가죽인지 구분하기 어렵다고 지적하면서도, 그 소가죽은 죽은 자를 이승에서 명계로 이송시키는 효력을 지녔으며 이를 두르고 있는 이는 명계에서의 재생 직전 배아 단계(embroynic life)에 놓여있는 것이라고 말한다.[458] 이는 사실상 버지의 주장에 동조하는 것이다.

이 밖에도 위와 같은 주장을 하는 일련의 학자들이 있으며 그들은 죽은 이를 내세로 보내기 위해 신관이 소가죽을 뒤집어써야 한다고 말한다.[459] 그 상태에서 죽은 이의 영혼은 저세상에서 태아 상태로 재생하기를 기다린다는 것이다.[460] 정말 그러한 의미일까? 나는 왕권 신화에 그 뿌리를 두는 고대 이집트 종교의식이 결코 죽은 왕을 명계로 보내기 위한 것이 아니라고 생각한다. 따라서, 이 장면에 대해선 다른 해석이 가능하다고 본다.

---

457 Budge, E. A. Wallis. 1914, p.14.
458 Spieser, C. 2006, pp.232-234.; West, Glennise. 2019, p.10.
459 Lefébure, E. 1904, pp. 8-9.
460 Baly, T. J. C. 1930.

곡하는 두 여신과 아기 출생

앞에서 언급한 '가죽 의식'은 통칭하여 '입을 여는 의식'으로 불리는 긴 역사를 갖는 종교 의례 중 하나였다. 그리고 호루스와 오시리스는 이 가장 오래된 의식의 원형이었다.[461] 앞에서 지적했듯 가죽 의식을 셈 신관과 독송 신관이 주도하며, 대부분 학자는 이들의 역할에 주로 초점을 맞추는 경향이 있다. 하지만 입을 여는 의식의 정확한 목적을 이해하려면 '곡을 하는 여인들'의 등장에도 주목할 필요가 있다는 주장이 있다.[462]

덴데라 하토르 신전 벽화에 묘사된 두 솔개 여신 이들 여신은 신생아 탄생과 관련되어 있다

앤 로쓰는 지금까지 이들 두 여신의 역할을 단지 오시리스 죽음을 애도하는 정도로 생각해 왔지만, 그보다는 '두 솔개(two kites)'로

---

461 Roth, Ann Macy. 1993, p.64.
462 Geisen, Christina. 2012, p.232.

써 신성한 산파(divine midwives)' 역할에 주목해야 한다고 지적한다.[463] 즉, 그녀들이 신생아 탄생을 돕는 역할을 한다는 것이다. 이 의식이 어떤 아기 탄생과 연관이 있다는 얘기다. 필자는 9장에서 신전 벽화에 등장하는 두 솔개 여신이 히에로스 가모스에서 중요한 역할을 하는 장면을 소개한 바 있다. 그리고 그런 신성한 성교의 결과로 탄생하는 아기는 호루스라는 사실 또한 강조했었다.

새끼손가락으로 입을 여는 의식

통상적으로 알려진 입을 여는 의식 중에서 진정으로 '입을 여는 의식'으로 불릴만한 의식은 가죽 의식 이후 셈 신관에 의해 치러진다. 여기서 셈 신관은 호루스의 역할을 하며 새끼손가락으로 오시리스 신상 또는 죽은 왕의 미라 입을 여는 행위를 한다.[464] 이 행위는 대체로 호루스가 오시리스를 부활시키는 것으로 해석된다.[465] 그런데 앤 로쓰는 이 장면을 전혀 다르게 해석한다. 그녀는 이 행위를 신생아가 숨을 제대로 쉴 수 있도록 입에서 오물을 제거하는 것으로 보고, 나중에는 이 새끼손가락 대신 쇠로 만든 도구가 사용되었다고 설명한다. 이외에도 '입을 여는 의식'에 사용하는 또 다른 도구는 태아의 탯줄을 끊는 데 사용된다고 본다.[466]

463 Roth, Ann M. 1993, pp.63-64.

464 강승일. 2016, p.57.

465 Budge, E. A. Wallis. 1914, p.15. 호루스가 오시리스를 부활시키는 행위는 통상 그가 자기 눈을 오시리스에게 주는 것이라고 알려져 있다. 그런데, 호루스의 눈으로 입을 연다는 표현이 존재한다.

466 Roth, Ann Macy. 1993, pp.63-64.

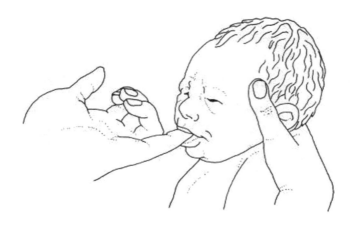

산부인과에서 종종 새끼손가락을 사용해 신생아 입속 오물을 꺼낸다

그런데 로쓰는 이런 일련의 행위를 앞에서 다른 학자들 주장처럼 오시리스가 명계에서 아기로 재생하는 것과 관련시킨다.[467] 하지만 신전 부조들이나 파피루스에는 오직 미라 형태나 성기를 노출한 상태의 성인 오시리스만 등장할 뿐, 그 어디에도 아기 상태인 그를 묘사한 것은 발견되지 않았다. 고대 이집트 왕권 신화에서 아기 모습으로 등장하는 유일한 신은 호루스이다!

오시리스의 재생 vs. 호루스의 탄생

앤 로쓰처럼 관련학자 대부분은 '입을 여는 의식'이 오시리스가 명계에서 아기로 재생하기 위한 목적으로 치러졌다고 본다.[468] 그러나 필자는 이 의식이 오시리스가 아닌 호루스의 탄생에 관한 것이라

---

467   IRoth, Ann Macy. 1993, p.65.
468   Roth, Ann Macy. 1993, pp.65-66.

는 심증을 갖는다. 로쓰는 두 솔개 여신이 산파 역할을 하며 내세에서 오시리스 출생에 간여한다고 주장하지만, 솔개 형태의 여신들은 오시리스보다는 호루스와의 연관성을 나타낸다고 볼 충분한 이유가 있기 때문이다.[469]

실제로 신전 벽화들에서 솔개 모습의 이시스와 네프시스가 오시리스를 부활시키는 상황에 관여하는데 그 주목적이 오시리스의 생식력을 복원해 히에로스 가모스를 이루어내는 데 있다. 9장에서 논의된 왕권 신화의 핵심은 죽은 오시리스가 내세로 가는 것이 아니라 현생에서 다시 살아나 생식 기능을 발휘해 아기 호루스를 탄생시키는 것이다. 따라서 입을 여는 의식이 성스러운 출생과 관련 있다면 그것은 호루스의 몫이지 오시리스의 몫은 아니라고 할 수 있다.

소카와 호루스의 관계

15장에서 호루스의 오시리스 부활 주도를 언급하며 소카의 정체성 논의를 했다. 소카는 매 모습을 하고 있지만 그 정체성은 오시리스다. 『피라미드 텍스트』에서 그렇게 표현된 이유를 찾을 수 있는데 호루스가 지탱해주는 오시리스이기 때문이다.[470] 이런 상태에서 그의 성기는 발기되고 그 위로 솔개 모습의 이시스가 올라타 호루스 잉태를 한다.

---

469 Frankfort, H. 1955, p.41.; Shalomi-Hen, Racheli. 2019, pp.375-376.

470 호루스가 지탱해주는 오시리스가 매의 모습으로 표현된 게 곧 도래할 호루스 임재 상황이나 호루스와의 합체 상태를 표현하기 위해서라는 주장이 제기되었다. 수면/가죽 의식이 오시리스와 호루스의 합일이라고 할 때 이런 주장은 매우 설득력 있다.

새메 모습을 한 소카신의 발기된 성기 위로 솔개의 모습을 한 이시스가
올라가 성교하려 하고 있다

결국 매 모습의 오시리스인 소카처럼 이시스나 네프시스가 새로
표현된 이유도 그들이 호루스와 강하게 연결됨을 의미한다고 봐야
한다. 오시리스의 부활 장면에서 솔개 모습의 두 여신의 출현은 오시
리스가 아닌 호루스의 탄생과 관련 있음이 분명하다. 즉, 이 여신들
이 신성한 산파로 호루스의 탄생에 깊숙이 관여했다는 것이 필자의
견해이다.[471]

---

471 두 여신 중 네프시스가 산파라고 해도 이시스는 산파가 아니라 산모라고 봐야 하는데 왜
    함께 산파라고 하는지 의문이 생길 수 있다. 후속 논의에서 이시스 아닌 네프시스가 산
    모일 가능성이 있다는 사실을 밝힐 것이다. 그렇다면 누구 한 명을 특정해서 산파가 아

수면/가죽 의식은 천계로의 주술 여행이다.

지금까지 '입을 여는 의식'을 수면이나 최면 또는 황홀경과 연관 시키는 학자들의 해석은 있었지만 이를 천체적 차원으로까지 확장한 해석은 거의 없었다. 다만, 얀 아스만이 예외로, 오시리스와 호루스의 카-포옹이 천체적 의식임을 시사한 바 있다.[472] 22장에 소개한 '입을 여는 의식'에서 셈 신관이 호루스가 되어 케니 스토마커를 착용하고 오시리스와의 카-포옹을 하는 장면이 있다. 이때 바로 호루스와 오 시리스가 오리온 좌에서 하나가 된다.[473]

이 장면은 12장에서 소개한 『피라미드 텍스트』의 632행에 쓰인 생식 세포 수준의 호루스가 오리온 좌(사)에서 시리우스성(소프뎃)으로 이동하는 천상 파노라마로 이어진다고 볼 수 있다. 따라서, 수면/가 죽 의식은 셈 신관이 오시리스의 대표적인 주물 중 하나인 황소 가 죽[474]을 뒤집어씀으로써 상징적으로 천상의 오시리스 안에 들어가 거기서 생식 세포 상태로 머무는 의식이라고 말할 수 있다. 새뮤얼 머서는 호루스가 오리온 좌의 7 별 중 하나라는 주장을 한 바 있

니라고 말하기 어렵다.

472 "The Ka is linked to the constellation of father and son." Assmann, Jan. Resurrection in Ancient Egypt. In Peters, Ted & Russell, Robert Johnand Welker, Michael eds. 2002. p.130. Available at http://archiv.ub.uni-heidelberg.de/propylaeumdok/3108/1/Assmann_Resurrection_2002.pdf

473 Smith, Stuart T. 2006. p.3.

474 Ami Wit, a bull skin which was Anubis wrapped and embalmed the body of Osiris. Available at https://egyptmagictours.com/ami-wit-a-bull-skin-which-was-anubis-wrapped-and-embalmed-the-body-of-osiris/

다.[475] 12장에서 필자는 그후 호루스가 시리우스성으로, 그리고 최종적으로 태양을 향한다는 가설을 제시했다.

창조주 태양신 라의 현신 호루스

입을 여는 의식에서 태어나는 주인공이 저승에서의 오시리스가 아니라 이승에서의 호루스라는 사실을 인정하면, 앞에서 제기된 여러 문제가 쉽게 정리된다. 수석 신관으로써 호루스와 동일화되는 파라오는 대관식에서 가장 절정의 상황인 호루스 탄생을 주술적 의식으로 재현할 때 그 어떤 순간보다도 가장 중요한 존재였다. 고대 이집트에서는 신화 속 이야기가 바로 역사였기 때문이다.

영국 옥스퍼드 대학의 이집트학 학자 제럴딘 핀치(Geraldine H. Pinch)는 호루스가 충분히 엔네아드에 포함될 만한 신이라고 지적한다. 그렇다면 헬리오폴리스 신학이나 멤피스 신학에서 그를 9주신의 반열에 올리지 않은 이유는 무엇일까? 핀치는 호루스가 사실상 창조주 태양신의 현신으로 여겨졌기 때문에 배제되었을 것이라고 설명한다.[476] 그리고 고대 이집트 왕권 신화에서 절정의 순간에 호루스는 실제로 태양신의 현신으로 나타난다.

---

475 Mercer, S. 1949. p.25.
476 Pinch, Gerald. 2002b. pp.65~66.

라–호라크티의 입에 향유를 바르는 호루스 왕

아비도스에 있는 세티 1세의 가묘(假墓)에는 셈 신관이 라–호라크티(Ra-Harakhti)의 머리에 올려진 둥근 형상에 새끼손가락으로 향유를 바르는 장면이 묘사된 벽화가 존재한다. 앤 로쓰는 이런 의식이 입을 여는 것과 같거나 입을 여는 의식에 뒤이어 곧바로 진행되는 의식으로 보고 있다.[477] 이런 관점대로라면, 이 장면은 셈 신관이 성인 호루스로서 라–호라크티라는 신의 출생을 돕는 모습으로 볼 수 있다.

셈 신관이 라–하라크티의 출생을 돕는 모습이 묘사된
아비도스 세티 1세 가묘 벽화

---

477   Roth, Ann M. 1993, pp. 66–67.

도대체 라-호라크티라는 신의 정체는 무얼까? 이 신은 갓 태어난 태양신(new-born sun)으로 바로 다름 아닌 재생한 아기 호루스다.[478] 이 신이 머리에 이고 있는 것은 탯줄이 붙은 태반과 태양을 동시에 나타내는 상징이다.[479] 종종 이 존재는 손가락을 빨고 있는 아기로도 표현된다.[480]

라-호라크티 정체에 대한 여러 견해

라-호라크티(Ra-Horakhti)란 명칭은 라(Ra)와 호라크티(Hor- akhti)가 합쳐진 것으로, 호라크티는 '두 아켓의 호루스'를 의미한다. 이 신의 정체에 대해선 학자들 간에 여러 의견이 있다. 스위스 바젤의 문화박물관(Museum of Cultures) 큐레이터이자 고고학 저술가인 마야 뮐러(Maya Müler)는 라-호라크티란 명칭은 라가 지평선(akhet)의 호루스라는 것을 의미하며, 지평선의 호루스는 라의 성격을 설명하는 이름이라고 주장한다.[481] 미국의 고대 종교 관련 저술가인 마가렛 분슨(Margaret R. Bunson)은 태양신 라가 호루스와 동일시되어 라-호라크티라고 불리

---

478   Siuda, Tamara L. 2016, p.301.

479   이와 비슷한 존재로 콘수Khonsu라는 신이 있다. 이 신은 왕실 태반을 상징하며, 머리에 달을 상징하는 문양을 얹고 있다고 해서 달의 신이라 불리는데 사실 이것도 태반을 나타낸다. 콘수는 아문(Amun)신과 무트(Mut) 여신 사이의 적법한 아들로 자리매김하는데 사실상 호루스라고 볼 수 있다. Gómez, Alba María Villar. 2015, p.17 참조. 이 신은 라-하라크티와 마찬가지로 '아침의 아이'로 표현되었다. Khonsu. Ancient Egypt Online. Available at https://ancientegyptonline.co.uk/khonsu/ 참조).

480   Naydler, Jeremy. 1996, p.64.

481   Müler, Maya. Re and Re-Horahkty. In Redford, D. B. ed. 2002, p.325.

며, 이런 형태로써 그는 지평선의 거주자 역할을 한다고 말한다.[482] 영국 대영 박물관 소속 이집트학 학자 조지 하트(George Hart)는 호라크티, 즉 지평선의 호루스를 원래 독립적 존재인 태양신으로 보며, 특히 이집트를 통치하는 왕이 동쪽 지평선에서 태어나는 모습으로 보고 있다. 하지만 어떤 종교적 필요 때문에 헬리오폴리스의 태양신인 라와 합쳤다(coalescence)고 말한다.[483]

태양신 라와 천공신인 호루스가 서로 묶여서 혼합적으로 표현된 최초의 예는 고대 이집트 고왕국 5왕조의 네페리르카레(Neferirkare) 시절로 거슬러 올라가 확인된다. 영국 케임브리지 대학의 이집트학 학자 토비 윌킨슨(Toby A. H. Wilkinson)은 이 사례가 특히 주목할 만하다고 하면서 이런 신의 혼합이 나중에 등장하는 라−호라크티의 전조로 보인다고 지적한다.[484] 실제로 헬리오폴리스 교단에서 이미 라−호라크티를 최고신으로 받아들였다는 주장이 있다.[485] 앞에서 호루스가 최고의 태양신으로 여겨져 별도로 엔네아드에 포함되지 않았다는 제럴딘 핀치의 주장을 소개한 바 있는데 지금까지의 주장들은 사실상 호루스가 라와 동치라는 것으로 바로 이런 논리를 대변한다고 할 수 있다.

---

482 Bunson, M.1999, p.225.

483 Hart, G. 1996, p.94.

484 Wilkinson, Toby A. H. 2000, pp.179-180.

485 Shaw, Ian. 2003, p.58.

빛나는 영역에서 라와 카-포옹해서 탄생하는 호루스

이제 왜 라와 호루스가 두 지평선과 함께 묶여있는지 살펴보자. '두 지평선'으로 표현된 용어는 고대 이집트어로 아크티(akhti)이며 아켓(akhet)의 복수형이다. 아켓은 주류 학계에서 '지평선(horizon)'이라 부르지만 고대 이집트인들은 '(태양)빛의 장소(light land)'로 태초에 창조가 일어난 곳으로 여겼다.[486] 이곳은 호루스 대관식의 하이라이트에서 오시리스와 호루스가 서로 껴안고 아크(akh), 즉 빛나는 존재로 변용하는 장소이며 이때 태양신 라가 함께 한다.[487] 이처럼 라-호라크티는 오시리스를 매개로 호루스가 라의 분신으로 태어나는 존재로 이해할 수 있다.

고대 이집트 창조 신화에서는 신들의 탄생은 최고신 라의 카-포옹에 기인하는 것으로 되어 있다고 했다.[488] 결국 이 장면은 호루스가 라의 분신으로 태어나는 장면을 형상화한 것이라고 볼 수 있다. 대관식을 통해 호루스가 태양신 창조주 라의 적통을 이어받은 진정한 후계자로 태어남을 나타내는 것이다. 이와 관련해 톰 헤어(Tom Hare)는 최고신 아툼-라의 생식적 자취가 호루스에게로 이어져 마침내 진짜의 역사로 예시화하는 성스러운 왕권을 불러낸다고 말한다.[489]

---

486 안 아스만은 그의 저술 『고대 이집트에서의 죽음과 구원(Death and Salvation in the Ancient Egypt)』에서 아켓을 빛의 땅(Light Land)으로 해석한다.
487 Frankfort, H. 1955, p.135.
488 Budge, E. A. Wallis. 1973, Vol.1. p.86.
489 Hare, T. 1999, p.120.

24장 두 호루스 패러독스를 풀다

죽어서 오시리스가 되는 연상의 호루스?

고대 이집트 왕권 신화의 성격을 규명하기 위해 본격적인 시도가 이루어진 저술 중 하나로 프랑스 국립 과학 연구 센터(Centre National de la Recherche Scientifique)의 디미트리 믹스(Dimitri Meeks) 등이 쓴 『이집트 신들의 일상생활(Daily Life of Egyptian Gods)』을 꼽을 수 있다. 이 책에서 저자들은 오시리스 신화가 일목요연하게 정리된 것은 플루타르코스의 기록뿐이고, 고대 이집트 자료에는 여기저기 조각 글들만 존재하여 호루스와 세트 같은 주요 등장인물들의 명확한 관계를 파악하기 어렵다고 전제한다. 하지만, 그들은 『피라미드 텍스트』와 같은 초기 문서들을 면밀하게 분석해본 결과 다음과 같이 신화 줄거리를 확인할 수 있다고 말한다.

이집트를 통치하고 있는 왕인 연상의 호루스는 그의 형제인 세트와 갈등을 일으킨다. 논쟁은 명백히 왕권을 행사하는 것과 관련되어 있으며, 세트는 이를 무력으로 차지하려 한다. 호루스와 세트의 결정적인 전투에서 호루스는 눈을, 그리고 세트는 고환을 잃는다. 서로는 상대방으로부터 획득한 신체 부분을 전리품으로 간직한다. 결국 세트가 연상의 호루스를 처단하고, 그 결과 연상의 호루스는 죽으면서 오시리스가 된다. 죽은 오시리스와 이시스 사이에서 연하의 호루스가 태어난다. 이 호루스는 자라서 이시스의 도움을 받으며 아버지 오시리스의 복수를 하려고 한다. 싸움에서 호루스는 연상의 호루스가 잃어버린 눈을 되찾는데, 이는 살아 있는 왕인 호루스와 죽은 왕인 오시리스의 왕권 회복을 의미한다.[490]

그러나 믹스 등의 주장에서 당장 눈에 띄는 몇 가지 문제가 있다. 우선, 그들이 호루스와 세트가 형제간이라고 본 것이다. 앞에서 참조했던 권위 있는 창조 신화가 수록된 『피라미드 텍스트』나 『사바카석』에서 오시리스와 세트가 형제인 것으로 되어 있지만 호루스와 세트가 형제로 묘사되지는 않는다. 또한 연상의 호루스가 세트에 의해 죽임을 당해 오시리스가 된다는 설정도 설득력이 떨어진다. 고대 그리스 학자들의 기록에서도 세트(타이폰)에게 죽임을 당하는 존재는 오시리스이지 호루스가 아니다. 그뿐만 아니라 종교축제들이나 『피라미드 텍스트』, 그리고 『람세시움 파피루스』에 묘사된 왕권 신화에서 연상의 호루스는 세트를 패퇴시키는 승리자로서 주도적 역할을 할

---

490   Meeks, D. and Favard-Meeks, C. 1977, pp.27-28.

뿐 세트에 의해 죽임을 당하는 패배자로 기록되어 있지 않다.[491]

그럼에도 불구하고, 믹스 등의 가설은 고대 이집트 왕실에서 파라오의 왕권 승계와 관련하여 일어났던 역할 전환을 아주 그럴듯하게 설명해준다. 살아생전에 호루스였던 파라오가 죽음과 동시에 오시리스가 되는 상황이 연상의 호루스가 오시리스가 되는 것을 나타낸다고 볼 수 있기 때문이다. 이는 로버트 린터의 주장과도 일맥상통한다. 그런데 여기서 고대 이집트 파라오의 역할에 대해 고민해볼 필요가 있다. 만약 파라오가 종교의식 이외의 현실 세계에서도 여전히 호루스 현신이었다면, 그가 죽는 순간 오시리스가 되는 상황은 믹스 등이 주장하는 시나리오에 정당성을 부여할 것이다. 하지만 만일 파라오가 호루스와 동일시되는 것을 오직 종교의식 속 신관의 역할에 국한한다면, 이 문제는 전혀 다른 모습으로 우리에게 다가온다. 파라오는 현실 세계에서 호루스가 아니고, 주술적 종교의식 속에서만 호루스의 역할을 맡았을 뿐이며, 그의 사망과 동시에 그 시신은 주술적으로 오시리스 역할을 맡도록 운명지워져 있었다고 보면 되기 때문이다.

옥스퍼드 대학교 이집트학 교수를 역임한 마크 스미스(Mark Smith)는 고대 이집트 주술 의식에서의 동일화 문제가 아직도 학자들 간에 논란이 있다고 지적한다. 그것이 영원한 동일화냐 아니면 의식 중에서 어떤 특성을 갖기 위한 수단에 불과하냐는 것이 쟁점이라는 것이다.[492] 의식에서 주관자는 자신을 신과 동일시하거나 그러한 정체

---

491 Blackman, A. M. andFairman, H. W. 1942.
492 Smith, Mark. 2014. p.88.

성을 다른 존재에 귀속시킨다. 그렇다면 이 기술을 사용하는 주문의 목적은 완전한 변신일까? 고대 이집트 종교의식의 성격상 이런 동일화가 의식 주관자나 제3자를 영구적으로 신이나 다른 존재로 변신시키지 않는다는 게 필자의 판단이다. 실제로 최근 이집트학 학자들은 파라오의 신성은 부분적인 것으로 오직 종교의식에서 신과 같이 역할 했던 것이라고 그의 위상을 자리매김하는 경향이 있다.[493]

오시리스 안의 호루스

비록 그것이 세트의 살해로 말미암아 이루어졌다고 해서 문제가 있기는 하지만 호루스가 오시리스가 되었다는 주장은 일리가 있다. 수면/가죽 의식에서 오시리스가 모든 면에서 호루스와 같아졌다는 내용이 등장한다.[494] 언뜻 이 장면을 믹스 등과 같이 연상의 호루스가 오시리스가 된 것으로 판단할 수 있겠다. 하지만, 이 의식에서 호루스가 죽어서 죽은 오시리스가 된 것이라고 볼 수 없다.

오리온 좌가 등장하는 이 의식은 『피라미드 텍스트』의 632행과 연관되어 있으며 그런 맥락에서 보면 호루스는 오시리스 안의 생식 세포가 된 것이 분명하다. 실제로 믹스 등도 연상의 호루스가 오시리스가 된 것일 수도 있지만 또 한편 '오시리스 안의 호루스(Horus who is in Osiris)'가 된 것일 수도 있다고 말하고 있다.[495] 물론 앞에서 살펴

---

493 Traunecker, C. 2002, p.97. 물론 그만큼 자주 종교의식을 치루었을 것이다.

494 Budge, E. A. Wallis. 1914, p.14.

495 "Seth slew the Elder Horus, who became as a direct consequence of

본 바와 같이 연상의 호루스는 이른바 '가죽 의식'을 통해 스스로 '오시리스 안의 호루스'가 되는 것이지 세트에 죽임당해서 그렇게 되는 것은 아니다. 그렇다면 어떻게 성인 호루스가 오시리스 안의 생식세포가 될 수 있을까?

두 호루스 패러독스를 풀다

미국 프린스턴 대학의 비교문학 교수인 톰 헤어는 아비도스 세티 1세 신전의 프타-소카 채플 북쪽 벽에 그려진 이시스와 함께 오시리스의 부활을 돕는 호루스를 묘사한 부조에 대해서 다음과 같이 설명한다.

"성인 호루스가 자신의 탄생을 돕는 이 장면은 혼란스럽다. 이런 이야기 구조의 순환성(circularity)과 의아스러운 복수의 화신인 호루스의 등장은 고대와 현대 학자들이 변형된 신화들에 의지하도록 했다. 어떤 버전에서는 게브와 누트 사이에 다섯 명의 아이가 있었으며, 그중 하나가 연상의 호루스(Horus the elder)라는 언급이 있다. 이와 같은 부가적인 내용에 의존한다면, 이제 오시리스와 이시스의 성교를 돕는 호루스와 그로 인해 태어나는 호루스를 구분할 수 있다. 하지만 이야기의 일관성을 유지하기 위한 이런 주장은 왕권 신화의 중요성을 훼손하며, 이집트인들의 신성(神性)에 대한 개념을 쓸데없이 크게 제한한다."[496]

---

murder, Osiris or 'Horus who is in Osiris'. Meeks, D. and Favard-Meeks, C. 1977, p.27.

496 Hare, T. 1999, pp.121-122.

톰 헤어는 이처럼 고대 이집트 왕권 신화를 이해하기 쉽게 하려고 하면 할수록 아비도스 세티 1세 신전의 프타-소카 채플 북쪽 벽에 그려진 부조의 중요성을 평가 절하되게 할 뿐이라고 말한다. 그는 호루스의 수태를 시간 흐름에 따라 전개되는 오시리스 이야기의 한 대목으로써 받아들여서는 안 되고, 고대 이집트의 권위와 적법한 승계의 차원에서 받아들여야 한다고 하면서 이런 전제에서만 패러독스가 해결된다고 말한다. 즉, 스스로 자신의 수태를 돕는 호루스는 '초시간적 존재'이며, 비록 모순되어 보이지만 그럼으로써 그의 정당성을 인정받고 왕위에 오른다는 것이다.[497]

마르치아 엘리아데는 고대의 신화 세계에서 시간적 진행의 역전을 포함해 모든 것이 가능하다고 지적한 바 있다.[498] 바로 오시리스의 장례식장으로 향하는 호루스의 여정이 정확히 이런 시간 역전을 나타내 보여준다고 필자는 생각한다. 성인 호루스는 과거로의 여행을 통해 죽어가는 오시리스를 구조하고 그의 안으로 들어가 생식 세포가 되어 다시 아기 호루스로 태어나는 것이다.

명계 여행 이론 vs. 시간 여행 이론

신화학자 조지프 캠벨은 고대 이집트 신화를 '영웅의 모험(Adventure of Hero)' 공식을 적용해 설명할 수 있다면서 호루스가 명

---

497   Hare, T. 1999, p.122.

498   "Everything is possible, including the reversal of temporal progression." Fu, Cong. 2017.; Pfatteicher, Philip H. 1997, p.80.

계로 가서 그곳의 지배자인 오시리스를 만나 자신의 지상에서의 지배권을 확인받는 것이 바로 그 핵심이라고 주장했다.[499] 하지만 『피라미드 텍스트』 어느 대목에서도 자신의 의지를 보여주는 오시리스 존재감은 보이지 않으며 더군다나 그가 명계를 지배하고 있다는 그 어떤 정황도 포착되지 않는다. 거듭 강조하지만, 명계를 지배하는 오시리스의 개념은 중왕국 시대 이후에 민간 신앙에서 나타났다.

톰 헤어가 제기한 호루스의 '시간 여행 이론'은 이처럼 조지프 캠벨식의 '명계 여행 이론'이 제대로 설명해내지 못하는 부분을 해결해준다. 즉 호루스가 된 셈 신관은 주술 의식에서 명계로 가 오시리스를 만나는 게 아니라 시간을 거슬러 올라가 죽은 아버지 오시리스의 장례식장을 찾아가는 것이다. 거기서 그는 오시리스 몸속으로 들어가 그를 살려내고 몸을 작동시켜 어머니 이시스와의 성교를 가능케 하며, 자신은 결국 이시스 자궁 속에서 아기 호루스로 태어나는 것이다. 이처럼 우리는 '시간 여행 이론'을 적용함으로써 아기 호루스의 탄생 과정을 이해할 수 있다. 초시간적 존재인 호루스는 시간을 거슬러 올라가 그가 아직 오시리스의 생식 기관 속 생식 세포 수준인 시기에 도달하여 자신의 탄생을 주도하는 것이다.

---

499 Campbell, J. 1991, p.77.

25장 호루스의 자가 수태와 적통

호루스의 자가 수태

헨리 프랭크포르에 의하면 고대 이집트인들은 신이나 왕이 재생을 위해 자기 자신을 태어나게 할 수 있음을 믿었다고 한다.[500] 이를 자가 수태성이라고 하는데 고대 이집트의 왕들이 호루스 신의 역할을 했으므로 결국 호루스가 자기 스스로 태어나게 한 대표적인 존재인 셈이다. 이런 식으로 이집트의 대관식 의식에서 연상의 호루스 역할을 맡은 후계자는 오시리스를 맡은 선왕과 결합하여 그 안에서 다시 어린 호루스 왕으로 태어나는 것이다. 이것이 고대 이집트 왕권 신화에서 드러난 자가 수태의 본모습이다.

자, 이제 왜 대관식에서 호루스 왕으로 등극하는 새 왕이 능동적

---

500 Frankfort, H. 1955, p.168.

으로 제의를 이끌고 있는지 알게 되었다. 대관식은 연상의 호루스인 왕위 계승 후보자가 의식을 통해 스스로 연하의 호루스인 이집트 왕으로 태어나는 의식이었다. 이런 결론은 앞에서 제기되었던 두 호루스의 패러독스를 해결해준다. 두 호루스 사이에 왕권을 둘러싼 어떤 불협화음도 있을 수 없다. 왜냐하면 연상의 호루스와 연하의 호루스는 같은 존재이기 때문이다. 연상의 호루스가 연하의 호루스가 태어나도록 도와주는 것은 자기 스스로 '재생'을 하는 것이다.

플루타르코스가 다소 합리적으로 재구성한 이야기에서는 이런 오묘한 종교적 배경이 삭제되었다. 아마도 플루타르코스는 자신이 수집한 이야기에서 이 부분을 이해할 수 없었을 것이다. 이 때문에 이집트 종교의식 본질 파악이 불가능했다. 그런데 왜 호루스의 자가 수태가 왕권 신화의 절정을 이룰 정도로 중요했던 것일까? 그것은 바로 적통성의 문제와 직결되어 있다.

호루스의 적통성

고대 이집트의 한 전설에서 지평선의 태양신 라가 심판을 보는 제신의 궁정에서 호루스와 세트는 하마로 변신하여 호수로 잠수한 후 누가 더 오래 견디나 내기를 한다. 이를 지켜보던 이시스는 호루스가 질까 봐 걱정되어 밧줄에 묶인 작살을 던져 세트를 잡으려 한다. 하지만 작살에 맞은 것은 호루스였다. 호루스의 외마디 비명을 듣고 이시스는 다시 작살을 던져 세트를 잡는다. 그러자 세트는 "왜 너와 한배에서 나온 오빠를 죽이려고 하느냐? 너는 친오빠보

다 남을 더 사랑하느냐"고 항변한다. 그러자 놀랍게도 이시스는 세트를 풀어준다.[501]

물론 이 이야기가 고대 이집트인들의 정통적인 오시리스 신화 내용과 부합되는 것은 아니지만, 이런 얘기를 꾸며낸 고대 이집트인들의 심상에 세트의 항의와 이시스의 묵언 응답을 통해 호루스의 적통성에 하자가 있을 수 있다는 문제의식이 투영되어있는 것처럼 보인다. 플루타르코스의 이야기에서도 세트는 호루스가 왕위를 이어받을 적통성이 없음을 주장하는 것으로 되어 있다. 하지만 토트의 도움을 받아 호루스는 제신들로부터 적통성을 인정받는 것으로 호루스와 세트의 싸움은 결말지어진다.[502] 실제로 월리스 버지는 호루스의 탄생에 대한 고대 이집트 문헌들의 기록에 따르면 세트가 주로 호루스의 비적통성을 문제 삼았다고 가정하는 것이 옳다고 말한다.[503]

이처럼 호루스가 자신의 왕권을 인정받기 위해 세트와 싸울 때 끊임없이 제기된 문제는 그의 적통 문제였다. 세트는 호루스가 오시리스와 이시스의 아들이 아니라고 계속해서 딴지를 걸었다. 왕권 신화에서 결국 호루스가 이집트의 명실상부한 왕으로 인정받기 위해서 취한 마지막 행동은 세트를 죽이는 게 아니라 과거로의 시간 여행을 통해 자신이 오시리스와 이시스 사이에서 탄생했음을 증명하는 것이었음이 명백하다. 그리하여 죽은 아버지 오시리스를 살리고, 자신의 어머니 이시스와의 결합을 이룩하여 스스로 자신이 적통임을 보여주었다.

---

501 Rundle Clarck, R. T. 1993, p.204.
502 Budge, E. A. Wallis. 1994, p.228.
503 Budge, E. A. Wallis. 1973, Vol.1. p.96.

정액과 적통의 관계

고대 이집트의 신전 벽화에서 발기된 성기의 오시리스가 자주 등장하고 솔개 형상의 이시스가 성교를 시도하는 장면이 연출되는 이유는 바로 아기 호루스 탄생의 중요성 때문이었다. 벽화에 나타난 이들 장면은 오늘날처럼 단지 보여주는 것을 목적으로 하는 게 아니라 신화적 세상의 현실화를 지향하는 주술적 염원을 담고 있었다.

그레코-로만 시대에 그리스 학자들에게 알려진 오시리스 이야기의 대중적 버전은 역으로 오시리스의 성기가 분실된 것으로 가정함으로써 고대 이집트 종교의 본질에 접근하려는 시도를 원천적으로 차단하기 위해 고안된 허구였음이 틀림없다. 고대 이집트인들은 정액을 생식력, 힘의 원천일 뿐 아니라 적출(legitimacy)을 나타낸다고 생각했다.[504] 따라서, 초시간적 존재인 성인 호루스는 오시리스 안으로 들어가 정액 상태가 됨으로써 자신의 적출을 증명하려 했다. 하지만, 그것만으로는 완벽히 자신 존재감을 표현할 수 없었다. 자신의 확실한 적출을 보여주기 위해선 어머니 이시스로 이동하는 퍼포먼스를 연출했다. 거기에 더해 카 포옹을 통해 계승자를 낳는 창조주 라의 퍼포먼스도 그가 주도적으로 함으로써 자신의 적통을 증명해냈다.

---

504 Hare, T. 1999, p.110.

왕권 신화 속 오시리스와 호루스의 역할

옥스퍼드 대학 동양학 연구소(Oriental Institute)의 이집트학 학자인 제럴딘 핀치(Geraldine H. Pinch)는 그의 책 『이집트 신화』에서 호루스와 세트의 갈등을 묘사한 찬양과 문학에서 세트를 무찌르는 호루스가 찬양의 노래 속에서 새로이 왕좌에 오르는 것으로 되어 있지만 오시리스 신화의 에피소드에 기초한 왕실 종교 의례와 장묘 문서에는 그 초점이 다르게 되어 있다고 지적하면서 다음과 같이 말한다.

> "그 자신의 대관식 전 또는 중간에 호루스는 '입을 여는 의식'과 '제드 기둥 세우기 의식'을 포함한 아버지 오시리스를 위한 일련의 제례 의식들을 거행하는 것으로 되어 있다. 이런 의례 행위들은 고대 이집트의 왕위 계승자가 선왕의 사후 생존을 위해 거행하는 왕실 장례 의전과 상응된다. 이런 의례들은 오시리스의 사자(死者)의 왕으로서의 새로운 역할과 호루스의 생자(生者)의 왕으로서의 새로운 역할을 확인함으로써 왕위 계승에 정당성을 부여한다. 이러한 맥락에서 오시리스는 후계자 도움 없이 지하 세계 통치자로의 변신을 이루기에 너무 약하거나 수동적인 것으로 표현된다."[505]

핀치의 설명처럼 호루스가 오시리스를 상대로 거행하는 일련의 제례 의식이 고대 이집트 왕위 계승자가 왕실에서 행한 장례 의전과 상응한다는 사실은 이미 우리가 앞에서 확인한 바와 같다. 하지만 그 의미는 핀치가 주장하는 바와는 사뭇 다르다. 일련의 의례 행위들은

---

505 Pinch, G. 2002a, p.84.

선왕의 사후 생존과는 무관하다. 선왕의 시신은 오시리스의 모습으로 꾸며져 창조 신화 속에서 일어났던 사건들을 현세에 재현하기 위한 주술 의식에서 오시리스의 카를 담는 용기로 '사용'될 뿐이다.

호루스의 왕위 계승 정당성은 오시리스의 사자의 왕으로서의 새로운 역할과 호루스의 생자의 왕으로서의 새로운 역할을 확인함으로써 보장되는 것이 아니다. 그것은 한편으로 호루스가 주도하는 오시리스와 이시스의 히에로스 가모스와 다른 한편으로 역시 호루스가 주도하는 제신들과의 카-포옹를 통해 그의 적법한 탄생이 확인됨으로써 보장되는 것이다. 이런 맥락에서 볼 때 호루스가 그의 아버지 오시리스의 부활을 돕는 목적은 오직 자신의 탄생에 집중되어 있다고 보는 것이 타당하다. 결국 호루스는 자가 수태 의식을 치르고, 그럼으로써 스스로 왕위를 획득하는 것이다.

고대 이집트 왕권 신화의 본질

고대 이집트 왕권 신화의 스토리텔링에서 가장 극적인 순간을 콕 집어서 말한다면 바로 '오시리스의 부활'이 일어난 때라고 할 수 있다. 신화 세계에서 오시리스는 명계가 아니라 이승에서 살아난다. 그는 호루스의 노력으로 되살아난다. 그렇다면 그가 부활한 후 그의 여생은 어떻게 될까? 여기에 대해 주술 의식으로 표현된 이집트 왕권 신화에 그 어떤 답도 있을 수 없다. 그것은 신화 속 특정 중요 장면들만 '영원회귀'하도록 고안되었기 때문이다. '그리하여 태평성대를 누리고 잘살게 되었다'라는 식의 결론으로 끝나는 오늘날 정형화된 이야기 구조 틀에 그 신화 내용을 꿰어맞춰 해석하려고 해서는 안 된다. 오시리스 축제든 대관식이든 그 행사는 새 호루스가 탄생하는 그 순간에 마지막 방점이 찍혀 있다. 왕권 신화에서 더 이상의 후일담은 존재하지도 않고 존재할 필요성도 없다.

명백히 오시리스의 죽음과 부활 신화 구조에서 초점은 오시리스에 맞춰져 있는 것이 아니라 호루스에게 맞춰져 있다. 연상의 호루스가 자신의 왕위 계승권을 인정받고 연하의 호루스로 태어나는 게 주요 관심사다. 물론 오시리스 존재 없이 이런 승계는 불가능하지만, 오시리스는 그 매개자일 뿐이다. 심지어 이를 위해 호루스는 창조주 아툼-라까지 소환할 수 있는 무한 능력자다. 고대 이집트 왕권 신화는 한마디로 말해 호루스의, 호루스에 의한, 호루스를 위한 드라마다. 결국 호루스가 오시리스로부터 왕권을 인정받아 이 세상의 군주가 되고, 오시리스는 명계에서 군주가 된다는 식의 이야기는 다분히 후세의 창작에 불과하다.

민
Min

3부
희년 축제와
신의 혼합

26장 람세스 2세와 그의 신전들

위대한 파라오의 미라를 보존하라

1976년, 102명의 과학자로 구성된 팀이 고대 이집트 왕국 역사상 가장 위대한 파라오 중 한 명으로 꼽히는 왕의 미라 복원 작업을 마무리했다. 이 미라는 그동안 여러 번 굴욕을 겪었다. 기원전 1200년경, 이 왕의 시신은 성스러운 의식에 따라 미라로 만들어져서 '왕들의 계곡'의 왕실 묘지에 안치되었다. 그후 그의 무덤에 침투한 도굴범은 미라만 남겨두고 부장품들을 모두 가져갔다. 기원전 1000년경 아문신의 신관이었던 피네젬은 이 미라를 수습해 다른 왕족들 미라와 함께 데이르-알-바하리의 절벽에 숨겼다.

거의 3,000년이 지난 1881년, 한 농부에 의해 우연히 발견된 이 위대한 왕의 미라를 프랑스 고고학자 가스통 마스페로가 맨 처음

조사했다. 1912년, 영국의 인류학자 엘리엇 스미스(G. Elliot Smith)는 방사선 투시 검사로 이 미라의 부식 상태를 발견했다. 여러 논의 끝에 미라는 프랑스 파리로 옮겨졌고, 표본들을 채취해 자연사박물관, 섬유연구소, CNRS, 그리고 원자에너지 연구소 등 첨단의 전문 연구실에서 면밀하게 분석했다. 그리고 그 부식이 버섯류 번식에 의한 것임을 밝혀냈다.

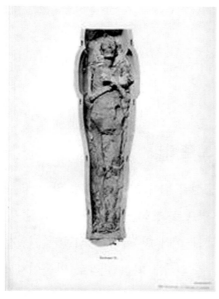

람세스 2세의 미라

치료 방법을 놓고 연구자들이 고민에 빠졌다. 통상 사용되는 일반 화학요법은 미라 원형을 망가뜨릴 수 있었다. 그래서 찾아낸 유일한 해결책은 방사선 요법이었다. 그러나 그것도 쉽게 결정할 수 없는 문제였다. 파라오의 미라에 조그만 문제라도 생긴다면 이집트와 외교 분쟁이 야기될 수 있기 때문이었다. 시간은 자꾸 흘러갔고, 미라의 상태는 조금씩 나빠졌다. 결국 방사선 치료를 하지 않으면 미라는 2000년이 되기 전에 사라질 것이라는 판정이 내려졌고, 결국 방사선 조사에 의한 버섯균류 근절작업이 진행되었다. 결과는 대성공이었고, 삼목(杉木)으로 만든 원래의 관에 안치되어 이집트 카이로 박물관으로 되돌려졌다. 세계 최고 수준의 연구자들에 의한 첨단 기술로 복원한 이 미라는 신왕국 시대에 최전성기를 구가했던 위대한 파라오 람세스 2세였다.[506]

람세스 2세의 미라를 조사하고 있는 과학자들

---

506 장 베르쿠테. 1994, pp.190-193.; Smith, G. Elliot. 2000. The Royal Mummies, Bloomsbury Academic.

람세스 2세의 치적

람세스 2세는 투탕카멘과 함께 세계에서 가장 유명한 고대 이집트 파라오 가운데 한 명이다. 만일 그의 무덤에서 부장품이 도굴되지 않고 투탕카멘처럼 미라와 함께 고스란히 발굴되었다면, 투탕카멘과는 비교 대상도 되지 않았을 것이다. 왜냐하면 투탕카멘은 역사적으로 별로 알려지지 않은 미미한 존재였지만, 람세스 2세는 수많은 정벌로 넓은 영토를 확장하여 고대 이집트를 중흥시킨 역사적 인물이었기 때문이다.

고왕국의 찬란한 피라미드 문명이 쇠퇴하면서 접어든 중왕국 시대는 대부분 혼란기였다. 그러다가 신왕국 시대부터 중흥을 이루었는데, 람세스 2세 때에 이르러 최고의 절정기를 누리면서 그 세력이 시리아와 수단에까지 미쳤고, 정치적 종교적 수도인 테베는 물론이고 이집트 국경을 넘어 수단 지역까지 수많은 건축물이 지어졌다.

람세스 2세 시대의 대표적 신전, 람세시움

람세스 2세에 의해 수도 테베에 건축된 대표적인 건축물은 람세시움(Ramesseum)이다. 이 건축물은 장 프랑수아 샹폴리옹에 의해 람세스 2세 때 지어졌다는 사실이 밝혀졌다. 디오도로스는 이 신전의 웅장함을 그의 저술을 통해 자세히 묘사했는데[507] 상당 부분 폐허

---

507 DIODORUS SICULUS, The Library of History. LCL 279: 166-167. Available
     athttps://www.loebclassics.com/view/diodorus_siculus-library_
     history/1933/pb_LCL279.167.xml

가 되어 오늘날에는 그 당시 모습을 찾아볼 수 없다. 하지만 그 잔존물로만 가늠해봐도 이 건축물의 위용이 실로 대단했다는 것을 알수 있는데, 붕괴 일보 직전인 탑문 높이가 26미터가 넘고, 폭은 76미터나 된다. 오늘날까지 남아있어 람세시움 신전을 특징지어 주는 건축 구조물은 대광장에 줄지어 서 있는 '오시리스' 거상 기둥들이다.

람세시움의 오시리스 거상 기둥들

온전하게 보존된 암굴 신전, 아부심벨 대신전

람세스 2세 때 지어진 건축물 중에서 람세시움이 테베의 대표적건축물이라면, 테베 바깥 지역에 지어진 건축물 중 가장 대표적인 건축물은 아부심벨 대신전이다. 아부심벨에는 람세스 2세 때 건축한 크고 작은 두 신전이 존재한다. 이 신전들은 고대 이집트 왕국의 멸망 이후 모래 속에 파묻혀 있다가 19세기에 이르러서 발굴되었다. 이처럼 오랜 기간 숨겨져 있었기 때문에 이집트의 다른 고대도시에 있는 신전들처럼 크게 손상되지 않고 상당히 온전한 모습으로 보존될 수 있었다. 그중에서도 바위 언덕으로부터 무려 60여 미터의 굴을 파서 만들어진 암굴 신전인 아부심벨 대신전은 그 규모나 건축 양식에서 신왕조 시대를 대표하는 걸작으로 평가받고 있다. 그런데 20세기 중반, 이 신전에 큰 문제가 발생했다.

아부심벨 대신전 내부 모습

아부심벨 대신전 구출 작전

　1902년 이집트 정부는 식량난을 해결하고자 아스완 로우 댐을 건설했다. 그런데 이 때문에 필레 섬의 이시스 신전이 수몰되는 현상이 반복되었다. 그래서 할 수 없이 이 신전은 인근 지대가 높은 다른 섬으로 이주시켜야 했다. 그런데 50여 년 지난 1959년부터 이집트 나세르 정부는 나일강 범람을 조절하고 농업 생산을 늘리기 위해 아스완 로우 댐 상류인 남쪽 7킬로미터에 다목적 댐인 아스완 하이 댐 추가 건설을 결정했다. 이 결정으로 이제 아부심벨 대신전을 포함한 이집트 남부의 여러 유적의 침수가 불가피해졌다.

아부심벨 대신전 이전 작업 광경

이런 사실이 세계 각지에 알려지자 1960년대 초부터 유네스코를 중심으로 대대적인 이전 사업이 펼쳐지게 되었다. 이전 대상 유적 중에서 가장 대표적인 게 바로 아부심벨 대신전이었다. 이 신전은 아스완 하이 댐 건설 현장에서 남쪽으로 280킬로미터나 떨어진 누비아의 나세르 호수 서안에 세워져 있었는데, 댐 건설로 인한 수위 상승 여파가 그곳까지 미처 부득이 더 위쪽으로 옮겨야 했다.

아부심벨 대신전의 이전 공사는 유네스코 주도로 1964년부터 시작되었다. 이 대규모 작업을 성공시키기 위해 3,000여 명의 전문가로 구성된 국제 구조팀이 구성되어 신전의 조각과 장식 부분을 2,000개의 조각으로 잘라냈다. 한 개의 무게가 10~40톤에 달하는 조각들은 1968년 5년에 걸친 공사 끝에 원래의 위치에서 64미터 위쪽, 그리고 180미터 안쪽의 물길이 닿지 않는 곳에 건설된 콘크리트 셸 구조의 인공 바위 언덕 안에 복원되었다.[508]

---

508 Abu Simbel: The campaign that revolutionized the international approach to safeguarding heritage. Available at https://en.unesco.org/70years/abu_simbel_safeguarding_heritage; 다비드, E. 외. 2001, p.49.

27장 아부심벨 대신전과 일출 정렬

태양 신전의 일출/일몰 정렬과 달력 기능

일반적으로 우리는 태양이 동쪽에서 떠서 서쪽으로 진다고 말한다. 하지만 1년 중 태양이 정확히 동쪽에서 떠서 서쪽으로 지는 때는 춘분과 추분 두 날뿐이다. 북반구에서 춘분이 지나면 태양이 뜨는 위치는 점점 북쪽으로 이동하며, 지는 방향 또한 북쪽으로 이동한다. 그러다가 하짓날을 기점으로 다시 태양이 뜨고 지는 위치는 점차 남쪽으로 이동하기 시작한다. 결국 추분 때 태양은 다시 정동에서 떠서 정서로 지며, 그 이후로 점차 태양이 뜨고 지는 방향이 남쪽으로 이동한다. 동지 때 가장 남쪽의 지평선에서 떠서 가장 남쪽의 지평선으로 진다. 결과적으로 하지와 동지를 제외하고는 태양의 뜨는 위치가 연중 2회에 걸쳐 일치하게 된다. 이처럼 매일 태양이 뜨고 지는 방향이 바뀌는 것은 지구의 자전축과 공전축이 약 23도 각도를 이루고 있기 때문이다.

고대 이집트의 태양 신전은 태양이 지평선에서 뜨고 지는 방향이 연중 변한다는 사실에 착안하여 만든 일종의 달력 또는 시계다. 여기에 적용된 원리는 일출/일몰 정렬이라 한다. 태양 신전은 긴 장방형(長方形)으로 만들어졌으며, 입구에서 내부로 들어가려면 여러 관문을 지나게 된다. 마지막 관문을 지나면 홀과 지성소(Holy of the Holies)가 나타나도록 설계되어 있다. 달력으로써 신전의 작동방식은 다음과 같다.

신전 내부로 들어갈수록 바닥은 올라가고, 천장은 낮아지며, 조명은 어두워진다. 신전의 길이 방향은 특정한 날 새벽이나 저녁에 해가 뜨고 지는 방향과 일치하도록 만들어져 햇빛이 신전 입구를 통해 신전 내부 깊숙한 곳까지 들어오게 꾸며졌다. 여러 단계로 놓인 관문들은 마치 카메라의 조리개처럼 통과하는 빛을 재단하여 결국 가장 신성하고도 신성한 곳인 지성소에 도달할 즈음에는 빛이 아주 날카롭게 된다. 마치 시계 초침처럼 이 빛은 특정한 날에만 지성소 벽 앞에 놓인 가장 중요한 신상들을 비추게 된다.[509]

아부심벨 대신전, 일출 정렬식 태양 신전

아부심벨 신전은 일출 때 태양 빛이 지성소에 비치는 일출 정렬식 태양 신전이었다. 국제 구조팀이 이 신전을 이전하여 복원하는 데 있어 가장 큰 난관은 유적을 옮긴 뒤 원래처럼 1년에 두 번씩 일출 때

---

509 Lockyer, J. N. 1894, pp.104-112.

햇빛이 입구에서 61미터 떨어진 신전 가장 안쪽의 지성소까지 들어올 수 있게 하는 것이었다. 지성소는 매우 어두컴컴하도록 외부의 빛이 극도로 차단된 인공적인 굴과 같이 꾸며져서 이곳에 들어온 햇빛이 약 20분 동안 아문, 라-호라크티, 람세스 2세(호루스), 그리고 프타 신상을 차례대로 밝히게 되어 있다. 이런 배치는 태양 신전 기능상 매우 중요한 것이었기에 신전 지성소에 제때 빛이 제대로 들어올 수 있는 적당한 위치를 탐색하는 데에만 공사 기간 5년 중 1년이 소요되었다.[510] 그렇다면 태양 빛이 지성소를 비추던 날은 언제였을까?

아부심벨 대신전 지성소에 태양 빛이 비치던 때는?

영국 런던대학교(UCL)의 이집트학 교수를 역임한 저명한 이집트학 학자인 마거릿 머레이(Margaret A. Murray)는 그녀의 저서 『이집트 신전들(Egyptian Temples)』에서 아부심벨 신전의 축이 거의 정동과 정서에 정렬되어 있어 동쪽으로 나 있는 입구 쪽으로부터 태양 빛이 들면 맨 안쪽 지성소의 신상에까지 빛이 비친다고 기록하고 있다.[511] 앞에서 1년 중 태양이 정확히 동쪽에서 떠서 서쪽으로 지는 때는 춘분과 추분 두 날뿐이라고 했으므로 마거릿 머레이의 주장대로라면 아부심벨 태양 신전의 지성소에 빛이 드는 날은 춘분과 추분일 것이다.

---

510   정규영. 2004, pp.119-20.
511   Murray, M. A. 2002, pp.228-229.

아부심벨 대신전 지성소에 지평선에서 떠오르는 태양 빛이 들고 있다

실제로 베텔스만(Bertelsmann) 편집진이 편찬한 『유네스코 세계문명유적(UNESCO World Heritage Sites)』에는 매년 춘분과 추분 때 아부심벨 신전 깊숙한 지성소까지 태양 빛이 든다고 되어 있다.[512] 또한 프랑스의 이집트학 학자 패트리시아 리고(Patricia Rigault)는 『고대 이집트』에서 아부심벨 신전에서 1년에 두 번(춘분과 추분) 떠오르는 햇빛이 지성소의 중심을 관통한다고 적고 있다.[513]

이처럼 몇몇 이집트학 학자들이 아부심벨 신전의 지성소에 햇빛이 드는 날을 춘분과 추분이라고 생각하는 이유는 신전 출입구가

512 　베텔스만 유네스코 편집위원회. 2003, p.165.
513 　앙드라, G. 외. 2000, p.76.

눈으로 보아 거의 정동 방향으로 나 있기 때문이기도 하지만, 고대 이집트인들이 천문학적 중요성 때문에 춘분과 추분을 선택했을 것이라고 믿고 있기 때문인 것처럼 보인다. 영국의 이집트학 학자 피터 클레이턴(Peter A. Clayton)도 춘분과 추분 태양이 뜰 때 지성소에 햇빛이 든다고 주장한다. 그러면서 그는 춘분을 2월 22일, 그리고 추분을 10월 22일이라고 말한다.[514] 하지만 춘분은 3월 21일이고, 추분은 9월 23일 아닌가? 도대체 클레이턴이 날짜를 잘못 알고 이런 실수를 한 것일까?

지성소에 태양 빛이 비치는 날에 대한 다양한 견해들

그런데 이상하게도 여러 학자가 비슷한 실수를 저지르고 있음을 관련 문헌들을 통해 알 수 있다. 조선대 외국어대학의 정규영 교수는 그의 책 『문명의 안식처, 이집트로 가는 길』에서 아부심벨 대신전 지성소에 햇빛이 드는 날은 2월 22일(춘분)과 9월 22일(추분)이라고 쓰고 있고,[515] 또 건축가 이봉규 씨는 그의 책 『이집트 피라미드 기행』에서 람세스 2세의 생일인 3월 21일(춘분)과 대관식 기념일인 10월 21일(추분)에 지평선에 떠오르는 태양의 첫 햇살이 지성소까지 들어오도록 설계되었다고 주장한다.[516] 2월 22일이 춘분이고, 10월 21일이 추분이라는 것은 명백한 오류인데, 또한 람세스 2세의 생일이 하필이면

---

514 클레이턴, P. A. 2002, p.199.

515 정규영. 2004, p.120.

516 이봉규. 2005, p.220.

춘분 때라는 것도 이상하다. 무엇보다도 2월 22일과 9월 22일, 3월 21일과 10월 21일에 각각 짝을 이뤄 지성소에 태양 빛이 든다는 부분은 기본적인 지구과학의 상식에 어긋나는 주장이다.

만일 2월 22일에 떠오르는 태양이 신전과 정렬이 되어 있어 그날에만 지성소로 햇빛이 들어오도록 설계되어 있다면, 자동으로 10월 22일에 같은 현상이 일어나게 된다. 또 만일 춘분인 3월 21일에 지성소에 빛이 든다면, 추분인 9월 23일에 자동으로 같은 일이 일어난다. 결국 2월 22일과 10월 22일에 태양 빛이 들거나 3월 21일과 9월 23일에 태양 빛이 들도록 신전이 지어졌을 가능성은 있어도 2월 22일과 9월 22일, 3월 21일과 10월 21일에 짝을 이뤄 태양 빛이 드는 것은 불가능하다.

루브르 박물관 이집트 학예연구원인 엘리자베스 다비드(Élizabeth David)는 『신비의 이집트』에서 지성소에 태양 빛이 비치는 시기가 람세스 2세의 탄생일인 2월 20일과 즉위일 10월 20일로 기록하고 있다.[517] 그런데, 그는 다른 책 『람세스 2세』에서 지성소에 햇빛이 춘분과 추분날 들게 설계되어 있다고 말하고 있다.[518] 앞에서 논의된 바에 따르면, 2월 20일 새벽에 지성소에 햇빛이 든다면, 10월 20일이 아니라 10월 24일에 지성소에 햇빛이 들어야 한다. 그런데 이집트학 학자 도널드 레드포드(Donald B. Redford)와 토비 윌킨슨(Toby A.H. Wilkinson)은 지성소에 태양 빛이 드는 날이 2월 21일과 10월 21일이라고 주장한

---

517 다비드, E. 외. 2001, p.48.
518 다비드, E. 외. 2000, p.79.

다.[519] 앞에서 논의한 바와 같이 이 역시 불가능한 조합이다. 2월 21일에 지성소에 햇빛이 든다면 10월 23일에 같은 일이 일어나야 한다.

아부심벨 대신전 지성소에 빛이 드는 날은 고대 이집트 종교의식과 깊은 관계가 있었다. 따라서, 이 신전이 어떤 목적에서 건축되었는지를 추적해보면 지금까지 논의해온 문제의 날을 찾아낼 수 있을 것이다.

519 Morkot, Robert. Abu Simbel. In Redford, D. B. ed. 2001, Vol.1. p.5.; Wilkinson, T. A. H. 2005, p.11.

28장 람세스 2세의 희년 축제

희년 축제의 성격

고대 이집트의 오랜 전통을 갖는 축제 중 하나로 희년 축제가 있다. 이 축제는 왕이 즉위하고 통치 기간이 30년째 되는 해에 대대적으로 치러진 종교축제였다. 그후 파라오가 죽기 전까지 3년마다 반복해서 이 축제가 열렸다고 한다.[520] 헤로도토스가 언급했듯 고대 이집트에는 신전 안에서 비밀리에 거행되던 몇 가지 신비 의식이 있었다. 이런 의식들은 '종교적 비밀(religious silence)'이었기에 그 성격이나 절차에 대해 문서로 자세히 기록된 것이 없고, 신전 내벽에 일부 중요 장면이 나타나 있을 뿐이다. 희년 축제에 대해서도 이와 같은 기록만 존재하므로 그것의 정확한 성격에 대해 아직도 이집트학 학자들 사이에 의견이 분분하다.[521]

---

520 Heb-Sed, Britannica. Abailable at https://www.britannica.com/topic/Heb-Sed

521 Moret, A. 2001, p.126.

이런 이유로 희년 축제의 정확한 상징을 파악하기에 어려움이 있다. 하지만 관련 학자들 대부분은 희년 축제가 파라오의 육체적 상태의 젊음과 통치력 및 그의 백성, 그리고 신들과의 관계를 주기적으로 새로이 회복하는 종교 행사라는 점에 동의한다.[522] 따라서 그 축제는 대체로 파라오의 마법적, 종교적 힘의 원상복구를 추구하는 매우 오래된 의식들로 구성되었다는 것이다.[523]

수많은 희년 축제를 치른 람세스 2세

신왕국 18왕조의 마지막 왕 호렘헵(Horemheb)은 귀족으로서 왕좌를 차지하여 34년간 이집트를 통치했지만, 슬하에 자식이 없었다. 그가 죽은 뒤 재상이었던 람세스가 왕권을 물려받아 19왕조를 열면서 람세스 1세로 즉위했다. 왕권은 그의 아들 세티 1세를 거쳐 손자인 람세스 2세에게 넘어갔는데, 그때가 기원전 1279년으로 추정된다. 람세스 2세는 나이 30세에 이집트 파라오로 즉위해 무려 67년간이나 이집트를 통치하고 96세에 사망했다.

람세스 2세가 이토록 오랫동안 이집트를 통치했기 때문에 그는 역대 어느 파라오보다도 가장 많은 희년 축제를 치렀다. 그중에서도 즉위 30년을 맞아 그가 처음 거행했던 희년 축제는 너무나도 뜻깊고 중요했다. 그래서 람세스 2세는 자신의 즉위 30주년을 기념하여

---

522 Moret, A. 2001. p.126; Wilkinson, T. A. H. 1999, p.213; James, E. O. 1999, p.114.

523 Betro, M. C. 1996, p.193.

누비아의 아부심벨 지역에 크고 작은 두 개의 태양 신전을 건립했다는 주장을 몇몇 학자들이 제기했다.[524] 만일 이것이 사실이라면 아부심벨 대신전 지성소에 태양 빛이 드는 날은 람세스 1세의 희년 축제일과 관련 있을 것이다. 그렇다면 희년 축제가 거행된 날은 언제였을까?

아부심벨 대신전 이전에 간여한 두 학자의 모의?

아부심벨 대신전의 지성소에 태양 빛이 드는 날짜를 최초로 확인한 사람은 1960년대 유네스코의 이집트 유적 보존 작업에 참여한 네덜란드 출신 이집트학 학자인 얀 반 데르 하겐(Jan van der Haggen)이었다. 로버트 바우벌에 따르면 아부심벨 대신전을 옮기기 전에 그는 지성소에 태양 빛이 10월 19일에 일어난다는 사실을 확인했다고 한다. 그런데 유네스코 프로그램에 같이 동참했던 프랑스 출신의 이집트학 학자인 루이 크리스토프(Louis Christophe)가 아부심벨 대신전이 람세스 2세의 최초 희년 축제를 기념하기 위한 건축물이라고 판단하면서 복원 시 일출 정렬이 바뀌었다는 것이 바우벌의 주장이다.[525]

람세스 2세는 그의 생애 동안 총 14번의 희년 축제를 개최했는데, 멤피스에서 거행된 5번째와 6번째 희년 축제의 날짜가 기록으로 남아있다. 루이 크리스토프는 그레고리력으로 계산해 보고 그날들

---

524 Forte, Maurizio andSilliotti, Alberto ed. 1997, p.68; 베르나데트 므뉘. 1999, pp.70-73.; Crasto, Antonio. Abu Simbel: Temple of Ramesse II Jubilee. Available at http://www.ugiat-antoniocrasto.it/Articles/Abu%20Simbel%20-%20Temple%20of%20Ramesse%20II%20Jubilee.pdf

525 Bauval, R. 2006, pp.169-172.

이 그레고리력으로 10월 22일이라는 결론에 도달했다.[526] 얀 반 데르 하겐은 아부심벨 대신전이 10월 22일에 태양 정렬되도록 이론적으로 설계되었지만, 멤피스와의 거리 차(1,250킬로미터)와 그것이 세워진 곳의 동쪽 지평선이 평탄하지 않은 지형으로 인해 10월 19일에 태양 정렬 되도록 건축되었다고 생각했다고 한다. 결국 그의 이론이 받아들여 져 신전이 새로이 조립될 때 10월 19일이 아닌 10월 22일에 태양 정렬 되도록 조정되었다는 것이다.[527]

아부심벨 대신전 일출 정렬의 진실

그런데 여기에 의외의 반전이 있다. 아부심벨 대신전을 옮기기 전 인 1950년대 말에 얀 반 데르 하겐이 아부심벨 대신전 지성소에 태 양 빛이 들었던 날이 10월 19일이라고 특정했다는 것은 로버트 바 우벌의 주장일 뿐이라는 것이다. 실제로는 이렇게 어느 한날에만 태 양 빛이 들지 않았고 10월 13일부터 10월 23일에 걸쳐 10일 동안 새 벽마다 태양 빛이 비쳤다.[528] 물론 10월 19일이 이 기간에 포함되어 있어 해석하기에 따라 이날에 가장 중요한 날이라고 주장할 수는 있을 것이다.

그렇다면 지금부터 3천여 년 전인 람세스 2세 시대에도 이 기간에 태양 빛이 지성소를 밝혔을까? 그렇지 않았다. 약 2만6천년 주기로

---

526 Bauval, R. 2006, p.170; Forte, Maurizio andSilliotti, Alberto ed. 1997, p.68.

527 Bauval, R. 2006, pp.169-172, pp.298-299.

528 Weyburne, Kyle Andrew. 2021. pp.264-265.

지축 방향이, 그리고 약 4만 1천 년 주기로 지구 자전축 기울기가 변하는데 이 변화로 태양이 떠오르는 위치가 조금씩 바뀐다. 이런 위치 이동은 아주 미미하지만 3천 년 동안 축적되면 일출 정렬이 하루 정도 차이가 나도록 한다. 따라서, 람세스 2세 때 아부심벨 대신전 지성소에 태양 빛이 들던 때는 그레고리력으로 10월 12일에서 10월 22일이었다고 한다.[529]

카일 웨이번(Kyle A. Weyburne)은 이 일련의 날들이 코이악 축제와 관련이 있다고 주장한다. 그가 판단하기에 이 아부심벨 대신전은 오시리스와 아주 긴밀하게 연관되어 있다. 그 내부의 오시리스 열주가 이런 사실을 지지한다는 것이다. 또한, 그의 연구에 의하면 이 신전이 일출 정렬도 되어 있지만 놀랍게도 오리온 별자리의 벨트별과도 정렬되도록 설계되어 있다고 한다.[530] 일반적으로 오시리스의 상징성을 띤 천체가 오리온 별자리라고 하지만 고대 이집트 문헌에서는 그중에서도 중앙의 세 별로 이루어진 벨트별들을 일컫는다는 게 최근 학계의 결론이다.[531] 한편 그는 신전 지성소에 태양 빛이 들던 날들이 코이악 축제 기간과 일치한다는 사실에 주목한다. 이런 정황으로부터 그는 아부심벨 대신전의 일출 정렬이 희년 축제일을 가리킨다기보다는 코이악 달에 치러진 오시리스 축제를 나타내는 것이란 주장을 한다. 그렇다면 희년 축제와 오시리스 축제는 전혀 무관한 것인가?

---

529 Weyburne, Kyle Andrew. 2021. pp.264-265. pp.269-270.

530 Weyburne, Kyle Andrew. 2021. pp.264-265.

531 Priskin, G. 2019. The constellations of the Egyptian astronomical diagrams, ENiM, Vol.12, p. 154. 기율라 프리스킨은 이 세 별이 오시리스를 상징하는 중요성을 띠게 된 것은 그것이 시리우스성 방향을 향하고 있기 때문이라고 추정한다. 아마도 고대 이집트인들은 이 세 별에 오시리스의 성기라는 상징성을 부여해 호루스가 이 성기로부터 방출되어 시리우스성을 향한다고 보았던 것 같다.

『람세시움 드라마 파피루스』

람세스 2세 장례식이 치러진 장제전으로 알려진 람세시움은 테베 서쪽에 위치한다. 그런데 이 신전에서 『람세시움 드라마 파피루스(Ramesseum Dramatic Papyrus)』라는 문서가 발견되었다. 이 문서는 중왕국 12왕조 세누스렛 1세(Senwosret I)의 희년 축제 때 거행된 종교극을 묘사하고 있다. 현존하는 가장 오래된 희년 축제에 관한 기록으로 꼽힌다.[532] 같은 내용이 세누스렛 1세가 희년 축제를 위해 건축했다는 카르낙의 화이트 채플(White Chapel) 벽에 일부 기록으로 남아 있다.[533] 『람세시움 드라마 파피루스』는 람세스 2세가 그의 희년 축제를 치를 때 행해진 종교극의 전범으로 사용하기 위해 만든 문서였다.

람세시움 종교극은 모두 6막 46장으로 구성되어 있다. 이 종교극이 진행되는 동안에 죽은 왕은 묻히고, 새 왕은 왕권을 획득한다. 1막은 준비단계로서 왕실의 선박이 출항 준비를 하고 갖가지 희생 제물이 선왕을 위해 바쳐진다. 2막에서는 여러 문양의 휘장이 홀로 옮겨지고 '호루스가 자라나서 이제 그의 눈을 소유하고 있다'는 주문이 읊어진다. 새 왕이 힘의 근원을 획득한 호루스로 일컬어지고, 그 텍스트는 이것이 호루스가 그의 죽은 아버지인 오시리스 지원을 위해 필요하다고 설명하고 있다. 2막은 산속으로 행진해 들어가는 장면으로 끝을 맺는데, 이는 곧 오시리스의 매장을 의미한다.

---

532 Geisen, Christina. 2012. p.9.; Dramatic Ramesseum Papyrus, Wikipedia. Available at https://en.wikipedia.org/wiki/Dramatic_Ramesseum_Papyrus

533 Calvert, Amy. The White Chapel. Khan Academy. Available at https://www.khanacademy.org/humanities/ancient-art-civilizations/egypt-art/x7e914f5b:middle-kingdom-second-intermediate-period/a/the-white-chapel

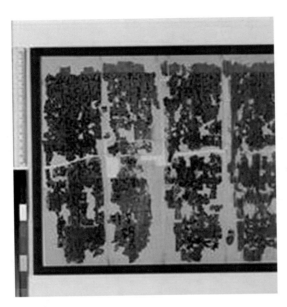

람세시움 드라마 파피루스

카르낙 화이트 채플 벽에 그려진 희년 축제 장면

3막에서 세트의 무리를 상징하는 짐승들이 오시리스를 상징하는 보리 나락을 짓밟는다. 그때 호루스가 그 짐승들을 때리는데, 이것은 그가 세트의 무리를 복속시켰음을 의미한다. 종교극의 지시문(指示文)은 이 시점에서 오시리스의 죽음을 확인해 준다. 이 상황이 진행되는 동안 제드 기둥이 세워지고 다시 눕혀진다. 호루스가 세트 무리와의 최후 전투에서 승리하는 것으로 끝을 맺는다.[534]

이 내용은 사실상 오시리스 축제 내용과 같다고 볼 수 있다. 그렇다면, 희년 축제는 오시리스 축제와 같은 상징을 지녔던 것이라고 보는 게 맞을 것이다. 오시리스 축제는 고대 이집트 달력으로 네 번째 달인 코이악 달부터 시작되어 다섯 번째 달인 페렛달 첫날 새벽에 그 정점에 도달했다. 왕이 죽었을 때 이 축제의 정점은 자연스럽게 이집트 역사에서 가장 중요한 대관식과 연결되었다.

여기서 우리는 왕이 장기 집권을 할 때 오랜 기간 대관식이 치러지지 못했을 것이란 점에 주목할 필요가 있다. 고대 이집트에서 '진짜 역사'가 축제와 종교의식을 통해 영위되었다면 이는 국가적으로 중대한 위기 상황을 초래했을 것이다. 아이러니하게도 축하해야 마땅할 파라오의 장수가 국가 체제를 위태롭게 했다는 것이다. 따라서 희년 축제를 이런 위기 상황을 극복하기 위해 거행된 의사(疑似) 대관식이라고 봐야 하지 않을까?

---

534 Assmann, J. 2005. pp.350-353.; Geisen, Christina. 2012.; Smith, Stuart T. 2006.

람세스 2세의 희년 축제가 거행된 날은 언제였나?

만일 희년 축제가 정말로 의사 대관식이었다면 이 행사는 새해 첫날에 거행되는 것이 마땅했다. 18장에서 필자는 고대 이집트에 새해 첫날이 둘 있었다는 사실을 언급한 바 있다. 왕조 초기에는 한여름에 시리우스성이 일출과 동반하여 동쪽 지평선에서 떠오르던 날을 새해 첫날로 정해 대대적인 축제를 벌였으며, 대관식에 가장 적합한 날로 여겼다. 하지만, 왕조 중기 이후부터는 원래의 새해 첫날보다 120일째 되는 날인 다섯 번째 달 첫날을 새해 첫날로 여겼다. 그리고 이날 대관식을 거행했다. 따라서, 람세스 2세의 희년 축제는 고대 이집트 달력에서 다섯 번째 달 첫날에 치러졌을 것으로 추정할 수 있다.

아서 와이갈(Auther Weigall)은 그의 저서 『파라오의 역사(A History of the Paraohs)』에서 신왕국 때 대관식이 거행된 다섯 번째 달 첫날은 그레고리력으로 10월 20~21일경이었던 것으로 추정한다. 그에 의하면 고대 이집트에서 달력이 만들어지던 때 시리우스 동반 일출이 일어난 새해 첫날이 그레고리력으로 6월 18~19일 경이었다고 한다. 그 날로부터 세서 120일째 날이 바로 10월 20~21일경이라는 것이다.[535] 그런데 이 주장은 좀 이상하다. 만일 새해 첫날이 6월 18~19일이라면, 다섯 번째 달 첫날은 10월 16~17일이 되어야 하기 때문이다.

마우리치오 포르테(Maurizio Forte)는 『가상 고고학(Virtual Archaeology)』에서 람세스 통치 기간인 기원전 1260년경 시리우스성 일출 동

---

535 Magoffin, R. V. D. 1926.

반이 6월 22일에 있었으며, 그로부터 120일 후인 다섯 번째 달 첫날이 10월 22일이며 바로 이날 람세스 2세의 희년 축제가 거행되었다고 주장한다.[536] 하지만 만일 6월 22일에 시리우스성 동반 일출이 일어났다면 그로부터 120일 지난 날은 10월 20일이다.

상용력 vs. 고정력

고대 이집트에서 주로 상용력(常用歷, civil calendar)이 사용되었다. 1년을 365일로 정한 달력이 바로 상용력이다. 그런데 실제 1년은 365.25일 정도 된다. 그래서 오늘날 사용되는 그레고리력에는 4년마다 366일을 1년으로 하는 윤년(leap year)을 두어 보정을 한다. 고대 이집트 상용력은 시일이 지나면서 날짜가 계절과 달라지는 문제가 생긴다. 그런데 고대 이집트에서 계절 변화에 맞춰 축제를 치렀다는 사실은 그들이 어떤 형태로든 보정을 한 고정력(固定歷, fixed calendar)을 만들어 사용했음을 의미한다는 주장을 제기한 일부 학자들이 있다.[537] 하지만 이런 주장은 주류 이집트학 학자들의 견해와 다르다. 그들은 고대 이집트인들이 '가변(wandering)' 달력만 사용했다고 주장한다. 그들은 고대 이집트인들이 기원전 4세기 이전까지 윤년의 개념을 도입한 적이 없다고 본다.[538]

---

536 Forte, M. et al. 1997, pp.66-69.

537 Weyburne, Kyle Andrew. 2021. p.266.

538 Egyptian calendar, Wikipedia. Available athttps://en.wikipedia.org/wiki/Egyptian_calendar; 2,200년 전, 즉 기원전 200년경 고대 이집트에서 윤년을 도입했다는 증거가 나왔다. Bains, ByIndi. 2024 참조.

고대 이집트 새해 첫날의 기원과 고정력

연구자들에 따르면 고대 이집트에서 달력이 최초로 만들어진 시기는 기원전 3천 년에서 기원전 4천 년 사이라고 한다.[539] 이렇게 최초의 달력이 만들어질 때 어떤 날이 새해 첫날로 정해졌을까? 프란시스 커닝엄(Francis A. Cunningham)은 고대 이집트에서 '시리우스성 일출 동반' '범람의 시작' 그리고 '하지'라는 세 가지 이벤트가 겹쳐서 일어나는 날에 더할 나위 없는 종교적인 중요성이 부여되었을 것이라면서, 바로 이날을 새해 첫날로 정했을 것으로 본다.[540]

필자는 10장과 18장에서 '시리우스성 일출 동반'이 고대 이집트 종교에서 어떤 중요성을 띠는지 설명한 바 있다. 떠오르는 시리우스 곁의 태양은 '갓 난 태양'인 '이시스의 아들 호루스'였다.[541] 고대 이집트인들에게 호루스의 탄생은 호루스 왕의 대관식과 동치였다. 나일강물 범람 시작 또한 고대 이집트인들에게 아주 중요한 이벤트였다. 그들은 3계절을 두었는데 그 첫 번째 계절은 바로 '범람의 계절(Season of Inundation, Akhet)'이었다. 따라서, 첫 번째 계절의 첫날이기도

---

539 Origin of the Egyptian Calendar. Nature 147, 31–33 (1941). Marie, Mustafa. 2019. Ancient Egyptian calendar: 1st calendar known to mankind. Egypt Today (11 September 2019). Available at https://www.egypttoday.com/Article/4/74680/Ancient-Egyptian-calendar-1st-calendar-known-to-mankind

540 "Now we find that the Heliacal Rising of Sothis, the Summer Solstice, and the annual rise of the river Nile coincided in the year 3000 B. C. Julian in the latitude of Memphis on July 18 Julian …." Cunningham, Francis A. 1915. p.370.

541 Nicklin, T. 1900.; Horus the child, Ancient Egypt Online. Available athttps://ancientegyptonline.co.uk/horuschild/

한 새해 첫날의 중요한 상징은 '나일강물 범람'이었다. 한편 하지는 1년 중 낮이 가장 긴 날로 태양 숭배 신앙이 발달한 고대 이집트에서 매우 중요한 날로 여겨졌음이 명백하다. 따라서, 만일 이 세 날이 모두 일치하는 어느 날이 정말로 존재했다면 이날이야말로 매우 이상적인 새해 첫날이었을 것이다.

그렇다면 고대 이집트에서 시리우스 일출 동반이 일어난 날은 언제였을까? 오늘날 이집트 땅에서 시리우스성이 태양과 함께 떠오르는 날은 그레고리력으로 8월 5일 경이다. 그런데 과거로 거슬러 올라갈수록 이 날짜가 계속 변한다. 지구 형태의 불균형과 밀도 분포 불균일 등에 의해 약 26,000년 주기로 지축 회전이 일어나며, 약 41,000년 주기로 지축 기울기 변화가 일어난다. 이 때문에 어느 지역에서의 '시리우스성의 일출 동반'은 약 120년에 하루 정도 늦어지게 된다.[542] 실제로 기원전 2800년경 그런 현상이 일어난 날은 6월 23일이었다. 기원전 3500년경엔 그런 현상이 6월 17일에 일어났다.[543] 그리고 고대 이집트 왕국성립기인 기원전 3100년경엔 정확히 오늘날의 하지인 6월 21일에 그런 현상이 있었다!

나일강 범람이 시작되는 시기는 언제인가? 아스완 로우 댐 건설 이후로 이집트에서 나일강 범람은 더 이상 일어나지 않는다. 따라서, 과거 이집트 땅에서 나일강물 범람이 언제 시작되었는지 알려면 그이전의 관측 기록을 참고해야 한다. 아스완 로우 댐이 건설되기 직전

---

542   Parker, Richard A. 1950. p.32.

543   Origin of the Egyptian Calendar. Nature, Vol.147, pp.31–33. 1941. Available at https://www.nature.com/articles/147031b0#citeas

의 30여 년 동안에 측정된 바에 의하면 그 시기는 4월 15일에서 6월 23일까지로 그 변화 폭이 매우 크다는 사실을 알 수 있다.[544]

시리우스성 일출 동반일이나 나일강 범람의 시작일과는 달리 하짓날 변화는 상대적으로 매우 작다. 오늘날 하지는 그레고리력으로 6월 21일이다. 그런데 3천 년 전 람세스 2세가 통치하던 시기의 하짓날은 6월 24일이었다고 한다.[545] 이처럼 3천여 년 동안 겨우 3일 정도만 변했다.

몇몇 학자들은 고대 이집트인들이 새해 첫날을 시리우스성 일출 동반에 고정한 달력을 사용했을 것이란 주장을 한다.[546] 그런데 이날이 앞에서 언급했듯 약 120년에 하루씩 변하므로 이를 기준으로 한 달력은 오랜 세월이 흐르면 계절과의 괴리가 생긴다. 하지만 이와는 다르게 하지는 오랜 세월에도 비교적 거의 변하지 않으므로 고정력에 사용하기 적합하다. 카일 웨이번은 람세스 2세 때 하지를 새해 첫날로 했을 것이라고 주장한다.[547] 고대 이집트인들이 이미 선왕조 시대부터 하짓날을 관측했다는 증거가 있다.[548]

---

544 Parker, Richard A. 1950. p.32.

545 Christophe, L. 1965. Abou-Simbel at l'épopée de sa découverte, Brussels, ch. 8.

546 Parker, Richard A. 1950. p.39.

547 Weyburne, Kyle Andrew. 2021. p.263.

548 Waxman, Olivia B. 2016.

아부심벨 태양 축제와 희년 축제

이집트 정부는 2월 22일과 10월 22일, 1년에 두 번 아부심벨에서 '태양 축제'를 개최한다. 이 두 날에 아부심벨 대신전의 지성소에 태양 빛이 정확히 입사하는 날이라고 생각하기 때문이다. 2월 22일이 람세스 2세의 탄생일이고, 10월 22일이 람세스 2세가 대관식을 치른 날이라는 것이 이 축제 개최에 대한 공식적인 설명이다. 하지만 2월 22일은 고대 이집트 기념일과 그 어떤 연관성도 찾기 어렵다. 그날은 10월 22일 때문에 천문학적으로 짝을 이뤄 결정된 날일 뿐이다.[549]

10월 22일은 람세스 2세의 어떤 종교축제와 관련되어 있을까? 앞에서 아부심벨 대신전이 이전되면서 일출 정렬에 대한 논의가 있었고, 이를 주도한 루이 크리스토프가 람세스 2세의 희년 축제에 맞춘 날이 이날이라고 했다. 그렇다면, 크리스토프의 견해에 따라서 이전된 아부심벨 대신전의 일출 정렬을 크게 변동시켰다는 주장에 일리가 있는가? 그렇지 않은 것 같다. 이전 직전이나 이전 후 아부심벨 대신전 지성소에 태양 빛이 드는 날짜 중 맨 마지막 날은 10월 23일이다. 그리고 람세스 시절인 3천 년 전 이런 일이 일어나던 날은 10월 22일이었다.[550] 그렇다면, 10월 22일이 고대 이집트 달력으로 몇 번째 달 몇 번째 날에 해당할까? 고대 이집트인들이 오시리스 축제와 같은 그들의 종교축제를 치르는데 하짓날을 새해 첫날로 하는 고정력을 사용했다고 하는 카일 웨이번(Kyle Weyburne)의 주장이 옳다면, 그레고리력으로 10월 22일은 람세스 2세 당시 다섯 번째

549 Hawass, Z. 2000. p. 77.
550 Weyburne, Kyle Andrew. 2021. pp.269-270.

달 첫날이다. 당시 하짓날이 6월 24일이었기 때문이다. 따라서, 크리스토프의 아부심벨 대신전이 람세스 2세의 희년 축제를 위해 만든 신전이라는 주장에 무게가 실린다. 18장에서 살펴보았듯 오시리스 축제와 대관식은 서로 불가분의 관계에 있었으며, 네 번째 달인 코이악 달의 마지막 날들과 다섯 번째 달인 페렛 달의 첫날에 걸쳐서 거행되었다.

29장 희년 축제와 오시리스

오시리스 미스터리

　고대 그리스 학자 디오도로스와 플루타르코스는 문화영웅 오시리스에 대한 기록을 남겼다. 그들은 당대 이집트인들을 직접 만나 그들이 구전으로 전해오는 오시리스의 영웅적인 이야기를 채록했다. 따라서, 이런 오시리스 행적은 굳이 문서로 적지 않아도 이집트인들이 모를 수 없는 그런 것이었던 모양이다.

　그런데, 이상하게도 정작 고대 이집트 어느 문헌에서 그런 행적이 기록된 내용을 찾기가 불가능하다. 오시리스 축제에 오시리스의 문화영웅으로써의 행태는 전혀 나타나 있지 않고 그의 갑작스러운 죽음에서부터 이야기가 전개된다. 오시리스 축제라면 주인공인 오시리스의 일대기가 그려져 있을 것으로 기대됨에도 전혀 그렇지 않다는 게 문제다. 게다가 고대 이집트 땅에서 오시리스라는 이름이 등장하는 시기도 상대적으로 매우 늦다. 선왕조 시대인 기원전 3,300년 경부터 이미 이집트 땅에는 상형문자가 사용되고 있었다.[551] 그런데 오시리스라는 이름이 5왕조 때인 기원전 2500년경에서야 문자로 나타났다. 고대 이집트 왕국에서 거의 전 왕국 존속 기간 동안 그가 매우 중요한 종교축제 주인공이었으며 그에 대한 간절한 염원이 있었다는 점을 고려할 때 이는 매우 의아한 상황이다. 이와 같은 점은 이시스에 대해서도 마찬가지다.

왕조 성립기의 오시리스와 이시스 관련 유물

오시리스와 이시스를 상징하는 것으로 보이는 무시 못 할 수량의 유물들이 고왕국 5왕조 이전의 유적지에서 발굴되었다. 예를 들자면 고왕국 2왕조 때 만들어진 사카라의 마스타바 S2499에서 오시리스 모판이 발견되었다. 영국의 고고학자 제임스 퀴벨(James E. Quibell)은 이것이 나중에 오시리스 축제 때 사용된 오시리스 모판의 원형으로 보인다고 지적했다.[552] 그렇다면 고왕국 5왕조 이전에 그것은 오시리스와 전혀 무관하다가 5왕조 때부터 연관되기 시작했던 걸까? 필자는 그렇지 않다고 본다.

---

551 Wengrow, David. The Invention of Writing System. In Teeter, Emily. ed. 2011. p.99.: Görsdorf, Jochen &Dreyer, Günter& Hartung Ulrich. 1998.

552 Smith, Mark. 2017, p.108.

한편 오시리스 축제 대단원의 막을 장식하는 제드 기둥과 티트가 오시리스와 이시스의 문자 기록이 전해지기 전인 제3왕조 사카라 고분에서 발견되었다. 그런데 영국의 대표적인 이집트학 학자 중 한 명인 월터 에머리(Walter B. Emery)는 그런 유물들이 이미 제1왕조 때부터 존재했으며, 따라서 오시리스와 이시스가 이미 그때부터 이집트 땅에 널리 알려져 있었다고 다음과 같이 주장한다.

"최근까지 오시리스 신앙이 상고시대 때 존재했는지 의문이었다. 하지만 1왕조 때의 것으로 확인된 오시리스 신의 제드 기둥 상징물과 그의 여성 파트너인 이시스의 거들 타이(girdle tie) 상징물이 헬완(Helwan)에서 발견됨으로써 이집트 전 역사를 걸쳐 가장 인기 있었던 그들에 대한 신앙이 이미 이 시기에 존재하고 있었음이 증명되었다."[553]

여기서 거들 타이는 티트다. 헬완의 오늘날 지명은 에즈벳 엘-왈다(Ezbet el-Walda)로 카이로에서 남쪽으로 30킬로 미터 정도 떨어진 고대 이집트 초기왕조 유적지다. 에머리가 언급한 유물들은 1940년대 자키 사드(Zaki Saad)의 발굴로 세상에 그 모습을 드러냈다.

물론 에머리의 단정적인 주장에 반대하는 의견이 있다. 영국의 이집트학 학자 그윈 그리피스(J. Gwyn Griffiths)는 오시리스나 이시스에 대한 문자 기록이 존재하기 전의 유물인 제드 기둥과 오시리스, 그리고 타이 거들과 이시스가 관련이 없을 수 있다고 본다.[554] 이처럼 고

---

553 Emery, W. B. 1991, p.122.
554 Griffiths, J. Gwyn. 1980, p. 41.

왕국 5왕조 이전 이집트 땅에 오시리스와 이시스가 알려져 있었는가 하는 문제에 대한 관련 학자들 사이의 논란이 지속되고 있다. 그리피스처럼 5왕조 이전에 이집트 땅에 오시리스의 존재가 알려지지 않았다고 보는 학자들도 있지만[555] 비록 그 이름이 달리 표기되었긴 해도 오시리스의 존재가 왕조 이전부터 알려져 있다고 보는 학자들도 적지 않다.[556] 필자는 모든 정황으로 판단하기에 오시리스와 이시스가 이른바 '통일기' 이전부터 이집트 땅에 매우 잘 알려졌다고 생각한다.[557] 만일 그렇다면 이들의 이름이 왕조 성립기에 나타나지 않은 이유는 뭘까?

---

555 예를 들어 빈센트 토빈은 오시리스가 이집트의 토속신이 아니라 5왕조 때 외국에서 수입된 신이라고 주장한다. Tobin, Vincent A. 1990. p.1009 참조. 5왕조 때 외국에서 오시리스가 도입되었다는 주장 중에는 메소포타미아에서 기원했다는 주장도 있다. Gardiner, A. H. 1964. p.426 참조. 고대 이집트 왕국 성립 초기에 메소포타미아풍의 문화가 도드라졌다는 사실은 많은 이집트학 학자들이 지적하고 있다. 그런 맥락에서 오시리스와 메소포타미아의 연관성을 지적하는 것은 가능하다. 하지만 이 강렬한 메소포타미아풍의 문화는 1, 2왕조 이후 고대 이집트에서 자취를 감췄다. 따라서 오시리스가 5왕조 이후에 나타난 것은 이런 맥락에서 이해될 수는 없다.

556 "The figure of Khentamentiu would be equivalent to, and in a certain way foreshadow, the later figure of Osiris … The historical Osiris could have derived from a Neolithic – agrarian deity on which Dynasty 0 would probably have already constructed the mythological figure of the deceased king." 조셉 카벨레오-아우토우리Josep Cervelló-Autuori는 1왕조 때 등장하는 신인 켄티-아멘티가 공식 문서에 사용된 오시리스의 이름이었을 것으로 추정한다. 이런 추정 아래 그는 오시리스가 선왕조 시대부터 알려져 있었으며 이미 왕조 형성기 때부터 죽은 왕의 신화적 형태로 자리매김하게 되었다고 본다. Cervelló-Autuori, Josep. 2005. p.34. 초기 이집트 왕조시대 전문가인 토비 윌킨슨 역시 이처럼 이른 시기에 등장한 켄티-아멘티가 오시리스의 별칭이었을 거라고 생각한다. Toby Wilkinson suggests that, even at this early stage, Khenti-Amentiu's name may have been simply an epithet of Osiris. Wilkinson, Toby A. H. 1999, p. 288, p.292참조.

557 새뮤얼 머서는 이 문제에 관해 다음과 같이 말한다. "오시리스 숭배는 선사시대 때부터 있었다. 피라미드 시대에 이르러서 그것은 이미 아주 잘 정립된 숭배신앙 형태를 띠게 되었다. The worship of Osiris is, no doubt, prehistoric …. by the time of the Pyramid Age it was a well-established cult." Mercer, S. 1949, pp.121-122.:Strudwick, Helen. 2006. pp. 118–119.

나르메르 메이스 헤드에 등장하는 오시리스의 모습

1897년 제임스 퀴벨과 프레데릭 그린(Frederick W. Green)은 히에라콘
폴리스(Hierakonpolis)의 호루스 신전에서 발굴 작업을 하던 중 커다란
종교 의례용 곤봉 머리를 발견했다. 이 유물은 고대 이집트 첫 번째
왕으로 여겨지는 나르메르(Narmer)의 소유물로 판명되어 '나르메르
메이스 헤드(Narmer Macehead)'라 불리게 되었다.

나르메르 메이스 헤드

나르메르 메이스 헤드에 묘사된 광경 | 왼쪽 계단 위 닫집 아래 보좌에 나르메르가 앉아 있고 그 맞은 편에 한 여성이 앉아 있다

　이 유물은 한 남성과 여성이 서로 마주 보고 있는 장면을 묘사하고 있다. 남성은 보좌에 앉아있으며, 여성은 rpyt라 불리는 가마에 앉아있다. 관련 전문가들은 이 가마가 자궁을 나타낸다고 본다. 이 장면은 관련 학자들로부터 고대 이집트 '히에로스 가모스' 의식의 최초 기록으로 평가된다.[558] 여기서 여성은 왕의 배우자 또는 어머니로 호루스 신의 어머니 여신인 이시스 또는 하토르의 역할을 하고 있다고 본다.[559] 그렇다면 보좌에 앉은 남성의 정체는 뭘까? 그는 분

558　Trafford, A. de and Tassie, G. J. Eroticism and Sexuality in the Old Kingdom. In de Araüjo, L. M. & das Candeias, Sales J. eds. 2009, p.5.

559　Baumgartel, E. J. 1960, p.114.; de Trafford, A. and Tassie, G. J., Eroticism and Sexuality in the Old Kingdom. In de Araüjo, L. M. & das Candeias, Sales J. eds. 2009, p.4.; 초기에는 이 존재를 나르메르가 정복한 왕국의 공주로 나르메르와의 결혼이 예정된 것이라고 보았다. 하지만 최근엔 그 존재를 신이라고 보는 견해가 우세하며, 그 정확한 존재를 모른다고 말하기도 한다. 하지만, 그 위에 암소와 그 아들의 묘사는 그 존재가 황소신의 어머니신인 하토르를 나타내고 있다고 보는 견해가 우세하다. Narmer Macehead, The Ancient Egypt Site. Available at http://www.ancient-egypt.org/history/early-dynastic-period/1st-dynasty/horus-

명 최초의 이집트 파라오로 알려진 나르메르일 것이다. 그런데 1911년 당시 대영박물관 큐레이터였던 월리스 버지는 그에게서 오시리스의 모습을 읽고서 느낀 곤혹스러움을 다음과 같이 표현했다.

"계단의 맨 위쪽에 앉아있는 사람은 왕이 틀림없다. 하지만 이것은 불가능한 설명처럼 보인다. … 캐노피 아래의 그 인물은 신의 형상이 아니라 나르메르 왕의 형상이 틀림없지만, 세미티(Semiti)의 목판에 묘사된 것과 함께 고려해보면, 그 모습은 분명히 오시리스의 초상과 직접적인 관련이 있다. 모든 전통은 오시리스가 이집트의 왕으로 자리매김하고 있으며, 그가 아주 초기시대 이집트에 살았던 것이 확실하다. 오시리스가 미라 형태로 표현된 것은 그가 죽음에서 소생한 신-인-왕(god-man-king)이라는 점에서 놀랍지 않다. 하지만, 나르메르 역시 죽었다거나 죽은 후 부활했다고 가정하지 않는다면 왜 그가 이런 형상을 하고 있는지 이해하기 어렵다."[560]

고왕국 시절 이후 널리 알려진 오시리스는 천에 감긴 미라 모습을 하고 있다. 월리스 버지는 '나르메르 메이스 헤드'에 등장하는 왕이 바로 이런 모습을 하고 있음을 지적하는 것이다. 결국 월리스 버지의 주장은 나르메르가 오시리스 행세를 하고 있다는 것이다.

---

narmer/narmer-artefacts/narmer-macehead.html 참조.
560 Budge, E. A. Wallis. 1973, Vol.1, p.35-37.

덴 목각판에 묘사된 오시리스의 모습

1900년, 플린더스 페트리는 아비도스 인근에 소재한 고대 이집트 1왕조 5번째 왕인 덴(Den)의 무덤에서 18점의 그림이 새겨진 목판들을 발견했다. 이들 중에 오늘날 '덴왕의 흑단 목판(King Den's Ebony lebel)'이라 불리는 검은 색이 칠해진 목판에는 왕이 상, 하 이집트의 왕관을 교대로 쓰고 보좌에 앉아있거나 달리기를 하는 듯 보이는 장면이 새겨져 있었다.[561] 앞에서 월리스 버지가 '세미티의 목판'이라고 언급한 게 바로 이것이다. 그런데 1915년 루이스 스펜스(Lewis Spence)는 덴왕의 흑단 목판에서 오시리스 모습인 왕이 표현되어 있다는 사실에 주목하고서 다음과 같은 글을 남겼다.

> "오시리스의 기원은 매우 모호하다. 그에 대한 숭배가 언제부터 시작되었는지에 대해서는 관련 이집트 문헌에서 어떤 정보도 알아낼 수 없다. 하지만 어느 문헌에서 말하고 있는 것보다 그의 기원이 훨씬 오래된 것만은 확실하다. … 그는 어쩌면 나르메르 메이스헤드와 1왕조의 5번째 왕인 덴의 목판 조각물에 묘사된 존재일 수 있다."[562]

---

561 Shaw, Ian and Nicholson, Paul. 1995, p. 84.
562 Spence, L. 1998, p.63.

덴왕의 흑단목판 | 위쪽 중앙 닫집 아래 앉아 있는 이의 모습이
후대의 오시리스 모습과 같다

1왕조 때 등장한 오시리스는 희년 축제의 왕 모습

만일 월리스 버지나 루이스 스펜스의 주장이 옳다면, 이들 유물
어딘가에 오시리스라는 이름이 새겨져 있을 법도 한데 어디에서도
그런 표현을 찾아볼 수 없다. 실제로 제5왕조기에 접어들기까지 오
시리스란 이름이 고대 이집트 문헌 어디에도 등장하지 않는다.[563] 그
렇다면 도대체 이런 유물들은 어떤 목적으로 제작되었으며, 거기에
묘사된 상황은 정확히 무엇을 나타내고 있는 것일까? 월터 에머리

---

563 Tobin, V. A. 1990, p.1009. 5왕조 때 메소포타미아에서 오시리스가 유입되었다는 주
      장이 있다. 고대 이집트 왕국의 성립 초기에 메소포타미아풍의 문화가 도드라졌다는 사
      실을 여러 이집트학 학자가 지적하고 있다. 그런 맥락에서 오시리스와 메소포타미아의
      연관성을 살펴보는 것은 가능하다. 하지만 이 강렬한 메소포타미아풍의 문화는 1, 2왕
      조 이후 고대 이집트에서 자취를 감췄다. 따라서 오시리스가 5왕조 이후에 나타난 것은
      이런 맥락에서 이해될 수는 없다 (Gardiner, A. H. 1964, p.426 참조).

는 버지와 스펜스가 제기한 의문에 대해 다음과 같은 명쾌한 답을 제시한다.

"상고시대에서는 오시리스의 모습을 찾아볼 수 없다. 하지만 헤마카 흑단 목판에 묘사된 덴 왕이 미라 형태로 앉아있는 모습은 후대의 왕조시대 오시리스 묘사와 똑같다. 너무나 비슷해서 몇몇 학자들은 이 모습을 오시리스와 혼동하기도 한다. 하지만 이 모습은 왕이 희년 축제에서 죽은 자의 옷을 걸치고 있는 모습일 뿐이다."[564]

여기서 '헤마카 흑단 목판'은 '덴 왕의 흑단 목판'에 다름 아니다. 헤마카는 덴 왕의 신하로 목판에 그의 이름이 새겨져 있어 처음에는 이 이름으로 불렸다.[565] 이 목판은 나중에 '덴왕의 희년 목판 (King Den's Royal Jubilee Label)'이라고도 불렸다.[566]

브루스 윌리엄스(Bruce B. Williams)와 토마스 로건(Thomas. J. Logan), 그리고 윌리엄 머네인(William J. Murnane)은 나르메르 메이스 헤드의 장면이 전형적인 희년 축제라고 판단하며 거기에서 죽음과 관련된 코드

---

564 Emery, W. B. 1961, p.123; Kamil, J. 1996, p.46.

565 Hemaka, Wikidepia. Available athttps://en.wikipedia.org/wiki/Hemaka

566 King Den's Royal Jubilee Label(British Museum). Available at http://egypt-grammar.rutgers.edu/Artifacts/King%20Den's%20Royal%20Jubilee%20Label.pdf 실제로는 이 목판에 묘사된 장면이 '상이집트 왕과 하이집트 왕의 출현 Appearances of the King of Upper Egypt and the king ofLower Egypt '이라는 종교 의식에 관한 것이란 의견이 있다. 하지만, 이 의식은 사실상 희년 축제와 그 내용이 거의 똑같다. Shaw, Ian and Nicholson, Paul. 1995, p.84참조.

를 읽는다. 그들은 이 장면을 왕의 장례식과 연관시킨다.[567] 윌리엄스와 로간 이전 일찍이 플린더스 페트리는 나르메르 메이스 헤드가 아주 전형적인 희년 축제를 묘사하고 있다고 판단했다. 여기서 왕은 희년 축제용 의복을 입고 있으며, 희년 축제를 상징하는 세 개의 초승달 형태가 나타나 있는 것이다.[568] 고대 이집트 왕국이 건립되던 시기에 제작된 희년 축제와 관련된 유물들은 더 있다. '런던 스콜피온 메이스 헤드 파편(Fragmentary Scorpion Macehead of Petrie Collection, London)'이라고 알려진 유물에서도 왕이 희년 축제용 의복을 걸치고 성소(聖所)에 앉아있는 모습을 볼 수 있다.[569]

앞에서 소개한 『람세시움 드라마 파피루스』는 중왕국 세누스렛 1세의 희년 축제를 묘사하고 있는데 사실상 오시리스 축제와 같았다. 그렇다면, 이집트 왕조 성립기에 등장한 희년 축제 묘사에 오시리스 모습이 나타나는 것은 당연해 보인다. 그리고 실제로 관련 학자들은 5왕조 이전에 묘사된 희년 축제에서 왕이 오시리스와 동일화된 모습을 보인다는 데 대체로 동의한다.

567 Williams, B. B. & Logan, T. J. and Murnane, William J. 1987, p.271.

568 Petrie, W. M. F. 1901, p.78.; Williams, B. B. & Logan, T. J. and Murnane, William J. 1987, pp.271-272; Remler, Pat. 2010, p.78.

569 Arkell, A. J. 1963, p.32.

30장 희년 축제에 대한 학자들의 견해

희년 축제는 늙은 왕 처형 의식의 변형

희년 축제는 고대 이집트 왕조 건국 이전의 기록에서도 발견되며, 로마 통치기까지 수천 년 동안 왕실에서 치러진 매우 중요한 종교의식이었다. 그런데, 도대체 희년 축제가 무엇이기에 고대 이집트에서 매우 중요한 축제로 자리 잡았던 것일까?

헨리 프랭크포르는 희년 축제를 처형 의식에 직면한 늙은 왕이 그런 운명을 피해서가며 자신의 신체적 원기를 회복하고 이집트 땅의 통치력을 군건히 하기 위한 축제였다고 규정했다.[570] 하지만, 적지 않은 이집트학 학자들은 이 축제가 늙은 왕의 처형에 대한 대체 행사로서 왕이 이 행사를 통해 죽음을 회피하는 것이 아니라, 오히려 의식을 통해 '가상의 죽음(mimic death)'을 체험하고 거기서 되살아나는

---

570 Hoffman, M. 1993, p.258.

것이라고 보고 있다.[571] 이런 해석은 윌리엄스와 로건이 희년 축제에서 장례식의 분위기를 읽은 것과 잘 부합되는 듯 보인다.

오시리스와 관련이 있는 희년 축제

후대의 고대 이집트 왕국에서 죽었다가 부활하는 신으로 널리 알려진 신은 오시리스다. 지난 장에서 소개한 윌리스 버지의 '나르메르 메이스 헤드'에 대한 언급은 이 축제가 오시리스와 어떤 식으로든 연관이 있음을 시사한다. 바버라 워터슨(Babara Watterson)도 희년 축제가 오시리스 신화의 기원과 연관이 있을 것으로 추정한다.[572]

그렇다면 도대체 이 축제에서 오시리스의 모습이 어떻게 드러나는 것일까? 맨프레드 러커(Manfred Lurker)는 통치 기간 30년을 채운 뒤부터 새로운 신성한 힘을 공급받을 필요가 있는 파라오가 희년 축제를 치렀다고 하면서 그 행사의 내용을 다음과 같이 정리한다.

"새로운 생명력은 살해당한 오시리스로부터 나오므로, 왕 또한 그의 죽음을 통해 그의 백성들의 지속적인 안정을 확보해야 한다. 이 축제에서 선사시대의 늙은 부족장 살해 풍속이 그의 생을 연명시켜 주는 의식으로 변환되었다."[573]

---

571 Frazer, James George. 2020, pp.101-102.; Trigger, B. G. 1968, p.86.; Lurker, M. 1980, p.12.; Rice, M. 1990, p.99.

572 Watterson, B. 1996, p.58.

573 Lurker, M. 1980, p.12.

러커의 이런 주장은 회년 축제에서 늙은 파라오는 신화 속의 오시리스와 유사한 죽음의 의식을 치름으로써 그 목적을 달성한다는 것이다. 이와 비슷한 주장이 다른 학자들에 의해서도 반복되고 있다.

회년 축제에서 왕이 오시리스와 동일화하나?

인류학자 제임스 프레이저(James G. Frazer)는 그의 대표 저서 『황금가지(Golden Bough)』에 세계 각지의 민족들이 늙은 왕을 죽이고 부활시키는 의식을 통해 왕권을 새로이 하는 풍속을 갖고 있다고 썼다.[574] 맨 처음 프레이저의 이런 이론을 바탕으로 하여 고대 이집트에서도 선사시대 때 늙은 부족장 살해 풍속이 있었고, 후대에 그것을 의식화하여 만든 것이 회년 축제라는 주장을 한 사람은 플린더스 페트리(Flinders Petrie)다. 그는 이 축제에서 고대 이집트 왕이 죽은 오시리스와 동일화함으로써 스스로 다시 태어나며, 그 결과 회춘을 하게 된다는 가설을 내세웠다.[575]

페트리의 이런 가설은 그후 여러 주류 이집트학 학자들에 의해 받아들여짐으로써 정설로 자리 잡게 되었다. 예를 들어 제임스 브레스테드(James H. Breasted)는 고대 이집트 왕조의 여러 종교 전통 대부분의 모체가 된 회년 축제에서 왕이 오시리스의 의복과 휘장을 두

---

574 Frazer, J. G. 1922, pp.218-231.

575 Petrie, W. M. F. 1906, p.183. 페트리는 나르메르 앞에 앉아있는 이를 여신이 아니라 라의 아이로 판단한다.; Gardiner, A. H. 1915, p.124.; Krol, Alexey A. Egypt of the First Pharaohs. Sed-Festival and Emergence of the Ancient Egyptian State (in Russian). Available at http://www.cesras.ru/eng/publ/krol.html.

르고 있으며, 의심할 여지도 없이 오시리스의 역할을 하고 있다고 지적한다.[576]

프랑스의 이집트학 학자로 말년에 '옥스퍼드 대학 프레이저 강의 (Frazer Lecture at Oxford University)를 한 알렉산더 모레(Alexander Moret)도 이와 같은 생각에 동의했다. 그는 희년 축제가 오시리스적인 성격을 띠며 이 축제에서 왕은 오시리스와 동일화되어 나타난다는데 반대하는 의견들에 대해 이의를 제기한다. 그가 보기에 명백히 희년 축제에 오시리스 신화가 하나의 특징적인 에피소드로 자리 잡고 있으며, 따라서 그 축제 목적이 왕을 오시리스와 동일화하려는 것이 틀림없다고 본다. 그는 다른 학자들과 마찬가지로 왕이 희년 축제에서 오시리스의 전형적 모습을 구성하는 채찍과 지팡이를 잡고 몸을 휘감는 특별한 의복을 입고 있다는 사실을 지적하며 이런 외형적 일치를 두고 다음과 같이 질문을 던진다.

"오시리스와의 친밀한 동화가 아니라면 왕이 어떻게 이처럼 외적인 오시리스 모습을 하고 있을 수 있단 말인가?"[577]

---

576 Breasted, J. H. 1972, p.39.
577 Moret, A. 2001, pp.130-131.

희년 축제에 등장하는 제드 기둥 세우기 의식

그런데 모레는 다른 학자들보다 더 나아가 희년 축제를 오시리스와 연관시키지 않을 수 없는 또 다른 중요한 요소를 다음과 같이 지적한다.

"내가 볼 때 이 축제의 의식들에서 왕의 '오시리스화'는 지금부터 내가 간략하게 설명하려는 세 번째 에피소드에서 아주 명백해 보인다. 그것은 바로 제드 기둥 세우기다."[578]

10, 11장에서 살펴보았듯 제드는 고대 이집트인들에게 오시리스의 등뼈라고 널리 인식되던 주물이었다.[579] 제드 기둥 세우기 의식은 오시리스 축제의 절정인 네 번째 달 마지막 날에서 다섯 번째 달 첫날 사이에 치러졌다. 필자는 그 직후 이것과 이시스의 티트가 결합되는 '의복 봉헌' 의식이 '신성한 결합'으로 오시리스 축제의 진짜 하이라이트라고 언급한 바 있다.

모레는 희년 축제에 이를 숭배하는 행사가 포함되어 있으니 당연히 그것이 오시리스와 밀접한 관련이 있다고 지적한다. 제드 기둥 세우기 의식은 왕조시대에 매년 거행되던 소카-오시리스 축제와 연관되었다. 그리고 이 의식은 대관식 날과 일치해 치러졌다.[580] 이런 점을

---

578 Moret, A. 2001, p.130.

579 Gordon, Andrew Hunt and Schwabe, Calvin W. 2004, p.119.

580 제드 기둥 세우기 의식이 대관식 전날 치러졌다는 관련 학자들 의견이 우세하다. 하지만, 그

들어 모레는 오시리스의 주물을 세우는 것은 왕의 대관식과 불가분의 관계에 있으며, 따라서 대관식을 갱신하는 희년 축제와도 같은 관계에 있다는 것이다.[581]

이런 논의 끝에 모레는 이처럼 오시리스적인 것들이 너무나 넘쳐나므로 페트리와 자신이 함께 제기한 희년 축제가 왕의 '오시리스화'를 위한 것이라는 주장은 상당한 진실을 담고 있다고 말한다. 결론적으로 왕이 이 축제에서 오시리스의 죽음과 부활을 흉내 냈다는 것이다.[582]

오늘날 대부분 이집트학 학자는 페트리와 모레의 주장을 받아들인다. 이런 대열에 서 있는 학자 중 한 명으로 웨일스 출신 미국 작가 겸 이집트학 학자 맨칩 화이트(J. Manchip White)를 꼽을 수 있다. 그는 희년 축제에서 파라오가 미라 천을 몸에 감고 오시리스의 죽음과 부활을 모방함으로써, 마치 오시리스가 부활 후 활력을 되찾았듯 파라오도 상징적인 부활로 원래의 활력을 되찾는 의식이라고 말한다.[583] 이처럼 이집트학 주류 학계에서는 희년 축제에서 파라오가 오시리스의 역할을 맡는다고 믿고 있다. 정말 그럴까?

직후에 거행되는 보다 더 중요한 의복 봉헌 의식은 대관식 날 치러졌던 것으로 보인다.

581 Moret, A. 2001, p.130. 모레는 Zed 라 표기했으나 오늘날 대부분의 관련 학자들은 Djed라고 표기한다.

582 Ibid., pp.131-132.

583 White, J. E. M. 1970, p.44. 모든 이집트학 학자가 희년 축제에서 왕이 죽음 의식을 거치거나 오시리스와 동일화된다고 주장하는 것은 아니다. 예를 들어 카이로 대학교의 고대사 및 고고학과 교수를 역임했던 퍼시 뉴베리는 희년 축제가 어떤 식으로든 오시리스와는 전혀 연관되어 있지 않다고 주장한다. Newberry, P. E. 1925, p.185 참조.

희년 축제에 등장하는 제드 기둥 세우기 의식

분명 초창기 이집트학 학자들의 희년 축제에 대한 해석에는 수긍할 수 있는 많은 요소가 존재한다. 제드 기둥을 비롯해 채찍, 지팡이 등은 희년 축제가 오시리스와 어떤 식으로든 깊은 연관성이 있음을 보여준다. 그런데 설령 오시리스 상징체계가 희년 축제에 깊숙이 결합이 되어 있다고 해도 거기에 참여하는 살아있는 왕이 '전적으로' 오시리스의 역할을 한다는 직접적 증거가 아닐 수 있다. 왜냐하면 고대 이집트에서 왕의 죽음은 대관식과 직결되어 있으며 대관식을 통해 새 호루스 왕이 탄생하는 것이 그들의 역사적 관점에서 매우 중요한데, 파라오가 30년이 다 되도록 죽지 않으면 그런 행사가 어려우니 이와 등가의 대체적인 의식이 필요해서 만들어진 것이 희년 축제라고 필자는 보기 때문이다. 이런 '의사 대관식'에선 당연히 오시리스가 아니라 호루스 왕이 주체이어야 하지 않겠는가?

실제로 런던대학교(University of London) 종교사 및 종교 철학과 석좌교수였던 에드윈 제임스(Edwin O. James)는 희년 축제에서 의심할 여지도 없이 오시리스의 행색을 하고 있지만(unquestionably Osirian in appearance), 파라오가 오시리스 보다 호루스 행세를 하는 것처럼 보인다(it is more likely that Pharaoh functioned in the capacity of Horus rather than in Osiris)고 지적한다.[584] 필자 주장대로 희년 축제가 왕의 장수로 인해 치러지는 의사 대관식이라고 가정하면 이 종교의식의 주인공이 호루스인 것은 당연해 보인다. 따라서, 제임스의 지적은 이런 측면을 가리키고 있다고 볼 수 있다.

584　James, E. O. 1963, pp. 59-61.; Elshamy, Mostafa. 2019, p.159.

31장 희년 축제의 본질

희년 축제와 오시리스 축제는 본질적으로 다르다?

크리스틴 슈누젠버그(Christine Schnusenberg)는 오시리스 축제가 희년 축제와 전혀 다른 성격을 띤다고 말한다. 그 이유는 오시리스 축제 중심에 부활해서 새로운 삶을 시작할 오시리스를 나타내는 죽은 왕이 있지만, 희년 축제 중심엔 오시리스의 살아있는 후계자인 호루스가 자리매김하고 있기 때문이라는 것이다. 따라서 희년 축제를 통해 새로이 된 왕은 호루스와 동일화됨으로써 새로운 창조를 이끈다고 주장한다.[585]

주류 학계에선 슈누젠버그처럼 오시리스 축제가 오롯이 오시리스의 부활을 기리는 축제인 걸로 보고 있다. 그들이 이 축제의 하이라

---

585 Schnusenberg, Christine. 2010, p.35. 슈누젠버그의 이런 주장은 특별히 왕이 죽어 오시리스 축제에 왕의 미라가 사용되는 경우를 말한다. 일반적인 오시리스 축제에선 오시리스 신상이 동원된다.

이트이자 피날레로 규정하는 제드 기둥 세우기 의식만 놓고 보면 이런 해석이 옳을 것이다. 하지만 필자는 11장에서 그 직후 거행되는 의복 의식을 통해 하이라이트가 오시리스와 이시스의 히에로스 가모스를 통한 호루스 잉태라는 사실을 밝힌 바 있다. 따라서, 오시리스 축제의 중심엔 오시리스가 아니라 호루스가 있다! 하지만 그 중심에 호루스가 있다는 희년 축제에 대한 슈누젠버그의 해석은 매우 옳아 보인다. 따라서 결국 희년 축제는 오시리스 축제와 본질적으로 같은 것임을 알 수 있다. 이런 가정을 하는 경우 희년 축제에 오시리스적인 색채가 나타나는 이유를 나름 그럴듯하게 설명해낼 수 있다.

희년 축제에서의 오시리스와 호루스 카―포옹

앞에서 많은 학자가 희년 축제를 파라오가 오시리스화하여 죽음 체험을 통해 재활하는 것이라고 본다는 사실을 소개한 바 있다. 하지만 이제 새로운 시각에서 이 의식의 의미를 살펴볼 필요가 있다.

우리는 22, 23장에서 고대 이집트 왕권 신화에서 호루스가 오시리스와 같아짐을 보았다. 이런 상황은 입을 여는 의식 중 수면/가죽 의식에서 오시리스 신상 또는 죽은 왕의 미라와 카―포옹을 한 셈 신관 또는 후계자에 의해 구현된다. 그럼으로써 호루스는 오시리스 안에 머물러 있게 된다. 입을 여는 의식의 카―포옹은 대관식의 하이라이트였다.

만일, 희년 축제가 대관식과 본질적으로 같다면, 대관식에서의 하이라이트인 카―포옹 상태에서 진행되는 입을 여는 의식이 희년 의식에서도 진행되었을 것이다. 살아있는 파라오가 오시리스의 복식을 한 것은 아마도 이런 장면과 관련이 있을 것이다.

살아있는 파라오가 오시리스 행색을 하는 이유

일반적인 대관식에서 선왕의 시신은 미라화되어 오시리스의 역할을, 그리고 새로이 왕좌에 오를 후계자는 호루스 역할을 맡는다고 했다. 하지만 왕이 장수해서 이런 대관식 행사가 오랫동안 치러지지 않았을 경우 '의사 대관식'을 치른 것이 바로 희년 축제라고 봐야 한다.

대관식의 하이라이트는 새 파라오가 미라화된 선왕의 시신과 케니 스토마커를 통해 카 포옹을 하는 것이었다. 그런데 희년 축제라는 '의사 대관식'에선 '사용'할 죽은 파라오 미라를 준비할 수 없다. 따라서, 파라오가 직접 오시리스 복식을 함으로써 그런 효과를 낸 것이라고 판단된다. 그럼으로써 에드윈 제임스가 적절히 지적하듯 오시리스 행색을 하고서 호루스 행세를 한 것이다!

어떤 의미에서 파라오가 오시리스의 모습을 하고 호루스 역할을 했다면 그가 오시리스화했다고 말할 수는 있겠다. 여기서 호루스는 오시리스의 일부분으로 독립적인 존재로서의 호루스가 아니라 아직 오시리스라고도 볼 수 있는 호루스이기 때문이다. 하지만, 대다수 이집트학 학자가 주장하듯 파라오가 온전히 오시리스의 역할을 맡는다는 의미로서 오시리스가 되었다고 말할 수는 없다. 다시 한번 강조하는데 희년 축제에서 파라오는 기능적으로 오시리스와 미분리 상태인 호루스 역할을 한다고 봐야 한다. 그런데 만일 그렇다면 이런 상태의 호루스를 부르는 이름이 따로 존재하지 않았을까?

32장 민의 정체

희년 축제와 황소 신

29장에서 이집트 첫 번째 파라오로 알려진 나르메르 시대에 제작된 나르메르 메이스 헤드가 희년 축제를 묘사하고 있다는 학자들의 주장을 소개한 바 있다. 그런데 같은 시대에 제작된 나르메르 팔레트도 희년 축제나 최소한 그와 유사한 축제 장면을 묘사하고 있다는 주장이 독일의 이집트학 학자 엘리제 바움가르텔(Elise J. Baumgartel)에 의해 제기되었다. 그녀는 이 유물에 등장하는 파라오 나르메르 혁대에 황소의 꼬리가 붙어있다는 사실에 주목하며, 이것을 암소로 표현된 하토르 여신과 연관시켰다. 그녀는 거기서 나르메르가 동일화한 신에 대해 다음과 같이 분석하고 있다.

"그는 한쪽 어깨가 드러나는 짧은 제복 상의를 걸치고 있다. 그 옷 위에 혁대를 매고 있는데, 혁대에는 황소 꼬리가 매여져 있다. 그리고 허리를 둘러싸는 술 장식 끝에는 하토르의 머리 모양 장식이 매달려 있다. 이 의례용 의복은 아마도 아들 '어머니의 황소'로서 ⋯ 왕이 이 화장판을 봉헌하는 여신과 그 자신의 관계를 나타내 보여주고 있는 것 같다. 나르메르 팔레트는 내 생각에 결정적으로 그 시대에 호루스와 황소 신이 상하이집트의 수호신이었음을 알려주는 것으로 보인다. 그 황소 신은 아마도 민이 틀림없는데, 그 이외의 다른 어떤 신도 왕권과 이처럼 긴밀한 연관을 가질 수 없기 때문이다. 그는 풍요 여신의 정인(情人)이자 아들인 '어머니의 황소'로서 이집트의 풍요에 절대적인 영향을 끼쳤다."[586]

고대 이집트 1왕조 축제에 자주 등장하는 민

실제로 민은 고대 이집트 왕국 초기의 종교축제에 자주 주인공으로 등장하여 파라오가 그 역할을 맡았던 신으로, 바움가르텔이 지적하듯 나중에 '어머니의 황소'로 불렸다.[587] 토비 윌킨슨(Toby Wilkinson)은 희년 축제가 종종 민의 축제를 포함했다고 지적한다.[588] 이는 바움가르텔이 희년 축제에 등장하는 왕에게서 민의 모습을 확인한 것에 정당성을 부여한다. 실제로 고대 이집트에서 살아 있는 파라오가 자신과 동일시한 신은 호루스뿐만이 아니었다. 왕조 후기 시대의 '(싹이) 나오는 축제(Forthcoming Festival)'에 포함된 '민의 행진(Procession of Min)' 의식에서 왕을 수발하는 신관이 황소의 꼬리를 들고 있었고,

586 Baumgartel, E. J. 1960, pp.91-94, p.146.
587 Moens, Marie-Francine. 1985.
588 Wilkinson, Toby A. H. 2005, p.156.

왕은 민과 동일화되었다.[589]

바움가르텔의 지적으로부터 민과 관련된 전통이 고대 이집트 성립 초기부터 있었다는 사실을 알 수 있다. 나메르 팔레트, 나메르 메이스 헤드, 런던의 스콜피온 메이스 헤드(페트리 소장품)뿐 아니라 옥스퍼드의 스콜피온 메이스 헤드에 등장하는 왕도 민과 동일화된 모습이다. 마지막으로 언급된 유물에서 왕은 황소 꼬리를 매달고 곡물의 이삭을 받고 있는데, 이 이삭 다발은 나중에 (싹이) 나오는 축제에서 민의 행진 의식의 중요 상징물로 여겨졌다.[590]

바움가르텔은 민이 고대 이집트 초기 호루스와 거의 대등한 수준의 위치에서 상하 이집트의 수호신이었다고 지적했는데 지금까지 정리한 고대 이집트 왕권 신화에서 호루스에 버금가는 그 어떤 신도 존재하지 않음을 확인한 바 있다. 그렇다면 도대체 이 신의 정체는 무엇일까?

민과 오시리스의 유사성

민은 이집트의 공식적인 파라오 종교에서 매우 특별한 위치를 차지했다.[591] 희년 축제의 고대 이집트식 이름은 세드(Sed) 축제다. 알렉산더 모레(Alexander Moret)는 이 이름에 대한 기원을 추적하다가 왕의 황소 꼬리가 달린 허리춤 복식에서 비롯되었다고 잘못 생각한 적이 있

589   Frankfort, H. 1955, p.189.
590   Baumgartel, E. J. 1960, p.117.
591   Kemp, B. J. 1991, p.85.

다. 하지만 그는 곧 문제점을 발견했다. 왕은 나르메르 메이스 헤드에서처럼 희년 축제 중에 꼬리가 없는 천을 두르기도 한다![592] 그런데 자세히 살펴보면 왕이 희년 축제 초기엔 천을 두르고 있지만 원래 그 안에 꼬리 달린 그 의복을 입고 있으며, 결국 나중에 의식 순서에 따라 왕이 천을 벗으면 꼬리 달린 의복이 드러나게 되어 있다.[593]

그런데 민은 황소 신의 모습뿐만 아니라 죽음의 복식을 한 인간의 모습으로도 표현되었다.[594] 앞에서 이런 복식이 전형적인 오시리스 모습과 관련 있다고 언급한 바 있다. 많은 경우 민의 외형은 영락없는 오시리스다. 선왕조 시대에 제작된 민의 조상 중에는 나중에 왕조시대 때 전형적인 오시리스를 나타내는 미라 형태가 존재한다.[595] 민의 모습 중에 발기된 성기를 한 손으로 잡고 다른 손을 어깨 너머로 올린 채 도리깨(flail)를 쥐고 있는 모습이 있는데 이는 7장에 소개된 영락없는 오시리스 모습이다.[596]

이처럼 오시리스와 너무 흡사한 탓에 헨리 프랭크포르가 민을 오시리스와 분간하는 방법을 제안했다. 오시리스가 부활의 신인 반면, 동식물의 생장력과 번식력은 민의 속성이었다는 것이다.[597] 하지

592　Moret, A. 2001, p.132.

593　James, E. O. 1999, p.115.

594　Hornung, E. 1983, p.107.

595　Griffiths, John Gwyn. 1980, p.85.

596　Hart, George. 1986, p.33.

597　Frankfort, H. 1955, p.185. 이처럼 헨리 프랭크포르는 호루스와 민을 엄격히 구분하고 있다. 그런데 명백히 민은 종교의식에서 파라오가 자신을 동일화한 신 중 하나였다. 그래서 그는 다음과 같이 자신의 주장을 합리화시킨다. "왕은 호루스의 화신이었다. 하지만 우리는 파라오가 다른 신 웹와웻으로 현신하는 경우가 있음을 보았다. 따라서 어떤 경우에 왕이 민의 모습으로 나타날 수 있다는 사실을 부정할 이유가 없다." (Frankfort,

만 고대 이집트 왕권 신화에서 오시리스가 매개하는 주요 역할은 생식과 관련이 있었고 고대 이집트 왕조시대에 민의 죽음과 부활을 기리는 축제가 있었다는 기록이 있는 것을 보면,[598] 이런 분류는 무의미해 보인다.

민에 대한 학자들의 견해

민이 오시리스와 구분할 수 없을 정도로 흡사하기에 이 둘을 민-오시리스로 묶어 표현하기도 한다. 이를 통상 혼합주의(syncretism)라고 하는데 이것이 무엇을 의미하는지에 대한 여러 가설이 있다. 관련 학자들로부터 가장 많은 지지를 받는 가설은 오래된 민 신앙이 오시리스 신앙으로 흡수되었다는 것이다.[599] 하지만 이런 설명은 오시리스가 왕조시대 이전부터 이집트 땅에서 숭배되었을 걸로 보는 많은 관련 학자의 믿음에 정면으로 도전하는 것이다.

민을 오시리스의 원조로 보기 어려운 중요한 이유는 그 신의 속성이 온전히 오시리스적이지 않다는 데 있다. 민을 호루스의 한 형태로 보는 시각도 존재하는 것이다.[600] 이 때문에 민-호루스를 묶어 표현하기도 한다. 이 경우 또한 앞에서 한 것과 비슷하게 해석한다.

H. 1955, p.189 참조). 여기서 프랭크포르는 호루스, 웹와웻, 민이 서로 독립적인 존재라고 믿고 있다. 하지만 이들은 상호 긴밀히 연관되며, 한 신격의 서로 다른 상태를 나타내고 있다고 볼 수 있다. 웹와웻 문제는 다음 기회에 논의할 것이다.

598   Morenz, S. 1973, pp.24-25.

599   Meeks, D. and Favard-Meeks, C. 1997, p.166.

600   James, E. O. 1999, p.139.

원래 호루스와는 전혀 다른 신이었던 민이 나중에 호루스로 흡수되었다는 것이다. 이런 과정을 거쳐 민이 '호루스의 한 형태(a form of Horus)'가 되었다는 것이 현재 주류 학계의 대체적인 의견이다.[601]

이런 상황을 총체적으로 고려할 때 민을 오시리스나 호루스 중 어느 한쪽만 관련시키는 것은 본질적으로 불가능하다는 사실을 깨닫게 된다. 22장에서 필자는 고대 이집트 왕권 신화에서 오시리스와 호루스가 같아지는 순간이 존재함을 보였다. 그리고 이 순간은 이시스와의 히에로스 가모스를 위해 준비된 것이었다. 따라서 이런 점을 기반으로 다음과 같은 가설을 세울 수 있다. 하토르는 호루스와 관련된 어떤 특별한 상황(신성한 결혼)에서 불리는 이시스의 다른 이름이며, 민은 이때 등장하는 '성교 파트너'인 오시리스-호루스 혼합체다. 이 혼합적 존재의 모든 행동에 있어 호루스 의지가 작동하며, 오시리스는 그 의지에 따라 성스러운 결혼을 통한 연하의 호루스 수태를 하도록 하는 신체적 역할이 주어져 있다.[602] 에드윈 제임스는 민이 오시리스의 대체적 배우자(marital substitute)라고 말한다.[603] 하지만 앞에서 제시한 가설을 적용한다면 이제 민이 오시리스의 대체적 배우자가 아니라 신체는 이시스의 배우자인 오시리스이지만 그 안에 있는 호루스 의지가 실린 존재로 규정할 수 있다.

---

601 Clarysse, Willy et al. 1998, p.1113.

602 오시리스와 호루스의 혼재混在 상태를 제대로 파악 못 해서 엉뚱한 해석을 하는 경우가 있다. 예를 들면, 이집트 신화에서 암소 신이 아들이자 연인인 배우자 민을 얻는다며, 둘 다 모두 생과 사, 그리고 재생을 통해 이집트 땅에 풍요를 가져오는 존재들로 여겨졌으며, 이것이 '신성한 결혼'의 본질이라는 식의 해석이 있다. (David, A. R. 1998, p.23 참조.) 이런 해석에는 오시리스라는 존재가 아예 배제되어 있다.

603 James, E. O. 1999, p.139.

오시리스와 호루스가 동화된 신격 민

헨리 프랭크포르는 대관식, 희년 축제, 그리고 민 축제가 거행될 때 왕권이 시작되고, 다시 새롭게 되고, 또다시 확인된다고 말하면서, 이와 같은 이유로 세 행사가 같은 '새해 첫날'에 일치되어 거행되었다고 지적한다.[604] 필자는 새해 첫날 거행되는 종교의식의 중요성을 누차 강조한 바 있다. 그것은 바로 오시리스와 이시스의 히에로스 가모스에 의한 호루스 탄생과 오시리스를 매개로 라 신을 수장으로 하는 제신들과 호루스의 카 포옹을 통한 적통 확인이었다. 그런 의식 과정에서 호루스가 오시리스의 안에 존재하는 상황이 연출된다고 했다. 이런 맥락에서 필자는 오시리스 축제가 호루스가 오시리스의 안에 들어가 자가 수태를 시도하는 일련의 의식들을 보여주는 것이라고 정리했다. 만일 바움가르텔이 지적하듯 희년 축제에서 중요한 역할을 하는 신이 민이라면, 그가 마땅히 이런 상태의 호루스를 가리키는 신격이라고 봐야 하지 않을까?

믹스 등은 오시리스가 등장하기 전 그와 비슷한 성격을 보여준 신이 바로 민이라고 말한다.[605] 이는 오시리스라는 신의 존재가 표면적으로 드러나지 않던 시대부터 존재했던 희년 축제에서 파라오가 의심할 여지도 없이 오시리스의 행색을 하고 있었음을 상기시켜준다. 바로 파라오가 이 종교축제에서 맡았던 역할이 오시리스 외양에 호루스의 행실을 보여주는 민이었다!

604　Frankfort, H. 1955, p.194.

605　Meeks, D. andFavard-Meeks, C. 1977, p.166.

이와 관련해 가디너는 의미심장한 지적을 한 바 있다. '민의 추수 축제(Harvest Festival of Min)'에서 왕은 그의 아버지를 위해 에머 밀을 베는데, 가디너는 여기서 왕이 호루스 역할을 맡고 있고 오시리스가 그의 아버지라고 지적한다. 그리고 이 두 신이 모두 풍요신인 민에 동화되었다(assimilated)고 말한다.[606] 가디너는 고대 이집트 왕권 신화의 본질을 정확히 꿰뚫고 있지 못하기에 이렇게 에둘러 표현할 수밖에 없었을 것이다. 그렇지만 중요한 점은 그의 이런 주장이 적어도 민이라는 신에 호루스와 오시리스의 특성이 공존한다는 사실을 가리키고 있다는 점이다. 민은 처음부터 호루스와 오시리스가 공존하는 형태로서 설계된 신격이라는 게 필자의 판단이다.

---

606 Gardiner, Alan H. 1915a, p.125.; Blackman, Aylward M. 1933, pp. 27-29.; Bakry, H. S. K. 1955, p.339. King is said to be "Reaping emmer for his father." The king here, according to Gardiner, is Horus, and his father is Osiris, and both are assimilated to the god of fertility.
블랙맨은 민의 추수 축제가 원래 오시리스와는 무관한 축제였는데 나중에 오시리스화되었다고 주장한다. (Blackman, A. M. 1933, p.34참조.) 하지만 원래부터 민의 축제는 오시리스와 호루스가 합체인 상태를 연기하는 축제였다.

33장 히에로스 가모스와 민

발기신 민

나르메르 메이스 헤드에 묘사된 남녀 신의 만남을 바움가르텔은 희년 축제이자 동시에 신성한 결혼(sacred marriage), 즉 '히에로스 가모스'라고 부른다.[607] 바움가르텔은 희년 축제에 등장하는 존재가 민의 역할을 맡고 있다고 했다. 민은 '어머니의 황소'로써 그 배우자는 하토르 여신으로 알려져 있다.[608] 하토르는 고대 이집트인들에게 이시스와 같은 존재로 여겨졌다.[609]

민이 오시리스와 호루스의 혼합적 존재라면, 그리고 그 존재가 이

---

607 Baumgartel, E. J. 1960, p.115.

608 Watterson, B. 1996, p.113.

609 Graves-Brown, Carolyn. 2010, p.165.; Isis/ Hathor. The walters Art Museum. Available at https://art.thewalters.org/detail/18572/isis--hathor/; Isis, Hathor, and the Egyptian Mysteries. Available at https://myemail. constantcontact.com/Unveiling-the-Mysteries-of-Isis-and-Hathor.html?s oid=1101385726553&aid=JPOZU_nELkw

시스와의 결합과 관련 있다면, 민이 고대 이집트 왕조 후기에 많이 볼 수 있는 발기된 남근을 나타내 보이는 상태의 오시리스 모습으로 등장하지는 않았을까?

제12왕조 때 건축된 카르낙 신전 벽화에 묘사된
정형화된 민 신의 모습

「팔레모석」은 이탈리아 팔레모 박물관에 소장된 고대 이집트 유물이다. 여기엔 1왕조부터 5왕조까지의 왕명이 적혀있고 고왕국에 대한 많은 정보가 담겨 있다.[610] 이 중에서 1왕조 때의 민에 대한

---

610 Hsu, Shih-Wei. 2010.

묘사가 있는데 성기가 발기한 인간 모습이라고 되어 있다.[611] 또한 가장 흔히 발견되는 민의 모습은 미라처럼 천에 말려 있는데, 한 손은 약간 굽힌 채 위로 쳐들고 있고, 다른 손으로는 크게 발기된 남근을 붙잡고 있는 모습으로 정형화되어 있다.[612] 그런데 영락없이 이 모습은 아비도스의 오시리스 신전에 묘사된 오시리스의 부활 장면과 같다.[613]

이처럼 오시리스의 모습과 민의 모습이 너무나도 일치하기 때문에 종종 학자들 간에 의견 불일치가 생기곤 한다. 대표적인 예를 들어 보면, 플루타르코스가 파밀라 축제에서 본 발기 신을 오시리스라고 불렀는데, 이에 대해 윌리스 버지는 그가 민을 오시리스로 오인한 것 같다고 지적한다.[614] 민이 오시리스보다 선행했다고 믿는 윌리스 버지는 필레의 이시스 신전 부조에 묘사된 오시리스가 민의 특징적인 모습을 하고 있다고 주장하기도 한다.[615]

하지만 우리는 지금까지의 논의를 통해 이제 더 이상 오시리스가 민을 닮았느냐 아니냐 하는 논쟁이 무의미하다는 사실을 깨닫게 되었다. 이미 고대 이집트 왕국 초기부터 오시리스와 이시스에 얽힌 이야기는 널리 알려져 있었다는 정황을 놓고 보면 민이나 하토르가 오

---

611 Hart, G. 1995, p.122.
612 Watterson, B. 1996, p.193; Meeks, D. andFavard-Meeks, C. 1977, p.238.; Kemp, B. J. 1991, pp.85-86. 종종 민이 한 손으로 남근을 쥐고 있는 모습을 불확실하게 묘사한 경우가 있지만 배리 캠프Barry J. Kemp는 모든 민이 그런 모습을 하고 있다고 주장한다.
613 Hart, G. 1996, p.33.
614 Budge, E. A. Wallis. 1994, p.243.
615 Budge, E. A. Wallis. 1997, p.55.

시리스나 이시스로 흡수되거나 하는 일은 일어나지 않았다. 민의 외형은 처음부터 오시리스 바로 그것이었다. 그렇다면, 왜 민을 오시리스라고 부르지 구태여 민이라고 부르는가? 그것은 외형상 신체는 오시리스지만 호루스와 결합해 그의 의지를 담고 있는 특별한 상태의 신격이 민이기 때문이다.[616]

'어머니의 황소'의 정체

이집트인들은 말장난, 즉 종종 서로 음이 비슷한 글자들을 연관시키는 언어유희를 즐겼다. 하지만 그것은 종종 단지 언어적 유희 차원을 넘어서 종교적 차원에서 비의(秘意)를 전달하는 도구로도 사용되었다.[617] 고대 이집트 상형문자에서 황소와 남근은 서로 교환이 가능했다. 그래서 '황소'를 표기할 때 황소 모양과 남근 모양의 상형문자 둘 다 모두 한정사(限定辭)로 쓰였다. 그런데 남근을 한정사로 사용한 '황소'의 동사형은 바로 '임신시키다'였다.[618]

따라서 민이 '어머니의 황소'라고 불렸다는 점은 민의 정체성이 오시리스의 전체 몸뚱이보다 발기된 남근에 집중되어 있다고 봐야

---

616 호루스와 민을 동일시하는 풍조는 중왕국 시절부터 두드러지게 나타난다. 그레코-로만 시대에 이르러서는 민-호루스를 기리는 신전이 지어지기도 했다. 고대 그리스 역사학자 중에서 플루타르코스가 민이 호루스와 동일하다고 언급했다. (Hart, G. 1996, p.122 참조.)

617 Rundle Clarck, R. T. 1993, p.233.

618 Hare, T. 1999, p.109.

한다. 이렇게 오시리스 남근을 중심에 두고 바라보면 민이란 존재의 본질을 알 수 있다. 실제로 『피라미드 텍스트』에 죽은 오시리스를 앞에 두고 이시스가 곡을 하면서 다음과 같이 울부짖는다. "너의 집으로 들어와라. 너의 집으로 들어와라. 오, 기둥이여! 너의 집으로 들어와라. 오, 아름다운 황소여!" 맨프레드 러커는 여기에서의 기둥이 오시리스의 남근을 의미한다고 설명한다. 그에 따르면, 이런 해석은 '어머니의 기둥'이라는 신의 속성을 설명해주며 바로 그 신은 '어머니의 황소'라는 별명을 갖는 민이라는 것이다.[619] 민의 집인 민 신전은 마치 자궁 형태처럼 생겼다고 월리스 버지는 지적하고 있다.[620] 민의 본질이 발기된 오시리스의 남근에 응축되어 있음은 그 신의 주요 상징물에서도 확인할 수 있다.

민의 상징

민의 축제에서 민 조각상을 앞세운 행진이 끝난 후에 양배추 상자가 민 조각상과 함께 놓였다. 이런 의식에 대한 일반적인 해석은 양배추가 남성의 정력제이기 때문에 정력의 대표 신인 민과 함께

---

619 Lurker, M. 1980, pp.67-68, 올드윈 블랙먼은 '어머니의 기둥'이 연하의 호루스를 가리킨다고 말한다. '어머니의 기둥'이라 불렸던 신관이 호루스의 역할을 맡았기 때문이라는 것이다. 그는 '어머니의 기둥'이 항상 왕과 연관되어 있었으며, 이집트 파라오들의 수호신인 호루스를 나타내는 역할을 했던 것 같다고 말한다. 이런 권능으로 그가 대관식과 희년 축제를 주재했다는 것이다. Blackman, A. M. 1998, pp.121-122 참조. 어머니의 기둥은 엄밀히 말하면 오시리스의 생식기 안에 존재하는 아직 오시리스의 일부인 생식 세포 수준의 호루스를 지칭하는 것으로 볼 수 있다. 따라서 연하의 호루스라기보단 아직 연상의 호루스인 상태로 봐야 할 것이다.

620 Budge, E. A. Wallis. 1934, p.63.

놓았다는 것이지만,[621] 그것을 정액과 연관시키는 해석에 더 무게가 실린다. 이집트 땅의 식물 중 나일 계곡에서 양배추가 정액 비슷한 우윳빛 액체를 내놓는 유일한 식물인 점에서 이집트학 학자들은 남근 신에게 가장 적합한 상징이 양배추라고 생각한다.[622] 하지만 단지 그런 일반적인 해석보다는 민이라는 신의 본질이 오시리스의 생식기와 그 속에 담긴 생식 세포 단계의 호루스에 있다는 점을 나타낸다고 보는 것이 옳다.

신왕국 신전 벽화에 묘사된 발기신 민
그의 속성을 나타내는 양배추가 뒤쪽에
배치되어 있다

민을 상징하는 표장

621 Watterson, B. 1996, p.195.
622 Kemp, B. J. 1991, p.195; Roberts, A. 1995, p.82.

초기 왕국 시대에 자주 등장하는 민의 표장(標章)은 번개 모양을 나타낸다는 것이 주류 이집트학 학자들의 일반적인 해석이다.[623] 그런데 월리스 버지는 그의 책 『물신에서 신으로(From Fetish to God)』에서 민의 성격으로 미루어 이 표장은 성교와 관련이 있으며, 특히 남녀 생식기의 결합을 나타낸다고 주장했다.[624] 이는 명백히 오시리스와 이시스의 '히에로스 가모스'를 나타내는 표상이며, 여기에 민의 정체에 대한 실마리가 담겨 있다.

민과 신성한 결혼의 본질

이제 신성한 결합 상태를 상상으로 그려보자. 그것은 오시리스의 남근이 이시스의 성기 속으로 삽입되어 정액이 방출되는 바로 그 순간이다. 황소가 임신시키는 바로 그 상황이다. 민은 이 순간을 위하여 노력해온 오시리스-호루스 연합체의 신격을 가리키는 것으로 볼 수 있다. 그런데 왜 오시리스가 아니라 호루스적 측면의 민이 어머니를 '황소시키는 (임신시키는)'가? 그것은 호루스가 바로 자기 자신을 탄생시키기 위한 의지로 오시리스를 부활시키고, 남근을 발기시켜 사정까지 하도록 하기 때문이다. 명백히 어머니 이시스(하토르)를 임신시키는 것은 호루스의 임무다. 비록 민이 오시리스에서 미분리된 호루스 또는 오시리스와 호루스의 혼합적 신격이라고 해도 '신성한 결혼'은 호루스가 주도하는 것이다.

---

623   Hart, G. 1986, p.121.
624   Budge, E. A. Wallis. 1934, p.63.

앨리슨 로버츠(Alison Roberts)는 '어머니의 황소'가 그 자신의 재생을 매개하는 동시에 아버지이면서 아들이라는 패러독스적 존재로 어머니를 임신시키는 역할을 한다며, 그 어머니는 비록 수동적이긴 하지만 그의 생식력의 씨앗(정자)을 담는 재생 용기 역할을 한다고 말한다. 결국 생식력의 힘은 그녀가 자궁에 담은 황소 신의 정자에 있으며, 이 정자는 자연의 순환하는 주기를 지키고, 이집트 왕들의 대대손손의 번성을 기약해준다는 것이다.[625]

오시리스와 이시스의 히에로스 가모스는 로버츠가 생각하는 것만큼 패러독스적인 것은 아니다. 또한 '황소 신'이 오시리스의 생식기와 거기에 포함된 생식 세포 수준의 호루스를 동시에 가리킨다고 볼 때 '황소 신의 정자'라는 표현은 잘못되었다. 황소 신의 핵심 요체는 사실 정자(생식 세포)이기 때문이다. 로버츠가 이렇게 '어머니의 황소 신'을 아버지와 아들이 결합하여 역할 분담을 하는 존재로 파악하지 못하기 때문에 그 신격을 아버지와 아들이 같은 존재라는 오해를 한 것이다. 하지만 수동적 존재로서 어머니 여신이 정자를 담는 재생 용기 역할을 한다는 표현은 나름 적절해 보인다.

요컨대, 고대 이집트 왕권 신화의 클라이맥스는 정자 상태의 호루스가 오시리스 남근에서 이시스의 자궁으로 넘어가는 그 과정이며 이것이 '히에로스 가모스'의 핵심이다. 고대 이집트에서 정액과 남근은 신성한 왕권의 전달 과정의 중심에 있었으며, 이런 맥락에서 왕권의 적법성이 결정되었다.[626]

---

625   Roberts, A. 1995, p.82.
626   Hare, T. 1999, p.124.

헨리 프랭크포르는 고대 이집트 왕이 호루스의 화신(化身)이었지만, 민 또한 특정한 상황에서 왕이 동일화하지 말란 법이 없다고 하면서 민이 호루스의 한 가지 형태였다고 주장한다.[627] 헨리 프랭크포르가 그 본질을 알고 이런 말을 한 것은 아니겠지만, 그의 주장은 결과적으로 민이 오시리스와 미분리된 상태로 존재하는 호루스의 한 형태였음이 틀림없다는 필자의 가설을 지지하고 있다.

627   Frankfort, H. 1955, p.189.

34장 민의 파트너 여신 하토르

이시스 vs. 하토르

오시리스와 함께 고대 이집트 왕국 초기시대에 이시스의 이름이 나오지 않는 것은 미스터리다. 그녀의 이름도 5왕조 시대에 접어들기 전에 발견되지 않는다. 그런데, 그 이전에 호루스의 어머니라 불린 여신이 존재한다. 하토르(Hathor)다. 하토르는 '호루스의 집(Mansion of Horus)'을 뜻하며, 따라서 호루스를 낳은 어머니 여신이라고 본다.[628] 이 여신은 고대 이집트 왕들의 어머니로 불렸는데 이는 왕들이 호루스의 현신으로 여겨졌음을 반영하는 것이리라. 그렇다면 오시리스 신화에 등장하는 호루스의 어머니신 이시스와 하토르는 어떤 관계일까?

클라스 블리커(Claas J. Bleeker)는 하토르가 연상의 호루스 어머니이고 이시스는 연하의 호루스 어머니라고 설명한다. 두 호루스를

---

628 Najovits, Simson. 2003, p.103.

분리해서 정리한 것이다.[629] 하지만 필자는 이미 앞에서 이 두 호루스를 더 이상 다른 존재로 보아선 안 된다고 지적한 바 있다. 따라서 결국 두 여신을 동일 존재로 보아야 하지 않겠는가? 고대 이집트 왕국 말기로 가면서 이집트인들은 하토르를 이시스와 같은 존재로 여겼다.[630]

성교와 질의 여신 하토르

하토르의 전형적인 모습(왼쪽)과 암소 성기의 해부학적 모습(오른쪽)

---

629 Bleeker, Claas Jouco. 1973, pp.62-63.; Hollis, Susan Tower. 2009, pp.1-8.

630 Majewska, Aleksandra. A Statuette of Isis Nursing Horus the Child from the Turn of the Twenty-fifth and Twenty-sixth Dynasties in the Collection of the National Museum in Warsaw. In Witkowski, Maciej G. et al. eds. 2013, p.458.

하토르는 희년 축제에서 중요한 역할을 맡았다. 이 회춘제에서 호루스 왕은 어머니인 동시에 배우자인 하토르와 결합하는 의식을 치렀다.[631] 그런데, 몇몇 학자들은 하토르를 어머니 여신이라기보다 성적인 측면이 강한 '출산의 여신(goddess of childbirth related with sexuality)'으로 본다. 그녀의 대표적인 별명이 '질의 여왕(mistress of vagina)' 또는 '여자 성기의 여왕(mistress of vulva)'이었기 때문이다.[632] 그리고 그녀의 정형화된 오메가 형태의 암소 모습 머리 장식과 얼굴이 사실은 암소 성기의 해부학적 모습이란 주장도 제기되었다.[633] 그런데 하토르가 이렇게 표현된 것은 바로 그녀의 대표적 역할이 '히에로스 가모스'였기 때문이 아닐까?

어머니의 황소 신

헨리 프랭크포르는 오시리스가 희년 축제와 무관하다고 할 뿐 아니라 '히에로스 가모스'와도 무관하다고 주장한다. 고대 이집트 신화에서 히에로스 가모스와 관련된 신이 따로 있으며, 그 신은 항상 '어머니의 황소'라고 불리기 때문이란다.[634] 그런데, 조지프 캠벨은

631 Graves-Brown, Carolyn. 2010, p.166.; Vischak, Deborah. Hathor. In Redford, D. B. 2002, p.160.

632 Graves-Brown, Carolyn. 2010, p.167. 피라미드 텍스트에서 하토르가 호루스의 어머니로 불리는 부분은 Frankfort, H. 1955, p.41 참조. 성교와 출산의 여왕으로서의 하토르에 관한 부분은 Wilkinson,R. H. 2003, p.141참조.

633 Steinert, Ulrike. Cows, Women and Wombs: Interrelations between Texts and Images from the Ancient Near East, In Kertai, D. and Nieuwenhuyse, O. eds. 2017, pp.227-233.

634 Frankfort, H. 1951b, p.9.

호루스가 바로 '어머니의 황소'라고 설명하면서 오시리스 연관성을 다음과 같이 거론한다.

> "호루스는 어머니의 황소, 즉 그 자신의 아버지였다. '호루스의 집'이라는 뜻인 우주적 모신 하토르는 이 자가 수태 신의 배우자이자 동시에 어머니다. 아버지, 즉 강한 황소의 측면에서 이 신은 오시리스이며, 파라오의 죽은 아버지와 동일시된다. 하지만 호루스 매인 아들의 측면에서 그는 이제 왕위에 오르는 살아있는 파라오다. 하지만 실제로 살아있는 파라오와 죽은 선왕, 호루스와 오시리스는 같은 존재다."[635]

이 주장은 오시리스와 함께 호루스가 히에로스 가모스에 참여한다는 지금까지의 논지를 지지해준다. 그런데 여기서 또 호루스와 오시리스가 같은 존재라는 주장이 등장한다. 앞에서 이를 문자 그대로 같다고 봐서는 안 된다고 했다. 이 부분은 '신의 혼합(syncretism of gods)'과 관련한 설명이 필요하다. 히에로스 가모스에서 단순히 호루스가 오시리스와 동일화되는 것은 아니다. 필자가 세운 가설에 의하면 초시간적 여행을 통해 오시리스 안으로 들어가 그가 태어나기 전 오시리스 신체의 일부가 되는 것이다. 이를 통해 그는 이시스와 오시리스의 '성스러운 결혼'을 주도한다. 이와 같은 호루스 역할과 관련된 고대 이집트 왕권 신화의 핵심적 상황을 모르기 때문에 조지프 캠벨이 호루스가 아들이면서 동시에 자신의 아버지라는 그 자신도 이해하지 못할 말을 하는 것이다.

---

635 Campbell, J. 1991, p.53.

이처럼 오시리스와 호루스의 결합을 두고 이것을 간단하게 호루스가 오시리스와 같아진 것이라고 규정하는 것은 큰 오류다. 그런 결합적 존재는 엄밀한 의미에서 오시리스라고 부르기도 호루스라고 부르기도 곤란한 제3의 상태인 것이다. 그래서 그 존재는 고대 이집트인들에 의해 민이라고 불렸다는 게 필자의 결론이다.

하토르는 이시스?!

조지프 캠벨의 설명대로라면, 하토르라는 여신은 오시리스와도 호루스와도 긴밀히 연관된 매우 중요한 여신으로 고대 이집트 왕권 신화에서 핵심적 존재라고 볼 수 있는데 왜 이 이름이 9주신 명단에 포함되지 않는 걸까? 이 문제는 하토르가 어떤 주요 여신의 상태를 나타내는 이름이라고 가정함으로써 해결할 수 있다.

람세스 2세의 왕비 묘지 벽화에 그려진 이시스-하토르 모습

좀 헷갈리게 기술되어 있긴 하지만 조지프 캠벨의 설명을 잘 분석해보면, 이 여신은 오시리스의 아내이며, 호루스의 어머니가 된다. 하지만 공식적으로 만신전(pantheon)에 등록된 그런 역할을 하는 여신은 이시스이다! 고대 이집트 후기 시대의 종교적 전통에서도 그랬지만[636] 오늘날 이집트학 학자들 사이에서도 하토르는 이시스의 다른 이름인 것으로 널리 받아들여지고 있다.[637]

---

636 Dunand, F. 1997. Le culte d'Isis et les Ptolémées, Brill Academic
     Publications. p.14.
637 Holland, Glenn S. 2009, p.26.

35장 희년 축제, 오시리스 축제, 그리고 세드 신

희년 축제에서 민의 역할

지금까지의 논의로부터 우리는 희년 축제의 본질을 상당 부분 규명할 수 있게 되었다. 왕이 죽었을 때 그 왕의 시신을 오시리스로 꾸며 만들어 장례식과 대관식을 연계하여 거행함으로써 자연스럽게 오시리스로부터 호루스로 왕권이 넘어가는 구도를 취했다. 하지만, 왕이 너무 오래 사는 경우 이를 대신해 치러진 '의사 대관식'이 바로 희년 축제였다. 그렇기에 희년 축제는 대관식과 상당 부분 일치했지만 단지 죽은 선왕의 시신을 오시리스화해서 사용할 수 없는 문제가 있었다. 희년 축제에서 살아 있는 파라오가 축제의 어느 순간에 오시리스의 행색을 하여 이 문제를 해결했으며, 이런 상태의 파라오는 오시리스 안의 호루스 역할을 해냈다.

지난 장에서 이런 신격이 바로 오시리스라는 이름이 등장하기 몇 세기 전부터 이집트 축제에 파라오가 자신을 동일화하는 방식으로 등장했던 민이라는 결론에 도달했다. 결국 희년 축제의 최종 목표는 대관식의 최종 목표와 같았다. '히에로스 가모스'를 통해 호루스의 재생을 달성하는 것이었다. 이쯤 되면 이제 우리는 고대 이집트 왕권 신화를 완전히 이해할 수 있게 되었다고 단언할 수 있을 듯하다. 그런데 정말 그런가?

희년 축제는 세드 축제

지금까지 희년 축제를 거론하면서 그 원래 축제 이름의 중요성을 독자들에게 제대로 강조하지 않았다. '희년 축제'는 서구적 표현인 (Royal Jubilee)를 한역한 것으로 어떤 주기를 기념하여 왕실에서 치루는 축제를 의미한다. 하지만, 원래 고유의 이집트식 이름은 앞에서도 밝혔듯 '세드 축제(Heb Sed)'다.[638]

그런데 여기서 '세드'는 도대체 무얼까? 오래전 이집트학 학자들 사이에 이 이름의 기원에 대한 논란이 있었다. 한때 이것이 의복과 관련된 이름이라고 믿어졌다. 그 이유는 고대 이집트 문헌에서 세드가 종종 세쉐드(seshed)라는 '아마 띠(linen band)'와 치환되기도 하기 때문이었다. 이런 아마 띠는 희년 축제의 중요한 행사에서 왕이 입는 의복 역할을 했다.[639] 그런데 오늘날에는 이 명칭이 자칼 모습을 한 어떤

638   Shaw, Ian. 2003, p53;Shaw, Ian and Nicholson, Paul ed. 1995, p.305.
639   Bleeker, C. J. 1967, p.120.; Smith, W. S. 1935.

신 이름이라고 관련 학자들 대부분이 생각하고 있다.[640]

세드 신과 희년 축제

지금까지 거론하지 않아서 그렇지 사실 희년 축제에서 자칼 신은 매우 큰 비중을 차지하는 신이다. 예를 들어 사카라에 있는 고왕국 3왕조 조세르 왕 희년 축제용 건축물 군의 계단 피라미드와 남쪽 무덤 지하에 각각 3개씩 만들어진 스텔라에는 자칼 신이 왕 앞에 높이 세워진 표장을 장식하고 있다.[641] 이 자칼 신은 '길을 여는 자'라는 뜻의 '웹와웻(Wepwawet)'이라는 이름으로 알려져 있다. 실제로 웹와웻은 희년 축제에서 매우 두드러진 역할을 하며, 특히 '비밀 의식들' 직전에 그 존재감이 크게 드러난다.[642] 그뿐만 아니라 그의 위상은 매우 높아 통상 호루스와 대등한 위치에 있는 것처럼 묘사되기도 한다. 예를 들어 세티 1세 신전 벽화에 호루스로 분장한 세티 1세가 웹와웻과 함께 있는 모습이 등장한다.

그렇다면 웹와웻과 세드는 서로 어떤 관계일까? 이집트학 학자들

---

640 Murray, M. A. 1904, p.34.; Shaw, Ian. 2003, p.53; Shaw, Ian and Nicholson, Paul ed. 1995, p.305.; Sed Festival, Global Egyptian Museum. Available at http://www.globalegyptianmuseum.org/glossary.aspx?id=334 실제로 자칼신이 나르메르 팔레트에 등장하는 한 표장에서 세세드 앞에 서 있는 장면이 묘사되어있다. 이 자칼신은 웹와웻이라고 알려져 있는데 세드 신의 다른 이름이라고 볼 수 있다.

641 Bauval, R. 2006, p.196.

642 Naydler, J. 2005, p.271; 헨리 프랭크포르는 희년 축제에서 웹와웻이 왕과 긴밀한 관계가 있음을 누차 지적한다. Frankfort, H. 1955, p.87, p.92 참조.

은 대체로 웹와웻과 세드를 동일시한다.[643] 그중에서도 웹와웻이 세드의 별명이라는 견해가 우세하다. 즉, 원래 이름이 세드인데 이 축제에서 특별히 그의 능력을 강조하기 위해 웹와웻이란 별명을 사용했다는 것이다. 그 특별한 능력이란 바로 빨리 달리는 것이다. 이집트 왕은 희년 축제 때 웹와웻과 동일화되어 그의 통치력을 증명해 보이는 뜀박질을 해야 했다는 것이다.[644]

아비도스 세티 1세 신전에 그려진 벽화에 세티 1세가 웹와웻과 함께 있다

---

643 Giliam, R. 2005, p.28.; Sed Festival, Wikipedia. Available at http://en.wikipedia.org/wiki/Sed_festival.

644 Wilkinson, Toby A. H. 1999, p.294.; Pinch, G. 2002, p.213. 앞으로 그 이유를 설명하겠지만, 여기서 왕이 보여줘야 하는 능력은 충분히 빨리 목표를 향해 돌진해 자신의 잉태를 성공시키는 것이다.

32장부터 33장까지 희년 축제의 성격을 논하면서 마치 민이 이 축제를 규정하는 가장 중요한 역할을 맡은 신인 양 묘사했다. 그런데 민이 아니라 다른 신이 희년 축제의 진짜 이름이라니? 생뚱맞게 왜 이 축제를 대표하는 또 다른 신의 이름이 튀어나오는 것일까?

아비도스 오시리스 축제와 웹와윗

우리는 앞에서 본질적으로 오시리스 축제와 희년 축제가 같다는 사실을 확인했다. 그렇다면 세드, 즉 웹와윗은 오시리스 축제에서도 그 모습을 찾아볼 수 있을 것이며, 그 역할 또한 매우 중요할 것으로 미루어 짐작할 수 있다. 10장에서 오시리스 축제를 소개했는데 사실 그 내용은 주로 멤피스에서 거행되었던 내용 위주였다. 또, 17장에서 아비도스에서 열린 오시리스 축제를 중심으로 소개했지만 셈 신관의 행색을 일부러 정확히 묘사하지 않았다. 지금부터는 아비도스의 오시리스 축제에 대해 자세히 살펴보도록 하겠다.

아비도스의 오시리스 축제에 대한 기록은 중왕국 시대 세누스렛 3세(Senwosret III) 때 만들어진 「이케노프렛 석비(Stela of Ikhernofret)」에서 찾아볼 수 있는데, 여기에는 왕이 고위 관료인 이케노프렛에게 오시리스 축제를 준비시키는 것으로 되어 있다.[645] 크리스티앙 자크는 이케노프렛이 셈-신관으로서 오시리스 축제에서 호루스의 역할을 맡았다고 한다.[646] 실제로 「이케노프렛 석비」 기록은 분명히 이케노프렛

---

645 Gunnels, Naomi L. 2003, pp.3-16.;Nederhof, Mark-Jan. 2009.
646 자크, C. 1999, p.115.

이 셈-신관을 맡았다고 되어 있다. 그리고 그가 오시리스의 사랑하는 아들 역을 수행한다고도 되어 있다.[647] 여기까지는 앞에서 셈-신관이 호루스의 역할을 맡았다는 사실을 재확인해주는 듯하다. 그런데 이상하게도 이 기념 석비에 호루스라는 이름이 빠져 있으며, 오시리스 종교극의 주인공 배우로서 오시리스의 아들이라는 지위가 웹와 웻(Wepwawet)을 맡은 셈-신관에게 부여된다.[648]

아비도스 오시리스 축제엔 호루스가 등장하지 않는다!

헨리 프랭크포르는 「이케노프렛 석비」에 호루스가 한 번도 언급되어 있지 않다는 사실에 놀라움을 표시하며 호루스가 이 축제에서 빠진다는 것은 말이 되지 않으니 호루스는 축제 의식의 참가자 중 어느 하나로 가장하고 있을지 모른다고 추정한다. 하지만 오시리스 신화의 측면에서 볼 때 그럴 여지는 없으며, 따라서 아비도스의 이 축제는 오시리스 신화를 충실히 재현하는 축제라기보다 왕권을 둘러싼 종교의식이라는 점을 고려해야 한다고 말한다. 그는 계속해서 웹와웻이 오시리스의 원수를 갚는 역할을 맡고 있으며, 아마도 호루스의 현신인 파라오가 그 역할을 맡고 있는 것 같다고 지적한다.[649]

---

647 Smith, M. 2008, p.53.
648 Assman, J. 2005, p.227.; Haney, Lisa Saladino. 2020, p.348.; The Stela of Ikhernofret. Available at http://nefertiti.iwebland.com/texts/ikhernofret.htm
649 Frankfort, H. 1955, pp.204-205.

그렇다면 그는 호루스와 웹와웻을 같은 존재로 본 것일까? 아니다. 그는 웹와웻이 호루스와는 엄연히 다른 존재라고 본다. 그는 왕이 기본적으로 호루스의 화신이지만 이따금 민이나 웹와웻의 모습으로 나타날 수도 있다고 본다. 결론적으로 이 세 신들은 전혀 다른 존재들이란 것이다.[650]

하지만 이런 견해를 부정하는 의견이 있다. 프랑스 이집트학 학자 마리-크리스틴 라비에는 이에 관해 다음과 같이 말한다.

> "그(웹와웻)는 오시리스의 행렬을 위한 길을 여는 주요 신이지만 본질적으로 오시리스의 아들, 상속자, 호루스, 하렌도테스, 다투는 호루스, 사메르-에프, 셈 신관이다. 신이 나타난 길을 여는 역할 이외에도 직접 왕이나 그의 대리인이 웹와웻의 모든 역할 수행을 했을 가능성이 높다. (It is the leading god who opens the way for the processions of Osiris, but he is essentially therefore the son, the heir, Horus, Harendotes, the quarrelsome Horus, the sa-mer-ef and the Sem-priest. It is likely that the kings in person or their representative played all roles of Wepwawet, apart from the one of opener of the paths for which the god appeared)"[651]

이처럼 민뿐만 아니라 웹와웻도 호루스의 한 형태라고 판단할 충분한 근거가 있다. 따라서 만일 웹와웻이 세드 신의 별명이라면, 앞에서도 예상했듯 희년 축제의 주연이 오시리스가 아니라 호루스인 것은 당연하다.

---

650 Ibid., p.189.

651 Lavier, Marie-Christine. 1998. Les fêtes d'Osiris à Abydos au Moyen Empire et au Nouvel Empire. Egypte, No.10, pp.27-33.

36장 세드, 웹와웻, 그리고 아누비스

웹와웻: 길을 여는 자

아비도스에서의 오시리스 축제는 모두 8일이 소요되었는데, 첫날 오시리스의 아들 웹와웻의 역할을 맡은 자칼 마스크를 쓴 신관이 세트 무리를 뚫고 오시리스의 시신이 무덤으로 갈 수 있도록 지휘하는 것으로 시작한다. 웹와웻 뒤로 오시리스 신화의 주요 배역을 맡은 남 신관과 여 신관들이 오시리스의 관을 메고 따라온다. 오시리스 시신이 향하는 곳은 우포커(Upoker)라 불렸는데 제1왕조 제르(Djer) 왕 무덤이 바로 그곳이었다.[652]

웹와웻은 상형 문자로 '길을 여는 자(Opener of the Way)'란 뜻으로 앞에서 지적했듯 원래의 신 이름이라기보다 그 신의 기능을 가리킨다고 볼 수 있다. 자칼 형상의 이 신은 전쟁의 신으로 적의 무리를 헤

---

652 Gillam, R. 2005, p.56.

쳐서 뚫고 나가 교두보를 확보하는 역할을 했기에 '길을 여는 자'라는 칭호가 붙은 것이 명백해 보인다.[653]

이집트학 학자들은 앞에서 언급한, 웹와웻의 지휘 아래 오시리스의 적들을 뚫고 앞으로 나아가는 축제를 '첫 번째 행진(First Procession)'이라 부른다. 그다음으로 오시리스의 영역인 우포커로 오시리스 신상을 운반하는 '위대한 행진(Great Procession)'이 펼쳐진다. 그다음 오시리스 신상에 대한 '우포커에서의 애도(Vigil of Uptoker)'가 진행되고 오시리스 부활 의식이 치러진다. 오시리스 신상이 그의 신전으로 '되돌아가는 항해(Return Voyage)'를 마지막으로 아비도스 오시리스 축제가 대단원의 막을 내린다.[654]

바버라 워터슨은 아비도스 오시리스 축제에서 애도가 끝난 후 제신들의 성스러운 법정에서 열렸던 세트 재판과 오시리스의 무리와 세트 무리 사이의 전투가 재현된다고 주장한다. 그녀에 의하면 결국 오시리스가 신성한 배에 승리자로 나타나고, 마지막으로 오시리스 축제의 가장 성스러운 행위인 제드 기둥 세우기 의식이 거행되어 오시리스의 부활을 알린다는 것이다.[655] 하지만 극도로 간략하게 기록된 「이케노프렛 석비」에 이런 내용은 등장하지 않는다.

---

653 Hart, G. 2005, p.162.

654 Gillam, R. 2005, pp.56-57.

655 Watterson, B. 1996, p.70.; Gillam, R. 2005, p.56.; Assman, J. 2005, pp.227-229.; Mercer, S. A. B.1949, p.374.

자칼 신 아누비스

앞에서 언급한 바와 같이 「이케노프렛 석비」는 너무 간략하게 기술되어 있어 오시리스 부활을 누가 주도하는지에 대한 정보가 없다. 고대 그리스 학자들은 오시리스 신화에서 이시스의 역할을 강조했는데 아비도스의 오시리스 축제에는 그녀의 역할이 아예 없다. 이 모든 역할은 웹와웻이 하고 있다.[656] 하지만 11왕조 때 제작된 「라자하우 석비(Stela of Radjahau)」엔 조금 다른 내용이 기록되어 있다. 여기서 수석 신관인 셈 신관은 자신을 위대한 도살자(great slayer)라고 하면서 서쪽 빛의 땅(western lightland)에서 맨 앞에 서 있다고 말한다. 그다음 자신이 풀 먹인 붕대를 지키는 아누비스라고 한다.[657]

우리는 13장에서 고대 그리스 학자들 기록 중 호루스가 아닌 오시리스의 다른 아들인 자칼 형상의 신을 접했다. 그 신은 바로 아누비스였다. 이 신은 고대 이집트에서 가장 대중적으로 알려진 자칼 신이다.[658] 고대 이집트 장례 문서들에 아누비스는 죽은 이들의 몸에 붕대를 감아 미라로 만드는 과정을 주재하며 부활을 돕는 신으로

---

656 Lavier, M-Christine. Les fêtes d'Osiris à Abydos au Moyen Empire et au Nouvel Empire. Extracted from the magazine "Egypte", No.10, August 1998, with the agreeable authorisation of editor-in-chief Thierry-Louis Bergerot. Available at https://www.osirisnet.net/dieux/osiris/e_osiris_02.htm

657 Gillam, R. 2005, p.57.

658 Willockx, Sjef. 2007, p.40. 아누비스와 웹와웻, 그리고켄티아멘티의 외양은 동일하다. 이 신들의 외양에 대해서 학자들 간 논란이 있다. 갯과 동물이라는 데엔 모두 동의하나 그것이 늑대, 자칼, 야생 개, 심지어 여우라는 주장이 있다. 하지만, 자칼이라는 의견이 지배적이다.

알려졌다.[659] 그런데 이처럼 아누비스가 오시리스 축제에 등장한다면 그는 오시리스의 미라화와 부활의 주재자라고 볼 수 있다. 그렇다면 오시리스 축제엔 적을 무찌르러 진격하는 웹와웻과 오시리스 장례와 부활을 주재하는 아누비스라는 서로 다른 두 자칼 신이 등장했던 것일까? 「라자하우 석비」엔 아누비스가 선봉에 선 전사라는 모습을 강조하여 사실상 그가 웹와웻임을 암시하고 있다.

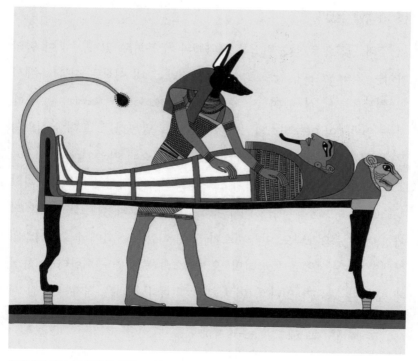

죽은 오시리스를 미라로 만들고 있는 아누비스

659 Hawass, Zahi. Roman Mummies Discovered at Bahria Oasis. In Stager, Lawrence E. & Greene, Joseph A. and Coogan, Michael D. eds. 2018, p.163.

아누비스 vs. 웹와웻

13장에서 디오도로스와 플루타르코스가 오시리스의 아들로 자칼 모습의 신인 아누비스를 두었다는 이야기를 소개한 바 있다. 디오도로스는 그의 출신에 대해 아무 언급도 하지 않았으나 플루타르코스는 그가 왕위 계승권을 가진 적자가 아닌 서자였다고 기록했다. 그런데 디오도로스는 아누비스를 오시리스의 해외 원정에 출정한 전사, 그리고 플루타르코스는 이시스의 호위 무사로 그의 지위를 자리매김했다.[660]

토비 윌킨슨은 아누비스를 웹와웻과 구분하고 있지만,[661] 이 둘의 차이는 거의 없으며, 앞으로 살펴보겠지만 고대 이집트 신화 속에서 그 역할은 사실상 같아 지그프리트 모렌츠(Siegfried Morenz) 같은 학자는 웹와웻이 아누비스와 동일시되었다고 말한다.[662] 고대 이집트의 문서에는 종종 아누비스는 오시리스와 이시스의 아들이라고 언급하고 있으며,[663] 특히 프톨레마이오스 왕조시대에 작성된 「주밀학 파피루스(Jumilhac Papyrus)」에는 아누비스가 오시리스의 장자(長子)라고 되어 있다.[664] 무엇보다도 아누비스가 고대 이집트 신화에서 오시리스의 장례를 맡은 신으로 등장하며, 오시리스의 부활을 주재한다는 사실에 주목할 필요가 있다.[665] 이런 부활 의식의 특권은 적자인 왕위 계

660 Diodorus, 1989. p.57.; Plutarch, 2003. p.39.
661 Wilkinson, Toby A. H. 1999, p.297.
662 Morenz, S. 1973, p.271.
663 Wilfong, T. G. 2015, p.50.
664 Griffiths, J. G. 1980, p.62.
665 Faulkner, R. O. 2004, p.50; 아누비스는 부활 의식의 주재자Master of the

승자에게 주어진 권리로, 아누비스가 서자였다면 이런 역할을 할 수 없었을 것이다.

아누비스의 이와 같은 역할과 지위는 정확히 웹와웻과 일치한다. 헨리 프랭크포르는 웹와웻이 왕의 맏아들과 특별한 관계에 있다고 말하는데, 실제로 『피라미드 텍스트』에는 웹와웻이 살아 있는 왕으로 묘사된다.[666] 이와 관련해 조지 하트는 웹와웻이 적법한 왕위 계승자로서 장자인 왕의 지위를 가리킨다고 지적한다.[667] 또 『피라미드 텍스트』에서 웹와웻이 오시리스의 부활을 위한 의식인 '입을 여는 의식'을 주재하는 것으로도 되어 있다.[668]

이미 여러 차례 이 책에서 강조한 것처럼 오시리스 신비 의식에도 가장 핵심적인 부분 중 하나가 오시리스의 부활이며, 이 부활을 누가 주도하느냐가 관심의 초점이었다. 그리고 고대 이집트 최고 권위의 헬리오폴리스 신학을 반영하는 『피라미드 텍스트』와 멤피스 신학을 반영하는 『사바카석』에 오시리스의 부활을 적법한 왕위 계승자인 맏아들 호루스가 주도함을 확인했다.

웹와웻이 아누비스의 '신성한 쌍둥이(divine twin)'라는 주장도 있지만[669] 오늘날 대체로 웹와웻이 아누비스의 한 측면으로 보는 관점이

Ceremonies가 되어 오시리스에게 부활하도록 주문을 건다. Rundle Clark, R. T. 1993, pp.135-136 참조.

666　Frankfort, H. 1955, p.71.; Friedman, Florence D. 1995, p.20.; Wilkinson, Toby A. H. 1999, p.298.

667　Hart, G. 2005, p.162.

668　Shaw, Ian and Nicholson, Paul ed. 1995, p.305.

669　Duquesne, Terence. Wepwawet, Wiley Online Library. Available at https://doi.org/10.1002/9781444338386.wbeah15416

우세하다. 예를 들어 고대 이집트 갯과 동물 신 전문가인 테렌스 두쿼스네(Terence DuQuesne)는 웹와웻이 원래는 아누비스의 한 측면이었을 수 있는데 나중에 여기서 분리되어 다소 독립적인 존재로 나타나 보였다고 말한다.[670] 결국 아누비스와 웹와웻이 오시리스 부활을 주도하는 것으로 묘사되었다는 사실은 아누비스, 웹와웻, 호루스가 같은 존재임을 가리킨다고 볼 수 있다.[671] 실제로 『사바카석』에서 일관되게 웹와웻을 호루스와 동일시하고 있으며,[672] 이 모든 정황을 종합하여 지그프리트 모렌츠는 웹와웻이 호루스와 동일시되었고, 특히 아누비스와 동일시되었다고 말한다.[673]

승리하는 호루스, 웹와웻

크리스티앙 자크는 그의 저서 『나일강 위로 흐르는 빛의 도시』에서 웹와웻의 존재를 철저히 무시하여 그 이름조차 거명하지 않으며,

---

670 DuQuesne, Terence. 2005, p.397.

671 오시리스의 이름이 기록으로 나타나기 전에 오시리스와 매우 긴밀한 연관을 보여주는 자칼신 켄티-아멘티Khenti-Amentiu가 등장했는데 이 존재가 아누비스의 별칭이거나 그에 대한 표현일 가능성이 있다. Khenti-Amenti, Wikidepia. Available at https://en.wikipedia.org/wiki/Khenti-Amentiu, 헤럴드 하이즈Harold M. Hays는 5왕조 때 켄티-아멘티란 호칭이 아누비스에게 부여되었다고 지적한다. Hays, Harold M., The Death of the Democratisation of the Afterlife. In Strudwick, Nigel & Strudwick, Helen. 2011. pp. 121–123.

672 Hart, G. 1996, pp.222–223.; Frankfort, H. 1955, p.92.

673 Morenz, S. 1973, p.271. 제럴드 핀치는 아비도스에서 죽은 오시리스를 하늘의 길로 인도하기 위한 '길을 여는 의식'이 웹와웻 주재로 거행되는데, 거기서 웹와웻은 오시리스의 충직한 아들 호루스나 아누비스와 동일화되어 오시리스가 죽은 상태에서 부활하도록 돕는 역할을 한다고 주장한다.(Pinch, G. 2002, p.213 참조)

단지 오시리스 행렬 선두에 자칼 가면을 쓴 신관이 있었다는 식으로 처리하고 있다.[674] 하지만 웹와웻의 존재감은 「이케노프렛 석비」에서 확실히 강조하고 있는데 웹와웻이 신들의 리더로서 싸움터에서 그의 아버지(오시리스)를 위해 나아간다고 되어 있다.[675]

웹와웻의 위상은 오시리스의 부활 장면에서 셈 신관이 그의 역할을 맡고 있다는 점에서도 확실하며 틀림없는 호루스임을 가리키고 있다.[676] 이 기록으로부터 얀 아스만은 아비도스의 오시리스 축제에서 웹와웻은 '승리하는 호루스'의 표상이라고 단언한다.[677] 이처럼 웹와웻은 명백히 오시리스의 아들 호루스의 다른 이름이라고 볼 수밖에 없다. 다시 한번 강조하지만 결국 오시리스 축제 그리고 희년 축제는 오시리스가 아니라 세드(웹와웻), 즉 호루스의 축제였다고 결론지을 수 있다.

---

674 크리스티앙 자크. 1999, pp.112-117.

675 Lavier, Marie-Christine. The Osiris Festivals at Abydos in the Middle and New Kingdoms. http://www.osirisnet.net/dieux/osiris/e_osiris_lavier.htm ; An Introduction to the History and Culture of Pharaonic Egypt: Religious Performances. http://www.reshafim.org.il/ad/egypt/ceremonies/theatre. htm; 독일의 이집트학 학자 호르눙은 이집트 신들은 그의 다른 속성이나 기능을 반영하는 여러 다른 형태를 가질 수 있다고 말한다. (David, A. R. 2002, pp.52-53참조)

676 Geisen, Christina. 2018, p.273.

677 Assmann, J. 2005, pp.227-228.

37장 토트 신의 정체

희년 축제와 오시리스 축제의 주인공

카차 고엡스(Katja Goebs)와 존 베인즈(John Baines)는 일반적으로 고대 이집트 종교축제와 주술 의식에서 수혜자는 죽은 자로서 오시리스 역할을 했으며, 연기자들이 아들이자 복수를 하는 자인 호루스, 방부처리 등 장례 의식을 주관하는 아누비스, 그리고 신성한 지식, 법, 그리고 판정을 책임지는 토트(Thoth) 등 '오시리스계의 조력 신 (Osirian helper-deities)' 역할을 했다고 말한다.[678]

이들 주장은 왕실 의례에도 그대로 적용될 수 있다. 죽은 왕은

---

[678] "Typically, every recipient of the cult has the role of Osiris and performers have those of Osirian helper-deities, including Horus as son and avenger, Anubis as embalmer, and Thoth as keeper and enforcer of divine knowledge and law, as well as judge." Goebs, Katja & Bains, John. 2018. p.658.

오시리스로써 왕실 종교행사의 주인공이었고, 새로이 왕이 될 후계자가 셈 신관으로써 호루스로, 다른 고위 신관이 아누비스로, 그리고 또 다른 고위 신관이 토트로서 각각 조력자 자격으로 의식에 참여했다고 볼 수 있다.

하지만, 지금까지의 논의에 따르면 최소한 호루스와 아누비스는 모두 셈 신관이 맡았다고 봐야 한다. 그리고 더 중요한 사실은 이들이 조력 신들이 아니라 사실은 주인공 신들이었다는 점이다. 희년 축제와 오시리스 축제에서 주인공은 오시리스가 아니었으며, 호루스, 아누비스, 그리고 아마도 토트는 조력 신들이 아니라 스스로 탄생을 주도하는, 사실상 동일 존재인 진정한 주인공이었다!

아주, 아주, 아주 위대한 신 토트

여기서 논의 중 자연스럽게 끼어든 토트라는 신에 대해서 생각해 보자. 고대 그리스인들은 토트를 그들의 신 헤르메스와 연관시켰다. 그들은 토트의 칭호 중 하나인 '세 배 위대한(Trice great)'을 그리스어인 τρισμέγιστος(trismégistos)로 번역해 기존 그리스 신 헤르메스와 이집트 신 토트를 융합한 '헤르메스 트리스메기스토스(Hermes Trismegistus)'라는 새로운 신을 창조했다.[679]

이처럼 고대 그리스인들에게 매우 중요한 신으로 여겨진 토트가 고대 이집트 왕권 신화 속에선 어떤 존재였을까? 그의 호칭에서 알

---

679 Thoth, Wikipedia.https://en.wikipedia.org/wiki/Thoth#cite_note-bull-19

수 있듯 그는 고대 이집트 신화에서 아주 아주 아주 '위대한' 신이었다. 실제로 토트는 이집트 신화에서 우주를 유지하는 중요하고 두드러진 역할을 많이 맡고 있는 것으로 묘사되었다.[680] 그런데 왜 이렇게 중요한 신이 '엔네아드'에 포함되지 못했던 것일까?

토트와 호루스의 관계

토트는 종종 황새나 비비의 머리를 가진 남자로 묘사된다. 이 때문에 웹와윗에 대해 크리스티앙 자크가 간과한 바와 같이 지금까지 관련 학자들이 이 존재와 호루스와의 연관성을 제대로 파악하지 못했다. 하지만, 때때로 그가 아테프 왕관이나 상하 이집트의 이중 왕관을 쓰고 있는 것으로 묘사되는데[681] 주목할 필요가 있다. 그는 또 오시리스보다 그리고 라보다도 더 한 권능을 보유하고 있는 것처럼 묘사되기도 한다.[682] 이런 정도 지위에 있는 신은 고대 이집트 왕권 신화에서 오직 호루스뿐이다. 또한 이집트인들은 토트를 유일한 존재이며, 스스로 임신하고 태어난 신으로 여겼다(The ancient Egyptians regarded Thoth as One, self-begotten, and self-produced).[683] 이 또한 호루스가 왕권 신화에서 궁극적으로 이룬 것이다.

그런데 『피라미드 텍스트』에서 토트의 존재감은 죽은 왕의 장례

---

680 Budge, E. A. W. 1969. p. 400.
681 Ibid. p.402.
682 Ibid. p.401.
683 Ibid.

를 돕는 것과 깊은 관련이 있었다.[684] 이것은 다시 말하면 오시리스의 부활에 관여함을 의미했다. 실제로 오시리스 신화의 중요한 부분에서 토트는 이시스에게 남편을 회복하라는 말을 하여 두 사람이 호루스를 임신할 수 있도록 하는 역할을 한다.[685] 지금까지 필자가 논의해온 바에 의하면 이런 역할은 연상의 호루스 몫이다.

토트 신은 호루스의 눈?!

『피라미드 텍스트』에서 토트의 또 다른 중요한 임무는 다음과 같이 토트는 호루스의 명령을 받아 세트 무리를 물리치는 것이다.

> "호, 오시리스 NN! 호루스가 당신을 찾아왔습니다. 그는 토트가 당신을 위해 세트 추종자들을 몰아내게 했습니다. 그는 당신을 위해 그들을 데려왔고, 세트의 욕망을 좌절시켰습니다."[686]

이런 내용 때문에 토트가 호루스의 가장 측근인 부하처럼 보이기도 한다. 하지만, 다음과 같은 『피라미드 텍스트』구절을 보면 모든 측면에서 그는 호루스의 분신이라고 자리매김해야 할 것이다.

---

684   Ibid. p.400.
685   Thoth, Wikipedia. Available at https://en.wikipedia.org/wiki/Thoth
686   Čermák, Michal. 2015. p.70.

"호루스가 왔고 토트가 나타났습니다. 그들은 오시리스를 일으켜서 이중 엔네아드에 세울 것입니다. (Horus has come, Thoth has appeared, that they might raise Osiris to his side and make him stand up in the Dual Ennead)"[687]

한편 『피라미드 텍스트』에서 오시리스와 관련해 토트에게 부여된 무엇보다도 중요한 임무는 죽은 오시리스의 절단된 신체를 다시 제자리에 붙이는 것이다.[688] 그런데 이런 임무 수행은 15장에서 직접 호루스가 하거나 호루스의 명에 의해 이시스와 네프시스가 하는 것으로 소개한 바 있다. 그는 또한 『피라미드 텍스트』의 많은 주술문에서 '눈을 오시리스에게 주는 존재(one giving the Eye to Osiris)'로 묘사되고 있다. 이는 오시리스를 부활시키는 것과 같이 여겨지는 행위(act considered analogous to the reviving of the corpse of Osiris)다.[689] 앞에서 호루스가 자기 눈을 오시리스에게 줌으로써 그의 부활을 돕는다고 하지 않았던가?

미칼 세르마크(Michal Čermák)는 『피라미드 텍스트』에서의 토트』라는 논문에서 죽은 왕이 『피라미드 텍스트』에서 호루스, 웹와웻뿐 아니라 토트와 동일화된다고 지적한다.[690] 지금까지 반복해서 죽은 왕이 동일화한 오시리스와 살아있는 후계자가 동일화한 호루스의 결

---

687 Ibid. p.74.

688 Boylan, Patrick. 1922. p.21.

689 Čermák, Michal. 2015. p.79. 세트와의 전투에서 호루스가 눈을 빼앗겼는데 어떻게 그것을 오시리스에게 줄 수 있을까? 한 전설에서 세트는 호루스의 눈을 찢어버리는데 토트가 호루스의 눈을 복구해주며 나아가서 그가 호루스와 세트를 중재하여 눈을 호루스에게 되돌려주는 걸로 되어 있다. Pinch, Geraldine. 2002a. pp.131-132 참조.

690 Čermák, Michal. 2015. p.42.

합 이야기를 해왔다. 이 의식은 셈 신관이 주재했으므로 당연히 웹와웻 역시 비슷한 역할을 맡았다고 볼 수 있다. 따라서 마찬가지로 토트란 신격 또한 이와 유사한, 그러나 성격이 조금 다른 어떤 역할을 맡았던 신격으로 자리매김할 수 있지 않을까? 세르마크는 '토트를 세트한테 빼앗겼다 다시 차지한 호루스 눈의 한 측면으로 볼 수 있다(Thoth could be seen as an aspect of the Eye of Horus, himself being the returning Eye of the god)'고 주장한다.[691] 결국 그의 주장대로라면 토트는 호루스의 한 측면인 셈이다! 그런데 호루스가 세트에게 눈을 빼앗겼다니 이건 무슨 소리인가?

덴데라 신전 벽화에 묘사된 호루스의 눈과 토트

---

691   Ibid. p.78.

38장 호루스와 세트의 대결

작살을 겨누는 투탕카멘 조각상

파피루스 배를 타고 하마를 사냥하고 있는 투탕카멘 목조상

1922년 하워드 카터가 이끄는 고고학 발굴팀이 투탕카멘 무덤에 발견한 3천여 점의 유물 중 특별히 예술적 조형미가 뛰어나 눈길을 끄는 유물이 있었으니 그것은 황금으로 도금된 작살을 쥐고 있는 투탕카멘 목조상이다. 문제의 금칠이 된 조각상에서 투탕카멘은 파 피루스로 만든 배 위에 서서 작살로 무언가를 겨누고 있다. 도대체 작살로 무엇을 사냥하려는 것일까? 관련 학자들이 이 장면을 투탕 카멘이 이집트의 나일강 삼각주 하구의 늪지에서 물속의 짐승을 사 냥하는 장면이라고 해석한다. 그렇다면, 그 짐승의 정체는 뭘까? 고 대 이집트 기록에 파라오들이 자주 하마 사냥을 했다고 한다.[692]

이 조각상은 투탕카멘이 생전에 스포츠로 하마 사냥을 즐기던 것을 기념하기 위해 제작된 것일까? 아무래도 이런 작품은 종교적 맥 락에서 해석해야 할 것이다. 그것은 투탕카멘이 종교축제에 참여해 어떤 중요한 상징적인 포즈를 취하고 있다고 봐야 한다는 것이다. 『피라미드 텍스트』와 『코핀 텍스트』에는 파라오가 종교축제의 일환 으로 하마를 작살로 찌르는 장면이 등장한다.[693] 그리고 그 하마의 정체는 바로 세트다. 「호루스와 하마의 단기전」이란 종교 드라마에 서 호루스는 하마로 변신한 세트를 사냥한다. 여기서 그 짐승은 부 상한 채 뒷다리로 일어서서 호루스가 타고 있는 신성한 배를 거의

---

692 Wilkinson, T. A. H. 1999. 투탕카멘의 무덤을 발굴한 하워드 카터는 그의 자서전에서 투탕카멘이 스포츠를 즐겼을 것이라고 하면서 그가 스포츠로 사냥했다고 단정적으로 말 한다. 하지만 고대 이집트 파라오는 신화적 공간에서 적과의 대결을 상징하는 사냥을 즐 겼을 뿐이며, 실제로 그들이 위험천만한 사냥에 몸소 나섰는지도 의문이다. 하워드 카터 가 생각하듯 고대 이집트의 기록들은 개개인의 취향이나 성격을 반영하기보다는 신화 속에서 정형화되어 강조되어야 하는 상징으로 구성되어 있다.

693 Fairman, H. W. 1974, p.34.

전복시킬 것같이 위협한다. 하지만 이시스의 격려로 호루스는 계속 싸워 세트를 죽인다.[694]

승리의 축제

지금까지 주로 오시리스와 이시스, 그리고 호루스에 초점을 맞추어 살펴보았는데, 이제 잠시 이 고대 신화 속에서 악역을 맡고 있는 세트에 대해 살펴보자. 세트는 누구인가? 그리스 학자들이 기록으로 남긴 오시리스 신화 속에서 그는 한때 오시리스의 왕위를 빼앗은 존재다. 그리고 결국 조카 호루스에게 패퇴하는 운명이다. 그가 호루스와의 쟁투를 벌이고 여기서 패하는 것을 묘사한 종교축제가 고대 이집트의 신성 도시 에드푸에서 개최되었다.

아비도스에서 남동쪽으로 180킬로미터 떨어진 상이집트 에드푸에선 매년 오시리스 축제가 끝나고 두 달 후에 '승리의 축제(Feast of Victory)'가 개최되었다.[695] 이때 행해졌던 연극 장면을 묘사한 호루스의 주 신전 부조로 기록되었다. 프롤로그와 에필로그를 포함하여 모두 5막으로 구성된 이 연극의 1막은 무언극과 드라마로 구성되어 있는데, 호루스가 세트를 나타내는 하마의 여러 부위에 작살을 꽂는 장면이 연출되기 때문에 '작살 의식(Harpoon Ritual)'이라고 부른다. 이제 우리는 투탕카멘 목조상이 작살로 무엇을 겨누는지, 그리고 그것이 무엇을 의미하는지 확실히 알 수 있다. 바로 호루스가 하마의

---

694   O'Mara, P. F., 1979, pp.149.

695   The Virtual Temple of Tutankhamun. http://kemetic-independent. awardspace.us/victory.htm

형태를 한 세트를 공격하는 장면이다.[696]

호루스의 세트에 대한 승리를 묘사한 1막에 이어 2막에서는 승리를 자축하는 장면이 이어진다. 먼저, 첫 장면에서 이시스는 호루스의 후원자들을 독려하고 호루스에게 승리의 시를 낭독한다. 두 번째 장면에서 호루스는 배를 타고 축하하는 행진을 벌이는데, 여기서 왕권을 상징하는 휘장을 두르고 두 이집트의 왕임을 나타내는 왕관을 쓰고 있다. 3막에서 세트를 나타내는 하마는 엄숙하게 썰어져 신들이 두루 나눠 먹음으로써 세트는 완전히 섬멸되며, 호루스의 승리가 선언된다.[697]

호루스 눈의 분실

비록 '승리의 축제'가 매우 명료하여 그 내용이 이해하기 편하지만 아무래도 이런 대중적 축제에는 고대 이집트 종교의 매우 중요한 비의적 내용이 포함되지 않았다. 그렇다면 고대 이집트 왕권 신화에서 호루스와 세트의 대결의 핵심적인 부분이 무엇일까?

『브렘너−린드 파피루스』에는 연상의 호루스가 두 눈의 호루스(Horus Two-Eyed)라고 되어 있다.[698] 눈이 둘인 것이 당연해 보이는데 구태여 이를 강조한 이유가 뭘까? 그 이유를 『피라미드 텍스트』에서

---

696 Watterson, B., 1996, p.94.; Shaw, I. and Nicholson, P. 2008. p.147.

697 Fairman, H. W. 1974, pp.27-28.

698 Faulkner, R. O. 1938, p.41.; García, José Lull. 2011, p.26.; Hollis, Susan Tower. 2019, p.32.

찾을 수 있다. 거기엔 세트와의 싸움 도중에 호루스가 눈을 강탈당한다는 내용이 여러 차례 등장한다.[699] 겉으로 보기에 이런 내용은 둘 간 전투의 치열함을 강조하기 위한 것 같다. 하지만 이런 상황은 좀더 내밀한 분석이 필요하다. 세트에 의한 호루스의 눈 강탈은 고대 이집트 왕권 신화에서 가장 큰 위기 상황에 해당하기 때문이다. '호루스의 눈'은 새 왕의 힘의 근원이며, 그가 오시리스를 돕기 위해 필요하다.[700]

호루스 눈의 분실은 호루스의 계략?

고대 이집트 전설 중에는 호루스와 세트의 대결 도중 이시스가 호루스가 아닌 세트를 돕는 장면이 연출되고 이에 화가 난 호루스가 그녀를 참살 또는 겁탈하고, 신들의 회의에서 호루스를 벌줄 것을 명령하자 세트가 호루스의 눈을 빼앗아 묻어버린다는 내용이 있다.[701] 이는 다분히 왕권 신화에서 크게 벗어나는 내용일 것이지만 아마도 어떤 함의를 담고 있을 것이다.

다른 전설에서 호루스는 계략을 세워 세트에게 자기 정자를 먹인다. 그 결과 이 정자는 세트의 이마에서 '성스러운 뱀(uraeus)' 형태로 자라나는데 바로 이 존재가 토트다.[702] 미칼 세르마크는 눈과 정

---

699   Turner, John. 2012. p.42.; Edwards Samantha. 1995. p.271.

700   Budge, E. W. A. Wallis. 1960. p. 207. Assmann, J. 2005. pp.350-353.

701   Pinch, G. 2002a. p.82.

702   According to some versions of the myth, Thoth was born out of Seth's forehead, who has been tricked to ingest Horus's semen, thereby being impregnated by him. Čermák, Michal. 2015. p.43.

자가 상호 교환적이라고 본다. 따라서, 이 전설은 왕권 신화 내용의 변형이며, 원래 호루스가 세트의 몸에 심은 것은 자기 정자가 아니라 눈이다. 즉, 전투에서 호루스는 자기 눈을 고의로 세트가 가져가도록 유도했다. 그리고 세트가 가져간 눈은 그의 이마에서 자신의 분신인 토트로 자라나게 했다는 것이다. 만일 그것이 사실이라면 호루스가 왜 이런 일을 했을까?

세르마크는 호루스의 눈이 세트의 몸에 들어갔다 나오면서 그의 힘을 갖게 되고 그 결과 오시리스 부활에 도움이 되었다고 추정한다. 그는 이 부분에 대해서 다음과 같이 언급하고 있다.

"토트 … 세트에서 온 날카로운 칼은 '호루스의 눈'이라는 중심 상징을 통해 관련이 있으며, 이 눈은 보호적인 광채로 특징지어진다. 눈은 무질서와 접촉하면 해를 입지만, 결국 혼돈과 타협함으로써 더 강해진다. 따라서 돌아온 눈은 호루스가 적을 때릴 수 있도록 힘을 부여하고 토트는 '신의 강력한 자'로 여겨질 수 있다. 그는 호루스와 눈을 다시 결합하고 오시리스의 적을 자신에게 데려옴으로써 세상에 조화를 가져올 수 있는 신이다."[703]

---

703   Čermák, Michal. 2015. 2015, p.44.

세트 고환 쟁탈의 의미

한편 호루스가 눈을 잃은 데 반해 세트는 호루스에게 자기 고환을 빼앗긴다.[704] 이것은 호루스가 세트를 거세하거나 최소한 정액을 모두 빼앗는 것으로 해석된다.[705] 도대체 이런 행위를 하는 호루스의 목적은 무엇일까? 이 또한 매우 전략적인 것처럼 보이는데 지금까지 논의된 내용만으로는 이런 호루스의 행위를 이해하기 어렵다.

헤르만 T. 벨데는 '호루스의 눈'과 '세트의 고환'은 각각 '빛'과 '성별(性別)'을 의미하며, 호루스와 세트의 동성애 코드는 빛이 정자 속에 감추어지는 것을 나타낸다고 주장한다. 그에 의하면, 빛이 정자 속에서 소멸하지 않고, 빛과 잘 합쳐져야 하는데 그럼으로써 호루스와 세트의 분쟁이 해결되었을 때 세트가 아니라 호루스가 주도권을 쥘 수 있다는 것이다.[706] 이런 설명은 너무 난해하며 지금까지 논의해온 왕권 신화 맥락에서 이해하기 어렵다. 그런데 호루스와 세트의 대결과 관련해서 그 전투가 성적인 측면과 관련되어 있을 가능성을 『피라미드 텍스트』와 그 밖의 관련 자료들에서 미루어 짐작할 수 있다.[707]

---

704 Turner, John. 2012. p.42.; Edwards Samantha. 1995. p.271.

705 Pinch, G. 2002a. p.82.

706 Velde, H. T. 1997. p.52.

707 둘 사이의 전투가 동성애와 관련 있는 듯한 내용이 『피라미드 텍스트』에 등장한다. Edwards Samantha. 1995. p.271.

39장 고대 이집트 축제의 골간은 호루스의 수태 과정

호루스 수태 과정으로써의 고대 이집트 종교 축제

앞에서 필자는 오시리스 축제나 희년 축제 등 고대 이집트의 주요 종교축제가 오시리스와 이시스의 '신성한 성교' 즉, '히에로스 가모스'와 관련되어 있고, 사실상 이 부분이 그 축제의 클라이맥스라고 기술한 바 있다. 여기에 등장하는 민이라는 신은 오시리스의 일부인 호루스로서 오시리스의 남근을 발기시켜 '성교'를 가능하게 하는 매우 중요한 역할을 맡았다고도 했다. 그런데, 웹와웻은 오직 오시리스의 적들을 무찌르는 전쟁터에서의 선봉장 역할을 맡고 있어 이런 '신성한 성교'와는 무관해 보이는데 왜 그의 이름이 '희년 축제'를 대표하게 된 것일까? 우리는 여기서 잠시 발상의 전환을 할 필요가 있다. 믹스 등은 오시리스가 고대 이집트 문서에 등장하기 전에 그와 비슷한 역할을 했던 존재로 민과 함께 웹와웻을 꼽고 있다.[708] 이것이 사실이라면, 민뿐 아니라 웹와웻도 완전한 독립체로써의 호루스가 아니라 오시리스의 일부분이거나 그와의 긴밀한 영향 아래 있는 존재라고 볼 수 있지 않을까?

그리고, 사실 민에 대해 자세히 분석해보면, 오시리스의 정자를 이시스의 자궁으로 방출시키는 역할 정도에 머무르며, 이시스의 자궁으로 향하여 거기서 잉태되도록 하는 역할까지 맡았다고 보기 어려운 측면이 있다. 혹시 달리기 꾼인 웹와웻이 이 가장 중요한 과정을 수행하는 호루스의 형태는 아니었을까?

조지 하트는 웹와웻의 의미인 '길을 여는 자'가 '자궁에서 처음 길을 여는 첫 자식'이라는 의미라고 해석한다. 이런 발상은 멤피스 신학에서 웹와웻을 '육체를 여는 자(Opener of the Body)'로 부르는데 착안한 것이다. 조지 하트와 같은 몇몇 이집트학 학자들은 이를 웹와웻이 출산과 관련되어 있다고 해석하며, 이런 이름의 웹와웻은 자궁으로부터 세상 밖으로 길을 찾아 나가는 상태의 호루스라는 것이다.[709]

이런 해석은 최소한 웹와웻이 오시리스와 이시스 사이의 '히에로스 가모스'와 연관되어 있다는 점을 확인시켜주는 것으로 고대 이집트 종교축제의 골간이 '성교와 출산'에 있다는 지금까지의 논의가

---

708 Meeks, D. and Favard-Meeks, C. 1977, p.166.

709 Hart, G. 2005, p.162.; Frankfort, H. 1955, p.71.; Hollis, Susan Tower. 2019, p.22.; Curl, James Stevens. 2013, p.470.; Rice, Michael. 2006, p.163.; Wilkinson, R. H. 2003, p.191. 조지 하트나 마이클 라이스는 '몸을 여는 자'를 '자궁에서 바깥으로 길을 여는 자who opened way out of the womb'로 해석하여 신생아 출산과의 관련성을 확실히 한다. 반면에 리차드 윌킨슨은 '자궁의 길을 여는 자opener of the way of the womb'로 해석하여 다소 모호한 측면이 있다.

옳았다는 확신을 준다. 하지만, 이 경우 믹스 등이 지적하듯 웹와웻과 민이 동일 위상일 수 없다. 민은, 현대 의학적 측면에서 판단해보면, 난자와 결합하지 못한 불완전한 상태의 존재로 엄밀히 말해서 온전한 호루스라고 말하기 어렵다. 아직 오시리스의 일부이기 때문이다. 하지만, 이미 수정되어 아기 호루스로서 질을 통과해 밖으로 나가는 존재로서 웹와웻을 바라보면 이는 독립된 개체로서 온전한 호루스다.

선봉에서 자궁을 향해 돌진하는 웹와웻

만일 웹와웻이 고대 이집트 종교축제를 대표하는 신격으로 '히에로스 가모스'의 가장 핵심적인 부분을 주도한다고 가정한다면 그의 정확한 역할이 무얼까? 과연 호루스가 어떤 순간에 있을 때 자신의 적통성을 가장 확실히 보여줄 수 있는 것인가? 어머니 이시스의 자궁에서 출산될 때일까? 지금까지 살펴본 고대 이집트인 '히에로스 가모스'에 대한 관점에서 볼 때 그것은 아닐 것이다. 무조건 이시스의 자궁에서 나온다고 그가 왕권의 이어받을 적자라는 보장은 어디에도 없다. 결국 이런 보장은 아버지 오시리스의 생식기에서 방사되어 어머니 이시스의 자궁에 제대로 골인하는 순간에만 받을 수 있을 것이다. 따라서, 웹와웻은 오시리스의 정자로써 이시스 자궁에 제대로 도달하는 것을 주도하는 존재일 필요가 있다.

비록 어렴풋이 고대 이집트 왕권 신화의 얼개를 눈치챘긴 하지만 조지 하트는 멤피스 신학에서의 '육체를 여는 자'라는 표현을 '자궁을 열고 나오는 자'로 잘못 해석했다. 희년 축제가 갖는 상징성을 잘 몰랐기 때문이다. 희년 축제는 오시리스의 성기에서 나온 호루스가 어머니의 자궁까지 도달하는 과정을 나타내는 것으로 육체를 연다는 뜻은 처음으로 여성의 자궁에 제대로 도달한다는 의미로 보아야 한다는 게 필자의 견해다.

나르메르 팔레트의 희년 축제 연관성

32장에서 엘리제 바움가르텔이 나르메르 팔레트와 희년 축제 연관성을 언급했다고 했다. 그런데 이 유물은 주류 학계에서 축제보다는 실제 전투와 관련이 있는 것으로 해석되고 있다. 여기엔 강타당하거나 포박된 포로들이 등장한다. 많은 관련 학자가 이런 장면들이 이집트 왕국 통일기의 전쟁 관련 기록들이라고 해석한다.[710] 하지만, 최근 이런 장면들이 실제의 전쟁 장면이 아니라 통일기의 전쟁 상황을 상징적인 의식들과 축제들로 표현한 것이라는 주장도 제기되었다.[711] 그런데 브루스 윌리엄스 등은 이런 것들이 통일기보다 훨씬 이전부터 존재했던 종교의식들을 묘사한 것이라는 주장을 제기했다.[712]

---

710 Millet, N. B. 1990, p.59.

711 Barta, Winfried. 1980.; Dochniak, Craig Charles. 1991, p.19.; Wilkinson, Toby A. H.1999, pp. 209 – 213.; Coronation of Pharaoh, Wikiwand. Available at https://www.wikiwand.com/en/Coronation_of_the_pharaoh

712 그들은 최소한 통일기보다 500년 정도 이른 시기인 기원전 3,500년경에 이런 종교의식들이 존재했다고 지적한다. Williams, B. B. & Logan, T. J. and Murnane, William J.

특히 여기엔 희년 축제와 관련 있어 보이는 상징들이 나타나 있다는 것이다.[713]

제1왕조 첫 번째 왕으로 알려진 나르메르 시대에 제작된 화장판
나르메르 팔레트라 불린다

나르메르 팔레트의 그림 중에는 왕 앞에 네 명의 기수가 상징적인 표장을 달린 깃대를 들고 있는 모습이 있다. 이들 표장 중 앞의 둘은 호루스를 나타내는 새매인 것을 알겠는데 나머지 둘은 무엇일

1987, p.271. 최근에는 이보다 훨씬 더 오래 전인 기원전 6천 년경부터 이런 축제들이 있었다는 주장도 제기되었다. Cia ł owicz, K. 1997.; Bárta, Miroslav. The oldest mythological run in Egyptian Western Desert? On the possible origins of the sed feast in Ancient Egypt. In Sázelová, Sandra & Novák, Martin and Mizerová, Alena eds. 2015, pp. 487-493 참조.

713 Seligmann, C. G. and Murray, Margaret A. 1911.

까? 세 번째 형태는 1왕조 3번째 왕 제르(Djer), 5번째 왕 덴(Den), 그리고 3왕조 첫째 왕 조세르의 표장으로 자주 등장하는데 달팽이처럼 말린 타원형 물체와 함께 이를 바라보는 자칼 모습이 있다.[714] 학자들은 이를 '이미-윗 물신(Jmy-wt fetish)'이라 부르는데[715] 여기서 자칼은 웹와웻임이 틀림없다.[716] 하지만 마지막 네 번째 타원형 물체는 지금까지 논의된 지식만으로 그 정체를 밝히기 쉽지 않다.[717]

나르메르 팔레트에 묘사된 상징적 표장을 들고 있는 네 명의 기수들

714　Baines, John. 1993. p.68.; Wilkinson, T. 1999, p.156.

715　Logan, Thomas J. 1990. p.68.

716　Reeder, Greg. 1993-1994. p.63.

717　Shalomi-Hen, Racheli. Kings as Gods in the Early Egyptian Writing System. In Midant-Reynes, Béatrix and Tristant, Yann eds. 2008, p.1013. Available at https://shamash.academia.edu/RacheliShalomiHen

그런데, 우선 여기서 먼저 주목할 대상은 세 번째 표장에서 웹와 웻 앞에 놓인 달팽이처럼 말린 타원형 물체다. 이것은 세쉐드(seshed)[718] 또는 쉐드쉐드(shedshed)라 불린다. 나르메르 팔레트에 등장하는 것과 같이 웹와웻과 쌍을 이룬 이 물체가 세드 축제와 깊이 연관되어 있다 는 사실은 제3왕조 조세르 왕의 세드 축제를 묘사하고 있는 장면이 담긴 '사카라 남쪽 거대 분묘(Great Southern Tomb at Sakkara)'의 석비에 서도 확인할 수 있다.[719] 웹와웻과 그 앞에 등장하는 쉐드쉐드를 표 현한 표장은 세드 축제를 묘사한 『팔레모 석』과 6왕조의 한 태양 신전 벽화에도 등장한다. 세드 축제의 전 과정이 진행되는 동안 이런 표장이 게시된다.[720] 도대체 이것의 정체가 무엇일까?

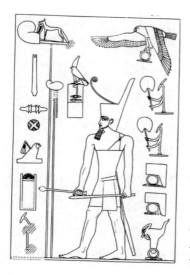

사카라 남쪽 거대 분묘에 묘사된 제 3왕조 조세르 왕의 세드 축제 장면 왼쪽 위의 깃대 끝에 달린 표장에 웹와웻이 그려져 있다

---

718   이것은 종종 세드와 동일시되며, 희년 축제에서 왕이 두르는 아마 띠의 형태로 해석된다.

719   Reeder, Greg. 1993-1994. p.67.

720   Reeder, Greg. 1993-1994. p.63.

쉐드쉐드 = 왕실 태반

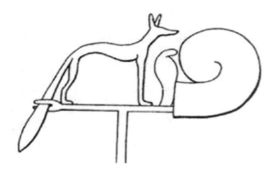

『팔레모 석』에 묘사된 웹와웻과 쉐드쉐드

쉐드쉐드(shedshed) 정체에 대해 학자들 사이에 몇 가지 견해가 있다. 바버라 리처(Barbara A. Richter)는 이것이 코브라 신 우라에우스(Uraeus)와 함께 이시스나 하토르와 밀접한 관계가 있는 끈으로 희년 축제 기간에 왕에게 묶음으로써 통일을 상징한다고 말하고 있다.[721] 하지만, 린다 에반스(Linda Evans)는 그것을 '갯과 동물이 찾아드는 은신처(canid den)'라고 본다. 끈이 아니라 일종의 굴이라는 것이다. 이 해석대로라면 그 표상은 자칼 신 웹와웻이 그의 은신처로 향하는

---

721 Richter, Barbara A. 2016, p.95.

모습을 나타내고 있는 셈이다. 에반스는 자신의 이런 주장에 설득력을 보태기 위해 쉐드쉐드의 어원인 '쉐드'를 해석한다. 그는 그것이 비어있는 공간을 의미한다고 말한다. 그런데, 그의 해석 중엔 물을 담는 주머니, 또는 액체를 담기 위한 동물 가죽(animal skin that has been emptied and then sealed in order to contain fluid)의 의미도 있다.[722] 이 때문에 이집트학 저술가 그레그 리더(Greg Reeder)는 쉐드쉐드를 '아주 독특하게 생긴 주머니(most peculiarly shaped bag)'라고 표현한다.[723]

헨리 프랭크포르는 쉐드쉐드를 왕의 태반이라고 보았다.[724] 그런데 린다 에반스는 이런 의견에 반대한다. 쉐드쉐드가 일반적으로 알려진 태반 모습과 다르다는 것이다. 고대 이집트에서 사용한 태반상징은 상당히 둥글게 생겼는데 쉐드쉐드는 마치 끝이 둥글게 된 튜브처럼 생겼다는 것이다. 또, 흔히 태반상징에 동반되는 탯줄이 쉐드쉐드에는 없다는 점도 지적한다.[725] 하지만, 이 문제는 그것이 수정란이 착상되기 전의 자궁과 경관(cervix; coiled neck of the womb)을 나타낸 것이라고 보면 문제가 없다. 태아가 없는 상태에서 자궁은 상대적으로 작은데 여기에 연결된 것이 경관이다. 또 태아가 없다면 태아에게 영양을 공급할 탯줄도 생기기 전이다. 따라서 나르메르 팔레트에 묘사된 쉐드쉐드는 아직 임신과 출산 경험이 없는 처녀의 자궁과 경관을 나타낸 것이라고 볼 수 있다.

---

722 Evans, Linda. 2011.

723 Reeder, Greg. 1993-1994. p.63.

724 Frankfort, H. 1955, p.364, n.49.; Mundt, W. 1975, p.214.; DuQuesne, T. 1991, p.12.; Houser-Wegner, J. Wepwawet. In Redford, D. B. ed. 2001.Vol.3, p.497.

725 Evans, Linda. 2011.

대체로 관련 학자들은 나르메르 팔레트의 세 번째 표장에 등장하는 쉐드쉐드를 태반으로 보는 견해에 동의한다. 예를 들면, 고전학자 시안 루이스(Sian Lewis)와 로이드 르웰린-존스(Lloyd Llewellyn-Jones)는 쉐드쉐드가 의식용으로 보존된 왕족 태반(royal placenta)이라고 말한다. 거기에 더하여 그들은 나르메르 팔레트에 묘사된 쉐드쉐드 앞에 서 있는 웹와웻의 모습은 왕실 출산에서 그가 자궁으로의 길을 뚫는 장면을 나타낸다고 지적한다![726]

존 바인즈(John Baines)는 문제의 표장에 등장하는 자칼을 이미웃(Imiut)이라 부르며, 그 역할이 '통과(transition)'라고 생각한다. 그는 이런 역할이 공통으로 아누비스나 웹와웻에 주어졌다고 본다. 그런데 그는 이 역할이 죽은 자의 이승에서 저승으로 경계를 통과하는 운명을 상징한다고 주장한다.[727] 하지만, 지금까지 이루어진 논의로부터 판단컨대 여기서 '통과'는 이시스 여신의 자궁으로 이어지는 질의 통과를 의미한다고 봐야 할 것이다. 고대 이집트 왕권 신화는 중의적으로 표현되어 있다. 따라서, 아마도 웹와웻의 전진은 상계에서 하계로의 전진을 상징할 수도 있을 것이다. 하지만, 하계는 초기 고대 이집트 엘리트들의 심상에 죽음의 영역으로 자리하고 있지 않았다. 그곳은 신들의 신성한 장소였다.

---

726   Lewis, Sian and Llewellyn-Jones, Lloyd. 2018, pp.351-352.

727   Baines, John. 1993. pp.68-69.

은수트 켄: 신왕의 태반

앞에서 나르메르 팔레트에 묘사된 기수들이 들고 있는 표상 중 가장 마지막에 타원형 둥근 물체가 존재한다고 한 바 있다. 이것은 왕과 함께 할 때 웹와윗과 쉐드쉐드가 같이 있는 표상이 함께 짝을 지어 자주 나타나는 표상으로[728]앞에서 소개한 제3왕조 조세르 왕의 세드 축제를 묘사하고 있는 장면이 담긴 '사카라 남쪽 거대 분묘'의 스텔라에도 등장한다. 웹와윗/쉐드쉐드 표장 아래에 이 모습이 등장하는 것이다.[729]이것의 정체는 과연 무얼까? 이 둥근 물체는 이집트어로 은수트-켄(nsout ḥen)이라 읽힌다. 여기서 은수트(nsout)는 왕을, 그리고 '켄(ḥen)'은 '표피', '가죽 부대', '가죽'을 가리키는 용어이므로 은수트 켄을 직역하면 '왕의 살갗' 정도가 된다.[730]

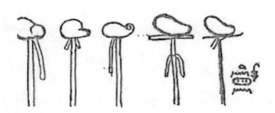

고대 이집트 유적에서 발견되는 은수트-켄 표상

728 Frankfort, H. 1955, p.71.; Evans, Linda. 2011, p. 107.

729 Reeder, Greg. 1993-1994. p.67.

730 Blackman, A. M. 1916, pp.236-237.

그런데 찰스 셀리그만(Charles G. Seligmann)과 마가렛 머레이 (Margaret A. Murray)는 '켄(ḥen)'에 태반, 즉 태아와 관련된 요소가 내포되어 있다는 주장을 제기했다.[731] 이와 관련해서 알렉상드르 모레(Alexandre Moret)는 '켄'이 일종의 양막으로 그 안에 정확히 '임신 상태의 태아' 형체가 존재한다고 본다. 인간의 배아가 난할(卵割)하여 태아가 되었으나, 아직은 모체의 자궁 속에 있는 모습이라는 것이다.[732]

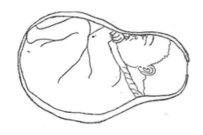

은수트-켄에 대한 알렉상드르 모레의 해석

오늘날 관련 학계에선 그것이 왕의 태반(king's placenta)이라는 데 이론이 없다.[733] 예를 들어 『이집트의 성립(Egypt's Making)』에서 마이클 라이스(Michael Rice)는 그 둥근 물체를 '파라오의 태반(Royal Placenta)'이라

---

731 Seligmann, C.G. & Murray, Margaret A. 1911.

732 Moret, A. 1922, p.82.

733 Seligmann, M. D. and Murray, M. A. 1911.; Blackman, A. M. 1916a.; Frankfort, H. 1955, p.71.; Wilkinson, T. 1999, pp.198–199.; Evans, Linda. 2011, p.107.; Reeder, Greg. 1993–1994. p.67.

부르며, 파라오가 어떤 신의 화신임을 나타내는 상징이라고 본다. 그는 이 태반 안에 배아 상태인 신왕(god-king)이 들어가 있어 자궁 속에서 태어나기를 기다리는 상태라고 해석한다.[734] 당연히 그 신왕의 정체는 연하의 호루스일 것이다. 결국 희년 축제는 호루스가 어머니 여신 하토르의 자궁으로 들어가 태아 상태의 호루스로 탄생하는 과정을 나타내는 축제였다고 결론지을 수 있다.

734   Rice, M. 1990, p.109.

40장 희년 축제와 정자 전쟁

호루스와 세트의 대결과 정액

고대 그리스 학자 플루타르코스 기록은 오시리스 사후 호루스가 세트와 맞대결을 벌여 결국 왕위를 차지하는 것으로 되어 있다. 또 에드푸 신전 부조에 새겨진 내용이나 「체스터 베티 파피루스 1」에서도 호루스와 세트 간의 맞대결을 묘사하고 있다. 보통 이 둘 사이의 맞대결 장면에서 호루스는 연상의 호루스라고 불린다. 『피라미드 텍스트』도 이 둘 간의 대결을 묘사하고 있는데 세트는 호루스의 눈을 취하고 호루스는 세트의 고환 또는 정액 전부를 취하는 것으로 되어 있다.[735] 호루스 눈에 관한 논의는 토트와 관련해 37장에서 이루어졌다. 그 과정이 어쨌든 세트가 필사적으로 호루스 눈을 탐냈던 건 호루스가 이것으로 오시리스를 부활시켜 자가 수태를 이루려

---

735 Locke, Norman. 1961.

는 시도를 막으려는 것으로 해석할 수 있다. 그렇다면, 호루스가 세트의 정액을 탐낸 이유는 뭘까?

오시리스 축제에선 둘 간의 맞대결보단 무리를 지은 세력 간 쟁투가 펼쳐진다. 「람세시움 드라마 파피루스」에는 맞대결이 아니라 오시리스와 세트의 무리 간 전투가 강조되어있다. 앞에서 살펴본 아비도스 오시리스 축제에서도 오시리스와 세트 무리 간의 가상 대결이 등장한다. 그뿐 아니라 멤피스에서 거행된 오시리스 축제에서도 오시리스의 무리와 세트 무리 간의 가상 전투 모습이 나타난다.[736]

앞에서 「체스티-베티 파피루스 1」이 호루스와 세트 간의 맞대결 장면을 묘사하고 있다고 했는데 자세히 살펴보면 그 전투에서 그들의 정액이 군사로 동원됨을 알 수 있다. 세트는 호루스를 간음(奸淫)하여 자신의 왕위 계승권을 인정받으려 하는데 호루스는 세트의 정액을 손으로 받아내 강물에 버린다. 그후 호루스는 이시스의 조언을 받아 세트가 즐겨 먹는 양배추에 자기 정액을 뿌려 이를 세트가 먹도록 한다. 곧이어 신들의 법정에서 호루스와 세트 중 누가 승자인지를 가리는 재판이 열린다. 상대방의 몸속에 정액을 제대로 심은 이가 누군가의 여부에 따라 승자가 결정되는 상황이다. 세트가 자기 정액을 불러내자 호루스의 몸속을 정복하고 있을 줄 알았던 그의 정액은 강물 속에서 대답한다. 그리고 호루스가 자기 정액을 호출하자 정액은 세트의 몸속에서 대답하여 대결은 호루스 승리로 끝난다.[737]

---

736   Moret, A. 2001, pp.132-133.

737   Horus, Wikidepia. Available at http://en.wikipedia.org/wiki/Horus

이 이야기는 물론 정통적인 고대 이집트 종교 문헌에서는 찾아볼 수 없다. 하지만, 호루스와 세트의 싸움이 서로의 손에 피를 묻히는 형식으로 이루어지는 것이 아니며, 그 대신 정액이 그들 사이의 쟁투에서 군사로 동원된다는 사실은 매우 흥미롭다.

한편 고대 이집트 왕국의 왕실이 간여한 축제 기록들은 호루스와 세트의 맞대결이 아니라 양쪽 무리 간의 쟁투를 기록하고 있다. 그렇다면 혹시 이들 무리가 정액, 즉 정자들이 아니었을까? 이런 가정을 할 수 있는 것은 오시리스 축제에서 선봉에 선 오시리스 무리의 선봉장이 오시리스의 대표 정자 웹와웻이기 때문이다. 그렇다면 웹와웻 무리를 방해하는 자들은 누구의 정자들일까?

정자 전쟁

「람세시움 드라마 파피루스」는 오시리스 부활을 나타내는 제드 기둥 세우기가 진행되는 동안 오시리스 무리와 세트 무리 간의 전투가 벌어지는 것을 묘사하고 있다. 멤피스의 오시리스 축제에서도 비슷한 상황이 전개되는데 제드 기둥 세우기에 이어지는 그것과 티트 결합의 중요성을 강조하기 위해 이런 내용을 일부러 자세히 언급하지 않았다. 이제 이 부분을 소개하려 한다.

테베의 케라프 묘(tomb of Kheraf) 부조는 멤피스에서 거행된 오시리스 축제의 클라이맥스 장면을 묘사하고 있다. 거기엔 제드 기둥 세우기 행사 직후에 이루어지는 오시리스 무리와 세트 무리 간의 가상

전투 모습이 나타나 있다.[738]

제드 기둥과 티트의 결합은 오시리스와 이시스의 성적 결합이라고 했다. 그렇다면 두 무리 간의 쟁투는 바로 히에로스 가모스가 이루어지는 순간에 이루어지는 것이다. 그리고 그 과정에서 가장 중요한 역할을 맡는 이는 오시리스 대표 정자 웹와웻이다. 웹와웻에게 부여된 선봉장으로서 부하를 이끌고 적을 무찌르면서 목표를 향해 돌진하는 이미지는 여성의 질 속에서 선두에 선 정자가 난자를 향해 돌진하는 것과 상응한다. 최근 알려진 바에 의하면, 남성 성기에서 방사(放射)된 정액 중에서 난자를 향해 돌진하여 수정을 이루는 것을 목표로 하는 정자는 소수이고, 다른 정자들은 질 내에 존재하는 타인의 정자들을 공격하거나 수정을 목표로 돌진하는 정자들을 보호하는 역할을 맡는 군대 조직이라고 한다.[739] 수정에 성공하는 정자는 오직 전방에서 돌진하는 정자 무리 중 하나에 해당하므로 이런 이미지는 자신의 적통성을 인정받기 위해 군대의 선봉장으로 활약하는 웹와웻과 정확히 일치한다.

이제 앞에서 제기한 오시리스의 무리, 즉 웹와웻과 그가 이끄는 정자들과 쟁투하는 또 다른 정자 무리의 정체가 무엇인지 살펴보자. 웹와웻이 오시리스 분신으로 정액 속의 대표 정자라면, 세트의 무리는 다름 아닌 세트의 분신들인 정액 속의 정자들이라고 보는 것이

---

738 Moret, A. 2001, pp.132-133. 모레는 하이집트의 부토(Buto)를 상이집트의 호루스 추종자들(Shemsu Hor)을 정복하는 상황을 묘사하는 것이라고 한다. 하지만, 이 전투는 오시리스 미스테리아에서 구현되는 오시리스 부활과 호루스의 재생이라는 신화적 상황을 재현한 것이다.

739 Baker, Robin. 2006, pp.48-54.

자연스러워 보인다. 이런 설정 아래에서 『피라미드 텍스트』에 소개된 호루스와 세트 대결에서 왕위 쟁취를 위해 호루스가 세트의 고환 또는 정액을 포획하는 의미가 명확해진다. 호루스는 직접적으로 세트를 공격하기보다 고환 속 세트 분신들을 제거하는 것이 매우 중요했을 것이다. 그런데 왜 그러했을까? 여기서부터는 많은 상상력을 동원해야 한다.

일반적으로 세트는 불모지, 또는 황무지의 신으로 성적 무능력자의 이미지를 갖고 있다.[740] 하지만, 이것은 세트가 원래부터 성적 무능력자였음을 의미하는 것은 아니다.[741] 그는 원래 대단한 난봉꾼 신으로 고대 이집트의 한 문서에서 세트가 숫양처럼 씨받이 여신 위에 뛰어올라 그녀를 강간하는 것으로 묘사되어있다. 이 대목에서 그는 마치 황소처럼 그녀를 덮쳐서 성교에 성공하는데 어떤 이유에서인지 사정된 정액이 제대로 길을 찾아가지 못하여 그를 좌절시

---

740 "It was said that a sexually frustrated Nephthys had disguised herself as Isis in order to appeal to her husband, Set, but he did not notice her as he was infertile (some modern versions depict Set as a homosexual, but these have little bearing on the original myth), whereas Isis' husband Osiris did, mistaking her for his wife, which resulted in Anubis' birth. Other versions of the myth depict Set as the father, and it remains unclear as to weather Set was truly infurtile or not." Anubis, Wikidepia. Available at https://ancientegypt.fandom.com/wiki/Anubis; 플루타르코스의 기록에 오시리스와 이시스 사이에 호루스를, 그리고 불륜으로 오시리스와 네프시스 사이에 아누비스가 태어났다는 점으로부터 세트가 원래 불임이었다는 가설이 등장했다. High and low Niles: A natural phenomenon and its mythological interpretation according to Plutarch, De Iside et Osiride 38 and Coffin Texts Spell 168. Available atJEA%20100_488-493_Willems%20(1).pdf

741 Velde, Henk te and Velde, Herman te. 1997, pp.57-58.

킨다.[742] 고대 이집트 신화에서 대표적인 씨받이 여신은 하토르다. 어쩌면, 이 대목은 세트가 '질의 여신'인 하토르와의 성교를 시도함을 의미하는지 모른다. 이렇게 가정하는 경우 호루스가 세트를 거세하려 한 목적이 드러난다. 세트의 정액이 하토르의 자궁으로 들어가 수정되는 것을 원천적으로 봉쇄하려고 했던 것이리라.

쌍둥이 자매의 비밀

헨리 프랭크포르는 비록 왕조시대 말기에 하토르와 이시스가 같은 존재로 알려졌지만 원래 둘이 동일 인물일 수 없다고 주장한다. 그에 의하면 하토르가 오시리스의 배우자로 자리매김이 된 사실을 찾아볼 수 없다는 것이다.[743] 그는 또 하토르가 호루스에게 젖을 빨리는 신성한 암소 신이었던 반면, 이시스는 그 머리의 상징이 보여주듯 호루스를 낳은 왕좌, 즉 성스러운 의자를 신격화한 존재였다고 지적한다.[744] 프랭크포르는 왕좌가 호루스를 낳는다고 표현하고 있지만 왕좌는 아이의 잉태라는 상징성보다는 그 자리에 앉은 아이에게 권력을 준다는 상징성이 강하다. 대부분 학자는 하토르와 이시스가 같은 여신이라는 입장이다. 프랭크포르는 여기에 딴지를 거는 것이다. 그런데 그가 내비치는 것과 유사한 불편한 심기를 보이는 몇몇 학자들이 있다.

---

742   Roberts, A. 1995, p.98.

743   Frankfort, H. 1955, p.41.

744   Frankfort, H. 1955, pp.43-44.

월리스 버지는 하토르가 네프시스와 매우 유사한 측면을 공유한다고 말한다. 둘 다 '집의 여왕(Mistress of Mansion)'으로 불리는데 여기서 집이 모두 호루스의 영역을 가리킨다는 것이다.[745] 클라스 블리커는 이시스와 하토르가 유사한 점을 공유하고 있다는 사실과 다른 한편 네프시스 또한 하토르와 유사한 측면을 공유하고 있음에 주의를 환기한다. 하지만 그는 이런 유사성으로 인해 하토르가 이들 여신과 완전히 같은 존재라고 믿어서는 안 된다고 한다.[746] 블리커의 주장은 우리에게 중요한 힌트를 준다. 하토르란 여신은 이시스뿐만 아니라 그녀를 그림자처럼 따라다니는 쌍둥이 여동생 네프시스와도 매우 유사하다는 사실이 그것이다.

플루타르코스가 채록한 바에 의하면 아누비스는 오시리스와 네프시스 사이에서 태어난 것으로 되어 있다. 우리는 아누비스가 다름 아닌 호루스라는 사실을 앞에서 확인했다. 그렇다면, 아누비스, 즉 호루스의 탄생은 오시리스 미스테리아 가장 깊숙이 도사리고 있는 비밀 중의 비밀이 아니었을까? 그래서, 고대 이집트인들은 세트의 입을 통해 이시스가 호루스를 낳지 않았다고 주장하게 하고, 이를 이시스가 인정하는 것처럼 보이도록 한 것이 아닐까?

헨리 프랭크포르는 이집트 신화 속에서 이시스와 네프시스가 종종 솔개 형태로 나타나는데 이는 매의 신 호루스와의 관계를 통해 새의 특성을 받은 것이라고 지적한다.[747] 우리는 고대 이집트의 신전

745 Budge, E. A. Wallis. 2013(b), p.254.

746 Bleeker, C. J. 1973, p.70.

747 Frankfort, H. 1955, p.41.

벽화 중에 이시스와 네프시스 모두 새의 형상을 하고 있음을 접한 바 있다. 그런데 『피라미드 텍스트』에서 이시스뿐만 아니라 네프시스도 새로 등장한다. 이시스와 네프시스가 오시리스의 장례식에서 그의 죽음을 애통해하는 장면에서 '두 솔개'로 불리는 것이다.[748]

오시리스 미스테리아의 본질은 모호성

프랭크포르의 해석대로라면, 이런 모습들은 호루스와의 관계를 통해 새의 특성을 받은 것이다. 혹시 이시스가 법적인 어머니였고, 실제로는 네프시스가 호루스의 생모였음을 시사하는 것은 아닐까? 확실히 하토르는 이시스라기보다 네프시스일 가능성이 있어 보인다. 만일 그렇다면, 왜 호루스가 이시스에게서 태어나지 않고 네프시스의 태생이 되어야 하는 것일까? 플루타르코스 기록엔 네프시스가 고의로 오시리스를 속이고, 쌍둥이인 그녀의 언니 이시스 행세를 하여 아누비스 임신에 성공했다고 되어 있다.[749] 하지만 고대 이집트 왕권 신화의 구도 아래에서 바라보면, 이는 호루스와 이시스에 의해 매우 주도면밀하게 이루어진 음모였을 것으로 추측할 수 있다.

어쩌면 고대 이집트 왕권 신화 속에서 이시스는 원래 불임의 여신으로 되어 있었고, 그녀 대신 쌍둥이 누이가 그 대역을 해내도록 짜여 있던 것이 아닐까? 이런 가정 아래 우리는 왜 네프시스가 이시스

---

748 Willockx, Sjef. 2017, p.6.; Von Dassow, Eva ed. 2008, p.157.; Frankfort, H. 1955, p.40. 이시스와 네프시스가 '두마리 솔개'로 묘사되는데 대한 다른 해석이 있다. Shalomi-Hen, Racheli. 2017, p.373.

749 Smith, William. 1849, p.219.

와 항상 붙어 다니는 것으로 되어 있고, 왜 호루스가 세트의 고환을 취하거나 정액을 포획하려 했는지 이해할 수 있다. 아주 명확하진 않지만 고대 이집트 왕권 신화는 세트의 파트너로 네프시스를 자리매김하고 있다.[750] 이를 고려하면 아마도 호루스는 네프시스의 질 내에서 세트의 무리, 즉 세트의 정자들을 물리치고, 자신의 탄생을 성공시켜야 했던 것으로 볼 수 있다.

물론 클라스 블리커의 경고대로 우리가 하토르란 존재를 네프시스라고 단정할 수는 없다. 앞에서 추론한 것과 반대로 세트의 정액이 이시스의 질 안으로 방사되었을 가능성을 배제해야 할 이유가 없기 때문이다. 오시리스—호루스 신화의 주요 모티프를 취한 셰익스피어의 『햄릿』에서 형을 죽이고 왕이 된 아우가 형수와 살지 않는가? 실제로 「호루스와 세트의 대결(Contendings of Horus and Seth)」에서 호색한 세트가 나무 뒤에 숨어 이시스를 꼬시는 장면이 등장한다.[751]

제시카 레바이(Jessica Lévai)는 '이시스와 네프시스가 처음부터 함께 호루스의 어머니이자 오시리스의 아내로 역할을 맡았다고 말

---

750 "While in Spells W150 and P219 the four children of Geb and Nut are paired together, Seth with his sister Nephthys, and Osiris with his sister Isis, who become the parents of Horus."Taylor, Ian Robert. 2016.; 이런 자리매김을 『피라미드 텍스트』 등에서 찾아 볼 수 없으며 고대 이집트 후기 시대에 등장한다는 주장이 있다. Book Review – "Aspects of the Goddess Nephthys, Especially During the Greco-Roman Period in Egypt" by Prof. J. Levai, Many Journey: Reflections of a scientist and pagan from the EU. Available at https://secondgenerationimmigrant.wordpress.com/2017/09/07/book-review-aspects-of-the-goddess-nephthys-especially-during-the-greco-roman-period-in-egypt-by-prof-j-levai/ 실제로 네프시스가 세트의 배우자란 사실은 오직 플루타르코스의 기록에만 등장한다.

751 Roberts, A. 1995, p.98.

한다. 하지만 프톨레마이오스 왕조 시대와 로마 시대에 이르러 이시스는 오시리스의 유일한 아내로 인정되었다는 게 그의 판단이다. 따라서 오시리스와 짝을 이룬 다른 여신은 모두 불법인 것으로 여겨졌으며, 이 때문에 플루타르코스 기록은 네프시스를 간통녀로 자리매김했다는 것이다.[752] 어쩌면, 고대 이집트 왕권 신화는 이런 부분에 어떤 명확한 답을 찾을 수 없도록 처음부터 의도적으로 애매모호하도록 설계되었을 수 있다. 아마도 그것이 오시리스 신비의식의 본질이었을 것이다.

752 "From their earliest appearances, Isis and Nephthys doubled each other as mothers of Horus and wives of Osiris.' By the Ptolemaic and Roman periods, however, Isis was established as the sole wife of Osiris. Any other goddess paired with him must have been illicitly so, and thus Nephthys became an adulteress, as recounted in Plutarch. Lévai, Jessica. 2007b.; Plutarch," 2003. p.141.

아문-라
Amun-Ra

4부
멤피스의 메네스

41장 멤피스 미스터리

고대 이집트 왕국의 성립

고대 이집트 문명은 기원전 3천 년경 메네스라는 왕이 상·하이집트를 통일하고 멤피스를 수도로 하는 왕국을 세우면서 시작되었다는 것이 관련 학계의 정설이다.[753] 실제로 고대 이집트인들은 이집트 땅이 아주 오래전부터 상·하로 나누어져 있었다고 믿었다.하지만 고고학적 조사에 따르면 기원전 5천 년경 농경에 기반을 둔 비교적 단순한 마디 문화(Maadi culture)가 카이로 남부 근처인 하 이집트에 최초로 등장했다. 그 당시 상이집트에 여기에 비교할만한 문화는 존재하지 않았다.[754]

상이집트에 문화가 형성된 것은 기원전 4천 년경에 이르러서다. 나카다(Naqada)라는 곳에 복잡한 형태의 문화가 등장해 1기(기원전 4000년-기원전 3500년), 2기(기원전 3500년-기원전 3200년), 3기(기원전 3200년-기원전 3000년)

---

753 David, Anthony E. 2002, p.86.
754 Holtz, R. K. 1969.

까지 발전에 발전을 거듭했다. 이 문화는 기원전 3천년 경 히에로콘폴리스(Hierakonpolis)와 티니스(Thinis)와 아비도스까지 확장되었다. 대다수 학자가 이를 이집트 문명의 기원이라고 생각한다.[755]

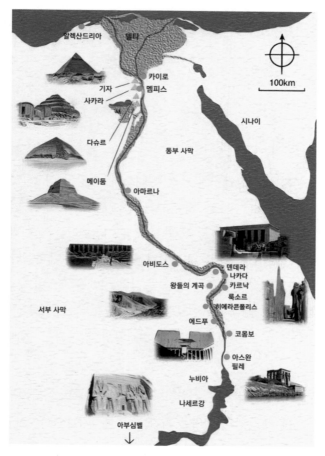

이집트의 주요 고대 유적지

755　Bard, Kathryn A. 1994.

멤피스가 고대 이집트 왕국 최초 수도였나?

이처럼 상이집트와 하이집트가 맞대결할 수준이 아니었다면 메네스가 멤피스를 중심으로 통일왕국을 건국했다는 기록은 어떻게 설명할 수 있나? 멤피스는 나일강 하류 카이로 인근의 고도(古都)로 알려져 있다. 원래 마디 문화의 중심지는 부토였지만,[756] 멤피스 또한 중요한 종교적 전통을 갖고 있었다는 것이 관련 학자들의 견해다. 그들에 의하면, 기원전 3500년경 상대적으로 발달했던 상이집트로부터 하이집트로의 문화 전이가 시작되었고 결국 기원전 3천 년경 이런 과정이 마무리되는데 이것이 바로 통일이었다는 것이다.[757] 이런 과정에서 하이집트의 멤피스가 통일왕국 수도로 정해졌고 말기 선왕조기에 가장 번성했던 아비도스는 이집트 남쪽의 주요 신성 도시로 남게 되었다는 것이 그들의 설명이다.[758]

이런 통일왕국 이론을 지탱해주는 가장 유력한 증거는 39장에서 논의된 바 있는 나르메르 팔레트다. 여기엔 파라오 나르메르가 상이집트와 하이집트를 상징하는 왕관을 차례대로 쓰고 나타나며, 따라서 이는 의심할 여지 없는 통일에 대한 역사적 기록이라는 것이 대다수 관련 학자의 결론이다. 즉 상이집트의 부족장이었던 나르메르가 하이집트를 복속하고 통일왕국의 최초 왕이 되었다는 것이다.[759]

---

756 Kemp, 2006, pp. 86–89; Midant-Reynes, B. 2000, p. 56.

757 Wainwright, G. A. 1923.; Bard, K. 1994.; Midant-Reynes, B. 2000, p.56.

758 Abydos, city of pilgrimage of the Pharaohs, UNESCO. Available athttps://whc.unesco.org/en/tentativelists/1823/

759 Heagy, T. C. 2014, p.69.; Mark, S. 1997, p.99.; Allan, Scott J. 2014, p.12.

그런데 최근 이 화장판이 역사적 기록이 아니라 고대 이집트의 오래된 축제 내용을 보여주고 있다는 주장이 제기되면서 그동안 주류 학계에서 지지하던 고대 이집트 통일왕국 이론에 대한 반론이 등장하게 되었다.[760] 거기에 더해 고고학적인 측면에서 과연 기원전 3천 년경 멤피스가 통일왕국의 수도로 부상하긴 했는가 하는 의문도 제기되었다. 통일왕국에 대한 유력한 증거품이라고 하는 나르메르 팔레트는 하이집트 멤피스가 아니라 상이집트 히에로콘폴리스에서 발굴되었으며, 멤피스에서는 통일왕국의 수도로써 위상에 맞는 그 어떤 유적이나 유물이 나오지 않았기 때문이다. (오늘날 남아 있는 유물, 유적은 모두 한참 이후의 것들이다)[761] 이처럼 고고학적으로 멤피스의 위상이 애매하기 때문에 메네스가 최초로 멤피스에 수도를 정하고 통일왕국을 건설했다는 이집트인들의 오랜 믿음에 대해 의문이 제기되기 시작했다.

멤피스는 어디에?

지난 2천여 년 동안 멤피스와 관련한 길고 복잡한 논의가 이루어져 왔다. 비록 수백 권의 책들에 멤피스와 관련한 위대한 신화들이 기록되어 있지만 아직도 그 정확한 위치는 오리무중이다. 전통적으로 멤피스는 사카라 공동묘지의 동쪽에 남아있는 국소적 유적지인

---

760 Wilkinson, T. A. H. 1999. p.68.

761 Hawass, Zahi. 2024.; Danelon, Nevio & Zielinski, David J. Mythological landscapes and real places: Using virtual reality to investigate the perception of sacred space in the ancient city of Memphis. In Lucarelli, Rita & Roberson, Joshua A. and Vinson, Steve. 2023. pp.85-117. Available at https://doi.org/10.1163/9789004501294_005

밋 라히나(Mit Rahina)를 가리키는 것으로 믿어져 왔다.[762] 하지만, 아무리 발굴 작업을 해봐도 밋 라히나에서 5천 년 전 위대한 통일 왕국의 수도가 존재했다는 고고학적 증거를 찾아보기 어려웠다.[763] 그런데 다른 한편 밋 라히나 뿐 아니라 하이집트의 사카라, 기자 등에 산재한 피라미드 군들을 포함한 비교적 넓은 지역을 멤피스라고 부르기도 했다. 이미 이집트학의 초기 시절부터 기자 피라미드 군 일대가 진짜 멤피스라는 주장을 제기하는 학자들이 있었고, 또 그곳에서부터 밋 라히나까지 비교적 넓은 영역이 멤피스라는 가설을 제기한 학자들도 있었다.[764]

한편 42개의 '놈'이란 행정 구역으로 나뉘어 있던 고대 이집트에서 하이집트의 첫 번째 놈이 바로 멤피스라는 기록도 전해온다. 이 경우 앞에서 언급된 지역보다 훨씬 넓은, 카이로 인근 대부분 피라미드 군을 포괄한 영역이 멤피스에 해당한다. 그런데 이보다 훨씬 더 넓은 영역이 멤피스일 수 있다는 주장도 제기되었다. 초기의 왕실 분묘와 고왕국 시대 피라미드들, 그리고 그 밖의 하이집트 공동묘지에 '멤피스 네크로폴리스(Memphite Necropolis)'라는 명칭이 붙어있기 때문이다. 즉, 이런 지역이 모두 멤피스와 관련 있으니 이 영역 모두가 고려 대상이라는 얘기다.[765]

---

762 Kemp, Berry. 1989, pp.43-44.; Wilkinson, T. 1999, p.359.

763 The main questions having to do with the city's history are still unanswered: attempts to ind the location of the early dynasties' capital ended unsuccessfully. Belova, Galina. Memphis: Correlation between written sources and archaeological data. In Belova, Galina A. and Ivanov, Sergej V. eds. 2012. p.24.

764 Jeffreys, D. 1999.

765 Love, Serena. 2003, pp.70-71.

멤피스에 대한 초기 기록

고대 이집트 왕국 수도에 대한 매우 오랜 기록이 고대 그리스 역사가 헤로도토스와 이집트 신관 마네토에 의해 작성되었다. 기원전 5세기 중반에 헤로도토스는 이집트 초대 왕 메네스가 나일강 물줄기를 바꾼 후 뭍으로 드러난 지대에 오늘날 멤피스라 불리는 도시를 건설했다는 기록을 남겼다.[766] 기원전 2세기 후반 하이집트의 신관 마네토 또한 멤피스 건설과 관련된 기록을 남겼다고 하는데 그의 원본은 유실되었고 대신 6백여 년 후 리비아의 역사가 줄리우스 아프리카누스(Julius Africanus)와 세사리아의 주교(Bishop of Ceasarea) 에우제비우스(Eusebius)가 남긴 기록들로 전해온다.

아프리카누스에 의하면 고대 이집트의 첫 번째 왕은 티니스(Thinis)의 메네스로 62년간 통치했으며 하마에 공격받아서 죽었다고 한다. 그리고 그후 그의 아들이 멤피스에 궁전을 지었다는 것이다. 에우제비우스의 기록에 의하면 이집트의 첫 번째 왕조의 첫 왕은 티니스의 메네스로 60년간 통치했다고 한다. 그는 해외 원정으로 높은 명성을 얻었으나 하마에게 당했다. 그의 아들 아토티스(Athothis)가 멤피스에 궁전을 지었다.[767]

이런 고대의 기록들은 헤로도토스 기록과 달리 메네스가 아니라 그의 후계자가 멤피스를 수도로 정했음을 보여주며 티니스에서 멤피

---

766 Herodotus. 1920. Vol. I, Book 2, the Loeb Classical Library edition, chapter 99. Available at https://penelope.uchicago.edu/Thayer/E/Roman/Texts/Herodotus/2b*.html

767 Love, Serena. 2003, pp.72-73.

스로의 수도 이전이 있었음을 시사한다. 티니스는 멤피스에서 남으로 5백 킬로미터 떨어진 상이집트의 아비도스 근처에 있다.

통일 전 수도 티니스의 흔적은 어디에

앞에서 상이집트 지역을 중심으로 발달했던 문화가 하이집트로까지 전이되면서 하이집트의 멤피스가 통일왕국의 수도로 정해지자 선왕조 말기 시대에 가장 번성했던 티니스(아비도스)가 수도로써의 지위를 잃고 이집트 남쪽의 주요 신성 도시로 남게 되었다고 했다. 그런데, 이렇게 고대 기록을 고고학적 사실에 끼워 넣다 보면 몇 가지 문제가 발생한다.

우선 1왕조의 왕들 분묘들이 모두 아비도스에서 발견된다는 점이다. 심지어 일부 2왕조 왕들의 무덤 또한 여기서 발견되었다.[768] 아비도스 왕들 무덤 근처에서 발견되는 1왕조 때 제작된 '파라오의 배들'은 당시 여전히 그곳이 중요했음을 보여준다.[769] 이것은 상당한 시사점을 던져준다. 메네스가 통일을 이루고 그 또는 그의 아들이 하이집트의 멤피스에 수도를 정했다는 것은 그 이후의 왕들이 모두 멤피스에서 통일 왕국을 다스렸다는 것을 의미한다. 그렇다면 사후 그들의 시신은 멤피스 인근의 묘지에 안치하는 것이 상식 아닐까? 물론 아비도스가 멤피스에서 그리 멀지 않다면 그들의 선조가 묻혀 있을 그곳에 무덤을 만들었을 수 있다. 하지만, 멤피스와 아비도스는

---

768   Kemp, Berry. 1989, p.53.; Jarus, Owen. 2012.
769   Dawoud, Khaled. 2000.

무려 5백여 킬로미터나 떨어져 있다. 두 왕조에 걸쳐서 이런 관행을 이어간 이유는 무얼까?

또 다른 문제는 메네토에 의해 메네스가 통일을 이루기 전 상이집트 수도로 정했던 티니스(Thinis)와 관련해 제기된다. 원래 정치적으로 아비도스가 중요했으나 통일기가 다가오면서 그 영향력이 티니스로 이양되었다고 보는 시각이 존재한다.[770] 아비도스는 종교적으로만 중요한 도시로 남게 되었다는 것이다. 그런데 아비도스 근처에 존재했을 것으로 추정되는 이 도시는 기록상으로만 있을 뿐 그 자취를 찾을 수 없다.[771] 정말 티니스가 통일 직전 행정 수도였다면 그곳의 흔적이 어떤 형태로라도 남아있어야 하는데 오직 인근의 묘지 도시 아비도스만 존재하는 것은 그야말로 이상하기 짝이 없다. 당연히 왕궁이나 군사 훈련장, 민간 상업지역 등이 꾸며져 있었을 것이다. 하지만 그런 흔적을 아비도스에서는 물론이거니와 아비도스 인근 어디서도 찾을 수 없다. 신전·묘지로만 조성된 도시만 덩그러니 남아있는 것은 그야말로 이상하기 짝이 없다.

그런데 이런 문제는 멤피스도 마찬가지다. 미졸라프 베르너 (Miroslav Verner)는 멤피스가 거대한 신전들, 오벨리스크들, 열주들, 스핑크스들이 늘어선 거리, 궁전들, 그리고 행정 건물들로 구성된 메트로폴리탄이었을 것으로 추정한다.[772] 하지만 멤피스 일대 전체가 분

---

770 Maspero, Gaston. History of Egypt. In Sayce, A. Henry ed. 1903b, p.33.; Thinis, Wikidepia. Available at https://en.wikipedia.org/wiki/Thinis

771 Wilkinson, Toby A. H. 1999, p.67.

772 Memphis, that famous metropolis of ancient Egypt, is a city of huge temples, obelisks, and colonnades, of avenues of sphinxes, palaces, and

묘 도시로 기능했다는 증거만 있지 궁궐이나 행정 건물, 민간인 거주지, 또는 상업지역 등이 존재하는 행정도시였다는 증거가 전혀 보이지 않는다![773]

고대 이집트, 신전과 분묘의 나라

나폴레옹의 프랑스 원정대를 따라간 고고학자들은 처음엔 피라미드나 지하 묘역을 제외한 이집트 전역에 건설된 웅장한 건축물들을 모두 고대 이집트 왕들의 궁전이라고 생각했다. 하지만, 나중에 그것들이 모두 신전들임이 드러났다.[774] 고대 이집트 유적이나 문헌에 이상하게도 왕과 왕족들의 주거 공간에 대한 제대로 된 증거나 기록이 나오지 않는다. 우리의 상식으로 판단해볼 때 당연히 있을 법한 웅장한 궁궐을 중심으로 발달한 도시의 흔적을 찾아볼 수 없는 것

---

administrative buildings. Verner, Miroslav. Memphis: The White Wall. In Bryson-Gustová, Anna ed. 2013.pp.89-141. Available athttps://doi.org/10.5743/cairo/9789774165634.003.0003

773 멤피스와 아비도스가 계획도시였다는 주장이 있다. Yoffee, Norman. 2005, p.47참조. 그렇다손 치더라도 현재까지의 고고학적 증거로 볼 때 그것은 종교적 목적으로만 계획되었다고 봐야 한다.

774 The earlier visitors to Egypt saw palaces everywhere. They called everything which was imposing in size a palace, except the pyramids and the subterranean excavations. The authors of the Description de l'Égypte thought that Karnak and Luxor, Medinet-Abou, and Gournah, were royal dwellings. Perrot, Georges & Chipiez, Charles. 1883, pp.8-9.; 난노 마리나토스는 크노소스, 파이스토스, 말리아, 그리고 자크 로스에 있는 기념비적인 건물들이 왕궁이라고 널리 알려졌지만 여러 정황을 살펴보면 그게 아니라 종교의식 거행 장소, 즉 신전이었을 것이라고 주장했다. 포이어스타인, G. 외. 2000. p,127. Marinatos, N. 1993. Minoan Religion, pp.39-40 참조. 미노아 문명은 고대 이집트 문명과 밀접한 관련이 있다.

이다. 그래서 일부 이집트학 학자들은 신전이 궁전의 역할을 했다거나 최소한 신전의 일부 부속 건물이 왕과 왕족 거주지로 사용되었다는 가설을 내놓았다. 하지만, 신전은 신의 임재를 상징적으로 나타내기 위해 지어진 건물로 내부가 극도로 어둡고 아주 폐쇄적이라 실거주지로 사용되기엔 매우 부적합하다.[775]

행정 수도의 부재

멤피스 일대와 아비도스에는 마스타바라 불리는 초기 분묘, 피라미드, 그리고 장제전 및 신전들만 존재한다. 앞에서 강조했듯 이런 건축물들은 거주 공간이 아니라 제의를 위한 공간이었다. 비록 고대 이집트 왕들이 많은 시간을 제례 의식을 치르는데 할애했다고 하더라도 행정을 위한 별도의 거주 공간이 있었을 것이다. 도대체 그곳이 어디에 있었을까? 고대 이집트 초기시대 궁전은 그 어느 곳에서도 아직 발견되지 않고 있다. 그 이유는 무엇일까? 아마도 신전이나 묘지는 신들의 영구성을 상징하는 석재로 건설했으나 왕궁은 나무와 흙처럼 오래 지속되지 못하는 재료로 건축해 오늘날 그 흔적을 찾아보기 힘들다고 봐야 할 것이다.[776] 그렇다면 그런 왕궁이 분묘지대 어느 한구석에 지어졌을까? 오늘날 학자들은 왕들이 제례 의식이 한

---

775 대부분의 고대 이집트 신전은 외부로부터의 빛을 철저히 차단하는 구조로 되어 있다. 내부로 빛이 들어오는 때는 1년에 두 번으로 제한되며, 이 중 중요한 한날에 종교의식이 치러진다. Perrot, Georges and Chipiez, Charles. 1883, pp.8-25 참조.

776 Jacq, Christian. 2009, p.26.; Perrot, Georges and Chipiez, Charles. 1883, pp.8-25.

창일 때 왕궁을 분묘 도시에 임시로 건설했을 수 있다.[777] 하지만 제대로 된 행정기능을 갖춘 도시는 따로 건설되었을 것이다.

행정 수도는 나일강 동편에?

멤피스와 아비도스는 모두 나일강 서쪽 편에 있다. 비교적 후대의 전통에 따르면 왕의 거처는 나일강 동쪽에 마련되었다.[778] 따라서 이런 전통이 고대 이집트 왕국 초기 때부터 이어져 온 것이라면 아마도 세속적 수도는 멤피스나 아비도스의 나일강 건너편 가까운 곳 어딘가에 있었을 것이다. 아직 발굴 작업이 제대로 진행되지 않은 지역이 많이 남아있어 단언하긴 어렵지만 현재 시점에서 고대 이집트인들의 수도라는 개념을 다시 생각해봐야 할 것 같다.

오늘날 고대 이집트 왕국 초기의 행정 수도 자취를 찾을 수 없다는 사실은 그 당시 신성 도시 건축엔 많은 정성과 노력을 기울였으나 행정도시는 상대적으로 매우 하찮게 취급했음을 시사한다. 즉, 종교적 수도인 신성 도시가 당시의 관점에서 볼 때 실거주하던 세속적 수도보다 압도적으로 중요하게 여겨졌음이 틀림없다. 이처럼 당시 이집트인들이 종교적인 측면에 편향된 삶을 살았다면, 메네스가 멤피스를 수도로 정했다는 얘기는 세속적인 차원을 넘어 뭔가 전혀 다른 차원에서 바라봐야 하는 것은 아닐까? 고대 이집트인들이 초기

---

777 Snape, Steven. 2018.

778 신왕국 테베는 동과 서로 나뉘어 있었다. 동쪽에 왕궁과 아문-라의 태양 신전이 있었고 서쪽 편엔 공동묘지가 조성되었다. Atiya, Farid. 2006, p.160 참조.

부터 신앙적 측면에 전적으로 몰두했다면 메네스가 이루었다는 통일 이야기 또한 어쩌면 정치적 또는 경제적인 것이 아니라 순전히 종교적인 것일 가능성이 있다.[779]

---

779 고대인들의 사고방식을 이해하는 데 오늘날 역사적 잣대를 들이대는 것은 위험하다. 아나톨리아에서 발견된 인류 최초의 도시 괴베클리 테페는 경제적 정치적 목적이 아니라 종교적 목적으로 건설되었음이 드러났다. 클라우스 슈미트는 괴베클리 테페의 천이 과정을 놓고 "최초에는 신전, 그다음에 도시Zuerst kam der Tempel, dann die Stadt"라고 표현했다. Schmidt, K. 2000. 참조.

42장 메네스 왕의 고고학적 증거

고대 이집트의 통일

오늘날 주류 이집트학 학자 중 메네스가 상·하이집트를 아우르는 최초의 통일 왕국을 만들었다는 사실에 이의를 제기하는 이는 별로 없다. 그들의 연구에 의하면 통일 시기는 기원전 3천 년 경이다. 당시부터 규모가 큰 왕들의 고분들이 만들어지기 시작했기 때문이다. 이들 고분에서 발굴된 몇 가지 유물들에 통일 왕국으로 가는 동안 치렀다고 볼 수 있는 전투 장면들이 묘사되어있다고 그들은 믿는다. 이를 근거로 관련 학자들은 당시 군사들을 동원한 대대적인 캠페인이 있었고 그 결과 통일 왕국이 건립되었다고 주장한다.[780]

이집트학 학자들이 통일기로 지목하는 시기에 이집트를 통치한 것으로 보이는 왕은 호르-아하(Hor-Aha), 스콜피온(Scorpion), 그리고

---

780   Millet, N. B. 1990, p.59.

나르메르(Narmer)다. 관련 학자들은 이들 중 어느 한 명이 메네스였을 가능성을 고려한다.[781]

호르-아하

한때 고고학적으로 확인되는 메네스의 흔적들 가운데 가장 대표적인 것으로 나카다에서 발굴된 한 상아 조간판이 부상된 적이 있었다. 여기엔 호르-아하(Hor-Aha)라는 파라오의 이름이 등장하는데 '전사(戰士) 호루스'라는 뜻이다. 그 옆에 또 다른 글자로 mn이 쓰여있는데 관련 학자들은 이를 '메네스'라고 읽을 수 있다고 말한다. 이를 근거로 캐서린 바드(Kathryn A. Bard)를 비롯해 많은 이집트학 학자가 아하를 1왕조 첫 번째 왕인 메네스로 지목했다.[782] 하지만 mn이 그 위치나 의미상 문제가 있다는 반론이 제기되면서 이런 주장은 최근 힘을 잃었다.[783]

스콜피온

또 다른 메네스 후보로 스콜피온이 있다. 그의 모습은 현재 영국 옥스퍼드 대학교의 아쉬몰린 박물관에서 소장 중인 '스콜피온 메이스 헤드(Scorpion Mace Head)'에 잘 묘사되어있다. 이 유물은 실용적인 곤봉 머리가 아니라 의례용이나 기록용으로 제작되었던 것으로 보이는데 한쪽 면에는 의복을 잘 갖춰 입고 있는 파라오의 모습이 그려

---

781 Boersma, Iris. 2010, p.94.
782 곽민수. 2019a.; Bunson, Margaret. 2014. p.14.; Bard, Kathryn A. 2015,p.116.
783 Lloyd, Alan B. 1975, p.8.

져 있다. 파라오는 상이집트를 상징하는 길쭉한 백색 왕관을 쓰고 괭이를 손에 들고 있다. 이것은 관개와 관련이 있는 의식을 주관하는 장면으로 해석되며 종종 멤피스를 건설하는 것이라고도 본다.[784] 파라오의 바로 앞에는 로제트(Rosette)와 전갈이 새겨져 있는데, 이 상징들로 이 왕의 이름을 추정한다. 이집트학자들은 그 글자의 모양대로 이 왕을 그냥 스콜피온, 즉 전갈 왕이라 불러왔다.

곤봉 머리의 다른 한쪽 면은 보존 상태가 매우 불량해 어떤 그림이 그려져 있었는지 알 수 없다. 그런데, 파트리크 고티에(Patrick Gautier)와 베아트리스 미당-레인즈(Béatrix Midant-Reynes)와 같은 학자들은 이 손상된 면에 하이집트의 붉은 왕관을 쓰고 있는 파라오가 그려져 있었을 걸로 본다. 이런 추정을 바탕으로 스콜피온이 최초로 통일을 이룩한 왕이라고 주장한다.[785] 한편 상이집트 왕관을 쓰고 있는 파라오가 이 곤봉 머리에 그려진 유일한 파라오의 모습이라고 생각하는 이들은 스콜피온이 이집트가 통일되기 전 상이집트에 대해서만 영향력을 갖고 있었던 메네스의 선조였다고 본다.[786]

784 Hendrickx, Stan and Föster, Frank. Early Dynastic Art and Iconography. In Lloyd, Alan B. ed. 2010, p.838.

785 Ibid.; Gautier, Patrick andMidant-Reynes, Béatrix. 1995.

786 곽민수. 2019b.; Stiebing Jr., William H. 2016.

나르메르 팔레트의 앞면
상이집트 왕관을 쓴 나르메르 왕이 곤봉으로 적을 내리치려 하고 있다

나르메르

초기부터 이집트학 학자들이 메네스로 지목했던 이는 나르메르다. 그가 이런 지목을 받게 된 것은 '나르메르 팔레트'라 불리는 유물이 발견되면서다.[787] 현재 카이로 박물관에 보관 중인 이 팔레트 앞면의 중심부에는 길쭉한 상이집트의 왕관을 쓰고 있는 나르메르가 곤봉을 휘두르며 적을 제압하고 있는 장면이 그려져 있다.

787 Silverman, David P. 2003, p.23.

나르메르는 황소 꼬리가 달린 킬트를 입고 있는데 이것은 고대 이집트 문명기 내내 지속된 전형적인 파라오의 모습이다. 그는 한 손에 곤봉을 들고 다른 한 손으로는 앞쪽에 무릎 꿇고 있는 이의 머리카락을 잡고 그를 내리치려 하고 있다. 이 사람은 나르메르에게 패배한 적이나 정복당한 도시를 상징하는 걸로 보인다. 남자의 머리 위에는 사람의 손을 지닌 매 한 마리가 인간 머리가 달린 파피루스 묶음 위에 앉아 그 인간의 코에 묶인 밧줄을 당기고 있는 모습이 묘사되어있다. 매는 호루스, 즉 파라오를 나타내는 동물이고, 파피루스는 하이집트 상징으로 볼 수 있어 이 장면은 파라오가 하이집트를 제압하고 있다는 의미로 해석된다. 초기 학자들은 이를 근거로 이집트 최초 통일이 상이집트가 하이집트를 정복하는 방식으로 이루어졌다고 말한다.

나르메르 팔레트의 뒷면
나르메르 왕이 하이집트 왕관을 쓰고 행진하고 있다

팔레트 뒤편에는 하이집트 파라오로 분한 나르메르가 앞뒤로 수행원들을 거느리고 행진하고 있다. 상이집트 파라오와 하이집트 파라오 모습은 그들이 쓰고 있는 왕관 모양으로 구분할 수 있다. 주류 이집트학 학자들은 나르메르 팔레트 앞뒤 면을 모두 종합해서 판단할 때 이것이 나르메르의 상·하이집트 통일을 나타내는 것이라는 결론에 도달하게 되었다.[788]

나르메르에 대한 논란은 그후에도 계속되어왔다. 그러던 중 아비도스 네크로폴리스인 움-엘-콰브(Umm el-Qa'ab)에서 발견된 도자기 조각 봉합 문양에서 메네스를 의미한다고 여겨지는 mn이 나르메르 이름 옆에 쓰인 것이 발견되었다. 이를 근거로 나르메르가 메네스라는 주장이 힘을 받게 되었다. 비록 이런 사실이 결정적으로 나르메르가 메네스라는 사실을 확인해 주는 증거라곤 볼 순 없지만 이제 대부분 학자는 그가 고대 이집트 왕국을 건설한 첫 번째 파라오라는 데 동의하는 편이다.[789]

통일 전쟁은 없었다?

그런데 고고학적 연구에 의하면 상이집트와 하이집트는 기원전 3천 2백 년경인 나카다 2기에 이미 정치적 사회적으로 통합하였기 때문에 기원전 3천년 경인 나카다 3기에 정복이나 전쟁 등이 일어날

---

788 곽민수. 2019c.; Yadin, Yigael. 1955.; Millet, N. B. 1990.; Fairservis Jr., W. A. 1991.; Dochniak, Craig Charles. 1991, pp.18-20.

789 David, Anthony E. 2002, p.27.

일이 없었다고 한다.[790] 그 증거로 기원전 3200년경 조성된 아비도스 U-j 분묘에서 발견된 유물을 꼽을 수 있다. 여기엔 하이집트 지명이 쓰여 있는데 이는 당시 이미 상·하이집트 통합이 완성되었음을 가리키고 있다는 것이다.[791] 또한 기원전 3천 년경 이집트에선 무력 갈등의 흔적을 찾기 어려우며 오히려 그 당시 사회는 비교적 안정적이었다는 사실이 밝혀졌다.[792]왕국의 성립은 비교적 평온한 분위기에서 서서히 그러나 매우 건설적인 방향으로 이루어졌다는 것이다.[793]

이 때문에 최근 고고학적인 메네스 후보자로 거론되는 왕 중에서 특정한 한 명이 메네스가 아니라 이들 모두를 총칭해서 메네스라 불린 것이라는 주장이 제기되었다. 즉, 메네스는 그냥 포괄적으로 '왕'을 나타내는 용어라는 것이다.[794] 이들이 비교적 긴 시간을 두고 사회적 혼란이 없이 통일을 향한 안정적 행보를 했다는 것이다. 그렇다면 나르메르 팔레트 등 당시 발견된 전투나 포로 장면이 묘사된 유물들의 정체는 도대체 무엇일까?

790 Lloyd, Alan B. 1975, pp.8-10.

791 Bard, Kathryn A. 2015, p.117.

792 Baines, John. Origins of Egyptian Kingship. In O'Connor, David BourkeandSilverman, David P. eds. 1995, pp.95-130.

793 Roberts, Peter. 2006. p.35.

794 Murnane, William J. The History of Ancient Egypt: An Overview. In Sasson, Jack M.ed. 1995, pp.693-694.

43장 두 왕국 통일의 신화적 의미

고대 이집트 신화는 역사

지금까지 이 저술을 통해 종교의식들이 고대 이집트 왕국에서 얼마나 중요한 비중을 차지하고 있는지 보여주었다. 특히 16장 전체를 할애해 고대 이집트에서는 국가와 종교가 왕권 신화를 통해 불가분으로 뒤엉켜 있었으며 그들에게 역사가 종교의식이고, 종교의식이 역사였다는 주장을 소개했다.[795] 특히 그 중심에는 왕권 신화가 있었는데 그것은 고대 이집트 왕, 파라오의 권한을 둘러싸고 전개되는 신화였다. 따라서 이 역사화된 신화 또는 신화화된 역사의 한가운데에 파라오가 있었다. 이 때문에 고대 이집트에서 파라오는 어떤 의미에서 그 어느 신들보다도 더 중요한 존재였다고까지 했다.[796] 이처럼 고대 이집트 왕권은 신성불가침의 영역이었다. 그렇다면 고대 이집트인들은 그들 왕국 기원에 대해 신성한 이야기를 하려 하지 않았을까?

---

795 Baines, John R. Origins of Egyptian Kingship. In David O'Cornnor et al. 1995. pp.129-130.

796 Ibid., p.113.

고대 이집트인들의 역사관이 오늘날 우리와 달랐다면, 우리의 역사관이 아닌 그들의 역사관으로 그들 유물을 바라보는 게 옳지 않을까? 최근에 지금까지 고대 이집트 통일과 관련 있는 것으로 여겨지던 유물들에 대한 새로운 해석이 등장했다. 그것들이 역사적 사실의 기록이 아니라 고대 이집트인들의 종교 이데올로기적인 장면을 묘사하고 있다는 것이다.[797] 그리고 그런 대표적인 것이 바로 나르메르 팔레트다.

필자는 39장에서 나르메르 팔레트 뒷면에 묘사된 기수들이 들고 있는 표장들이 호루스의 자가 수태 과정을 나타내는 것들임을 밝힌 바 있다. 이것들은 왕의 행진과 관련된 매우 의미심장한 것들로 왕의 정체성을 나타낸다. 따라서, 이 장면에서 나르메르 왕은 호루스로서, 그리고 웹와웻으로서 그리고, 여신의 태반 속에 머물다가 곧 태어날 태양신으로써 자신을 드러내는 것이다. 이는 '나르메르 팔레트'가 두 부족 간의 전쟁에서 승리한 한 부족장의 이야기를 담고 있는 것이 아니라 신화 속에서 호루스라는 존재가 자신의 탄생을 주도하는 역정을 묘사한 내용이다.

필자의 견해와 어느 정도 맥락이 같은 주장을 데이빗 오코너(David O'Cornor)가 제기했다. 그는 왕이 적을 곤봉으로 내치는 장면이 나오는 나르메르 팔레트의 앞면을 순전히 신화적인 것으로 해석할 수 있다고 말한다. 그에 의하면 거기에 기록된 내용은 역사가 아니라 우주적 신화이며 주인공은 태양신이고 포로들은 태양신에 대적하던

---

797   Elshamy, Mostafa. 2019, p.115.

반역 무리다. 그리고 거기 묘사된 파피루스 땅(Papyrus Land)은 이집트의 델타 지대가 아니라 고대 이집트 신화 속 태양신과 연관된 성지인 '아켓(Akhet)' 주변일 수 있다는 것이다.[798]

아켓은 고대 이집트 왕권 신화 속에서 성지중의 성지다. 통상 지평선이라고 해석되며 저 멀리 지구 끝 쪽 땅으로 태양이 하계, 즉 지하 세계로부터 올라오거나 그곳으로 내려가는 지점이라고 알려져 있다.[799] 지상 세계와 무관한 신화적 공간이다. 그곳은 궁극적으로 호루스가 오시리스 및 라를 수장으로 하는 제신들과 포옹하고 '빛 적 존재(akh)'가 되는 곳이다.[800] 따라서, 오코너가 말하는 주인공은 태양신 호루스이고 반역 무리는 세트의 무리라고 볼 충분한 이유가 있다.

실제로 이와 흡사한 장면이 1왕조 5번째 왕인 덴의 샌달에 달려있던 하마 뼈에 새긴 그림에 등장한다. 파라오 덴이 한 손을 적의 머리채를 잡고 곤봉으로 내리치는 장면이 그것이다.[801] 이 장면은 흔히 역사적인 덴왕의 이집트 동쪽 시나이 땅 무력 정복(military conquests in Sinai, eastern Egypt)으로 해석된다.[802] 하지만 여기서 그는 신화 속의 호루스 임무를 수행하고 있다고 볼 수 있으며, 39장에서 지적했듯 그

798   O'Cornor, David. 2011, p.152.

799   Remler, Pat. 2010, p.6. 이런 주장엔 문제가 있는데 나중에 다룰 것이다.

800   Naydler, Jeremy. 1996, p.230.;Remler, Pat. 2010, p.5.; Assmann, Jan. Resurrection in Ancient Egypt. In Peters, Ted & Russell, Robert John and Welker, Michael eds. 2002, p.130.

801   Wilkinson, T. 1999, p.156.

802   King Den's sandal label. A History of the World. BBC. Available at https://www.bbc.co.uk/ahistoryoftheworld/objects/li6X6vc1SMSJfJ2BhOdB0A

앞에 세워져 있는 깃대 위의 표상(이미-웟 물신)은 그가 하토르 여신을 향해 돌진하며 적을 무찌르는 웹와웻임을 의미한다. 결국 나르메르 팔레트에 묘사된 전투 장면도 똑같은 신화적 에피소드를 묘사한 것이라고 볼 수 있다는 게 필자의 판단이다.

덴왕의 샌달에 달려있던 하마 뼈에 새겨진 그림
곤봉으로 적의 머리를 내리치는 덴의 앞쪽 깃대 위에
쉐드쉐드를 향하는 웹와웻의 표장이 놓여있다

두 왕국 통일의 의미

여기서 고대 이집트 왕권 신화에서 호루스의 위치를 살펴보자. 그는 항상 승리하는 신이며 최초로 두 왕국을 통일한 존재였다.[803] 필

803 Voegelin, Eric. 2001, pp.129-130.; Assmann, Jan. 2003, pp.40-41.; Elshamy,

자와 오코너의 견해를 따르면, 결국 나르메르 팔레트는 신화적 공간에서 통일을 이루는 최고신 호루스의 이야기를 묘사해 놓은 것이라고 볼 수 있다. 이집트학 학자들은 나르메르 팔레트에서 메네스가 두 왕국을 통일했다는 고대 이집트인들의 믿음을 확인했다고 생각했다. 그래서 나르메르가 두 왕국을 통일한 메네스라는 믿음을 갖는 학자들이 다수다. 그런데 그 유물에 묘사된 내용이 호루스라는 신화 속 주인공이 이룬 신화적 통일에 대한 것이라면 이제 고대 이집트 역사 속 통일은 어떻게 해석해야 하나? 통일이 있었다고 믿어지는 기원전 3천 년경에 갈등이나 전쟁의 흔적이 없음에도 통일 왕국이 형성되었다면 그 통일은 틀림없이 종교적 축제의 일환으로 이루어진 것이리라. 고대 이집트에서 의식이나 축제로 재현된 신화가 역사였다!

멤피스 최고신 호루스의 신화적 통일

실제로 고대 이집트 왕권 신화의 대미는 두 땅의 통일이다. 세트신과 쟁투를 벌여 호루스가 두 땅(Two Lands)을 접수하고 결국 통일을 이룬다는 것이다. 그리고 멤피스는 그 두 땅의 균형을 이루는 지점에 건설된다.[804] 이 이야기는 멤피스가 신화 속에 등장하는 호루스 신의 성지임을 시사한다. 그렇다면, 역사적으로 통일을 이루었다는 첫 번째 이집트 왕은 실제로 전쟁을 통해 통일을 이룬 것이 아니라 이런 신화적 내용을 종교의식으로 반복한 것이라고 봐야 한다. 그리

Mostafa. 2019, p.114.

804   Atiya, Farid. 2006, p.99.

고 원래 신화 속의 성도를 이집트 땅에 구현했던 것이 틀림없다.

　최소한 후대의 파라오들에게 있어서 그들의 대관식은 호루스의 통일을 반복하는 의식이었다.[805] 고대 이집트 역사의 첫 번째 파라오도 확실히 그런 의미의 대관식을 가졌던 것 같다. 호루스는 다양한 형태로 표현되는데 멤피스와 관련해 가장 대표적인 모습이 바로 태양신이다. 그는 '지구상에서 왕권의 원천(source of earthly kingship)'이었다.[806]

805　Bodine, Joshua J. 2009, p.14.
806　Leeming, David. 2005 p.114.

44장 하마에게 죽은 메네스 미스터리

고대 이집트 왕국 출범과 메네스

고대 이집트의 모든 파라오는 호루스로 잉태되는 상징적인 대관식 의식을 치르면서 통치를 시작한다.[807] 고대 이집트인들에게 이런 행사는 그 무엇보다도 현실감이 있는 역사였다. 그렇다면 고대 이집트 왕국의 첫 왕에 대한 기록도 당연히 어떤 신화적 상징성으로 채색되어 있지 않았을까?

고대 이집트의 역사적인 기록은 고대 이집트 성립을 '통일'에서 찾는다. 그리고 통일을 이룬 왕을 메네스라고 부른다. 그런데 이 위대한 왕에 대한 기록은 매우 간단하며, 한편으로 이상한 부분도 포함하고 있다. 41장에서 '메네스가 외국을 정벌하여 유명해졌지만, 하

---

807 Schnusenberg, Christine. 2010 p.40 여기서 슈누젠버그는 호루스의 포옹을 받은 오시리스가 '새로이 태어난다newborn'라고 표현하고 있는데, 사실 오시리스는 잠시 부활한 것이고, 새로 태어나는 이는 호루스다.

마의 공격을 받고 죽었다'는 마네토 기록을 소개한 바 있다. 이 부분에 대해 윌리엄 올브라이트(William F. Albright)는 메네스가 하마에 의해 죽었다는 얘기는 그가 외국 정벌 중에 전사했다는 얘기가 와전(訛傳)된 것일 수 있다고 말한다.[808]

하지만 이런 해석은 고대 이집트인들의 역사관에 대한 고려를 전혀 하지 않고 우리의 역사적 시각을 그대로 투영한 것이다. 설령 메네스가 외국 정벌에서 전사했다고 해도 고대 이집트인들은 호루스 왕으로서 그를 전쟁의 승리자로 기록했을 것이다. 하마와의 싸움 또는 사냥은 후대의 왕권 신화에서 매우 상징적인 의미를 띠고 있으며, 따라서 고대 이집트 첫 번째 왕의 범상치 않은 하마에 의한 죽음은 좀 다른 시각에서 바라볼 필요가 있다.

왕조시대 종교의식으로써의 하마 사냥

고왕국 시대에 하마 사냥은 왕권 신화 축제의 주요한 한 장면이었다. 맨프레드 러커(Manfred Lurker)는 그 시대에 이미 왕이 흰 하마를 죽이는 하마 축제가 존재했다고 지적한다. 그런데 이 축제에서 왕은 하마로 변신한 세트에게 승리를 거두는 호루스로 여겨졌다고 말한다.[809] 키릴 알드레드(Cyril Aldred)는 더욱 거슬러 올라가서 상고시대 때 파라오가 호루스로서 적 세트가 변신한 하마를 사냥하는 사냥꾼이 되어 창을 들고 늪지를 찾아다니는 축제 의식이 거행됐다고 주장한

808   Albright, W. F. 1920. p.94.
809   Lurker, Manfred. 1980, p.64.

다.[810] 그런데 허버트 페어맨(Herbert W. Fairman)에 의하면 그것이 1왕조 때를 기준으로 볼 때 이미 매우 오래된 축제였다는 것이다.[811] 호루스가 하마로 변신한 세트를 죽이는 축제가 그렇게 오랜 연원을 갖고 있다는 말이다.

1왕조 다섯 번째 왕, 덴의 하마 사냥

제1왕조 5번째 왕인 덴이 하이집트 왕을 상징하는 왕관을 쓰고 하마를 사냥하고 있는 모습이 그려진 봉인문장

---

810   Aldred, Cyril. 1961, p.88.

811   Fairman, H. W. 1974, p.35.

얼마 되지 않는 이집트 상고시대의 유물 중 1왕조 다섯 번째 왕인 덴과 관련된 그림이 새겨진 봉인문장이 있다.[812] 그런데 이 그림 속 덴이 하마를 사냥하고 있다. 패트릭 오마라(Patrick F. O'Mara)는 메네스와 덴이 하마와 연관되어 있다는 사실에 주목한다. 그는 이 장면이 두 왕국 통일의 어느 순간을 기념하기 위한 축제 장면일 가능성을 언급하지만 이와 함께 이 장면이 하마에 얽힌 고대 이집트 전설과의 연관 또한 고려한다. 그는 덴의 봉인 문양이 고대 전설을 묘사한 축제 장면인지 아니면 고대 전설의 배후에 도사린 어떤 핵심적인 사실을 나타내는지 알 수 없다고 한다. 하지만, 메네스가 하마에게 죽임당했다는 기록과 어떤 관계가 있는 거 같다고 지적한다.[813]

토비 윌킨슨(Toby A. H. Wilkinson)은 하마 사냥이 1왕조 때부터 시작된 것이 아니라 그 훨씬 이전부터 행해진 축제 의식이라고 주장한다. 덴의 통치 기간을 표시하는 「팔레모석」에 운하의 개통과 하마 사냥의 축제가 나타나 있는데, 여기엔 덴이 하마와 레슬링을 하고 있다. 이처럼 덴과 관련해서는 하마를 창으로 사냥하는 것과 하마와 레슬링을 하는 장면이 모두 나타나는데, 윌킨슨은 이 두 가지 모두가 축제와 관련이 있다고 지적한다. 그는 하마 사냥 의식을 선왕조 시대 초기 기원전 3500년경인 나카다 1기까지 거슬러 올라가 찾아볼 수 있으며, 이것은 나카다 2기와 왕조 직전 시기까지 유사한 패턴으로 나타난다고 지적한다.[814]

---

812 O'Mara, P. F. 1979. pp.148.

813 O'Mara, Patrick F. 1979, pp.148-149.

814 Wilkinson, Toby A. H. 1999, p.216.

이처럼 '하마 사냥'이 축제라면, 그 정확한 성격은 무엇일까? 윌리엄스와 로간은 그것이 왕권 신화와 직접적으로 연관이 있다고 본다. 기원전 3500년경에 이미 왕권 신화 모티프를 보여주는 하마 사냥 의식이 존재했다는 것이다. 이들이 이런 관점을 갖게 된 것은 같은 시기에 그려진 그림들에서 성스러운 선박의 행진, 파라오의 상징, 승리, 축하의 춤, 희생, 건축물의 특별한 양식 등 나중에 희년 축제라고 알려진 종교의식에 나타나는 대부분의 요소를 발견할 수 있었기 때문이다.[815]

메네스와 오시리스

여기서 다시 메네스에 대해 생각해보자. 기록에 의하면 고대 이집트 첫 번째 왕인 그는 하마에게 살해당했다고 한다. 우리의 역사적 기준으로 판단할 경우, 어쩌면 그가 왕권 신화와 관련 있어 매우 중요했을 종교의식에 참여해 하마를 사냥하다 실수로 죽었을지도 모른다. 하지만 고대 이집트인들의 역사적 관점에서 보면, 설령 그런 사고가 있었다고 할지라도 세트를 무찌르고 두 왕국을 통일한 승리의 신 호루스 현신으로 역할을 한 왕이 어이없게 죽었다는 기록을 남길 수 없다.[816] 그들에겐 신화가 진짜인 역사였기 때문이다. 그렇다면 뭔가 이상하지 않은가? 만일 그가 정말로 고대 이집트의 통일을 이룬 첫 번째 왕이라면, 호루스의 화신으로서 '승리하는 신'의

815 Williams, Bruce B. et al. 1987, pp.258-260.
816 Gaster, Theodor H. 1954.

대표자로 자리매김이 되어야 마땅하다.[817] 그런데 왕조시대 초기부터 세트의 현신으로 알려진 하마에게 죽었다니? 이런 딜레마를 어떻게 해결할 수 있을까?

에우제비우스(Eusebius)가 기록한 메네스에 대한 마네토 기록의 다른 버전을 보면, 메네스가 하마 신에 의해 죽임을 당했다고 기록되어 있다.[818] 마네토 시절에 공인된 난폭한 하마 신은 세트였으며, 따라서 메네스가 세트에 의해 죽임을 당했다는 아주 명백한 얘기가 된다. 실제로 하인리히 부룩쉐-베이(Heinrich Brugshe-Bey)는 그의 책 『파라오 통치 아래의 이집트(Egypt under the pharaohs)』에서 "무시무시한 수중 괴물들의 군주인 세트가 가장 오래된 왕국(이집트)의 시조(始祖)를 적의를 품고 물어뜯었다는 말인가?"라고 묻고 있다.[819]

신화 속에서 세트를 물리치고 두 왕국을 통일한 승리하는 신 호루스의 화신으로써 최초로 현실 세계에서 통일을 이룩한 그가 세트에 패배했다는 것은 도저히 말이 되지 않는다. 여기서 우리는 신화적 공간에서 세트에 의해 죽임을 당한 존재가 있다는 사실을 상기할 필요가 있다. 그는 바로 오시리스다. 결국 이는 메네스가 오시리스의 화신이었다는 암시로 보인다.

한편, 디오도로스가 채록한 한 전설에 따르면, 메네스가 그의 사냥개에게 물려 죽을 찰나에 악어가 나타나서 그를 태우고 다른 편

---

817 Pippy, John H. C. 2011, p.108.;Griffiths, John Gwyn. 2018, p.122.

818 Waddell, William Gillian ed. 1940, p.33.

819 Brugshe-Bey, Heinrich. 1996, p.26.

기슭으로 피신시켜주었다는 기록이 있는데,[820] 이것은 오시리스에 대한 전설과 같다.[821] 실제로 오시리스를 죽인 세트는 신화 공간에서 하마뿐 아니라 사냥개로도 묘사된다.[822] 고대 이집트인들이 메네스를 오시리스라고 생각했다는 직접적인 증거도 있다. 고대 그리스 프톨레마이오스 시대나 로마제국 지배 시대의 성소에서 메네스는 오시리스라고 여겨졌다.[823] 정말로 고대 이집트의 첫 번째 왕 메네스가 오시리스의 화신이었던 걸까?

820   Diodorus. 1989. pp.303-304.

821   Maspero, G. et al. 1910, p.235.

822   Budge, E. A. Wallis. 1934, p.101.

823   Wilkinson, J. Gardner. 1989, p.264.

45장 메네스의 정체

메네스는 민?

메네스는 마네토에 기록된 그리스식 이름이며, 공신력 있는 문서인 「투린 규범(Turin Canon)」이나 「아비도스 왕명록(King-List of Abydos)」에서 확인되는 고대 이집트 첫 번째 파라오의 이름은 상형문자로 메니(Meni)다.[824] 그런데 헤로도토스는 이를 민(Min)이라고 기록했다.[825] 스위스 바젤 대학의 이집트학 교수 에릭 호르눙(Erik Hornung)은 고대 이집트 말기 시대에 등장한 '역사가 시작할 때 민이 이집트를 다스렸다'는 전통, 즉 역사적인 왕인 메네스와 민 신을 연관시킨 신화가 왕조 성립 초기 이집트에서 그 신의 중요성이 얼마나 컸는지를 반영하는 것이라고 지적한다. 앞에서 언급했듯 나메르 팔레트나 스콜피온 메이스 헤드에 등장하는 왕의 꼬리 달린 킬트는 이 신을 나타낸다.[826]

---

824   Adams, B. and Cialowicz, Krzysztof M. 1997, p.7.

825   Herodotus. 1972. pp.87, 119-120.

826   Naydler, Jeremy. 2004, pp.186-234.

초기 이집트 왕조의 종교 전통에 있어 민은 매우 중요했다. 호르눙이 지적한 바와 같이 민을 초기 이집트 왕국 성립과 연관시킨 말기 시대의 전통은 에드푸의 호루스 신전에서 찾아볼 수 있는데, 거기에는 민이 멤피스에서 이집트의 두 땅을 통일했다고 쓰여 있다.[827] 독일의 고대사학자 지그프리트 모렌츠(Siegfried Morenz)는 민이 두 나라를 하나로 통일했다는 이런 기록은 그가 메네스임을 시사하는 것 같다고 하면서 헤로도토스가 민을 왜 이집트의 첫 번째 왕이라고 언급했는지를 이런 맥락에서 이해할 수 있다고 말한다. 이 문제에 대해 그는 다음과 같이 결론을 내린다.

"이제 이집트 왕좌에 앉은 이가 신인지 인간인지를 분별하는 것은 부질없는 일이라는 것을 쉽게 알 수 있다(다시 말해서 그 당시 사람들에게 이집트의 첫 번째 왕과 신을 동일인으로 바라보는 것은 당연한 일이었다). 그 이전 왕조의 왕은 호루스였다. 그렇다면 호루스의 파트너 신인 민이 새 왕조의 왕이 되는 것이 뭐가 이상하단 말인가? … 나중에 오시리스적인 것으로 해석된 메네스에 관한 사실을 필레 섬의 하디란 문의 한 이미지(an image in the gate of Hardrian in Philae)에서 발견할 수 있는데, 여기에는 민과 오시리스가 한데 뭉쳐져 있다. 이 그림을 보고 메네스를 민적인 오시리스라고 부를 수도 있겠다. 하지만 이런 문제는 무시할 수 있다. 이것은 단지 우리가 이미 충분히 분별할 수 있는 표면적으로 서로 다른 전통을 조화시키려는 시도일 뿐이다."[828]

---

827 Oldest of the Wn-nfr(Min), who united(dmd) the two half sofland(psstj) in Memphis(inbw-hdw). Hornung, Erik. 1983, p.108.; Wilkinson, Toby A. H. 1999, p.290.

828 Morenz, S. Traditionen um Menes: Beiträge zur überlieferungsgeschichtlichen Methode in der Ägyptologie.In Hintze, Fritz and Morenz, Siegfried

민을 호루스의 파트너 신이라고 보는 관점엔 문제가 있지만 어쨌든 메네스가 고대 이집트인들에게 신적 존재로 여겨졌을 것이란 모렌츠 주장엔 일리가 있다. 필자는 32장에서 민이 오시리스와 미분화 상태의 호루스를 가리키는 신격이라는 가설을 제시한 바 있다. 따라서 모렌츠가 민을 호루스와 전혀 다른 존재로 취급하는 것은 오류다. 하지만 메네스에서 오시리스의 자취를 찾아낸 그의 접근법은 평가해 줄 수 있다.

메네스는 아문?

모렌츠 주장대로 메네스가 민이라면, 메네스가 통일왕국의 초대 왕이라는 주장이 최초로 호루스가 통일 왕국의 왕이 되었다는 이야기보다 좀더 왕권 신화 구도에 가깝다고 말할 수 있다. 왜냐하면 오시리스와 무관한 호루스는 두 왕국의 주인 자격이 없으며 반드시 그와의 관련성을 담보로 왕권이 보장되는데 바로 그런 상태를 확인시켜주는 신격이 민이기 때문이다. 다시 말해 어떤 측면에서 호루스가 통일왕국의 왕이 되었다는 주장보다 민이 통일왕국의 왕이 되었다는 것이 보다 왕권 신화에 충실한 기술이라는 것이다.

그런데 언어학적 연구 결과는 메네스가 신왕국 시대에 최고신으로 추앙되었던 아문(Amun)일 가능성을 가리킨다. 프랑스의 이집트학 학자인 장 베르쿠터(Jean Vercoutter)는 메네스에 대한 여러 가설을 소

eds. 1972, p.X-XVI. Available at https://www.degruyter.com/document/doi/10.1515/9783112487761-003/html?lang=en; Morenz, S. 1975, pp.162-173.

개하면서 18왕조에 건축된 아문신 신전에서 발견된 봉헌물들에 메니 (Meni)라는 글자들이 쓰여져 있는 사실에 주목하고서 이것이 아문신 의 다른 명칭일 가능성을 언급한 바 있다.[829]

「아비도스 왕명록」의 카르투슈에
적혀있는 '메니'라는 상형문자

베아트리스 미당-레인즈는 18왕조 때 파라오들은 그들이 가장 좋아하는 신 아문을 암호적으로 '메니'라고 부르면서 최초의 파라

829 Vercoutter, J. 1990.; Menu, Bernadette. 1995, p.11.

오로 자리매김했을 가능성이 있다고 본다.[830] 사실 메네스의 상형문자 '메니'는 신 아문(➡)의 이름[831]을 거꾸로 쓴 것으로, 고대 이집트인들이 글자 놀이를 통해 아문이 최초로 이집트 땅을 통일했다는 신화 이야기를 기록으로 남겼던 것으로 볼 수 있다는 것이다.[832]

이런 주장을 지지하는 여러 정황 증거들이 존재한다. 무엇보다도 아문의 가장 오래된 칭호는 '두 왕국의 왕좌에 앉은 군주(Lord of the Thrones of the Two Lands)'라는 사실[833]에 주목할 필요가 있다. 이것은 두 왕국을 통일한 메네스 또는 호루스에게 붙여져야 마땅한 칭호다.

830 Midant-Reynes, B. 2000, p.248.; McClellan, Matt. 2011, p.146.
831 Menes, Wikidepia. Available at https://en.wikipedia.org/wiki/Menes
832 Silverman, David P. 1997, p.23.
833 Bard, Kathryn A. 1999, p.325.

46장 최고신 아문

중왕국 시대의 최고신 아문

기원전 2200년경에 이집트에 거대한 변혁이 일어났다. 이 때문에 멤피스를 중심으로 했던 고왕국 시대가 종언을 고하고 테베Thebe를 중심으로 한 중왕국 시대가 열리게 된다. 변혁의 원인에 대해서는 외부 침략설부터 종교적 요인 등 다양한 의견이 제시되고 있는데, 여하튼 이로 말미암아 왕권과 정치적 종교적 권력이 그때까지 별로 알려지지 않던 테베로 옮겨간다.

아문신이 왕권 신화의 전면에 등장하게 된 것이 바로 이때다. 아문신은 고대 이집트 초기에는 거의 알려지지 않은 무명의 신이었다. 그런데 중왕국에 접어들면서 호루스나 라, 오시리스를 제치고 최고신으로 대접받는다.[834] 이것이 지금까지 제기된 주류 이집트학 학자들의 주장이다. 하지만 아문은 이미 고대 이집트 초기부터 최고신으로 설정되어 있었다는 정황이 있다.

---

834 Glassman, Ronald M. 2017, p.583.; David, Rosalie. 2014, p.28.

숨겨진 신 아문

루이스 스펜스는 6왕조의 우나스 왕 피라미드 벽에 쓰인 『피라미드 텍스트』 중에 '숨겨진 자'라는 뜻의 아문이라는 신 이름을 찾아볼 수 있다고 하면서 이 이름은 오시리스의 칭호처럼 보인다고 말한다.[835] 그는 이런 증거를 『사자의 서』(아니 파피루스)에서 찾는데, 여기에 "나는 로스토(Rosetau)에 들어가서 그 안에 있는 '숨겨진 자'를 만납니다"라는 대목이 있다는 것이다. 로스토는 오시리스의 무덤으로 널리 알려진 성소다. 따라서 당연히 오시리스 무덤에서 만날 수 있는 존재는 오시리스라는 논리다.[836]

그런데 숨겨진 신 아문이 중왕국 때 민과 깊이 연관되어 있었다. 남근을 잡고 사정하는 듯한 모습을 보여주는 신격으로 민-아문신이 숭배된 것이다. 이런 형상들은 '민의 외출(Going out of Min)'이라는 축제에 등장했으며 많은 경우 희년 축제에서 왕의 새로운 탄생 의식과 연관되었다.[837] 이와 관련해서 톰 헤어는 그 기원이 상고시대까지 거슬러 올라가는 희년 축제가 중왕국 시대에 이르러서 특별히 남근 중심적인 중요성이 대두되었다고 말하고 있다.[838] 하지만 원래부터 희년 축제는 남근이 핵심적 역할을 한 축제였으며, 최소한 전반부에서 남근을 표상화한 '어머니의 기둥' 민의 존재감이 두드러진 축제였다.

---

835   Spence, L. 1998, p.137.

836   Ibid. p.57.

837   Moens, Marie-Francine. 1985, p. 61.; Wainwright, G. A. 2011, pp.21-22.

838   Hare, T. 1999, p.146.

고대 이집트 최초의 여성 파라오 하트셉수트(Hatshepsut)가 희년 축제에서 민-아문 조상 앞에서 의식을 치르고 있다. 이 장면은 파라오가 민-아문과 동일화되었음을 의미한다

쿠르트 세테도 아문과 민의 유사성을 지적한다. 그는 나중에 등장한 신인 아문이 많은 것을 민으로부터 빌려왔다고 하면서 아문과 민이 원래 동일한 신이 아니라고 했다.[839] 제럴드 와인라이트(G. A. Wainwright) 또한 민을 아문의 원형이라고 보았다.[840] 정말 그럴까?

---

839 Wainwright, G. A. 1963b, p. 21.

840 Wainwright, G. A. 1923, p.29. 일본의 이집트학 학자인 요시무라 사쿠지는 아문신이 상당히 교활한 데다 결코 자기 주장을 하는 일이 없이 어떤 신에게든 딱 달라붙어서 결국은 자기가 중심이 되어버리는 기묘한 재주가 있는 신이라고 그 성격을 규정하고 있다. 카의 성격에 대해서 상당히 깊이 있는 통찰력을 보여주는 그가 카 결합체의 화신인 존재를 이렇게 격하하는 건 그가 아문이 카와 깊숙이 연관되어 있다는 사실을 모르기 때문일 것이다. 사쿠지, 요시무라. 2002, p.194 참조.

네헵-카우 정령은 아문신

"그(오시리스)가 궁전으로 들어가 신들과 만납니다. ··· 그의 아들 호루스가 상·하이집트의 왕으로 나타나서 그의 아버지 품에 안깁니다. 그의 앞과 뒤에 있는 신들과 함께."[841]

『사바카석』의 하이라이트 부분에 등장하는 내용이다. 이 장면은 호루스가 통일을 이룬 후 멤피스에서 대관식을 하는 현장 모습을 담고 있다. 여기서 호루스가 오시리스와 제신들의 품에 안기는 이 장면은 전형적인 카-포옹이다. '두 왕국의 왕좌에 앉은 군주'인 아문신은 바로 이 카 포옹과 깊은 연관이 있다.

19장에서 고대 이집트 달력으로 다섯 번째 달 첫날 열린 네헵-카우 축제를 소개한 바 있다. 네헵-카우는 뱀의 형태의 정령으로써 '오시리스와 호루스 카의 합체자(uniter of kas of Horus and Osiris)' 역할을 한다는 것이 많은 관련 학자의 견해다.[842] 정확하게 표현하자면 네헵-카우는 카-포옹을 매개하는 존재다. 그런데 아문이 5왕조 때부터 네헵-카우 정령의 다른 이름이라고 알려져 있었다.[843]

841　Assamann, Jan. 2002, p.349.

842　Gardiner, A. H. 1915.; Frankfort, H. 1955, p.104.; Roberts, Alison. 2000, p.170.

843　Caminos, Ricardo Augusto. 1958, p.17.; Klotz, David. 2006, pp.48-49. 프톨레마이오스 시대에 네헵카우는 아툼과 오시리스와 깊은 연관이 있는 케마테프Kematef라는 원초적 창조신과 동일시되었는데, 바로 이 이름이 아문을 의미했다.

영국의 이집트학 학자 앨리슨 로버츠(Alison Roberts)는 호루스가 오시리스와의 카-포옹을 마친 후 아문이라 불린다고 말한다.[844] 그런데 헨리 프랭크포르는 네헵-카우 정령의 역할이 호루스와 오시리스의 카를 합하는 데 그치는 것이 아니라 제신들의 카까지 합하는 역할을 한다고 지적한다.[845] 실제로 종교 행사에서 카-포옹을 전담하는 셈 신관은 호루스로서 오시리스뿐 아니라 제신과 포옹하는 존재다. 이를 근거로 필자는 20장에서 네헵-카우가 연상의 호루스가 오시리스를 매개로 제신의 카를 합하여 연하의 호루스로 잉태된 그 순간의 상태를 나타내는 화신이라고 결론지은 바 있다. 따라서, 필자는 아문 역시 바로 이런 상태를 나타내는 신격이라고 판단한다. 따라서 아문은 멤피스 신학에서 보여주듯 호루스가 오시리스와 제신과 함께 카-포옹한 상태로 왕좌에 등극하는 존재로 규정할 수 있다.

아문과 민의 관계

앞에서 메네스가 민이라는 주장과 아문이라는 주장을 살펴보았다. 그리고 그들 논지가 나름의 일리가 있음을 확인했다. 그 이유는 아문과 민이 매우 닮은 특성을 보여주는 신이기 때문이다. 특히 중왕조 때 아문과 민은 깊이 연관되어 있었다. 이때 민은 테베에서 새로이 주신으로 등장한 아문과 합쳐졌고, 남근을 잡고 사정하는 듯한

---

844   Roberts, Alison. 2000, pp.76-77.
845   Frankfort, H. 1955, p.114.

모습을 보여주는 민-아문(Min-Amun) 신의 이런 형상들은 많은 경우
희년 축제에서 왕의 새로운 탄생 의식과 연관되었다.[846] 그래서 제럴드
와인라이트(Gerald A. Wainwright)는 이 둘을 한 쌍으로 묶어서 볼 수
있다고 지적한다.[847] 이처럼 그 위상이나 기능 측면에서 다르긴 하지
만 아문과 민을 사실상 같은 존재로 보는 일부 학자들의 견해가 크
게 틀린 것은 아닐 것이다.[848] 그러나 두 신격이 정확히 같은 존재라
면 이 둘을 구분할 이유가 없지 않겠는가?

카르낙 신전 벽화에 새겨진 민-아문

846 Hoffmeier, James K. 2015, pp.42-47.

847 Wainwright, G. A. 1934, p.139.

848 Wainwright, G. A. 1963(b), pp. 21-23.; Moens, Marie-Francine. 1985.

아문과 민이 매우 유사한 이유는 둘 다 오시리스와 호루스의 합일체 성격을 띠기 때문이다. 그런데 왜 이 신격이 민과 구분되는 것일까? 아마도 합일의 단계가 다른 데서 그 이유를 찾아야 할 것 같다. 민이 호루스와 오시리스의 육체적 결합 상태의 신격이라면 아문은 호루스와 오시리스를 매개로 한 제신의 비육체적(카) 결합 상태의 신격이라고 볼 수 있다. 아마도 카 결합까지 마친 상태의 신격인 아문이 최고신의 대접을 받는 이유일 것이다.

호루스 vs. 아문-라

민-아문이라는 신격은 생소하지만, 아문-라(Amun-Ra)라는 신격은 비교적 우리에게 친숙하다. 이 신격은 보통 아문이라는 신격과 라라는 신격이 합쳐진 것으로 알려졌다. 하지만, 이 경우는 다른 신들의 혼합과는 조금 다르다. 원래 아문 신격에 라 신격이 포함되어 있다고 봐야 하기 때문이다. 따라서, 아문-라는 호루스를 중심으로 한, 카 합일체인 아문에서 특히 라의 존재감을 도드라지게 표현한 신격이라고 보는 게 맞을 것이다. 이 신격엔 마땅하게도 '신 중의 왕 (King of the Gods)'이라는 칭호가 붙여졌다.[849] 아문-라는 신왕국 시대에 가장 중요한 신으로 알려졌다.

헨리 프랭크포르는 고대 이집트에서 호루스가 오시리스의 뒤를 잇는다는 공식이 영구적인 진실로 받아들여졌고 왕은 바로 호루스의 현신으로 여겨졌지만 말기 시대로 가면서 이런 공식이 무시되

---

849 Pinch, Geraldine. 2002(b), p.19.; Monderson, Frederick. 2007, p.72.

고 왕과 아문-라와의 관련이 강조되기도 했다고 말한다. 이때엔 왕이 호루스가 아닌 아문-라의 현신처럼 여겨졌다는 것이다. 그는 이런 현상이 아마도 왕위 계승의 적법성에 대한 기준이 불규칙적이었기 때문에 발생했을 것으로 유추한다.[850] 프랭크포르가 이런 주장을 한 것은 아문-라의 실체를 모르기 때문이다. 아문-라는 호루스의 한 형태였으며, 따라서 오시리스에서 호루스로의 왕위 계승 공식은 말기시대에도 본질적으로 바뀐 것이 아니었다.

민-아문-카무테프

1장에서 소개한 소설 『다빈치 코드』엔 명화 모나리자를 고대 이집트 신화와 연관시키는 장면이 등장한다. 여기서 아몬(아문)이 고대 이집트 신 중 호색한으로 자리매김했다는 주장이 제기된다. 도대체 신 중의 왕인 이 신이 왜 이런 이미지를 얻게 된 것일까? 바로 아문이 발기 신으로 등장하기 때문이다. 이때 아문은 민-아문이라는 신격으로 볼 수 있다. 그런데 신왕국 때의 많은 기록에서 아문이 '민-아문-어머니의 황소(Min-Amun- Kamutef)'라는 호칭의 남근 신으로 묘사되었으며, 여성 동반자는 이시스였다.[851]

폴란드 바르샤바 대학의 이집트학 교수인 카롤 미슬로윅(Karol Mysliwiek)은 그의 저서 『나일강의 에로스(Eros on the Nile)』에서 민과 아문, 그리고 그들의 현신으로서의 '어머니의 황소신' 이외에 오시리스가 발기 신에 속한다고 지적한다.[852] 이제 우리는 이 신들이 별개의

---

850 Frankfort, H. 1955, p.44.

851 Roberts, A. 1995, p.82.

852 Mysliwiek, K. 2004, p.20.

존재가 아니라는 사실을 알고 있다. 이와 관련하여 톰 헤어는 다음과 같이 말한다.

> "'어머니의 황소 신'은 오시리스 신화에서의 신성한 왕좌를 이어받는 부계에 대한 담화를 대치하는 것이 아니라 단지 나일강의 다른 편에서의 '남근 중심적 주체성(phallocentric autonomy)'에 대한 향수를 예로 들어 설명하는 것에 지나지 않는다. 따라서 오시리스적인 요소들이 왕의 계곡이 있는 나일강 서쪽 편에서의 구상 예술품에서 주종을 이루었던 반면, '어머니의 황소 신'의 자가 수태적 이미지가 동편의 카르낙이나 룩소르 신전에 반복적으로 나타나 보인 것이다."[853]

톰 헤어의 지적은 사실상 '오시리스-호루스-이시스'로 구성된 왕권 신화와 '민-아문-어머니의 황소 신' 신화가 같은 종교적 이데올로기에 기반을 둔 것임을 가리킨다.

아문 vs. 라-호라크티

테베의 태양 찬송가 중에 종종 등장하는 신격이 있다. 그 신격은 아문-라-호라크티다. 아문은 이처럼 태양신 라-호라크티와도 동일시되었다.[854] 20왕조와 21, 22왕조를 거치며, 아문 신앙은 급격히 약해지는데, 주류 이집트학 학자들은 당시 테베 이외의 지역에서 오시리스와 이시스의 신화가 크게 유행하면서 이와는 전혀 별개인 신 아

---

853 Hare, T. 1999, p.123.
854 Assmann, J. 1995, p.109.; Hart, G. 1996, p.6.이미 제18왕조 때의 기록에서 아문을 하라크티와 동일시하는 내용을 발견할 수 있다.

문이 라-호라크티에 포함되었다가 결국 호루스의 한 측면이 되었다고 본다.[855] 하지만 원래부터 테베의 아문이 왕권과 관련된 호루스의 가장 중요한 한 측면을 강조하는 신격이었다.[856] 이런 맥락에서 그 신격은 본질적으로 헬리오폴리스에서의 라-호라크티와 같았으며, 그런 사실이 종국에 드러났던 것일 뿐이다.

히에로스 가모스는 근친상간이 아니다

호루스와 동일시된 아문과 관련하여 앨리슨 로버츠는 중대한 오류를 저질렀다. 그는 호루스가 오시리스와 카-결합을 마친 후 그의 궁전에 있는 발기신 아문으로 불리며, 이 상태에서 이시스와 불경스러운 근친상간의(incestuous) 성적 결합을 한다고 지적하고 있다. 이때 주위의 신들은 침묵해야 하는데, 이는 아들과 어머니의 성교가 너무나도 끔찍하기(dreadful) 때문이라고 밝히고 있다. 하지만 이 해석은 전혀 원문의 맥락과 다르다. 실제 앨리슨 로버츠가 그의 책에 소개한 관련 구절을 보면 이 시점에서 '제신들이여 좋은 말을 귀 기울여 들으시라(listen O Ennead, hear the good words)'고 되어 있다.

이런 잘못된 해석 끝에 앨리슨 로버츠는 호루스가 그의 어머니와 성적인 결합을 함으로써 모든 측면에서 그의 아버지 역할을 하고 있다고 결론짓는다.[857] 이는 조지프 캠벨이 저질렀던 오류와 똑같다. 호루스는 절대로 오시리스와 같아진 것이 아니다. 그의 안에 들어가

855 Fagan, Brian. 2016, p.38.
856 Amin, Osama Shukir Muhammed. 2016.
857 Roberts, A. 2000, pp.76-77, 126, 237.

카 결합을 한 것일 뿐이다. 그 상태가 바로 '아문'이다. 정확히 말하자면 아문은 발기한 오시리스의 성기 안에 '숨겨진 자'이다. 그런데 호루스가 모든 상황을 통제하기 때문에 아버지 오시리스와 어머니 이시스의 성적 결합은 그의 주도 아래 이루어진다.

나르메르 팔레트의 태양신은 아문-라-호라크티

이제 나르메르 팔레트의 묘사 장면에 대해 논의했던 43장으로 되돌아 가보자. 데이빗 오코너는 이 화장판에 등장하는 나르메르가 태양신의 모습을 담고 있다고 했다. 필자는 그 태양신이 다름 아닌 호루스일 거라고 지적했었다. 그런데, 문제의 나르메르 모습은 황소의 꼬리를 달고 있으며 이는 민의 모습이라는 관련 학자들의 지적이 있다. 결국 여기서 절충적 결론은 그 존재가 아문이라는 것이다.

아문신이 태양신인가? 그렇다.[858] 헬리오폴리스 전통에서 제신과 카 포옹 상태인 호루스는 라-호라크티라는 최고신으로 표현되었다. 테베 전통에서 보통 아문이 태양신 아문-라로 표현되었다.[859] 아마도 나르메르 팔레트에 묘사된 태양신은 후세에 최고신으로 알려졌던 아문-라의 초기 버전이거나 아문-라-호라크티이었을 것이다.

---

858   Assmann, J. 1995, p.109.
859   Baqai, Yusuf. 2018.

47장 대관식과 태고의 언덕

대관식을 나타내는 상형문자

고대 이집트 왕국에서 가장 중요한 종교 행사는 대관식이었다. 지금까지 그 행사의 중요성이 누누이 강조되었다. 대중적이며 오랫동안 지속되었던 오시리스 축제도 본원적으로 이 대관식을 향해 초점이 맞추어져 있었다. 또, 왕이 장수를 기념해서 벌인 축제 정도로 알고 있던 희년 축제도 일종의 대관식이었다. 이토록 고대 이집트인들에게 중요했던 대관식은 그들의 문자 체계로 어떻게 정의했을까?

대관식을 나타내는 이집트 상형문자는 카(kha, 𓈍)다.[860] 그런데 언뜻 보기에 그 관련성을 이해하기 어렵다. 도대체 이 상형문자는 무엇을 나타내는 것일까? 이집트학 학자들의 연구에 따르면 이것은 '태양의 최초 떠오름(the first rise of the sun)'을 뜻한다고 한다. 그냥 떠

---

860 Budge, E. A. Wallis. 1920, p.cxxv.; Frankfort, H. 1975, p.53.

오르는 게 아니라 '최초'로 떠오르는 것을 나타낸다는 것이다. 상식적으로 볼 때 태양은 한결같이 매일 떠오르지 않나? 그런데 고대 이집트인들은 아주 먼 옛날 태양이 처음 떠오른 때가 있었다고 믿었다. '최초의 때(Zep Tepi)'라 불리는 이 시기에 최고신에 의해 천지창조가 이루어졌다고 그들은 믿었다.[861]

태고의 언덕에서의 최초 일출

카(◉)에서 윗부분은 막 떠오르고 있는 태양 빛이 아래에서 위쪽으로 비치는 걸 나타낸다. 그렇다면 아랫부분은 무엇을 나타내는 것일까? 고대 이집트인들은 최초의 때에 원초적 물에서 솟아오른 최초의 땅이 존재했다고 믿었다. 그리고 이를 태고의 언덕 또는 섬(Premival/Premordial Mound or Island)이라고 불렀다. 카(◉)의 반원처럼 보이는 아랫부분이 바로 그런 성지에 해당한다. 결국 이 상형문자는 창조주인 태양신이 태고의 언덕에서 최초로 출현하는 기적의 장면을 나타낸 것이다.[862]

이 상형문자 하나로부터 우리는 고대 이집트인들이 역사와 신화를 불가분의 관계로 설정했던 사실을 확인할 수 있다. 왕의 대관식은 그들에게 있어 태고의 언덕에서의 천지창조와도 같은 엄청난 사건이었으며 새로이 왕좌에 앉는 그들의 호루스 왕은 신화 속 최초

---

861 Allen, James P. 2000. p.466.
862 Frankfort, H. 1955, pp.150-151.; Frankfort, H. 1975, p.53.; Rundle Clark, R. T. 1993. Myth and Symbol in Ancient Egypt, p.40.

의 태양신 같은 존재였다.[863] 이런 설정을 음미해보면 앞에서 왕이 그 어떤 신들보다도 중요했다고 한 이유가 명확해진다. 고대 이집트에서 왕의 가장 중요한 임무는 대관식으로 대표되는 종교의식을 통해 최초의 때에 태고의 언덕에서 행해졌던 창조 질서 유지였다.[864] 그런데 고대 이집트 멤피스 신학에 속한 신관들은 이 태고의 언덕이 바로 멤피스라고 생각했다.[865]

『사바카석』에 나타난 태고의 언덕으로써의 멤피스

멤피스 신학의 정수를 담고 있다고 알려진 『사바카석』에서 창조주 프타(Phta)는 최초의 때에 원초의 물에서 최초의 땅을 솟아오르게 했다. 타-테넨(a-tenen), 즉 솟아오른 땅(Risen Land)이라 불린 이 땅은 다름 아닌 멤피스였다.[866] 이곳에서 호루스는 대관식을 치르고 새로이 보좌에 오르며 오시리스 및 엔네아드의 제신과 포옹한다.[867] 헬리오폴리스 신학 관점에선 이를 호루스가 라의 적통임을 확인하는 장면이라고 해석할 수 있다. 신들의 성스러운 탄생은 최고신의 카-포옹에 기인하는데 태양신 라가 바로 최고신이기 때문이다.[868]

863 Frankfort, H. 1955, p.108.

864 "The king's primary duty was to uphold the order of creation which had been established on the primeval mound at the time of creation." van Blerk, N. J. 2018.

865 Bogen, James and Woodward, James. 1969. p.16.

866 Lurker, Manfred. 1980, p.181.

867 Assamann, Jan. 2002, p.349.

868 Budge, E. A. Wallis. 1973, p.86.

하지만, 멤피스 신학에서 이 장면은 전혀 다른 해석이 가능하다. 거기서 최고신으로 꼽는 프타가 먼 옛날 호루스로 나타나 멤피스에서 나뉘어 있던 이집트를 통일하고 대관식을 치렀다고 되어 있기 때문이다.[869] 고대 이집트 왕권 신화에서 왜 호루스가 최고의 권능을 과시하는지 그 이유가 여기 밝혀져 있는 것이다. 그런데 여기서 우리는 역사적인 존재로 추정되어 온 메네스가 건설하기에 앞서 왕권 신화 속 주인공인 호루스의 통일왕국 수도로 이미 멤피스를 건설했다는 사실을 깨닫게 된다. 멤피스는 원래부터 신화 속 장소였다.

멤피스 건설에 대한 역사적 기록

헤로도토스는 첫 번째 왕 메네스가 멤피스가 위치한 땅을 완전히 물에서 분리했다는 고대 이집트 신관들의 주장을 『역사』에 기록했다. 그들에 의하면 메네스가 인공 운하를 건설해 나일강물 흐름을 돌려 원래의 수로(水路)를 말린 후 개간지를 조성하여 멤피스를 건설했다는 것이다.[870]

크리스티앙 자크는 『위대한 파라오의 이집트(L'Egypte des grands pharaons)』에서 메네스 명령으로 왕실의 장인들이 멤피스의 기초공사를 하기 전에 늪지대를 건조했을 거라 추론하고 있다. 그런데 처음부터 마른 지역을 골라서 도시를 건설하지 왜 이렇게 번거로운 작업을 했던 것일까? 자크는 멤피스라는 도시가 하나의 거대한 신성의 상징

---

869   Bodine, Joshua J. 2009, pp.5-8. p.19.; Rundle Clark, R. T. 1993, p.175.

870   Herodotus. 1839, pp.101-102.

으로 바로 천지창조 동안 물에서 솟아오른 태고의 언덕(Primeval Hill)을 형상화하여 조성되었다고 단언하고 있다.[871]

자크의 주장에 따르면, 고대 이집트 왕국을 최초로 건설했다는 메네스라는 역사적 왕이 신화 속 호루스의 이야기를 현실에 구현하기 위해 대공사를 일으킨 것이 된다. 즉, 신화 속 호루스의 통일왕국 수도인 태고의 언덕, 멤피스를 흉내 내서 역사적 인물인 메네스가 이집트 땅에 인공적으로 늪지를 건조하고 지대를 높여서 그 위에 도시를 건설했으며 그것이 우리가 알고 있는 역사적인 멤피스라는 것이다.[872] 이제 멤피스가 순전히 신전과 분묘로 이루어진 이유를 알 수 있다. 그곳이 원래부터 신의 도시로 건설되었기 때문이다.

고대 이집트 파라오는 종교의식을 통해 자신을 호루스화하는 수석 신관이었지만 그가 진짜 호루스는 아니었다. 마찬가지로 상고시대 때 이집트 땅 멤피스에서 대관식을 치렀지만, 그곳은 진짜 멤피스는 아니었다. 그곳은 신화 속에서 최초로 솟아오른 태고의 언덕의 '대체 성지'였다.

창조 신화들과 태고의 언덕

고대 이집트 왕국 초기시대에 대관식은 수도였던 멤피스에서 열렸다. 그런데 시대가 바뀌면서 수도가 바뀌었고 대관식 장소도 헬리오폴리스, 테베 등 다른 성지에서 행해졌다. 고대 이집트 전통은 대관

---

871 Jacq, Christian. 2009, pp.67-68.

872 고고학적 증거에 미루어 짐작해보면 실제의 간척사업을 통해 멤피스를 건설한 것이 아니라 순전히 주술 의식으로 이를 수행했을 가능성이 있다.

식이 태고의 언덕에서 이루어져야 한다는 것이다. 따라서 만일 지리학적 멤피스가 고대 이집트의 유일한 태고의 언덕이었다면 시대가 바뀌고 수도가 바뀌어도 당연히 모든 대관식이 그곳에서 치러졌어야 한다. 하지만, 실제로는 그러지 않았다. 그렇다면 다른 곳 역시 태고의 언덕이 될 수 있었던 것일까?

태고의 언덕을 무대로 하는 창조 신화는 『사바카석』으로 대표되는 멤피스 신학에만 등장하는 것이 아니다. 고대 이집트 왕국에는 멤피스 신학 이외에도 3개의 신학이 더 존재했다. 헬리오폴리스(Heliopolis) 신학, 테베(Thebes)신학, 헤르모폴리스(Hermopolis) 신학이 바로 그것이다. 멤피스 신학은 상고시대에 극성기를 맞이했던 것으로 추정되는데, 헬리오폴리스 신학은 고왕국 시대에, 테베 신학은 중왕국 때 그리고 헤르모폴리스 신학은 신왕국 시대 이후에 발달했던 것으로 보인다. 비록 그 극성기가 다르긴 했지만 이런 교리들은 이미 왕조시대 초기부터 존재했다고 추정된다.[873]

이와 같은 신학들은 제각각 창조 신화를 갖고 있으며 여기에 최초로 이 세상에 나타나는 땅이 등장하는데 공통으로 눈(Nun)이라는 심연의 물에서 솟아오른 '태고의 언덕 또는 섬(Primeval Mound or Island)'으로 묘사되고 있다. 이들 교단은 각자의 최고 성도인 멤피스, 헬리오폴리스, 테베, 그리고 헤로모폴리스가 심연의 물에서 땅이 솟아오르며 최초로 창조가 일어난 곳이라고 철썩같이 믿고 있었다. 최초의 신성한 땅에 대한 설명이 다소 차이가 있긴 하지만 모든 신학 체계

873 Ogdodad(Egyptian), Wikidepia. Available at https://en.wikipedia.org/wiki/Ogdoad_(Egyptian)

에서 이구동성으로 자신들의 성도가 가장 신성한 땅(Holy of the Holies)
인 태고의 언덕이라는 것이다.[874] 따라서 수도가 바뀌면 대관식도 새로
바뀐 수도에서 치를 수 있는 정당성이 부여되었다.

원조 태고의 언덕

헨리 프랭크포르 등은 혼돈의 바다에서 모습을 드러낸 최초의
건조한 언덕(dry hill)이 오직 한 곳뿐이라는 주장을 고대 이집트인들
은 터무니없다고 생각했을 것이라고 지적한다. 그는 신전들과 왕의
무덤들이 '태고의 언덕'과 같이 신성하고 그 언덕과 비슷한 건축 양
식을 갖고 있었기 때문에 그것들이 본질적인 요소를 공유했던 것이
라고 하면서, 그러므로 이들 기념물 중 어느 하나를 다른 것보다
합당한 '태고의 언덕'이라고 부를 것인지를 논하는 것은 어리석은
짓이라는 것이다.[875]

프랭크포르 지적처럼 고대 이집트 땅의 그 어느 곳을 가장 합당
한 태고의 언덕이라고 부를 순 없다손 치더라도 고대 이집트에서 가
장 먼저 태고의 언덕이라 불린 곳이 어디인지는 유추해볼 수는 있을
것이다. 멤피스 교단이 가장 오래된 것 같으니 멤피스가 이집트 땅에
서 최초로 태고의 언덕이라 불렸을 수 있다. 아마도 이것이 고대 이집
트인들의 보편적 믿음과 가장 맞아떨어질 것이다. 하지만 고대 이집

874 Rundle Clark, R. T. 1993, pp.38-39.; Bunson, Margaret. p.311.; Hart, G.
     1995, pp.22-24.; Ancient Egyptian creation myths, Wikidepia. Available at
     https://en.wikipedia.org/wiki/Ancient_Egyptian_creation_myths

875 Frankfort, H. and Frankfort, H. A. Introduction: Myth and Reality. In Frankfort
     H. et al. 1977, pp.21-22.

트 왕국이 성립되었을 거로 추정되는 시기인 기원전 3천 년경보다 한참 오래전에 이미 이집트인들은 태고의 언덕이란 개념을 갖고 있었으며 이집트 땅에 유적으로 만들어 놓았다.

48장 이집트 땅의 수많은 태고의 언덕들

태고의 언덕의 종교적 상징성

고대 이집트 종교에서 가장 중요한 성지는 태고의 언덕이었다. 고대 이집트인들은 강박적으로 그들의 종교 의례와 관련된 모든 곳에 지성소인 태고의 언덕을 꾸며놓았다. 태고의 언덕은 태고의 때에 눈(Nun)이라는 원초적 물에서 솟아오른 최초의 땅으로 신들이 그곳에 살고 있었다고 고대 이집트인들은 믿었다.

고대 이집트인들은 이 성스러운 공간을 이집트 땅 여러 곳에 조성했다. 그들은 이런 공간을 활용해 주술 의식을 통해 연중 수시로 신들의 세상을 이집트 땅에 재현했고 그럼으로써 우주적 균형을 유지할 수 있다고 믿었다. 태고의 언덕을 상징하는 건축물은 아주 다양한 형태로 표현되었는데 마스타바, 피라미드, 오벨리스크, 오시리스 가묘, 파라오의 분묘 등이 그 대표적인 것들이었다.

마스타바

고대 이집트에서 태고의 언덕을 나타내는 중요한 형태로 사방이 경사진 고지(eminence with sloping or battered sides)가 있다.[876] 이런 형태의 대표적인 경우가 고왕국 초기 1,2왕조 때 주로 사카라(Saqqara) 네크로폴리스 지역에 만들어진 왕들의 분묘인 마스타바(mastaba)다.[877]

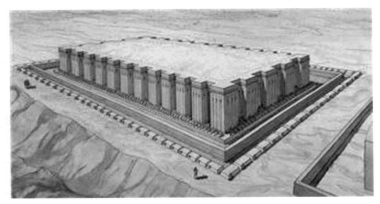

사카라에서 발굴된 마스타바의 원형 복구된 모습

마스타바는 진흙 벽돌을 쌓아 만든 직방형 구조물인데 둘레에 오목하고 볼록한 벽돌들의 교대 배열 장식이 되어 있다. 이는 물의 출렁임(undulation)을 표현한 것으로 마스타바가 태고의 물에서 솟아오른 섬인 '태고의 언덕'임을 나타내기 위한 것이다.[878]

---

876 Rundle Clark, R. T. 1993, pp.38-9.

877 Category: Saqqara mastabas, Wikimedia Commons. Retrieved from https://commons.wikimedia.org/wiki/Category:Saqqara_mastabas

878 Owusu, Heike. 2000, p.23.

계단 피라미드

고왕국 3왕조 조세르가 사카라에 건축한 계단 피라미드

뭐니뭐니해도 가장 전형적인 '태고의 언덕' 이미지는 계단 형태, 그중에서도 쌍 계단 형태가 대표적이다.[879] 이는 '언덕'을 표현하는 상형문자가 계단 형태라는 데에서도 알 수 있다. 상형문자로 쓰인 쌍 계단은 2차원적 표현이다. 이는 사방이 계단으로 둘러싸인 단(platform surrounded by steps on each side)의 단면을 표현한 것으로 볼 수 있다.[880] 이런 형태의 대표적인 예로 고대 이집트 제3왕조 조세르왕이

879 Frankfort, H. 1955, pp.152-3.
880 Rundle Clark, R. T. 1993, p.38.

사카라에 건설했다고 하는 계단 피라미드를 들 수 있다.[881] 이 피라미드를 둘러싸고 있는 벽감 양식의 담장은 원초의 물이 출렁거리는 모양을 표현한 것이다.[882]

피라미드

고대 이집트에서 계단 피라미드뿐만 아니라 사각뿔 형태의 피라미드들도 모두 '태고의 언덕'을 상징했다고 볼 수 있다. 그 형태가 계단 피라미드에서 양식화된 것으로 판단되기 때문이다.[883] 실제로 피라미드가 태고의 언덕 상징물로 건축되었다는 증거가 있는데 바로 기자 대피라미드에서 그런 것을 확인할 수 있다.

기자 피라미드군은 태고의 언덕과 오시리스를 나타내는 오리온 좌 벨트성 이미지를 겹친 상징성을 구현한 것처럼 보인다

---

881 Frankfort, H. 1955, p.152.; Rundle Clark, R. T. 1993, pp.38-9.; Elshamy, Mostafa. 2019. Vol.2, pp.224-225.; 이온스, B. 2003, p.87.

882 Lundquist, John M. 2008, p.xiii.

883 Puigdevall, Federico and Cañagueral, Albert. 2017, p.23.

오늘날 이집트에서 나일강의 범람을 볼 수 없으며, 따라서, 기자 지역은 나일강에서 멀리 떨어져 있는 것처럼 보인다. 하지만, 고대 이집트 시대에는 나일강 범람 때 기자 지역 인근까지 강물이 들어왔다. 피라미드 건설자들은 기자 피라미드 주변에 수로를 건설해 강물이 피라미드 주변을 둘러싸 마치 호수에 솟아난 섬처럼 보이도록 하여 원초적 언덕의 이미지가 형상화되도록 했다.[884]

벤벤석/오벨리스크

태고의 언덕을 상징하는 유적들은 좀더 다양하게 양식화된 형태들로 구현되었다. 헬리오폴리스에 태양신 라를 상징하는 조형물이 있는데 그중 가장 대표적인 것이 벤벤석(Benben stone)이다. 이 유물은 태양신 라가 최초로 떠오른 언덕을 상징적으로 나타냈으며 헬리오폴리스의 라 신전에 놓여있었다. 그 형태는 피라미드 형태의 축소판이었다.[885] 헨리 프랭크포르는 헬리오폴리스의 신관들이 돌을 다듬어 '태고의 언덕'을 상징하는 구조물을 만들었는데, 그 대표적인 것이 바로 오벨리스크(Obelisk) 꼭대기에 얹은 피라미드형 벤벤석이었다고 주장한다.[886]

884　Collins, A. 1998, pp.182-4.
885　Benben, Wikidepia. Available at https://en.wikipedia.org/wiki/Benben
886　Frankfort, H. 1955, p.154.

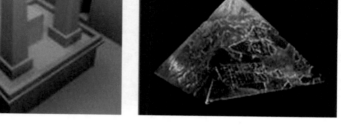

오벨리스크   벤벤석

　프랭크포르의 주장은 좀 애매하다. 오벨리스크도 태고의 언덕
에 포함된다는 것인가, 아닌가? 오벨리스크는 그리스식 표현이고 원
래의 고대 이집트 명칭은 벤벤트(benbent)다. 즉, 벤벤석과 오벨리스크
는 같은 어원에서 나왔다. 그렇지만 벤벤석이 오벨리스크 그 자체
또는 일부라고 보긴 어렵다. 그렇다면 이들 간에 어떤 관계가 있을
까? 벤벤석으로부터 피라미드와 함께 오벨리스크가 파생되었을 것
으로 보는 시각이 있다.[887] 따라서 오벨리스크는 태고의 언덕 상징물
중에서 극도로 양식화된 형태로 볼 수 있다.[888]

887　Wasilewska, Ewa. 2000, p.58.; Benben, Wikidepia. Available athttps://
　　en.wikipedia.org/wiki/Benben
888　Verner, Miroslav. 2013, pp.44-88.

오시리스 가묘

고대 이집트에서 태고의 언덕이 처음부터 오시리스 무덤과 동치였다고 볼 수 있다. 대표적인 오시리스 무덤 상징물로 꼽히는 아비도스의 오시레이온(Osireion)이 태고의 언덕을 상징하기 때문이다.[889] 이 건축물은 동서 축을 따라 세티 1세 신전 뒤쪽에 자리 잡고 있다. 위쪽 구조물이 유실된 상태인데 그 구조의 대부분은 지하에 있다. 세티 1세 신전의 기초보다 상당히 낮은 수준에 지어진 것이다. 이 건축물은 지하 신전으로 중앙 홀의 바닥 면이 지하수면 아래에 위치하도록 만들어 자연스럽게 지하수 샘이 되도록 했다. 그 한가운데 계단형 돌 제단을 두어 위 표면이 수면 위로 노출되도록 만들었다.

오시레이온

---

889 Hart, George. 2006, p.164.

이브 레이몬드(Eve A. E. Reymond)는 『이집트 사원의 신비한 기원 (The Mythical Origin of the Egyptian Temples)』에서 오시레이 온의 계단형 돌 제단을 '섬'이라 부르면서 이것이 원초적 물인 눈에서 최초로 솟아 난 태고의 땅을 상징하며 그 위에서 최초로 신성한 장소가 생겨났 다고 말한다.[890] 프랭크포르도 고대 이집트인들이 이 침출수의 샘을 원초적 물인 눈과 같다고 생각했으며, 이 장방형 섬 주변에 가계단 (antithetic dummy staircase)을 설치함으로써 태고의 산을 나타내는 상형 문자를 모방했다고 지적하고 있다.[891]

신전

고대 이집트인들은 신전 또한 '태고의 언덕' 개념으로 건축했다. 고대 이집트인들에게 모든 신전은 상징적으로 언덕 위에 존재하였 다.[892] 특히 멤피스, 헬리오폴리스, 헤르모폴리스, 테베의 4대 종교 중 심지의 사제들은 각각 자신들의 신전이 세워져 있는 장소가 태고의 언덕이라고 믿고 있었다.[893]

신전을 세우는 일은 매우 중요한 이집트 왕의 일이었는데 특히 그 기초를 다지는 일은 제일 중요했다. 그것은 태고적 물을 나타내 는 수맥(water table)을 뚫는 상징적인 행위로부터 시작했으며 이로써 신 전은 태고인 물인 눈(Nun)에서 솟아오른 태고의 언덕처럼 물 위로 솟 아오르게 되는 것이다.[894]

---

890 Raymond, E. A. E. 1969, p.266.
891 Frankfort, H. 1955, p.153.
892 Isler, Martin. 2001, p.109.
893 베로니카 이온스. 2003, p.52.
894 Favard-Meeks, Dimitri & C. Dimitri. 1977, pp.124-5.

룩소르 신전

　카르낙이나 덴데라의 신전 담장은 오목하고 볼록한 벽돌들이 교대로 배열되어 있는데 이는 앞에서 소개한 조세르 피라미드 군의 담장처럼 눈의 원초적 물의 출렁임을 표현한 것이다. 이는 태고적 물이 신전의 가장자리를 에워싸고 있는 것을 표현한 것으로 결국 신전 그 자체가 태고의 언덕 위에 있음을 나타낸 것이다.[895]

　프랑크포르는 카르낙이 빛의 산(Light Mountain)에 있는 태고의 언덕이라고 말한다.[896] 테베의 에드푸 신전은 매년 홍수철 때 마치 섬처럼 보이도록 자연적인 암반 지형의 언덕에 건설되었다. 이 또한 태고의

895　Shaw, Ian and Nicholson, Paul ed. 2003, pp.206-207.
896　Frankfort, H. 1955, p.152.

물에서 솟아오르는 태고의 언덕을 형상화한 것이다.[897]

태고의 언덕은 신전 안에도 구현되어 있었다. 신전 입구는 상징적으로나 실제적으로 가장 낮은 곳이었다. 안쪽으로 들어가면 너른 공간들이 나타나는데 전진할수록 점차 높은 곳을 향하게 되어 있다. 신전 바닥이 높아지기도 하지만 천장 또한 낮춤으로써 높은 곳으로 향한다는 상징성을 부여했다. 이렇게 계속 전진하여 마지막에 도달하는 곳은 지성소(the holy of the holies)라 불리는 작은 방으로 고대 이집트인들은 그곳이 가장 강력한 성역(potent sanctuary)로 여겼다. 그런데 그들은 바로 이곳이 창조 때 가장 먼저 물속에서 솟아오른 태고의 언덕이라고 생각했다.[898]

왕 무덤의 봉분

아비도스에 존재하는 1왕조 왕들의 무덤은 매우 독특한 구조를 하고 있다. 그것은 벽돌로 만들어진 호안(護岸, reverment)에 둘러싸인 동그란 모래 봉분(tumulus)이다. 호안은 하안이나 해안, 제방을 유수에 의한 침식을 방지하기 위해 경사면에 설치하는 구조물이다. 그 무덤들은 비교적 높은 곳에 만들어져 있어 주변에 물이 지나갈 가능성이 거의 없는데 왜 이런 구조가 필요했을까? 대다수 이집트학 학자는 이 봉분이 태고의 물에서 솟은 태고의 언덕을 상징적으로 표현한

---

897 Kemp, Barry J. 1991, pp.100-101.

898 Isler, Martin. 2001, p.109.; Quirke, Stephen and Spencer, Jeffrey eds. 1996, p.74.; Wilkinson, R. H. 1994, p.36.; Wilson, Penelope. Temple Architecture and Decorative Systems. In Lloyd, Alan B. ed. 2010, p.789.

것으로 해석한다.[899]이런 유형의 대표적 예로 파라오 제르Djer 무덤을 꼽을 수 있다. 신왕조 시대에 이 봉분은 오시리스 무덤으로 알려졌었다.[900] 이 무덤 안에는 고불고불한 복도에 이어지는 방들이 있었는데 오시리스를 위한 지하 휴식처라고 여겨졌다.[901]

아이단 도드슨(Aidan Dodson)은 원래 태고의 언덕 개념으로 만들어진 이 봉분이 중왕국 시대를 거치며 오시리스 무덤으로 개조되고 신왕국 때엔 오시리스가 진짜로 묻힌 곳으로 인식되었다고 말한다.[902] 하지만 초기에 태고의 언덕이 오시리스 영역과 달리 여겨졌던 것이 아니라 처음부터 태고의 언덕은 오시리스와 불가분의 영역으로 믿어졌다. 오시리스 영역은 원래 그가 다스리던 신들 왕국이 존재하던 곳으로 태고의 때에 창조가 일어난 장소였기 때문이다.

모래 둔덕

헬리오폴리스의 태양 신전 안에는 벤벤석이나 오벨리스크 이외에 또 하나의 중요한 태고의 언덕을 나타내는 상징물이 있었다. '높이 솟은 모래 언덕(the High Sand)'이 바로 그것이다. 현재 거기서 이런 언덕의 흔적을 찾아볼 순 없다. 하지만 기원전 730년경 에티오피아의 왕 피안키(Piankhi)는 헬리오폴리스 신전 북쪽에 인공적으로 만들

899 van den Dungen, Wim. 2019, pp.83-84.; Smith, Mark. 2017, pp.80-81.

900 Colonna, Angelo. The Tomb of Osiris. Perception, Representation and Cultural Construction of a Sacred Space in the Egyptian Tradition. In Kahlbacher, Andrea and Priglinger eds. 2018, pp.225-244.

901 Dodson, Aidan. 2016.

902 Ibid.

어진 신성한 언덕이 존재했다는 기록을 남겼다. 이런 언덕은 고대 이집트에서 종교축제 때마다 창조를 재현하는 의식들에서 상징적으로 등장했다. 왕은 이 언덕에서 태양빛을 받고 의식을 하여 정화와 회춘을 이루었다.[903]

　　헬리오폴리스는 『피라미드 텍스트』의 기록을 근거로 왕조시대에 건설된 다른 어느 고대 이집트 성지보다 가장 오래된 성지로 볼 수 있다는 의견이 있다.[904] 하지만 고고학적으로 볼 때 가장 오래된 성지는 히에로콘폴리스(Hierokonpolis)다. 1898년 영국의 고고학자 프레데릭 그린(Frederick W. Green)은 그곳에서 깨끗한 흰 모래로 덮인 원형의 커다란 인공 언덕을 발굴했다. 기원전 4,000년 전후에 만들어진 것으로 추정되는 그 언덕은 지름 45미터, 높이 2.4미터쯤 되었다. 이곳을 조사한 그린과 다른 학자들은 이를 고대 이집트 창조 신화에 묘사된 태초 흑암의 바다에서 최초로 솟아난 태고의 언덕을 상징하는 것으로 해석한다.[905]

903　Isler, Martin. 2001, p.109. 아이슬러는 신전이 언덕 위에 있으며 이런 전통이 메소포타미아와 같다고 지적한다. 신전 그 자체가 태고의 언덕을 모방한 것이다.; Sluijs, Marinus Anthony van der. 2011, p.213.

904　Miroslav, Verner. 2013, pp.44-88.

905　Hoffman, Michael A. 1979. pp.130-131.; Isle, Martin. 2001, p.109.; Hikade, Thomas. Origins of Monumental Architecture: Recent Excavations at Hierakonpolis HK29B and and HK 25. In Friedman, R. & Fiske, P. N. (eds). 2011. pp.81-107.

아름다운 서쪽: 태고의 언덕이 위치한 곳

지금까지 소개한 여러 형태의 태고의 언덕은 주로 나일강 서쪽에 건축되었다. 나중에 죽은 자들의 도시 즉, 네크로폴리스라고 알려진 이 서쪽 지역은 원래 고대 이집트인들에게 '신들의 영역(the realm of gods)'이었다. 그들은 여기에 무덤을 만들었는데, 죽어서 신들의 세계에 거주하고 싶어서였다. 이런 이유로 '서쪽의 성스러운 산(Holy mountain of the West)' 또는 '하계의 산(the mountain of the Underworld)'으로 불리는 왕의 분묘나 피라미드, 장제전, 그리고 성스러운 모래 둔덕 주변에 공동묘지가 형성된 것이다.[906]

고대 이집트인들의 상상 속에서 신들의 영역은 서쪽 지평선 너머 머나먼 곳이었지만 그러던 것이 점차 나일강의 서쪽 강변에 세워진 분묘지대를 가리키는 방향으로 변했다.[907] 고대 이집트인들의 심상에서 대체 성지가 진짜 성지로 여겨지게 된 것이다. 하지만 원래의 성지는 이 세상이 아닌 지평선 저 너머에 존재하는 성산(聖山)인 태고의 언덕이었다.[908] 바로 그곳에 신상들이 모셔져 있었고 이들을 둘러싼 신성한 의식이 신관들에 의해 거행되었다. 이런 의식은 애초에 죽은 왕족이나 귀족 및 돈 많은 일반인들을 대상으로 이루어지지 않았다. 이는 오롯이 죽은 파라오만의 특권이었다.

---

906 Wiedmann, Alfred. 2003, p.236.; Elshamy, Mostaf. 2019. p.220.

907 Isler, Martin. 2001, p.109. 아이슬러는 신전이 언덕 위에 있으며 이런 전통이 메소포타미아와 같다고 지적한다. 신전 그 자체가 태고의 언덕을 모방한 것이다.; Sluijs, Marinus Anthony van der. 2011, p.213.

908 Wiedmann, Alfred. 2012, pp.50-51.; 서규석. 1999, p.376

49장 신화 속 태고의 언덕을 찾아서

신화 속 태고의 언덕은 어디에?

고대 문명권에서 가장 중요한 종교의식의 역할은 서로 다른 시간과 장소를 하나로 만드는 것이었다.[909] 신화 속의 성스러운 시간과 장소에서 일어난 일이 현세에 효력을 발휘하도록 구조물을 조성해놓고 주술 의식을 시행했다. 고대 이집트인들에게 그 신화 속 시간과 장소는 각각 '태고'와 '언덕'이었다. 그들은 천지 창조적 사건인 태고의 때 심연의 물에서 최초의 땅이 솟아오르고 거기서 최초로 태양이 떠오른 사건을 가장 중요한 종교적 사건으로 생각했다. 그래서 그들은 신전을 태고의 언덕 모습으로 만들고 그때 그 장소로 회귀하기 위한 주술 의식을 치렀다.

고대 이집트 신전들은 오늘날 교회처럼 일반인들과 신이 만나는

---

909 Pfatteicher, Philip H. 1997, pp.77-80.

공간이 아니었다. 일반인들의 출입은 극히 제한되었고, 왕을 비롯한 소수 신관에 의한 제의와 주술을 통해 완벽한 신들의 창조가 있었던 태초의 때로 돌아가 우주가 제대로 작동하도록 유지하기 위한 기계장치와 같은 역할을 했다. 신관들에 의한 이런 중차대한 임무는 신전에서 가장 신성하고 신성한 곳, 즉 지성소에서 이루어졌다. 그곳이 '태고의 언덕'으로 작동하였다.[910]

고대 이집트인들은 신화 속 최고 성지인 태고의 언덕을 이집트 땅 곳곳에 구현해 놓았다. 그곳은 최초의 창조가 이루어진 성지중의 성지였고 하이집트의 '멤피스'를 비롯해 이집트 땅의 모든 성도(聖都)들의 모델이었다. 그뿐 아니라 네크로폴리스나 신전들 안에 태고의 언덕이 지성소로 구현되어 있었다. 그렇다면 고대 이집트 신화 속에서 이런 성지 주변 배경은 어떤 모습을 하고 있을까?

신전 내부 구조

신화 속 태고의 언덕 주변 모습을 확인하려면 신전 내부 모습에서 유추하는 것이 가장 좋다. 왜냐하면 고대 이집트인들은 신전이 단지 지구상에서 신들이 머무는 곳으로만 여긴 것이 아니라 창조 순간의 최초의 장소를 재현한 곳이었기 때문이다.[911]

---

910 Blasweiler, Joost. 2017, pp.13-15. 신전 그 자체를 '우주적 계단'으로 보는 시각이 있다. 계단은 태고의 언덕을 나타내는 대표적인 표현 중 하나인데 신전이 이런 형태를 취하고 있다는 것이다. 신전 출입문부터 점차로 올라가는 계단으로 설계되어 있고, 결국 가장 높고 깊은 곳에 신상이 모셔져 있는 지성소가 배치되어 있다는 것이다.

911 "Temples were not just regarded as a home on earth for the gods, but also replicas of the universe at the moment of creation." Burzacott, Jeff. 2015.

신왕조 시대 때 만들어진 신전들은 입구에서 가장 신성한 부분까지 이르는데 여러 문들과 홀들을 통과하게 되어 있으며 지성소 쪽으로 진입하면서 문들의 좌우 간격이 좁아지고, 천장이 낮아지며, 바닥이 높아지게 되어 있었다. 그리고 방들의 크기는 점차로 작아졌다. 지성소는 가장 안쪽 깊숙한 곳에 제일 작게 만들어졌다. 이곳의 천장은 제일 낮고, 바닥은 제일 높았다. 이곳은 신들의 영역으로 주요 신상들이 모셔졌다. 신전의 천장은 하늘을 상징했으므로 이런 건축상의 표현은 지성소, 즉 태고의 언덕이 높고 높은 곳에 존재하여 하늘에 거의 닿을 정도임을 나타낸 것이다.[912] 또한 제일 작은 방으로 표현된 것은 그곳이 국소(局所)적인 곳임을 나타낸다고 볼 수 있다.

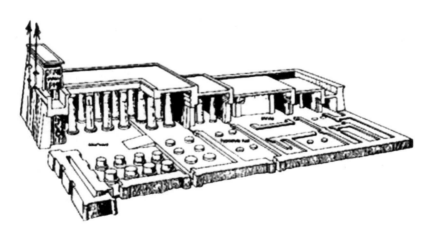

고대 이집트 태양신전의 일반적인 모습 | 왼쪽의 입구에서부터 가장 안쪽의 지성소까지 가는 데에는 여러 개의 방을 거쳐야 하는데 지성소로 접근할수록 바닥은 높아지고 천장은 낮아진다 통로 양 옆에는 파피루스를 나타내는 열주들이 늘어서 있다

912　Shaw, Ian. 1995. p.138.

입구와 지성소 중간에는 다열주실(多列住室, hypostyle hall)이 존재했는데 여기에 세워진 기둥들은 습생 식물들을 묘사한 것으로 특히 갈대 형태가 주류를 이루었다. 이런 구성은 신전의 내부 홀이 태초 물가 늪지를 형상화하도록 한 것으로 태고의 언덕 주변 갈대 늪을 나타낸 것이다.[913] 종교의식 중에 신상(神像)을 실은 배가 다열주실로 들어와서 앞으로 나아가는 것은 태곳적 물이 채워진 늪지를 헤쳐서 나가는 것을 상징했다.[914]

이상의 해석으로부터 고대 이집트 신전이 나타내 보여주는 태고의 언덕은 늪지 또는 호수에 솟아있는 마른 땅, 또는 섬으로 물에서 뭍으로 이어지는 공간이 갈대밭을 이루고 있음을 알 수 있다. 그런데 룬들 클락은 이 늪이 동쪽 지평선 너머 '태양이 떠오르는 신화의 땅(faery Land of the Rising Sun)'에 있는 갈대의 늪(Reeds Marshes)이라고 말한다.[915]

신성한 갈대밭

앞에서 살펴보았듯이 태고의 언덕이 갈대밭과 깊은 연관이 있다. 신전은 눈이라는 태고의 물에서 갈대와 파피루스가 무성한 주변 늪

913　Wilkinson, R. E. 1994b, p.37.; Shaw, Ian. 1995, p.138.; Gates, Charles. 2013, pp.107-108.; A Model of the Universe, University of Memphis. Available at https://www.memphis.edu/hypostyle/meaning_function/model-universe.php

914　Rundle Clark, R. T. 1993, p.29.

915　Ibid.

지와 거기서 솟아난 태고의 언덕을 형상화한 셈이다.[916] 고대 이집트 신화나 주술문에 '갈대의 평원(Field of Reeds or Rushes, 이집트어로 Sekhet-A'Aru)'이란 표현이 자주 등장하는데 이 장소는 태고의 언덕 못지않게 신성시되었다.[917] 헨리 프랭크포르는 '태고의 언덕'과 '갈대의 평원'이 같은 곳일 수 있다고 생각한다. 왜냐하면 고대 이집트 문헌에서 종종 태고의 섬 또는 언덕과 갈대의 평원이 동일시되었기 때문이다.[918] 하지만 앞에서 살펴본 바와 같이 신전의 구조로부터 태고의 언덕과 갈대의 평원이 매우 근접되어 있지만 어느 정도 구분이 된다는 사실을 알 수 있다. 신화 속에 그려진 태고의 언덕은 일종의 섬으로 사방이 갈대 늪지대로 둘러싸여 있는 것이다.

제우산, 갈대의 평원, 그리고 태고의 언덕

대영박물관에 보관 중인 고대 이집트 문헌 중 「누의 파피루스(Papyrus of Nu)」라 불리는 게 있다. 이 문서에 묘사된 그림 중에 '갈대의 평원'을 타내는 장면이 있다.[919] 고대 이집트인들은 이런 형상을 산이라고 보았고 제우(Djew)라고 불렀다.[920] 정말로 이 그림이 산을 나타

---

916 Wilson, Penelope. Temple Architecture and Decorative Systems. In Lloyd, Alan B. ed. 2010, p.789.

917 Field of Reeds와 Filed of Rushes를 구분하기도 한다.Lippiello, Lauren Elizabeth. 2004, p.9참조. 하지만, 고대 이집트 신화나 주술문에 이 두 곳은 거의 같은 곳에 있는 것으로 표현되어 있다.

918 Cahill, Michael A. 2012, pp.786-787.

919 Budge, E. A. Willis. 1996, Vol.3, p.38.

920 Mountain(djew), Ancient Egypt: the Mythology. Available at http://www.egyptianmyths.net/mountain.htm

낸 것이라면 그것은 쌍봉산이라고 불러야 할 것이다. 많은 이들이 이 모양을 나일 밸리를 형상화한 것이라고 보지만,[921] 고대 이집트의 기록은 모두 세속적 의미가 아닌 신성한 상징성을 띠고 있다고 봐야 한다. 그래서 제우를 성스러운 태고의 산(primeval mountain)으로 보는 시각이 있다. 고대 이집트 창조 신화 속에서 일컬어지는 '최초의 땅(First Land)' 또는 '태고의 언덕(Primordial Hill)'이라는 것이다.[922]

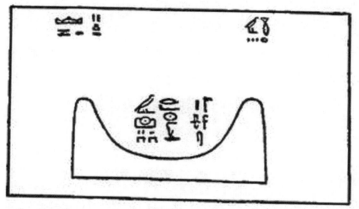

대영박물관에 보관된 누(Nu)의 파피루스에 묘사된 갈대의 평원모습

그런데 도대체 여기 어디에 갈대의 평원이 있다는 것일까? 이탈리아 피사 대학교의 이집트학 학자 마리아 베트로(Maria C. Betro)는 이 두 산봉우리 사이의 골짜기처럼 보이는 부분이 실제로는 골짜기가

921   Ibid.
922   Magli, Giulio. 2009, p.41.; Naydler, Jeremy. 1996, p.256.

아니라 고산지대를 나타낸다고 말한다.[923] 그렇다면 이 그림은 고원 분지의 단면도라고 볼 수 있다. 주변을 산들이 빙 둘러싼 고원지대에 갈대가 무성한 장면을 상상하면 되겠다. 앞에서 신전 내부 구조로부터 유추해보면 고대 이집트 신화 속 갈대의 평원은 일종의 늪지대다. 따라서 갈대의 평원은 갈대가 무성한 고원 분지의 호수와 늪지대라고 보면 될 것이다.

그렇다면 태고의 언덕은 어디에 존재할까? 앞에서 소개했듯 제우 전체를 태고의 언덕으로 보는 시각이 있지만 그건 아닌 것 같다. 신전의 구조로 판단해보면 갈대의 평원 안에 태고의 언덕이 존재하는 것이지 태고의 언덕 안에 갈대의 평원이 있는 것처럼 보이진 않기 때문이다. 따라서 「누의 파피루스」 그림에는 표현되어 있지는 않지만, 중간쯤 늪지 어딘가에 태고의 언덕이 존재한다고 상상하면 될 것 같다.

갈대의 평원은 어느 쪽 지평선에 있는가?

갈대의 평원과 관련한 또 하나의 중요한 쟁점은 그 위치에 대한 것이다. 대부분 이집트학 학자는 갈대의 평원이 지평선에 존재한다고 한다. 그런데 그곳이 동쪽 지평선에 위치하는지 또는 서쪽 지평선에 위치하는지에 대해선 의견이 갈린다.[924]

룬들 클락에 따르면 갈대의 평원은 동쪽 지평선 근처에 존재한

---

923 Betro, Maria C. 1996, p.159.

924 Lippiello, Lauren Elizabeth. 2004, p.9.; Van Dijk, Jacobus. Paradise. In Redford, Donald B. ed. 2002, p.310.; Budge, E. A. Willis. 1996. Vol.3, pp.89-91.; Budge, E. A. Willis. 1960, pp.135-139.; Frankfort, H. 1955, p.120.

다.[925] 레오나드 레스코(Leonard H. Lesko) 또한 그곳이 동쪽 지평선에 존재한다고 주장한다. 원래 그곳이 정화의 장소였는데 나중에 파라다이스로 여겨지게 되었다는 것이다.[926] 야코부스 반 디지크(Jacobus Van Dijk)도 갈대의 평원이 태양이 떠오르는 동쪽에 있다고 말한다.[927] 바이런 쉐퍼(Byron E. Shafer) 또한 갈대의 평원이 동쪽 지평선과 연관되어 있다고 지적한다.[928] 하지만, 월리스 버지는 갈대의 평원이 서쪽 지평선 쪽 너머에 있다고 말한다.[929] 리차드 윌킨슨(Richard H. Wilkinson)은 갈대의 평원(Field of Rushes)은 축복받은 죽은 자들이 거주하는 서쪽 지평선에 존재한다고 말한다.[930]

한편, 헨리 프랑크포르는 '갈대의 평원'이 부활의 장소일 수 있다고 생각하며, 이 경우에 죽은 자의 땅인 그곳은 동쪽에 존재하는 것으로 봐야 한다고 말한다. 하지만, 그는 또 그곳이 죽은 자가 궁극적으로 도달해야 하는 목적지라면, 당연히 서쪽에 존재해야 한다고도 말한다.[931] 그럼 도대체 이 두 곳 중 어디에 있다는 말일까?

동쪽과 서쪽 지평선은 서로 극에서 극으로 멀리 떨어져 있다. 따라서 '갈대의 평원'이 이 두 곳 중 어디에 있느냐는 쟁점을 절충할

---

925 Rundle Clark, R. T. 1993. p.29.

926 Lesko, L. H. Ancient Egyptian Cosmogonies and Cosmology. In Shafer, B. E. ed. 1991. p.120.

927 Van Dijk, Jacobus. Paradise. In Redford, Donald B. ed. 2002, p.310.

928 Shafer, Byeon E. 1991, pp.119-120.

929 Budge, E. A. Willis. 1996. Vol.3, pp.89-91.; Budge, E. A. Willis. 1960, pp.135-139.

930 Wilkinson, R. H. 1994b. p.63.

931 Frankfort, H. 1955, p.120.

방법을 찾는 게 불가능하다. 그렇다고 이 문제를 그냥 덮고 갈 순 없다. 고대 이집트인들은 그들이 가장 신성시했던 지성소인 '태고의 언덕'이 '갈대의 평원' 안에 있다고 믿었기 때문이다. 고대 이집트인들 세계관의 이해에 매우 중요하기 때문에 꼼꼼하게 따져봐야 한다.

갈대의 평원이 지평선에 있다고 생각하는 이유

그런데 여기서 한 가지 의문이 생긴다. 왜 대다수 이집트학 학자가 '갈대의 평원'이 지평선에 있다고 생각하는 것일까? 그 이유는 제우가 지평선에 존재한다고 보기 때문이다. 23장에서 라-호라크티와 관련한 설명을 하면서 고대 이집트 왕권 신화 속 태양의 최초 떠오름과 연관된 최고 성지가 '아켓(Akhet)'이라고 언급한 바 있다. 아켓은 고대 이집트 상형문자에서 제우 위에 태양이 떠 있는 모습(◌)으로 표현된다. 그런데 이 문자를 이집트학 학자 대다수가 별 의심 없이 지평선 위로 태양이 떠오르거나 지는 모습을 형상화한 것으로 보고 있으며, 이 때문에 갈대의 평원의 위치도 지평선이 되어버린 것이다. 하지만, 원래 태고의 언덕에서 최초의 태양이 떠올랐다는 창조 신화를 고려해보면 그곳이 지평선이어야 할 그 어떤 근거도 찾아볼 수 없다.

50장 아켓과 아커

아켓은 지평선이다?

갈대의 평원을 놓고 그것이 동쪽 지평선에 있는지 서쪽 지평선에 있는지에 대한 논쟁을 벌이는 것처럼 아켓 그 자체가 어느 쪽 지평선이냐는 문제에 대한 논쟁도 있다.

영국 케임브리지 대학 이집트학 교수인 베리 캠프(Berry Kemp)는 비록 이집트 땅의 나일 델타 사람들 관점에서 바라본 지평선은 푸른 초원과 늪지, 수목이 끝없이 이어지는 편평한 지역이었지만 지평선을 나타내는 이집트 상형문자 아켓은 계곡으로 나뉜 동쪽 사막 고원지대를 형상화한 것이라고 말한다.[932] 캠프의 견해대로라면 아켓은 동쪽 지평선을 나타낸다고 볼 수 있다.

---

932 Kemp, Barry J. 2006, p.14.

갈대의 평원이 있는 제우산 위로 떠오르는 태양 모습으로 표현된 아켓

미국 애리조나 주립 대학 석좌교수인 리차드 윌킨슨은 테베의 동쪽 거주지에서 나일강 너머 서쪽 산지의 왕실 장묘지(Necropolis)쪽을 바라다보면 두 산 사이에 계곡을 볼 수 있는데 고대 이집트인들이 이 모습을 형상화한 것이 아켓이라고 보고 있다.[933] 윌킨슨의 견해대로라면 아켓은 서쪽 지평선을 나타낸다고 볼 수 있다.

한편 윌리스 버지는 아켓을 나타내는 상형문자의 계곡 부분이 이 세상에서 하계로 태양이 들어가는 길을 나타낸다고 주장한다.[934] 역시 서쪽 지평선을 아켓으로 간주하는 견해다. 이들 이집트학 학자는 모두 제우의 가운데 부분을 계곡이라 부르는데 필자는 앞에서 이를 산들에 둘러싸인 고원지대로 봐야 한다는 견해를 소개한 바 있다.

933   Wilkinson, Richard H. 1994, p.167. 그림참조
934   Budge, E. A. Willis. 1969, p.179.

고대 이집트인들이 생각한 아켓의 의미

아켓(Ahket)은 어원을 따지면 아크(akh)가 되는 곳을 의미한다. 아크는 보통 영광된 자(glorious one), 광채 나는 자(illuminated one), 또는 변용된 조상의 영혼(transfigured ancestral spirit) 등으로 해석된다.[935] 신왕국 시대를 살던 대중들은 아크가 죽은 자가 두 번째 삶을 살기 위해 변용되는 영혼 정도로 이해했다.[936] 그리고 이런 영혼들은 낙원인 갈대의 평원에서 제2의 삶을 영위할 수 있다고 믿었다.[937] 따라서 갈대의 평원을 나타내는 제우와 아켓이 같은 장소로 묘사된 건 당연해 보인다.

그런데 이런 해석은 후기의 대중화된 고대 이집트 종교에서만 옳다. 그 이전 왕권 신화에서 아크의 의미는 사뭇 달랐기 때문이다. 왕권 신화는 오직 신들만의 세상을 묘사하고 있다. 따라서 처음 아크가 등장했을 때 그 용어는 신과 관련되었다. 고왕국 시절 기록된 『피라미드 텍스트』에서 아크는 주술 의식으로 오시리스화한 죽은 왕이 하계에서 부활해 기동력을 갖게 된 상태를 나타냈다.[938] 따라서, 아크는 부활한 오시리스에 다름 아니다. 실제로 오시리스가 아켓과 동일화되는 경우가 있다.[939] 이 때문에 아켓은 '오시리스의 영

---

935 Elshamy, Mostafa. 2019, p.94.

936 Hays, Harold M. 2009, p. 195.

937 Assmann, Jan. Resurrection in Ancient Egypt. In Peters, Ted & Russell, Robert John and Welker, Michael eds. 2002, p.125.

938 Remler, Pat. 2010, p.5.; Assmann, Jan. Resurrection in Ancient Egypt. In Peters, Ted & Russell, Robert John and Welker, Michael eds. 2002, p.130. 호루스가 akh이기도 하다. 그는 오시리스와 한 몸이다.

939 Hays, Harold M. 2009, p. 195.

역'이라고 볼 수 있다. 그런데 『피라미드 텍스트』에 아켓 입구에서 왕이 민과 동화되는 장면이 나온다.[940] 이는 곧 아켓에서 오시리스와 호루스가 카-포옹을 통해 진정한 합일체가 됨을 예기(豫期)하는 것으로 볼 수 있다.

아켓: 오시리스와 호루스의 카 합체가 일어나는 곳

앞에서 아켓이 고대 이집트 왕권 신화에서 오시리스가 부활하는 곳이라고 지적했다. 그런데 엄밀히 말하면 이때 그는 순전히 오시리스인 상태가 아니다. 고왕국 때 쓰인 아래와 같은 『피라미드 텍스트』 636-638행의 내용을 보면, 이것이 사실상 카-포옹으로 합체한 오시리스와 호루스가 궁극적으로 도달하는 변용 상태를 나타냄을 알 수 있다. 민 상태에서 아문 상태로 넘어가는 것이다.

"오 오시리스여. 이 사람은 당신 품 안에 안긴 호루스입니다. 그가 당신을 도울 것입니다. 그와 함께 당신은 아크(akh)가 될 것입니다. 태양신 라가 나타나는 '아켓(akhet)의 자'라는 당신의 이름으로 …. 당신의 팔이 그를 꼭 안고 있습니다. 아주 꼭. 그는 당신에게서 떠나지 않습니다."[941]

44장에서 우리는 『사바카석』에 묘사된 호루스와 오시리스, 그리고 제신의 카-포옹을 살펴본 바 있다. 호루스가 이 상태에서 두 왕

---

940 Wainwright, G. A. 1963a.; Naydler, Jeremy. 2004, pp.186-234.
941 Frankfort, H. 1955, p.135.

국의 통일 군주로 대관식을 치른다. 이런 맥락으로 볼 때 아켓은 멤피스, 즉, 태고의 언덕이 있는 장소다. 이는 이미 앞에서 확인한 바 있다. 필자는 연상의 호루스가 시간 역행을 통해 아버지 오시리스의 장례식장을 찾는다고 했다. 그런데 이제 그의 시간뿐 아니라 공간적 이동까지 추적해 볼 수 있다. 그가 찾아간 장례식장이 있는 오시리스의 왕궁이 있는 곳은 멤피스, 즉 태고의 언덕이었다.

덴데라 신전 벽화에 묘사된 태고의 언덕

제레미 나이들러(Jeremy Naydler)는 오시리스와 호루스가 아크로 변용하는 곳은 갈대의 평원에 있는 계단이 놓인 곳 즉, 태고의 언덕이며, 그곳은 빛나는 자들(akhs)의 보좌가 있는 곳이라고 말한다.[942] 따라서, 앞에서도 지적했듯 제우 전체가 태고의 언덕이라고 볼 순 없다. 고대 이집트인들은 명시적으로 표시하지 않았으나 갈대의 평원인 '제

---

942 Naydler, Jeremy. 1996, p.230.

우의 고원지대'한 가운데 어디쯤엔가 태고의 언덕이 존재한다고 상정했던 것 같다. 그렇다면 도대체 그곳이 어디에 존재한다고 고대 이집트인들은 믿었던 것일까?

아켓은 지평선이 아니다

주류 이집트학 학자들은 아켓이 이집트 땅이나 그 밖의 범접하기 쉬운 세속적인 다른 장소가 아니었다는 데엔 같은 목소리를 내고 있다. 고대 이집트인들은 태고의 언덕이 갈대의 평원에 존재했다고 믿었으므로 최소한 그들은 신화 속 태고의 언덕이 이집트 땅을 벗어난 머나먼 어느 곳인가에 존재한다고 믿었음이 틀림없다.

하지만 필자는 그 최고 성지를 포함된 곳이 많은 학자가 주장하듯 지평선은 아니라고 본다. 왜냐하면 그곳은 매일 태양이 뜨거나 지는 우리가 알고 있는 지리학적 지평선이 아니라 '최초의 때'에 솟아오른 태고의 언덕에서 최초로 태양이 떠올랐던 아주 성스러운 특별한 곳이기 때문이다.[943]

앞에서 필자는 룬들 클락이 아켓의 위치를 동쪽 지평선으로 말했다고 했는데 이는 정확한 지적이 아니었다. 그는 사실 특별한 의미의 지평선을 재정의했다. 그에 의하면 신들이 살고 있는 성소(shrine)를 고대 이집트인들은 특별한 지평선(Horizon)이라 불렀는데 이곳은 지리학적인 동쪽 지평선 너머의 영광된 빛이 비추는 땅(land of glorious light beyond dawn horizon)을 일컫는 것이라 했다.[944] 다시 한번 강조하지만 고

---

943 Silverman, David P. ed. 2003. p.121.
944 Rundle Clark, R. T. 1993, p.27.

대 이집트 상형문자는 '성스러운 문자(hieroglyph)'이며 그것이 묘사하는 지리는 성역(聖域)에 대한 것으로 매일 반복되는 태양의 일출이나 일몰과 사실상 무관했다고 필자는 생각한다. 아켓이 지리적 지평선이 아니라는 얘기다. 고대 이집트 창조 신화 및 왕권 신화들은 지평선 너머 하계(Underworld)라 불린 태양이 야간에 운행하는 영역에 그곳이 위치했음을 가리키고 있다.[945]

아켓을 지키는 두 마리 사자신 아커

아켓 또는 최초의 때 태양이 처음 떠오른 제우는 종종 서로 반대편을 바라보는 두 마리 사자 사이에 위치하는 것으로 표현된다. 이 사자들은 아커(Aker)라 불리는 신이다.[946] 아래 그림은 기원전 1250년경 쓰인 「아니의 책(Book of Ani)」에 묘사된 아커 신으로 그 사이에 아켓이 놓여있다.[947]

여기서 아커에 대해 어떤 의미를 부여할 수 있을까? 미국 애리조나 주립 대학교의 이집트학 교수 리차드 윌킨슨(Richard H. Wilkinson)은 그의 이집트 미술에 대한 해설서에서 사자 신들 아커가 마누(Manu)와 바쿠(Bakhu)에 각각 포진하고 있다고 지적한다.[948]

945 Verner, Miroslav. 2002, p.211.

946 Aker, Wikidepia. Available at https://en.wikipedia.org/wiki/Aker_ (deity). 이를 루티Ruty라고도 부른다. Ruty: Protector of the Horizon, The Curious Egyptologist 참조. Available at https://thecuriousegyptologist. com/2021/09/05/ruty-protectors-of-the-horizons/

947 Shaw, Ian and Nicholson, Paul ed. 1995, p.20.; Lurker, Manfred. 1980, pp.24-25.; Rundle Clark, R. T. 1993, p.32.

948 Fletcher, Joann. 2002, p.29.

「아니의 책」에 묘사된 아커 신

제우를 쌍봉산이라고 생각하는 학자들은 그것이 동쪽이든 서쪽이든 간에 어느 한쪽 지평선에 존재한다고 본다. 그런데 이를 마누산과 바쿠산으로 분리해서 보는 일련의 학자들은 이 두 산이 각각 서쪽과 동쪽 지평선에 존재한다고 믿는다.[949] 이런 혼란은 고대 이집트인들의 지성소 관련 상징을 잘못 해독하는 바람에 야기된 것이다. 다시 한번 강조하는데 쌍봉우리처럼 표현한 아켓은 지리적 지평선과는 무관하다.

아커의 고지

원래 아커는 서로 반대 방향을 바라보는 얼굴이 한 몸통에 붙은 사자의 형상을 하고 있었다. 이런 형태의 아커는 1왕조의 사카라 묘

---

949 Dunn, Jimmy. The Mountains and Horizon of Ancient Egypt. Available at http://www.touregypt.net/featurestories/horizon.htm

지에서 발견된 실린더 실에서 볼 수 있다. 여기서 한 몸으로 붙은 웅 크리고 앉은 두 사자(joined crouching lions) 모습으로 묘사되었다.[950]

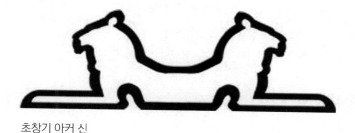

초창기 아커 신

고대 이집트에서 사자신 아커의 한쪽 편은 이 세상의 끝부분 (edge of the world)을 의미했다.[951] 따라서 아커는 두 세상의 끝들이 만 나는 곳을 상징하는 신이다. 고대 이집트인들은 세상 끝이 어디라 고 생각했을까? 주류 이집트학 학자들은 그곳이 바로 지평선이었다 고 주장한다. 따라서 고대 이집트인들은 쌍면 신 아커의 한쪽 머리 는 동쪽 지평선을 그리고 다른 쪽 머리는 서쪽 지평선을 지킨다고 믿었다는 것이다.[952]

---

950 Beck, Pirhiya. Notes on the Style and Iconography of the Chalcolithic Hoard from Nahal Mishimar. In Leonard Jr., Albert and Williams, Bruce Beyer eds. 1989, p.43, p.51.;Leitz, Christian. 2002, pp. 83-85.; Aker (Deity), Wikidepia. Available at https://en.wikipedia.org/wiki/Aker_(deity)

951 Rundle Clark, R. T. 1993, p.155.

952 Ibid., p.153.; Shaw, Ian. 1995, p.19.

아커의 머리들이 각각 동쪽 지평선과 서쪽 지평선을 지킨다고 보는 영국 리버풀 대학의 이집트학 학자 이안 쇼우(Ian Shaw)는 아커의 몸통 부분은 이 두 지평선의 접합부(junction)에 해당한다고 본다.[953] 두 지평선의 접합부? 이런 표현이 도대체 무엇을 의미하는 것일까? 서로 정반대 방향으로 멀찌감치 떨어진 두 지평선 사이에 어떻게 접합부가 존재할 수 있단 말인가? 아켓과 아커를 이처럼 지리적 지평선과 연관시키면 이런 모순된 상황에 도달한다.

하계 중심에 있는 아커의 고지

서로 반대 방향을 바라보는 머리들이 한 몸통을 공유하는 모습의 아커의 등 부분을 고대 이집트인들은 '아커의 고지(Highland of Aker)'라고 불렀다.[954] 이런 표현은 제우산의 골짜기처럼 보이는 부분을 산간 고원라고 하면 서로 일맥상통한다. 실제로 한 몸통으로 되어 있는 아커는 사실상 제우와 똑같다고 볼 수 있다.[955]

고대 이집트인들이 상상한 '세상의 끝'이 우리가 알고 있는 지평선은 아니었다. 그렇다면 그곳은 어디였을까? 룬들 클라크는 하계(Underworld)의 중심에 거대한 쌍면 스핑크스인 아커가 자리잡고 있다고 말한다.[956] 하계의 중심? 그곳은 어딜까? 밤에 서쪽 지평선 아래로 내려간 태양은 하계를 여행한 후 동쪽 지평선 너머에서 다시 나

953 Fletcher, Joann. 2002, p.29.; Shaw, Ian. 1995, p.19.

954 Selim Hassan, Excavations at Giza, 1946, p.265.

955 Fletcher, Joann. 2002, p.29.

956 Rundle Clark, R. T. 1993, p.169.; Quirke, Stephen. 1990, p.49.; Quirke, Stephen and Spencer, Jeffrey ed. 1996, p.49.

타난다. 고대 이집트인들도 이런 태양의 야간여행에 대해 상상했을 것이며[957] 따라서, 태양이 지나는 하계의 중심에 대한 아이디어를 갖고 있었을 것이다. 윌리스 버지는 고대 이집트인들이 자정에 태양이 지나는 지역을 하계 중심이라고 생각했고 거기에 오시리스의 영역이 존재한다고 믿었다고 보았다.[958]

아커의 고지는 오시리스의 영역

실제로 고대 이집트인들은 아커의 고지대가 오시리스의 거주지(Dwelling Place of Osiris)라고 생각했다.[959] 이와 관련해 『사자의 서』에는 다음과 같은 대목이 나온다.

> "그(오시리스 왕)가 강을 따라서 흘러내려 갑니다. 그는 '갈대의 평원'으로 진입해 '봉헌의 평원'으로 갑니다. 나는 이중-사자 신(Double-Lion God)이라고 말합니다."[960]

앞에서 오시리스가 고대 이집트 문헌에서 아켓 그 자체와 동일시되는 것으로 묘사되었다는 내용을 소개한 바 있다. 여기선 오시리스를 이중 사자신, 즉 아커와 동일시하고 있다. 이제 우리는 더 이

957 Wilson, John A. Egypt. In Frankfort, H.et al. eds. 1977, pp.45-46.

958 Budge, E. A. W. 1996. Vol. 3, p.180.

959 Bauval, Robert and Hancock, Graham. 2011, pp.156-157.;Roberson, Joshua Aaron. 2014, pp.145-147.; 고대 이집트 창조 신화에서 태양이 최초로 떠오른 이곳이 신왕조 시대의 변형된 신앙에서는 태양이 자신의 시체인 오시리스와 재결합하는 곳으로 보았다. El-deen, Nehad Kamal. 2010, pp.62-84참조.

960 Budge, E. A. Willis. 1996, Vol.2, p.63.

상 고대 이집트인들이 세상의 끝을 지평선이라고 믿었다고 볼 필요가 없다. 그들은 태양이 자정에 하계를 지나는 곳(오늘날 관점에서 보면 대척점)을 세상 끝으로 보았고 거기에 오시리스의 영역인 아커의 고지대, 즉 아켓이 존재했다. 당연히 태고의 언덕도 그곳에 존재했다고 믿었을 것이다.

아커의 고지에서 거행된 호루스의 대관식

만일 아커의 고지가 아켓에 해당하고 거기에 태고의 언덕이 존재했다면, 오시리스의 부활 의식과 호루스의 대관식은 당연히 그곳에서 치러졌을 것이라고 고대 이집트인들은 상상했을 것이다. 그리고 이를 위해서 그들은 자신들의 당에 지어놓은 태고의 언덕인 신전의 지성소를 이곳과 일치시키는 공감 주술 행위를 했을 것이다. 그렇다면 그들이 정말로 아커의 고지를 호루스 대관식 장소로 생각했다는 증거가 있을까?

아커의 고지대인 아켓의 아기 호루스가
하토르의 자궁 속에 있다

고대 이집트 신왕국 22왕조 때 작성된 「헤르-베벤-켓 파피루스 (Papyrus of Her-Weben-Khet)」의 한 그림은 아커의 고지 위의 호루스가 묘사하고 있다.[961] 이 호루스는 나체 상태로 머리 오른쪽에 머리카락 한 올을 두르고 손가락을 빨고 있는 어린 호루스다. 자세히 살펴보면 그는 암소신 하토르의 태반 안에 있다. 그리고 동시에 그것은 뱀이 자기 꼬리를 물고 있는 우로보로스(ouroboros) 안에 있다. 이것은 '영원한 반복 재생의 상징(symbol for eternal cyclic renewal)'이다.[962] 즉, 호루스의 자가 수태를 나타내고 있다고 볼 수 있다. 바로 호루스의 대관식 모습이다.

태고의 언덕은 명계?

지금까지의 논의를 통해 멤피스, 즉 태고의 언덕은 고대 이집트인들이 생각한 최고 성지였음을 확인했다. 그리고 그들은 그곳이 하계 중심에 있다고 믿었음도 확인했다. 그런데 하계 중심은 주류 학계에서 오시리스가 다스리는 명계로 해석되고 있다.

이안 쇼우 등은 태고적 물이 보여주는 혼돈의 부정적인 이미지는 우주 창조 이후에도 계속 남아서 이 세상의 한계를 넘어선 모든 것들의 거주지로 믿어졌다고 주장한다. 즉, 태고의 물이 존재한다는 하계가 유산된 아기나 저주받은 영혼이 머무는 저승 또는 명계로 받아들여졌으며, 이 때문에 태곳적 물은 명계의 깊음(Depth of

---

961 Primary Sources with Ms. Sanguiliano. Available at https://jsanguiliano.weebly.com/document-f.html

962 Ouroboros, Wikipesia. Available at https://en.wikipedia.org/wiki/Ouroboros

Neterworld)을 나타냈다는 것이다.[963] 정말 이런 이유로 태고의 물에서 솟아오른 하계의 태고의 언덕 또한 고대 이집트인들에게 명계로 여겨졌던 것일까?

그런데 초기 왕조시대의 왕권 신화 그 어느 곳에도 태고의 언덕이 죽은 자의 세계인 명계라는 개념은 등장하지 않는다. 그곳은 인간과 무관한 신들의 세계이기 때문이다.[964] 그러나 태고의 언덕을 명계의 중심으로 해석하는 게 오늘날 주류 학계에서 관행화 되어 있다. 예를 들어 태고의 언덕과 관련해 프랭크포르는 다음과 같이 주장한다.

"죽은 자, 특히 왕은 내세에서 다시 태어난다. 그리하여 우주의 질서 정연한 삶이 시작된 창조적인 힘의 중심지인 태고의 언덕만큼 상서로운 곳도 없었고, 죽음의 위기를 통해 승리에 도달하는데 이보다 더 큰 기회를 약속하는 장소도 따로 없었다. 그리하여 왕의 무덤을 태고의 언덕에 대한 헬리오폴리스 양식인 피라미드 모양으로 만들었다."[965]

필자는 이런 해석이 고대 이집트 왕권 신화를 잘못 해독한 결과에 기인한다고 본다. 죽은 왕은 신화 속 오시리스의 행적을 재현하기 위해 죽은 오시리스 형태의 미라로 만들어진 신관에 불과했다. 태고의 언덕은 태양신 라가 최초로 떠올라 제신들을 창조한 멤피스였고,

---

963 Shaw, Ian & Nicholson, Paul ed. 1995, pp.206-207.

964 그곳은 오시리스의 거주지이기도 하지만 호루스의 거주지이기도 하다. 즉, 신들의 고향이다. Jelinkova, E. A. E. 1960. pp.143-145.

965 Frankfort, Henri. Myth and Reality. In Frankfort, Henri et al. 1996, p.22.

오시리스는 그곳의 만신전(Pantheon)에서 신들의 세계를 다스리던 라의 적손이었다. 오시리스는 죽임당한 후 자신의 궁전에 안치되어 있다가 시간을 역행해 나타난 호루스가 주도하는 부활 의식 절차에 임하며 이를 통해 호루스는 태고의 언덕에서 자기 스스로 재생하는 것이다. 이것이 호루스 왕 대관식의 왕권 신화적 의미다. 오시리스로서 죽은 왕이 내세인 태고의 언덕에서 다시 태어나는 것이 아니다!

사^{Sah}와 소프뎃^{Sopdet}

5부
호루스의 하계여행

51장 죽은 왕이 가는 곳

죽은 왕의 태양을 향한 승천

고대 이집트 왕국에서 죽은 왕의 장례식은 후계자의 대관식에 종속되어 있었다. 이 대관식을 위해 죽은 왕을 오시리스를 닮은 미라로 만들었고 주술 의식을 통해 오시리스의 영역으로 인도했다. 그렇다면 고대 이집트인들이 죽은 왕을 하계의 태고의 산으로 데려가기 위해 어떤 방법을 사용했을까? 이와 관련된 힌트가 『피라미드 텍스트』의 886-888행에 다음과 같이 있다.

"오 라여, 페피왕을 보시오. 오 라여, 페피는 당신의 아들입니다. 페피왕은 동쪽 하늘에서 라처럼 빛납니다. 그가 케프리처럼 서쪽으로 갑니다. 이 페피왕은 하늘의 군주인 호루스가 있는 곳에서 호루스의 지휘 아래 머뭅니다. (O, Re … Behold king Pepi, O, Re. This king Pepi is thy son. … This king Pepi shines in the east like Re, he goes in the west like Kheprer. This king Pepi lives on what whereon Horus (son of Re) lord of the sky lives, by command of Horus lord of the sky)."

이 대목은 공감 주술로 죽은 왕 페피를 태양 근처에 보내서 태양의 운행을 따르도록 하는 것으로 해석된다. 태양은 동쪽에서 서쪽으로 이동하고 결국 서쪽 지평선 아래로 내려가 하계를 여행할 것이며, 결국 호루스 대관식이 거행될 하계 중심의 아켓의 오시리스 영역으로 진입할 것이다. 그런데 위 구절은 이 여행의 주도권이 호루스에게 있음을 확인시켜준다. 한편 『피라미드 텍스트』에서 죽은 왕이 태양으로 가는 여러 가지 방법들이 제시되어있는데 그중 하나로 메신저들의 인도가 있다.

> *"당신의 카(double)의 메신저들이 당신에게 옵니다. 당신 아버지의 메신저들이 당신에게 옵니다. 라의 메신저들이 당신에게 옵니다. 그러니 당신의 태양을 따라가세요.* ··· (The messengers of your double come for you, the messengers of your father come for you, the messengers of Recome for you, so go after your sun ···)."[966]

이처럼 초기 왕조시대부터 태양을 따라가는 것은 전형적으로 죽은 왕이 주술 의식에서 수행할 중요한 임무였음이 틀림없다. 그런데 죽은 왕이 태양이 아니라 전혀 다른 천체로 향하기도 한다는 주장이 제기된 바 있다.

---

966 Davis, Whitney M. 1977. p.164.

죽은 왕의 별을 향한 승천

『피라미드 텍스트』엔 태양을 향한 승천 이외에 별을 향한 승천이라는 사상이 깔려있다는 주장이 제기되었고 이것이 주류 학계에 받아들여졌다.[967] 그 문서엔 오시리스와 동일화한 죽은 왕이 하늘의 태양 또는 별로 향하는 서로 다른 설정이 혼재되어있다는 것이다. 그리고 그 어느 경우든 신왕조 때 '하계'로 설정된 오시리스의 왕국으로 가는 것과 거리가 멀다는 게 대다수 이집트학 학자의 견해다.[968] 즉, 고대 이집트 왕국 초기에 죽은 왕이 죽어서 영면을 위해 가는 곳은 별이나 태양이었는데 신왕국에 이르러서 그 장소가 하계의 오시리스 영역으로 바뀌었다는 것이다.[969] 지금부터는 과연 『피라미드 텍스트』에 죽은 왕의 최종 도착지에 대해서 어떻게 언급되어 있으며, 정말로 앞에서 지적한 다수 학자의 주장이 옳은지 논의해보기로 하겠다.

---

967 Davis, Whitney M. 1977.

968 Krauss, Rolf. Stellar and solar components in ancient Egyptian mythology and royal ideology. In Rappenglück, Michael A. & Rappenglück, Barbara & Campion, Nicholas and Silva, Fabio eds. 2016, pp.137-141.

969 『피라미드 텍스트』에 보통 하계로 해석하는 두앗(Duat)이 언급되어 있는데 이를 상계의 하늘이라고 봐야 한다는 주장이 제기되었다. Zago, Silvia. 2018a, p.216.; Zago, Silvia. 2018b, p.203. 『피라미드 텍스트』 전문가인 레이몬드 포크너Raymond O.Faulkner는 피라미드 시대에 죽은 왕이 오시리스로써 도달해야 하는 곳은 하계가 아니라 '눈에 보이는 하늘의 일부', 즉 상계의 태양 주변이었다고 주장한다. Faulkner, R. O. 1969, p.vii 참조. 하지만, 사(오리온 좌)와 소프뎃(시리우스성)이 향하는 빛의 산인 태고의 언덕은 아켓에 존재하며, 그곳이 지리학적 지평선이라는 주류 학계의 잘못된 주장을 따른다고 해도 최소한 상계에 속하는 것은 아니다. 필자는 아켓이 하계 중심에 존재한다고 생각한다.

『피라미드 텍스트』에 나타난 별신앙

『피라미드 텍스트』는 상호 연관이 없어 보이는 여러 행이 무작위로 나열되어 있다. 이 때문에 거기 담긴 많은 내용이 피라미드에 사용하기 위한 용도로 만들어진 것이 아니라 그 이전에 다른 용도로 사용하기 위해 만들어진 거라고 보는 학자들이 있다.[970] 이런 견해를 최초로 제시한 이는 미국 시카고 대학에 동양학 연구소를 세운 이집트학 학자 제임스 헨리 브레스테드(Henri Breasted)다. 그는 『피라미드 텍스트』의 내용을 최초로 세밀히 분석하여 그 해석 내용을 집대성했다. 그는 이 문서가 피라미드 벽에 새겨지기 훨씬 전에 별 신앙(astral cult)과 태양 신앙(solar cult)의 대립이 있었다고 생각했다. 그러나 결국 별 신앙이 태양 신앙에 흡수되었다고 다음과 같이 결론지었다.

> 『피라미드 텍스트』의 내용 중에 태양 신앙과 무관하게 사후 세계와 관련된 별에 대한 언급이 있으며, 이는 의심의 여지 없이 별 신앙이 태양 신앙과 독립적이었던 보다 오래된 시절부터 전해온 게 틀림없다. …. 『피라미드 텍스트』 전반에 걸쳐 태양 신앙적 요소가 너무 강해 우리가 접할 수 있는 현 상태로서는 고대 이집트 신앙이 태양으로부터 기원했다고 볼 수밖에 없긴 하지만 별 신앙과 태양 신앙이 서로 섞인 것이다.*[971]

---

970 "The fact that the texts are made up of distinct utterances which do not have a strict narrative sequence linking them together has led scholars to believe that many of them were not composed specifically for the purpose of being inscribed in the pyramids but may have had earlier uses." The Pyramid Text, Tour Egypt. http://www.touregypt.net/featurestories/pyramidtext.htm

971 Breasted, James Henry. 1972, p.102.

영국의 이집트학 학자인 조지 하트도 이와 같은 점에 동의한다. 그는 『피라미드 텍스트』가 고대 이집트 초기의 별 신앙을 담고 있다는 강력한 증거가 있다고 말한다.[972]

헬리오폴리스의 신관들이 동시대보다 오래된 기록을 편집해 『피라미드 텍스트』를 만들었다는 것이 관련 학자들의 일반적인 견해다. 이런 견해는 텍스트의 상당 부분이 태양신 숭배와 관련된 내용으로 채워져 있다는 사실로부터 설득력이 있다. 그런데, 최근 로버트 바우벌은 태양 숭배 이전에 별 숭배가 성행했으며, 브레스테드와 같은 학자들이 주장하는 것처럼 별 신앙이 원래 고대 이집트 왕권 신화의 언저리에 있었던 게 아니라 헬리오폴리스 교단이 주도권을 쥐기 전에 그 핵심을 형성하고 있었다는 과감한 주장을 『오리온 미스터리』를 통해 제기했다.[973]

『피라미드 텍스트』에서 별 신앙의 흔적을 최초로 발견한 셀림 하산은 이로부터 고대 이집트인들은 죽은 왕의 영혼이 하늘의 별이 된다는 종교적 믿음을 갖고 있었다는 결론을 내렸다.[974] 하산의 이런 주장은 별 신앙이 단지 부수적 요소가 아니라 오시리스화 한 왕의 죽음과 부활을 중심 테마로 한 왕권 신화의 절정부가 별로 향하는 것으로 귀결된다는 지적을 함으로써 애초 별 신앙이 고대 이집트 종교의 철학적 기반 중심에 서 있었다는 주장이 나올 수 있는 근거가 되었다. 그렇다면, 도대체 죽은 왕이 어느 별이 된다고 고대 이집트인들은 믿고 있었을까?

---

972 Hart, George. 1986. p.207.

973 Bauval, Robert and Gilbert, Adrian. 1994. pp.114-137.

974 Hassan, Selim. 1946. p.43.

불멸의 별들(아케무-세쿠) = 주극성?

대영박물관 이집트관 부관리관 존 테일러(John H. Taylor)는 죽은 왕의 사후에 대해 『피라미드 텍스트』에는 몇 가지 다른 경로가 제시되어있다고 지적한다. 그에 의하면 고대 이집트 왕국 초기에 왕은 죽어서 하늘에 올라가 특정한 주극성(circumpolar star)이 된다는 믿음이 있었다고 한다. 주극성이 고대 이집트인들의 주목을 받게 된 것은 북쪽 하늘에 항상 나타나 보여 영원성을 보장한다고 믿었기 때문이라는 것이다. 그후 왕의 사후 거취를 출몰성(diurnal circles star)인 오리온좌(오시리스)나 태양(라)과도 연관시키게 되었다는 것이 그의 결론이다.[975] 주극성은 북쪽 하늘에서 북극성 주변을 돌며 결코 지평선 아래의 하계로 내려가지 않는 별이다. 반면 출몰성은 이보다 남쪽에 위치하여 지평선 위아래로 사라졌다 나타나기를 반복하는 별을 말한다.

제프리 스펜서(A. Jeffrey Spencer)도 고왕국 시절 초기에 왕이 죽어서 주극성으로 여행하여 거기서 머물게 된다고 믿었다고 주장한다. 그에 의하면, 이집트 땅에서 볼 때 주극성들은 결코 지평선 아래로 지는 일이 없으며, 따라서 고대 이집트인들이 불멸의 상징으로 여겨 '불멸의 별들(Imperishable Stars)' 또는 '지지 않는 별들(Never Setting Stars)'이라고 칭했다는 것이다. 이런 주장은 대다수 주류 이집트학자의 견해를 대변한다. 스펜서는 결국 죽은 왕을 이런 별 중 하나와 동일시함으로써 왕에게도 똑같은 사후의 영원한 삶이 보장되도록 했다고 결론짓는다.[976]

---

975 Taylor, John H. 2001, p.25.
976 Spencer, A. Jeffrey. 1991, p.82.

이집트학 학자들이 일반적으로 '불멸의 별들' 또는 '지지 않는 별들'이라고 해석하는 단어는 『피라미드 텍스트』에 아케무-세쿠(Akhemu-Seku)로 표기되어 있다. 그런데 이와 유사한 별무리로 아케무-우르추(Akhemu-Urtchu)가 있는데 '지치지 않는 별들(Unwearying Stars)' 또는 '쉬지 않는 별들(Never Resting Stars)'이라 해석되며 태양을 따라 움직이는 출몰성에 해당한다고 한다.[977]

불멸의 별들(아케무-세쿠) = 황도 근처 별들 또는 행성들

불멸의 별들인 '아케무-세쿠'는 북쪽 하늘의 주극성들이며, 지치지 않는 별들인 '아케무-우르추'는 남쪽의 별들로 태양선의 하계여행에 동반한다고 믿어졌다고 주장한 초기 학자 중 대표적인 인물은 프랑스 이집트학 학자인 새뮤얼 머서다. 그는 고대 이집트인들에게 북쪽의 주극성들이나 남쪽에서 태양과 동반하는 별들 모두 축복받은 죽은 자들 거주지일 수 있다고 주장했다.[978]

하지만, 『피라미드 텍스트』의 302행은 '불멸의 별들'이 시리우스성과 함께 있는 장면을 묘사하고 있다.[979] 고대 이집트 종교 문헌에 소프뎃(Sopdet)으로 불리며 이시스 여신으로 알려진 시리우스성은 이집트 땅에서 북쪽 하늘의 주극성이 아니라 남쪽 하늘의 출몰성이다. 따라서, '불멸의 별들'이 시리우스성과 함께 있다면 이들은 절대

---

977 Clark, Rosemary. 2000, p.125.

978 Mercer, Samuel A. B. 1949, pp.269-270.

979 Lesko, Leonard H. Ancient Egyptian Cosmogonies and Cosmology. In Shafer, Byron E. ed. 1991, p.118.

로 주극성일 수 없다. 이 때문에 아케무-우르추 뿐 아니라 아케무-세쿠도 태양의 일주 여행에 동반한다고 주장하는 학자들이 있다.[980]

하지만, 주류 학계 태도는 단호하다. 『피라미드 텍스트』를 번역한 레이먼드 펄크너(Raymond O.Faulkner)는 302행의 '불멸의 별'을 작은곰자리(Ursa Minor)로 보고 있다.[981] 오늘날에 이 성좌는 북극성이지만 피라미드 시대에는 용자리 알파성인 투반(Thuban)이 북극성이었고 작은곰자리는 주극성이었다.[982] 2만 6천년 주기의 세차운동 때문에 이런 변화가 생겼다. 그런데 이쯤 되면 매우 혼란스럽다. 도대체 고대 이집트에서 죽은 왕은 북극성 주변의 주극성으로 갔던 것인가 아니면 여기서 멀리 떨어진 남쪽 하늘의 출몰성으로 갔던 것인가? 그것도 아니라면 태양 주변의 별들로 갔던 것인가?

태양과 동반하는 아케무-세쿠와 아케무-우르추

이 문제를 해결하기 위해서는 『피라미드 텍스트』를 직접 조사해 볼 필요가 있는데 다음과 같은 구절은 아케무-세쿠와 아케무-우르추가 나란히 태양의 야간여행, 즉 하계여행에 동반하고 있음을 보여준다.

"라의 태양선에 당신의 자리를 잡고, 하늘을 노 저어 저 멀리 있는 분들께 올라가십시오. '불멸의 별들'과 함께 노 저어 가십시오. '지치지 않는 별들'과 함께 항해하십시오. 야간 태양선의 짐들을 받으십시오."

---

980 Bunson, Margaret. 1999. p.254.

981 Faulkner, R. O. 1969, p.91.

982 McClure, Bruce and Byrd, Deborah. 2019.

제프리 스펜서는 이 구절을 죽은 왕이 태양과 주극성들과 동반하여 여행한다고 가정함으로써 사후 세계에 대한 서로 충돌을 일으키는 별 신앙과 태양 신앙 버전을 편리하게 한 문장에 담은 대표적인 예라고 소개한다.[983] 하지만, 『피라미드 텍스트』가 쓰였을 시기는 피라미드 시대로 천문학이 매우 발달해 있었다. 따라서 당시 이 문서를 편집했을 신관들은 태양과 북극성이 서로 가까이 있거나 함께 움직이지 않음을 명백히 알고 있었을 것이며, '불멸의 별들'을 주극성으로 인식하고 있는 상황에서 죽은 왕이 이 별들과 멀리 떨어져 지평선 아래로 내려가는 태양으로 동시에 간다는 우스꽝스러운 가정을 했을 리 없었을 것이다.[984] 따라서 당시 고대 이집트인들은 아케무-세쿠와 아케무-우르추가 모두 태양 근처에 있는 것으로 생각했다고 봐야 합리적이라는 것이 필자의 판단이다.

주류 학계에서 불멸의 별들을 주극성으로 보는 이유

주류 이집트학 학자들은 왜 주극성에 집착하게 되었을까? 거기에 어떤 합리적인 이유가 있는 것일까? 이집트학 학자들이 아케무-세쿠(Akhemu-Seku)를 주극성으로 해석하는 가장 큰 이유는 그들이 '불멸'이라는 표현을 '지지 않는다'로 단정하고 있기 때문이다. 그런데 『피라미드 텍스트』의 다음과 같은 구절은 정말로 그 별들이 북쪽

983 Spencer, A. J. 1991, p.140.

984 『피라미드 텍스트』는 5·6왕조 피라미드에서 발견되었다. 이 문서들이 쓰였던 시기는 이 시기보다 과거로 거슬러 올라가며, 당시 이집트 천문학은 엄청나게 발전해 있었다. 그 당시 별 관측을 통해 기자 대피라미드의 방위 정렬이 불과 각도로 3-4분 안팎에 불과할 정도로 정밀 건축을 구현했다.

하늘에 있는 것처럼 묘사하고 있는 것처럼 보인다.

"나는 항해해서 '불멸의 별들'이 있는 동쪽 하늘의 북쪽 지역에(on the east side of the sky, in its northern region among the Imperishable Stars) 머무를 것이다.'[985]

스코틀랜드의 민속학자 도날드 맥킨지(Donald A. Mackenzie)는 이런 표현을 북쪽에 기반을 둔 별 신앙과 동쪽에 기반을 둔 태양 신앙의 아이디어와 신조가 융합된 것이라고 주장한다.[986] 하지만 이 구절을 자세히 살펴보면 그곳은 주극성들이 있는 정북이 아니라 북동쪽이며, 이는 주극성을 표현한 것으로는 다소 부적절해 보인다. 즉, 불멸의 별들은 단지 정동의 북쪽에 위치하는 것이다! 이 방향은 이집트에서 여름철 태양이 지나는 황도 영역에 해당한다.

아케무-세쿠와 아케무-우르추의 정체

서지 사우네론(Surge Sauneron)과 맨칩 화이트(Manchip White)는 아케무-우르추가 우리 태양계의 행성들이라고 본다. 수성, 금성, 화성, 목성, 토성들이 바로 그것들로 피라미드 시대의 고대 이집트인들은 반사체인 행성과 발광체인 항성을 구분할 수 있는 천문학적 능력을

---

985 Breasted, James Henry. 1972, p.102.
986 Mackenzie, Donald A. 2013, p.29.

지녔다는 것이다.[987]이들 행성은 명백히 태양 주변을 쫓아다니며, 태양의 빛을 반사해서 밝게 빛난다.

고대 이집트 왕의 대관식 주술 의식 하이라이트가 전개되는 '빛의 영역'인 아켓에서 어근 akh-는 태양으로부터의 빛을 나타낸다. 실제로 이 용어를 나타내는 이집트 상형문자는 산간분지를 태양이 꽉 채우고 있는 모습을 보여주며 태양 아래 빛이 비치는 영역이 바로 아켓이다. 그런데, 아케무-세쿠나 아케무-우르츠는 모두 동일한 어근 akh-를 포함하고 있다. 이런 사실은 이 두 별 무리가 모두 태양 빛과 관련되어 있다는 해석을 지지한다.

이집트학 학자들에 의해 일반적으로 별이라고 해석되는 아케무(Akhemu)에서 어근인 akh는 변용시키는 태양빛(transfiguring sunlight), 태양의 눈(solar eye), 태양 빔(sunbeams)과 같은 유효한 빛(effective light)을 의미한다.[988] 태양 빛은 매일 창조를 유발하고 유지해주는 역할을 하므로 가장 훌륭한 유효성(effectiveness)을 나타내는 것이다. 이처럼 아크(akh)는 태양 빛과 깊이 연관되어 있다. 그런데 도널드 레드포드(Donald Redford)는 여기에 더해 유효한 빛이 주극성에서도 나온다고 뜬금없이 주장한다.[989]

필자는 아케무(Akhemu)가 오직 태양 빛에 의해 유효성을 얻고 빛을 발하는 천체라고 보는 것이 옳다고 생각한다. 이런 전제를 하면 아케무 우르추 뿐 아니라 아케무 세쿠도 행성들이나 태양의 항로

987 Sauneron, Serge. 2000, p.150.; White, J. E. Manchip. 2013, p.95.
988 Quirke, Stephen. 2001, p.117.
989 Friedman, Florence Dunn. Akh. In Redford, Donald B. ed. 2012, p.8.

근처 별들로 국한할 수 있다.[990] 이 경우 『피라미드 텍스트』에 등장하는 별 신앙과 태양 신앙 간에 처음부터 상호 충돌은 없었다고 봐야 한다.

실제로 초기 이집트학 학자들은 아케무-세쿠나 아케무-우르추 모두 태양이 지나는 길인 황도 근처에 존재하는 별들(constellations of ecliptic) 또는 태양 주변에 위치하는 행성들이라고 주장했다. 즉, 이들이 태양선 주변에서 항로를 이끄는 신들 또는 정령들로 인식되었다는 것이다.[991] 필자는 고대 이집트 왕권 신화에 처음부터 북극성의 개입은 없었으며, 죽은 왕이 결코 북극성 주변의 별로 가는 것이 아니라 태양 주변의 별들 근처로 가는 것으로 해석해야 한다고 생각한다.

죽은 왕은 태양 근처의 특정 별로 향했다

아케무-세쿠와 아케무-우르추가 황도 인근 특정 별들이거나 행성들이라면, 죽은 왕이 승천하여 이들에게로 가는 시기는 상당히 제한된다. 황도는 태양이 지나는 길로 모두 12구역으로 나뉜다. 이곳에 자리한 대표적인 별자리들을 황도 12궁이라고 부른다. 한편 수성, 금성, 화성, 토성, 목성 등 가시적인 행성의 경로 또한 황도의 남쪽이나 북쪽으로 8°~9° 범위인 황도대의 띠 내에 유지된다.[992] 결국 아케무-세쿠와 아케무-우르추가 이런 후보 중 특정한 천체들이라면

---

990 Alford, Alan F. 1998, p.250.

991 Maspero, G. et al. 1910, p.94.

992 황도대, 위키백과. Available at https://ko.wikipedia.org/wiki/%ED%99%A9%EB%8F%84%EB%8C%80

그것들이 태양과 가까이 있는 특정 시기가 죽은 왕이 승천하는 때로 선택되었을 것이다. 이런 식으로 『피라미드 텍스트』의 내용을 이해한다면 결국 죽은 왕에게 태양을 향한 승천과 별을 향한 승천이라는 두 갈래 선택지가 있었던 것이 아니라는 결론을 내릴 수 있다. 죽은 왕은 특정 시기에 태양 근처에 존재하는 특정 별로 향했다!

52장 오리온 좌, 시리우스성, 그리고 아침 별

죽은 왕은 주술적으로 오리온 좌에 간다

1952년 캐나다의 이집트학 학자 새뮤얼 머서는 『피라미드 텍스트』에 오리온 좌로의 운행을 비유적으로 표현하는 문구들이 등장한다는 사실을 발견했다. 그는 죽은 왕이 오리온 좌로 간다고 판단했다. 『피라미드 텍스트』의 핵심 주제가 죽은 왕은 별로 다시 태어나며 그의 영혼은 하늘나라로 여행을 떠나 죽은 자들의 신이자 부활의 신인 오시리스가 있는 오리온 좌에 정착하게 된다는 당시의 강력한 믿음을 담고 있다는 것이다.[993] 그후 관련학자들의 연구로 실제

---

[993] Mercer, Samuel A. B. 1949, p.25, p.112.; Bauval, R. & Andrian, G. 1994. pp.75-76.; 오리온좌가 서쪽 지평선으로 사라지는 것을 사람의 죽음에 비유한 파피루스가 존재한다. 하지만, 이런 사상이 고대 이집트 왕국 초기부터 존재한 것으로 보기 어렵다. "It is worth noting that in the Carlsberg Papyrus mention is made of the astronomical observing of Orion. It is said in the text that the 'stars die like men, in the west. They go into the ground in the western horizon like men when they die'. The text declares, 'This is what is meant by dying.' " O'Kane, Chris A. 2005. p.37.

『피라미드 텍스트』에 죽은 왕이 오리온 좌와 함께 하늘을 가로질러 간다는 대목들이 여럿 나온다는 사실이 드러났다.[994]

2023년 8월 3일 새벽의 시리우스성의 일출 동반 | 오른쪽 위에 오리온 좌가 보이고, 그 아래쪽에 시리우스성이 보인다 왼편 황도대에 수성, 화성, 목성, 달이 함께 하고 있음에 주목할 것

　　그런데 죽은 왕이 오리온 좌로 간다면 이는 지난 장에서 내린 죽은 왕이 태양 근처의 별로 간다는 결론과 충돌하는 것이 아닌가? 그렇지 않다. 고대 이집트에서 죽은 왕의 장례식은 새 왕의 대관식과 동시에 거행되었다. 그런데 새 왕의 대관식이 고대 이집트 왕국 초기

994　Spencer, A. J. 1991, p.141.

에 시리우스성 일출 동반(heliacal rising of Sirius)에 맞춰서 거행되었다.[995] 그리고 시리우스성은 오리온 좌에서 각거리로 6도 정도 떨어진 위치에 있었다. 이 때문에 고대 이집트 고분 벽화에는 시리우스성과 오리온 좌가 동반하는 장면이 등장한다. 즉, 시리우스성이 태양 곁에서 함께 나타나는 경우 오리온 좌도 태양과 함께 나타나는 것이다!

이런 현상이 일어난 날짜는 주로 세차 현상 때문에 역사 속에서 계속해서 변했는데 『피라미드 텍스트』가 작성되던 이집트 왕조 성립기엔 하짓날과 거의 일치했다.[996] 따라서 죽은 왕이 오리온 좌로 향하는 것은 사실상 그가 태양 쪽으로 가는 것과 같았다!

시리우스 성과 함께 하는 불멸의 별들

"하늘은 청명합니다. 시리우스가 살아있습니다. 왜냐하면 나는 살아있는 자, 시리우스의 아들이기 때문입니다. 그리고 두 신들이 나를 위해 '불멸의 별'에서 자신들을 정화하고 있습니다."[997]

『피라미드 텍스트』 302행의 이 구절은 별이 된 호루스가 시리우스성 근처에 있음을 나타낸다. 따라서 '불멸의 별들'이 시리우스성

---

995   Crijns, Maurice. 2022. p.293-296.

996   "In ancient Egypt, from III millennium BC from helical rising of Sirius began to count the beginning of the year, which initially coincide with the summer solstice and the flooding of the Nile." Vodolazhskaya, Larisa N. et al. 2015. p.35.

997   Lesko, Leonard H. Ancient Egyptian Cosmogonies and Cosmology. In Shafer, Byron E. ed. 1991, p.118.

근처에 있다면, 또한 그것들은 오리온 좌 근처에 있기도 하다. 그런데 지금까지의 논의에서 내린 결론과 같이 '불멸의 별들'이 태양 주변 황도대에 존재하는 천체들이라면 결국 죽은 왕이 오리온 좌로 가는 것은 그가 태양 주변으로 가는 것과 다르지 않은 셈이다. 그런데 만일 이 불멸의 별들이 몇몇 학자들 주장처럼 특정 행성들을 일컫는다면 이들이 시리우스성 주변에 존재하는 시기는 극히 제한된다.

소프뎃(시리우스 성, 왼쪽)과 사(오리온 좌, 오른쪽)이 하늘을 운행하는 배를 타고 있다
그 가운데에 소프두가 있다

살아서 하늘로 가는 호루스 왕

앞에서 인용한 『피라미드 텍스트』 302행에서 한 가지 중요한 사실이 발견된다. 자신이 살아있는 시리우스성의 아들이라는 표현이 그것이다. 고대 이집트 왕권 신화에서 이시스의 아들은 호루스다. 따라

519

서, 시리우스성이 천상의 이시스라면 당연히 시리우스성의 아들은 천상의 호루스가 되어야 한다. 지금까지 주로 『피라미드 텍스트』에 왕이 죽어 오시리스화하여 오리온 좌로 간다는 내용이 있다는 사실이 강조되었다. 하지만 이 구절은 오시리스 뿐 아니라 호루스도 하늘로 간다는 사실을 명백히 보여주고 있다. 그것도 살아있는 상태에서! 뿐만 아니라 이 구절은 시리우스성도 살아있다고 한다.

이집트학 학자들은 지금까지 죽은 이들이 명계인 천상의 별로 간다고 고대 이집트인들이 믿었다고 주장한다. 그 원조는 죽어서 오시리스화하여 태양 근처의 별들 또는 오리온 좌로 가는 파라오였다는 것이다. 하지만 위에서 인용한 『피라미드 텍스트』의 구절은 천상의 별로 가는 것이 죽어서 명계로 가는 것이 아님을 가리킨다.

죽은 왕 뿐 아니라 산 왕과 신관들도 별로 간다

고대 이집트 종교의식에서 죽은 왕은 오시리스가 되어 하늘의 오리온 좌로 간다. 하지만 이것은 죽은 왕이 영면을 위해 하늘의 별이 된 것이 아니다. 주류 학계에선 죽은 왕의 무덤인 피라미드 내벽에 쓰인 『피라미드 텍스트』가 죽은 왕의 내세를 기원하기 위 것이라 단정 짓는다. 하지만 앞에서도 언급했듯 그것은 서로 기원이 다른 여러 문서의 집합이며, 그 어디에도 왕의 명복을 비는 것이란 증거가 없다.

필자가 보기에 이 문서들은 대체로 죽은 왕의 장례식 때 병행하여 진행된 호루스 왕의 대관식 주술 의식용으로 쓰인 것들이다. 따라서 죽은 왕을 오시리스화하여 별에 보내는 건 주술 의식을 통해 그를 거기 머물게 하는 것에 불과하다. 후세의 고대 이집트인들이 이 의식을 죽은 자를 천상에서 영면에 들도록 하는 의식으로 오인했다는 게 필자의 판단이다.

고대 이집트 신화에서 오시리스는 죽는다. 하지만 호루스는 아니다. 그런데 죽은 왕이 오시리스로써 오리온 좌에 가는 것과 비슷하게 왕위 계승자는 호루스와 동일화되어 오리온 좌로 가고 나중엔 시리우스 성으로 간다. 필자는 천상의 히에로스 가모스와 관련해 이 과정을 12장, 22장, 그리고 23장에서 설명했다. 호루스도 별로 간다. 하지만 죽어서 가는 게 아니다. 즉 별자리로 가는 것은 죽은 자만의 특권이 아니다. 천체로 가는 존재는 반드시 죽은 자라는 것이 기존 학계의 입장인데[998] 이제 이런 관점을 버려야 한다. 별로 가는 것은 명계로 가는 것이 아니라 종교 주술 의식에서 필요한 한 단계일 뿐이다. 죽은 왕뿐 아니라 수석 신관인 왕위 계승자를 비롯하여 살아있는 다른 신관들 모두 주술 행위를 통해 별로 간다. 죽지 않고도.

천상에서의 히에로스 가모스

프톨레미 왕조 초기인 기원전 4세기경에 쓰인 「이시스와 네프시스의 애가(the Lamentations of Isis and Nephthys)」에는 이시스가 시리우스 성으로서 하늘에 오리온 좌로 형상화된 오시리스를 하염없이 쫓아간다고 되어 있다.[999] 12장에서 소개한 바 있는 『피라미드 텍스트』의

998   Cochrane, Ev. The Horus-star. Available athttps://www.academia.edu/5975104/The_Horus-star?swp=rr-rw-wc-27841190
999   Hart, George. 1986, p.207.

632행은 그다음 과정이 기술되어 있다. 오시리스인 오리온 좌에 머물다 이시스인 시리우스 성으로 이동하는 정액 상태의 천체적인 호루스 소프두 여정을 묘사하고 있는 것이다. 이처럼 죽은 오시리스 뿐만 아니라 살아있는 호루스도 하늘의 별이 된다. 바로 천상의 호루스가 소프두다. 당연히 고대 이집트 주술 의식에서 이 역할은 새 파라오가 했을 것이다. 그런데 천상의 호루스는 단지 소프두 뿐만 아니었던 것 같다.

호루스 별들

> *"나는 하늘의 동쪽에 서기 위해 하늘을 항해한다. [라는 그의] 북쪽 지역, '불멸의 별들' 사이에 있다. 별들은 지팡이를 짚고 동쪽에 정좌한다. 나는 그들 사이에 설 것이다. 달은 내 형제이고, 아침 별* (Morning Star)*은 나의 자식이기 때문이다."*

『피라미드 텍스트』 1000~1001행이다. 여기서 나는 오시리스화한 죽은 왕이며, 따라서 '나의 자식'은 호루스일 것이다. 그런데 앞에서 천상의 호루스는 스프넷 안에 있는 소프두라고 하지 않았나? 하지만 여기서 '아침 별'은 소프두를 지칭하는 것 같지 않다.

고대 이집트 왕권 신화에 따르면 천상에서 히에로스 가모스가 이루어지기 전에 오시리스의 부활이 선행되어야 한다. 이를 위해선 호루스가 오시리스의 부활을 주도해야 한다. 그런데 호루스가 오시리스를 부활시키는데 제일 중요한 것이 그의 눈이라고 했다. 롤프 크라우스(Rolf Krauss)는 고대 이집트인들이 금성을 호루스의 눈으로 여겼을 것이라고 주장한다.[1000] 그렇다면 『피라미드 텍스트』에 등장하는 '아침의 별'이 금성일까?

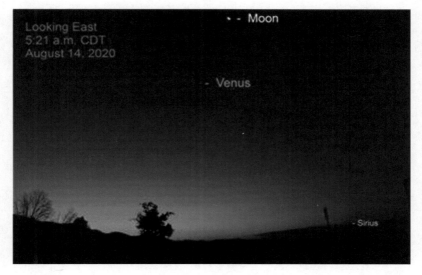

『피라미드 텍스트』 1000~1001행의 상황과 흡사해 보이는 2020년 8월 14일 새벽 하늘 사진 | 시리우스 성의 일출 동반이 일어날 때 달과 금성이 근처에 함께 있다 여기서 오리온좌는 보이지 않으나 멀리 떨어져 있지 않다

1000 Krauss, Rolf. The eye of Horus and the planet Venus: Astronomical and mythological references. In Steele, J. M. and Imhausen, A. 2002, pp.193–208.Available at https://www.academia.edu/38133320/The_eye_of_Horus_and_the_planet_Venus_astronomical_and_mythological_references

레이먼드 펄크너는 이 아침 별이 샛별, 즉 금성이라고 주장한다.[1001] 롤프 크라우스도 이런 의견에 동의한다.[1002] 그런데 이브 코츠란(Ev Cochrane)은 아침 별이 화성이라고 주장한다.[1003] 그 이유는 위 구절에서 아침 별이 불멸의 별들 가까이 있다고 묘사하고 있기 때문이다. 그에 의하면 내행성인 금성은 주극성 근처에 도저히 도달할 수 없지만 외행성인 화성은 거기서 비교적 가까운 곳에 접근할 수 있다. 만일 호루스가 금성과 동일화된다고 보는 학자들의 주장을 받아들이면 이 구절을 설명할 수 없지만, 그 천체가 화성이라면 별로 문제가 없다는 것이다.[1004] 하지만, 그는 다음과 같이 지적함으로써 자신의 이런 주장에 문제가 있음을 스스로 실토한다.

"고대의 태양신(라)과 긴밀한 관계에 있다는 점과 명백히 모순됨에도 『피라미드 텍스트』 여기저기에 하계의 호루스가 통상 주극성들로 파악되는 '불멸의 별들'에 매우 가까이 있다고 기술되어 있다."[1005]

필자는 앞에서 불멸의 별들이 주극성이란 논리가 잘못되었음을 밝힌 바 있다. 따라서 불멸의 별들 선두에 호루스가 있어야 하므로 호루스가 동일화한 천체가 화성이라는 코츠란의 주장엔 설득력이 없

1001 Faulkner, R. O. 1966, p. 161.

1002 Krauss, R. 1997, pp. 216-234.

1003 Cochrane, Ev. 2017, p.148.

1004 Cochrane, Ev. 2017, pp.145-148.

1005 Ibid., p.145.

다.[1006] 어쨌든 호루스의 별로 등장하는 아침 별이 금성이라거나 화성이라는 결정적 근거는 아직 제시된 바 없다. 그런데 만일 천상의 호루스가 금성이나 화성이었다면 이는 소프두와 어떤 관계이었을까? 롤프 크라우스가 주장하듯 고대 이집트인들이 금성을 호루스의 눈과 연관시켰다면 금성은 호루스 눈을 복구시켜주었다거나 호루스 눈의 화신 그 자체라고 알려진 토트의 천상적 신격일 수 있다.[1007]

이처럼 고대 이집트의 천계와 관련된 신화적 구도에서 호루스는 오리온 좌와 시리우스성 이외에도 행성들과 동일화되었다. 실제로 이런 사실은 여러 관련 학자가 지지한다. 예를 들어 카트자 고엡스(Katja Goebs)와 존 바인즈(John Baines)는 황도대의 별들인 데칸과 행성들이 오시리스와 호루스, 세트로써 운행하는 내용이 담긴 문서들이 이집트 신화의 지적인 측면을 기술하고 있다고 말하면서 호루스의 세 형태를 목성, 토성, 화성으로 표현한 왕들의 계곡 세티 1세 무덤 천장 벽화를 거론한다.[1008]

1006 또 다른 천문학적 관점에서 화성을 호루스로 보는 견해가 있다. 크리스 오케인은 외행성인 화성이 황도대의 위나 아래로 교차하여 존재할 수 있으므로 그가 신화 속에서 상·하이집트의 군주로 표현되었을 수 있다고 말한다. "Horus could be stars near the ecliptic over its months of travel. Because Mars has an orbital plane that is inclined to the plane of the solar system it will stray north and south of the ecliptic path by 1.85 degrees either way. Thus, Mars will be seen in some years either slightly above or below the ecliptic—possibly an explanation as to why Horus is eventually deemed to be King of Upper and Lower Egypt in the mythology." O'Kane, Chris A. 2005. pp.39-40.

1007 토트는 세트와 함께 수성으로 표현되기도 했다. Quack, J. F. 2019. The Planets in Ancient Egypt. Available at https://oxfordre.com/planetaryscience/display/10.1093/acrefore/9780190647926.001.0001/acrefore-9780190647926-e-61?print=pdf

1008 Goebs, Katja & Baines, John. 2018. p.660.

태양선을 타고 태양을 따라가는 오시리스(오리온 좌), 이시스(시리우스성) 그리고 호루스
(목성, 토성, 화성) | 이 그림에서 나타나 보이지 않지만, 이 행렬엔 세트(수성)도 포함된다
왕들의 계곡 세티 1세 무덤 천정벽화

53장 하지: 호루스가 탄생하는 날

오리온 좌와 시리우스성이 태양 근처에 있는 시기

오리온 좌와 시리우스성이 태양 근처에 있는 때는 1년 중 아주 특정한 시기다. 그런데 『피라미드 텍스트』 882~3행에 그런 특정한 시기를 암시하는 듯한 다음과 같은 표현이 있다.

> "왕이시여, 당신은 오리온 좌의 동반성이며 이렇듯 위대한 별이십니다. 당신은 오리온 좌와 함께 하늘을 횡단하시고, 오시리스 신과 함께 하계를 항해하십니다. 당신은 동쪽 하늘에서 떠서 적당한 계절에 다시 태어나시고 알맞은 시기에 다시 젊어지십니다. 하늘은 오리온 좌와 함께 당신을 낳았습니다."[1009]

1009   Relke, Rosalind Joan. 2001, p.235.

그렇다면 이런 특정한 시기는 언제일까? 왕조시대 초기에 태양이 오리온 좌 근처에 있었던 시기는 한 여름철이었다. 아래와 같은 『피라미드 텍스트』 820~822행에서 그런 사실을 확인할 수 있다.

> "보라, 그가 오리온 좌(Sah)에 나타나셨다. 보라. 오시리스가 오리온 좌에 나타나셨다. 오, 왕이시여. 하늘이 당신을 오리온 좌에서 잉태합니다. 새벽빛이 당신을 오리온 좌와 함께 낳았습니다. 당신은 규칙적으로 동쪽 하늘에서 오리온 좌와 함께 떠오를 것입니다. 당신은 규칙적으로 오리온 좌와 함께 서쪽 하늘로 질 것입니다."[1010]

이 구절에서 우리는 오리온 좌가 새벽에 나타난다는 대목에 주목할 필요가 있다. 오늘날 이집트 땅 멤피스 또는 헬리오폴리스에서 새벽에 오리온 좌가 동쪽 하늘에서 떠오르는 때는 8월 초다. 이집트 왕조시대 초기에 이집트의 같은 지역에서 새벽에 오리온 좌가 동쪽 하늘에 떠오르는 때는 6월~7월 경이었다. 특히 한동안 보이지 않던 동반성인 시리우스 성이 태양과 함께 새벽 동쪽 하늘에 떠오르던 때는 6월 말경이었다.

천상의 오시리스와 하지

로버트 바우벌과 아드리안 길버트는 그들의 저서 『오리온 미스터리』에서 앞에서 인용했던 『피라미드 텍스트』 1000~1001행을 면밀히 검토한 후 고대 이집트 왕조 성립기에 오리온 좌와 시리우스성이 새

벽에 태양과 함께 떠오르던 때는 하지라는 결론에 도달했다.[1011]

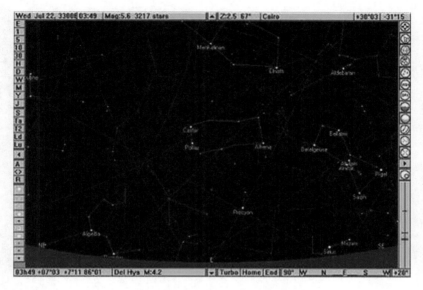

로버트 바우벌이 확인한 기원전 3300년의 하짓날 새벽 동쪽 지평선
태양이 떠오르기 1시간 전 하늘왼편 중앙에 오리온 좌가 보인다
시리우스성은 그 아래쪽 지평선에서 막 떠오르고 있다

1011   Bauval, Robert G. 2000.; TheEgyptian star of Bethlehem: Excerpt from
       the book Secret Chamber. Available at http://www.robertbauval.co.uk/
       articles/articles/egstarbeth3.html; "We know from a Roman commentary
       by Censorinus that a new Sothic cycle began on the 21st of July in 139 CE,
       i.e., that 1 Tekhi 1 Aakhut coincided with the heliacal rising of Sirius on
       that date. Working backward, Bauval (2008) found that in about 2781 BC,
       all three cycles came together, with the heliacal rising of Sirius occurring
       on the Summer Solstice, 21 June, at which point the annual Inundation
       began. Thus, he contends this is the starting point of the religious/festival
       calendar, which makes sense, and that the priests and the pharaoh took
       oaths to maintain the calendar in accord with this unique point in time—
       the establishment of Ma'at (cosmic order)." Isis of the Stars. Available at
       http://isisofthestars.blogspot.com/2011/08/calendar-cycles-in-ancient-
       egypt.html

그들은 천체들의 세차운동을 고려한 계산을 통해 피라미드 시대의 하지에 태양은 이집트 하늘의 가장 북쪽 지역인 방위각 63.5도, 즉 정동 쪽으로부터 약 26.5도 북쪽에서 떠올랐다는 사실을 알아냈다. 그런데, 바로 이날 오리온 좌는 정동에 있었다. 따라서 그들은 '나(죽은 왕)는 하늘의 동쪽에 서기 위해 하늘을 항해한다'는 『피라미드 텍스트』의 표현이 정확히 이날에 초점을 맞춘 것이라고 주장한다.[1012] 당시 하지는 새달의 시작이기도 했다. 따라서 달도 태양과 매우 가까운 위치에 있었다. '달은 내 형제'라는 표현이 등장하는 이유다. 고대 이집트 초기 주요 종교 행사는 하지 며칠 전부터 시작되어 하짓날 그 절정에 이르렀다.[1013]

고대 이집트인들이 하짓날을 관측한 것은 왕조 성립 훨씬 이전부터였다. 그리고 왕조 성립기에 하짓날이 시리우스의 일출 동반 현상과 일치한다는 사실로부터 천상의 신격들을 설계한 걸로 보인다. 하짓날 새벽 시리우스성과 함께 떠오르는 태양은 갓 난 호루스로, 그리고 시리우스성과 오리온 좌는 각각 이시스와 오시리스로 보았다.

1012   Bauval, Robert and Gilbert, Adrian. 1994, p.91.

1013   고대 이집트 신전들의 정렬을 확인해 보면 동지 및 하지 정렬, 그리고 춘추분 정렬이 많음을 알 수 있다. 그리고 시리우스성 정렬도 많다. 고대 이집트 초기에 하지 정렬과 시리우스성 정렬이 일치했다. Belmonte, Juan Antonio et al. 2010, p.23.

54장 고대 이집트 신앙의 본질

주극성들과 태양의 전쟁?

로버트 바우벌과 아드리안 길버트는 그들의 저서 『오리온 미스터리』에서 "우리가 맞붙어 해결해야 할 첫 번째 문제는 고대 이집트인들의 부활 숭배 의식이 태양과 별 가운데 무엇과 관련 있는지를 알아내는 일이다."라고 주장하고 있다.[1014] 일부 이집트학 학자들은 이 질문에 대해서 별 신앙이 태양 신앙에 선행되었을 것이라고 주장한다.[1015]

노만 록키어는 앞에서 인용한 바 있는 『피라미드 텍스트』 1000~1001행에서 북쪽 지역 '불멸의 별들' 사이에 라가 존재한다는 대목을 떠오르는 태양이 북극성 주변의 별들을 무찌르는 것으로 해석했다.[1016] 이는 선행한 별 신앙이 후발인 태양 신앙에 흡수되는 상

1014   Bauval, Robert & Gilbert, Adrian. 1994. p.86.

1015   Pinch, Geraldine. 2002a. p.207.

1016   Lockyer, J. N. 1894. p.151.

황이 상징적으로 표현된 것이라고 보는 관점이다. 하지만, 태양과 주극성들과의 전쟁은 애당초 없었다. '불멸의 별'들은 태양이 지나는 길인 황도대에 존재하는 천체들로 하짓날 동북쪽에서 떠오르는 태양 빛에 감싸인 상태를 묘사한 것으로 봐야 한다.

헨리 브레스테드도 맨 처음 주극성과 관련 있던 북쪽 하늘의 사후 세계가 별 신앙이 태양 신앙에 흡수될 때 태양 신앙과 관련 있는 동쪽으로 이동하는 '시도'를 『피라미드 텍스트』에서 찾아볼 수 있다고 지적한다.[1017] 역시 그 문서 1000~1001행을 두고 하는 말이다. 이 또한 그가 '불멸의 별'들을 주극성으로 보고 있기에 이런 해석을 한 것이다. 하지만 앞에서 누차 강조했듯 '불멸의 별들'은 황도대에 존재하는 천체들이라고 봐야 한다. 따라서 이 대목이 사후의 세계가 북쪽 하늘에서 동쪽 하늘로 이동했다는 증거라고 볼 수 없다.

호루스 신앙과 태양신 신앙의 갈등?

초기 별 신앙과 관련 있다고 일컫는 '불멸의 별들'은 '쉬지 않는 별들'과 함께 태양 주변의 별들로 태양신 신앙과 관련이 있다. 한편 또 다른 초기의 별 신앙은 오리온 좌인 '사'와 시리우스성인 '소프뎃'과 관련이 있다. 이런 오시리스와 이시스의 천체적 신격들에 대한 신앙은 이들 사이에서 잉태되는 호루스의 천체적 신격에 대한 신앙과 깊은 관련이 있다.

1017 Breasted, James H. 1972. pp.101-102.

헨리 브레스테드는 왕조 초기시대의 호루스 왕권이 고왕국 말기에 태양신 라 왕권으로 이동했다고 주장한다. 하지만 레오나드 레스코(Leonard H. Lesko)는 이런 해석에 반대한다. 그는 왕권과 관련하여 호루스 왕권 신화와 태양신 종교가 서로 갈등을 일으켰다는 증거가 『피라미드 텍스트』에 없으며, 오히려 그 반대로 태양신 라가 왕권 신화와 결부된 것은 호루스 왕권을 더 강화하려는 의도로 이루어진 것이라고 주장한다.[1018] 지금까지 필자의 논의는 이런 레스코의 주장을 적극 지지하는 것이다.

'불멸의 별들'을 주극성으로 보지 않는 몇 안 되는 학자 중 대표격으로 헨리 프랭크포르가 있다. 그는 '불멸의 별'들도 출몰성으로 보며, 따라서 태양처럼 서쪽 지평선 너머로 여행한다고 주장한다.[1019] 그런데 그는 죽은 왕의 재생(rebirth)이 일반적으로 태양의 순회 여행 모티브와 연관되어 있지만 종종 태양이 아닌 오리온이라는 별자리의 순회 여행과도 연관되어 있다고 말한다.[1020] 별 신앙과 태양 신앙이 분리되어 있다는 주장이다.

프랭크포르의 이런 주장은 물론 잘못된 것이다. 죽은 왕이 오시리스화하여 태양 또는 오리온 좌로 가는 것이 아니라 이 천체들이 함께 있을 때 그쪽으로 가는 것이다. 태양과 동반한 오리온 좌의 순회 여행에 죽은 왕이 오시리스로써 참여하는 것이다. 이런 특별한

1018   Lesko, Leonard H.Ancient Egyptian Cosmogonies and Cosmology. In Shafer, Byron E. ed. 1991. p.100.

1019   Frankfort, Henri. 1955. p.210.

1020   Frankfort, Henri. 1955. p.118.

때의 오리온 좌가 '사Sah'였다. 결론적으로 볼 때 애초부터 별 신앙과 태양 신앙이 별개였다는 그 어떤 증거도 존재하지 않으며 오히려 『피라미드 텍스트』 안에서 상호 유기적인 관계가 드러나 있음을 알 수 있다.

죽은 자만이 신이 되어 천체로 가는가?

롤프 클라우스(Rolf Klauss)는 사후에 천체로 가는 전통은 선왕조 시대 말기부터 사회의 계층화가 급속히 진행되면서 발생했다고 본다. 그는 고대 이집트 왕국 초기에 오직 왕을 비롯한 상위층에만 죽은 후 하늘로 가는 문이 열렸고 일반 대중에겐 그런 기회가 없다는 신조가 생겨났다고 말한다. 이 신조에 따르면, 이 극소수의 선택받은 자들에겐 사후에 천체로 향하는 방법이 크게 별자리로 가는 것과 태양으로 가는 것의 두 가지가 있었다. 그는 좀더 세분하여 당시 왕과 통치 엘리트들의 사후 운명을 다음과 같이 정리한다.

"죽은 왕은 오시리스가 되어 오리온 좌로 가서 계절에 따른 죽음과 부활을 체험한다. 죽은 통치 엘리트들(ruling élite)은 북쪽 하늘의 주극성인 '불멸의 별들'이 되어 영생을 누리거나 태양을 따라 끊임없이 움직이는 '쉬지 않는 별들'이 되어 영속되는 죽음과 부활의 순환 고리에 들어간다. 새 통치자는 죽은 후 호루스화하여 새벽 별이 된다."[1021]

1021 Krauss, Rolf. Stellar and solar components in ancient Egyptian mythology and royal ideology. In Rappenglück, Michael A & Rappenglück, Barbara & Campion, Nicholas & Silva Fabio eds. 2016.pp.137-141.

이 중에서 옳은 얘기는 죽은 왕이 오시리스가 되어 오리온 좌로 간다는 거 하나뿐이다. 나머지는 모두 틀렸다. 무엇보다도 죽은 왕이 쉬지 못하고 죽음과 부활을 반복하는데 그 부하들이었던 고위 관리들이 두 패로 나뉘고 그 중 한패는 불멸의 별들로 가서 영생을 누린다는 발상 자체는 터무니없이 창의적이어서 매우 놀랍다. 그런데 사실 『피라미드 텍스트』를 비롯해 고대 이집트 초기 문서 그 어디에도 죽은 엘리트들이 별이 된다는 기록은 없다. 단 『피라미드 텍스트』에 하늘에서 호루스가 '불멸의 별들'의 선봉에 선다는 표현이 존재해[1022] 엘리트들이 죽어서 별이 되었을 수 있단 생각을 할 수 있긴 하다. 그런데 그들은 아마도 대관식에 참여한 신관들이었을 것이다.

한편 클라우스는 호루스화한 왕이 사후에 새벽 별이 된다고 했는데 이건 도대체 무슨 소린가? 고대 이집트 종교 전통에서 살아생전 호루스화 했던 왕은 죽으면 무조건 오시리스화 했다. 호루스의 정체성을 갖춘 채 새벽 별로 가는 이는 '살아 있는' 새로 보좌에 오를 후계자이어야 하는 게 마땅하다.

태양 신앙 vs. 하계 신앙

헨리 브레스테드는 그의 저서 『고대 이집트에서의 종교와 사상의 발전』에서 처음에는 태양 신앙 추종자들이 오시리스 신앙의 중심인 하계로 태양신 라와 그의 무리가 진입하는 걸 터부시했지만, 나중에 두 신앙이 합쳐지면서 이 둘을 분리해서 분석하는 것이 어렵게 되었

1022 Ibid. p.142.; .Allen, James P. The Cosmology of the Pyramid Texts. In Simpson, W. ed. 1989, p. 4.

다고 주장한다.[1023]

하계로 태양신 라와 그의 무리가 진입하는 것을 터부시했을 것이라는 브레스테드의 주장이 터무니없다는 사실은 그가 일컫는 '태양 신앙 추종자들'이 초기에 쓴 아래와 같은 『피라미드 텍스트』 151행에서 확인할 수 있다.

> "사(Sah)가 하계로 삼켜진다. 빛의 산에서 순수하고 생동감 넘쳐라. 소프뎃(Sopdet)이 하계로 삼켜진다. 빛의 산에서 순수하고 생동감 넘쳐라. … 나도 하계로 삼켜진다. 빛의 산에서 순수하고 생동감 넘쳐라. 나와 그들이 모두 좋다. 나와 그들 모두 즐겁다. 나의 아버지 품 안에서. 아툼신의 품 안에서."[1024]

이 대목에서 태양신 아툼–라와 그의 무리가 하계에서 '순수하고 생동감이 넘친다'고 표현되어 있다. 이게 터부시하는 상황에 대한 그들의 우려나 저주라고 볼 수 있나?

하계의 빛의 산

'빛의 산'은 태고의 기원을 갖는 성스러운 언덕(the venerable hill of primeval beginning), 즉 태고의 언덕을 형상화 한 곳이다.[1025] 왕조 초기시대의 이집트인들은 태고의 언덕이 하계가 아닌 상계에 존재

1023   Breasted, James H. 1972. pp.140-141.

1024   Faulkner, R. O. 1969, p.44.

1025   Frankfort, H. 1955, pp.151-154.; Palmer, Martin J. 2012, p.58.

한다고 믿었다고 주장하는 학자들이 있다.[1026] 하지만, 앞에서 인용한 구절은 태고의 언덕이 하계에 존재함을 명확히 하고 있다.

그렇다면 이 인용문에 등장하는 '하계의 빛의 산'은 태양신 신앙에 속하는 곳일까? 아니면 오시리스 신앙에 속하는 곳일까? '빛'이라는 측면을 고려하면 이 표현은 태양 신앙과 관련이 있어 보인다. 하지만, '하계의 산'이라는 측면에서 보면 오시리스 신앙과 관련이 있어 보인다. 이미 문자로 기록된 고대 이집트 종교문서가 최초로 등장하던 시기부터 태양 신앙과 오시리스 신앙은 분리해서 분석하는 것이 어려웠다! 비록 이를 오시리스가 하계의 지배자로 묘사된 것이라는 잘못된 주장들이 있으나 어쨌든 하계와 깊은 연관이 있는 오시리스에 대한 언급이 피라미드 텍스트에 나온다.[1027]

빛의 산에서의 카-포옹

앞의 인용문에서 '사'와 '소프뎃'은 각각 오시리스와 이시스의 천

1026 Zago, Silvia. 2018a, p.216.; Zago, Silvia. 2018b, p.203.; 『피라미드 텍스트』전문가인 레이몬드 포크너Raymond O.Faulkner는 피라미드 시대에 죽은 왕이 오시리스로써 도달해야 하는 곳은 하계가 아니라 '눈에 보이는 하늘의 일부', 즉 상계의 태양 주변이었다고 주장한다. Faulkner, R. O. 1969, p.vii 참조. 하지만, 사(오리온 좌)와 소프뎃(시리우스성)이 향하는 빛의 산인 태고의 언덕은 아켓에 존재하며, 그곳이 지리학적 지평선이라는 주류 학계의 잘못된 주장을 따른다고 해도 최소한 상계에 속하는 것은 아니다. 필자는 아켓이 하계 중심에 존재한다고 생각한다.

1027 "Here, we find the earliest known reference to Osiris as the ruler of the Underworld. In spell number 239 this relationship is especially evident." Dunn, Jimmy. The Pyramid Text, Tour Egypt. Available at http://www.touregypt.net/featurestories/pyramidtext.htm

상적 신격이라고 말했다.[1028] 그렇다면 여기서 나는 누구일까? 오시리
스, 이시스와 관련된 나는 호루스라고 봐야 한다. 그 힌트는 '아버
지 품'이라는 표현에 있다. 필자는 이것이 단순한 포옹이 아니라 카-
포옹이라는 주술적 행위라고 했다. 그런데 여기서 중요한 사실을 다
시 한번 확인할 수 있다. 호루스는 아버지 오시리스와만 카-포옹하
는 것이 아니라 태양신 아툼(라)과도 카-포옹을 한다. 그럼으로써 호
루스는 오시리스를 매개로 라의 적통을 인정받게 되는 것이다.

그런데, 『피라미드 텍스트』의 이 부분은 『사바카석』과 너무나도
일맥상통한다. 거기에도 호루스가 오시리스와 제신들과 카-포옹한
다고 되어 있다. 그리고 그 장소는 다름 아닌 하계의 아켓에 있는 태
고의 언덕, 멤피스였다. 그렇다면 『피라미드 텍스트』에 표현된 하계의
빛의 산 역시 아켓의 태고의 언덕인 멤피스라고 할 수 있다. 오시리스
와 호루스가 태양신 라와 함께 하계의 빛의 산, 즉 태고의 언덕에 진
입하는 것이다!

『피라미드 텍스트』에 등장하는 아커와 아켓

태고의 언덕은 왕조시대 후기에 아커의 고지와 깊은 연관이 있었
다. 그런데 대다수 관련 학자는 왕조 초기시대엔 태고의 언덕이 아커
의 고지와 연관이 없었다고 생각한다. 그런데 아커에 대한 개념이 1왕
조 때 정립되어 있었다. 몸통을 공유하고 서로 반대 방향을 바라보

1028 Holberg, Jay B. 2007, p.4.; Bunson, Margaret. 2014, p.186.

는 사자 모습(⚮)이 이처럼 이른 시기에 이미 나타났다.[1029] 또, 『피라미드 텍스트』 1713a행에 아커에 대한 언급이 다음과 같이 나온다.

"땅이 당신에게 말한다. 아커의 문이 당신에게 열려 있다. 겝 신의 이중 문이 당신에게 열려 있다. (The earth speaks to thee: The door of Aker is open for thee; the double doors of Geb are open for thee)"[1030]

이 구절은 아커가 어떤 장소로 가는 관문인 것처럼 묘사하고 있는데 그곳은 어디일까? 『피라미드 텍스트』 504행에서 아커는 아켓에 진입하는 입구에 해당하는 신격임을 보여주고 있다.[1031] 즉, 아커는 이미 초기부터 아켓과 긴밀한 관련이 있었다.

그런데 혹자는 이와 같은 필자의 주장에 다음과 같은 반론을 제기할 것이다. 태양과 그 주변 천체들로써 오리온 좌와 시리우스성이 함께 하계로 진입하는 것은 가능하다. 하지만 하계에서도 천상에 존재해야 하는 그것들을 어떻게 하계의 지상에 존재하는 태고의 언덕과 연계시킬 수 있는가? 로버트 바우벌 등은 '태고의 언덕'을 형상화한 높다란 산과 계단이 천상 세계에 가 닿기 위한 수단이었다고 지적한다.[1032] 즉, 태고의 언덕은 천체들과 맞닿는 곳으로 고

1029 Leitz, Christian. ed. 2002. pp. 83-85.; Aker(deity), Wikipedia. Available at https://en.wikipedia.org/wiki/Aker_(deity)

1030 Mercer, A. B. Samuel. 2023. p.238.

1031 "Aker protects Pharaoh by restraining serpents in order to allow his entrance into to the Akhet. PT 314 § 504." Irigaray, Christian. 2020. p.12.

1032 Bauval, Robert and Gilbert, Adrian. 1994. p.26.

대 이집트인들이 상정했다는 것이다! 앞에서 고대 이집트인들이 태고의 언덕을 태양이 하계여행 중 잠시 머무는 곳으로 상상했다는 주장을 소개한 바 있다.

태고의 언덕은 태양이 잠시 머무는 창조의 공간

고대 이집트 왕권 신화의 무대는 하계 중앙의 오시리스 영역인 아커의 고지대 아켓의 지성소 태고의 언덕이라고 했다. 그 핵심적인 사건은 죽어있는 오시리스의 부활과 그와 이시스와의 히에로스 가모스, 그리고 제신들과의 카 포옹에 의한 새 호루스의 탄생이다. 그런데 원래 그곳에서 일어났던 엄청난 사건이 있었다. 최초의 태양의 떠오름이 바로 그것이다![1033] 고대 이집트인들은 태양이 하계 중심에서 태고의 언덕 위에 존재했던 때가 있었다고 믿었다. 또한 고대 이집트인들은 최초로 태고의 언덕에서 떠오른 후 매일 밤 하계를 여행하는 태양이 심야에 그곳을 지날 때 잠시 안착한다고 생각했다. 그곳은 새로운 창조를 위한 공간이었다.[1034]

47장에서 고대 이집트의 대관식을 나타내는 상형문자가 태고의 언덕에서 태양이 솟아오르는 모습으로 표현했음을 보았다. 이처럼 고대 이집트인들이 궁극적으로 대관식 등 그들의 종교의식을 통해 이루려 했던 바가 무엇이었는지 이제 확실히 알 수 있다. 당시에 거행되었을 대관식 모습을 재현해 보면 다음과 같다.

1033 Essien, Ephraim-Stephen ed. 2011. p.427.
1034 Velde, H. Te. *The Swallow as Herald of the Dawn in Ancient Egypt*. In Layton, Bentley ed. 1972. p.31.

초기 왕조시대 왕이 죽었다. 바로 장례식을 치르고 후계자의 대관식을 거행해야 하나 때를 맞춰야 했다. 호루스 왕의 대관식은 시리우스성의 일출 동반이 이루어지는 때 거행되어야 했기 때문이다. 죽은 왕의 시신을 오시리스처럼 꾸며서 미라를 제작하고, 후계자는 간략한 즉위식만 치르고 때를 기다렸다. 드디어 하지 이브가 되었고 후계자는 수석 신관이 되어 다른 신관들과 함께 주술 의식을 준비한다. 이 주술 의식을 통해 죽은 왕은 오시리스가 되고 오리온 좌와 동일화된다. 수석 신관으로써 후계자는 자신을 호루스와 동일화한 후 다시 오리온 좌와 동일화한다. 태양과 오리온 좌, 시리우스성, 그리고 관련된 다른 별들이 심야에 하계 중앙에 도달하면, 주술적으로 신전의 지성소는 태고의 언덕과 동일화된다. 그다음 호루스 왕은 주술 의식을 통해 시리우스성으로 이동한 후 다시 태양으로 가서 라-호라크티가 될 것이다.

고대 이집트 왕권 신화에서 호루스는 시간을 초월해 이동할 수 있었다. 이제 호루스는 오시리스의 장례식이 일어나는 때가 아니라 더 까마득한 과거로 거슬러 올라가 '최초의 때'로 회귀하여 최고신으로 자신의 보좌에 앉는다. 이것이 바로 호루스의 대관식이었다.

이집트학 학자들에 대한 비판

얀 아스만은 고왕국 시절에 사후의 삶은 무덤 속에서 영면(永眠)하는 것이 주(主)를 이루었다고 한다. 그는 왕을 제외한 일반인은 하늘로 승천하거나 하계로 내려가지 못하고 죽은 자들의 도시인 '아름다운 서쪽'에서 거대한 기념비들과 종교적 의식을 통해 그들이 바라는 안식을 취할 수 있었다고 하면서 위대한 신으로써 죽은 왕이 다스리는 피라미드에 둘러싸인 신성한 도시에 거주했다는 것이다.[1035]

비슷한 맥락으로 볼턴 박물관 겸 미술 갤러리(Bolton Museum and Art Gallery)의 선임 학예관인 안젤라 토머스(Angela P. Thomas)는 고대 이집트에서 죽은 다음 지상 무덤에서 지속되는 삶을 영위하거나 북쪽 하늘 불멸의 별 중 하나가 되거나 태양신 라와 함께 천계나 영원의 장소를 여행하거나 태양신 라가 밤중에 기쁨과 빛을 주는 하계를 오시리스와 함께 여행하거나 하는 삶을 영위한다고 믿었으며, 그중에서도 하계가 가장 미지의 세계로 여겨져서 중왕국 시절 이후에는 주로 장묘 문서에서 묘사되었다고 말한다.[1036]

이제 독자들은 이렇게 영역을 구분하는 것이 무의미하다는 사실을 깨닫게 되었을 것이다. 무엇보다도 죽은 자들의 도시인 '아름다운 서쪽'은 이른바 서쪽 지평선 너머 상상 속의 영역인 하계를 이집트 땅에 구현한 것이고, 따라서, 만일 누군가가 '아름다운 서쪽'에 묻힌다면, 그는 사실상-그 유효성 여부는 차치하더라도- 하계로 간

1035 Assmann, Jan. 2002. p.157.
1036 Thomas, Angela P. 2001. p.57.

셈이다. 특히 피라미드는 단지 보기 좋은 기념물이 아니라 태고의 언덕의 대체물로 우주의 운행을 좌우할 주술 의식을 진행하기 위한 세팅을 갖춘 일종의 기계장치였다.

또, 별들로 가는 것은 사실상 태양신 라의 하계여행에 합류하는 것을 의미했다. 죽은 왕은 특별한 날인 새해 첫날 오시리스화하여 오리온 좌로 승천하여 태양과 함께 여행하게끔 되어 있었다. 이 여행에는 호루스화한 살아있는 왕을 비롯해 제신들과 동일화한 신관들도 동행했다.

지그프리트 모렌쯔(Siegfried Morenz)는 죽은 자가 하늘로 올라가 태양과 동행하는 게 창조된 세상 그 자체와 마찬가지로 지속될 수 있는 단계로까지 고양되는 효과가 있으며, 결국 태고의 신과 동일시되거나 합체됨으로써 이 세상을 초월하는 경지에까지 이를 수 있다고 말한다.[1037] 하지만, 이와 같은 설명은 고대 이집트의 왕권 신화 본질을 제대로 파악하지 못한 채 현학적 표현으로 얼버무린 것으로, 호루스의 대관식의 상징에 대한 무지를 드러낸 것이다.

1037 Morenz, Siegfried. 1973. pp.211-2.

55장 하계의 호루스

하계의 호루스

고대 이집트 왕권 신화에서 호루스의 자가 수태는 하계 중심에 자리한 것으로 믿어진 '태고의 언덕'에서 이루어졌다. 이 때문에 고대 이집트 대관식을 나타내는 상형문자는 태고의 언덕에 최초 태양의 성스러운 빛(ahk)이 비추는 형상으로 표현되었다. 그런데 태고의 언덕은 원래 9주신이 탄생한 신들의 고향이었음이 『피라미드 텍스트』에 명기되어 있다.[1038] 왕권 신화의 주무대가 하계였다는 것이다. 따라서, 당연히 신화적 측면에서 호루스의 활동 무대가 처음부터 하계였을 것이다. 하지만, 『피라미드 텍스트』에 죽은 왕을 오시리스와 동일화하는 주술적 내용이 압도적으로 많다 보니 호루스의 하계 존재에 관해 명확하게 드러내 보이는 구절을 찾기 어렵다. 그런데 중왕국 시

[1038] The Primeval Mound, Motion and Magic in the Cosmos. Available at
https://keathrycroft.ca/the-primeval-mound/

절 만들어진 다음과 같은 『코핀 텍스트』의 74행에 호루스가 하계에 있다는 명확한 표현이 등장한다.

"*오시리스, 부활하시오!*
위대한 왕(great Listless One)*이시여 부활하소서.*
나는 이시스입니다.
나는 네프시스입니다.
호루스가 당신의 부름을 받고 옵니다.
당신은 그의 품에 안길 것이며,
온전히 힘을 회복할 것입니다.
호루스가 하계에 있습니다 …"[1039]

이것은 이미 앞에서 여러 번 반복되어 강조한 호루스와 오시리스의 카-포옹을 예기(豫期)하는 것이 명백하다. 그런데, 여기서 호루스는 하계로 오시리스를 찾아오는 것으로 묘사된다.

태고의 언덕에서의 호루스와 오시리스의 만남

고대 이집트의 한 파피루스에서 호루스가 오시리스와 연관이 되어 '하계의 신'이라고 불린다.[1040] 이처럼 비록 아주 일관되게 기술되어

1039   Rundle Clark, R. T. 1993, p.127.
1040   Mercer, Samuel A. B. 1949, p.79.

있진 않지만 고대 이집트 장묘 문서들에 호루스가 하계를 여행하여 오시리스와 만나는 장면들이 등장한다. 신왕국 말기에 파피루스에 그려진 한 그림은 하계 중심 태고의 언덕을 상징하는 계단 피라미드 위 보좌에 앉아있는 오시리스를 호루스가 찾아간 한 장면을 담고 있다.[1041] 호루스 뒤쪽에 이시스와 네프시스가 보인다. 아래에는 소카 신이 누워있는데 태양 빛에 의해 깨어나고 있다. 이는 오시리스가 태양신 호루스와 만나 카-포옹함으로써 부활하는 장면을 보여준다.

하계에 있는 태고의 언덕에서 오시리스와 조우하고 있는 호루스

고대 이집트 신화 속에 나타난 호루스의 하계 방문

한 신화에서 호루스는 세트와의 싸움에서 이기고, 오시리스의 적

1041   Rundle Clark, R. T. 1993, p.171.

법한 후계자로 인정받아 새 왕으로 보좌에 오른 후 그 기쁜 소식을 전하기 위해 하계의 오시리스를 방문하는 것으로 되어 있다. 그런데, 여기서 호루스가 전하는 기쁜 소식은 오시리스를 깨어나 부활하도록 해준다.[1042]

앞에서 소개한 그림에서도 볼 수 있듯 하계에 오시리스가 머무는 곳은 다름 아닌 태고의 언덕이다. 그곳은 고대 이집트인들이 상상한 강력한 성역이다. 따라서, 이 신화는 이승에서의 오시리스 부활을 이야기하고 있다. 호루스는 장례식이 치러지는 오시리스의 궁전을 방문한 것이다. 단지 여기서 문제는 왕권 신화 핵심 내용의 선후가 뒤바뀌어 있다는 것이다. 즉, 원래의 왕권 신화는 하계를 방문한 호루스가 오시리스를 부활하게 함으로써 세트와의 싸움에 이기는 것이다. 그 반대가 아니라 ….

호루스가 하계의 오시리스 성역을 방문한 것은 세트와의 대결에서 이겨 보좌를 차지하기 위해 시간 역행을 통해 죽은 오시리스를 부활시키고 자신의 출생을 증명하기 위해서다. 그렇다면 호루스가 출발한 곳이 어디인가? 신화의 배경이 하계라고 보면 하계의 어느 곳일 것이다. 하지만, 여기서 『피라미드 텍스트』가 주술적인 용도로 만들어졌다는 사실을 상기하자. 비록 신화 속 호루스는 하계에서 움직이지만, 호루스 역할을 해야 하는 파라오는 상계에서 출발해야 한다. 이는 그가 종교의식을 치르는 신전과 하계의 태고의 언덕을 동일화하는 주술에 의해 가능할 텐데 결국 이 주술 의식에서 호루스로서 파라오는 상계에서 하계로의 여행을 떠나야 할 것이다.

1042 Ibid., pp.110-111.

태양과 함께하는 호루스의 하계여행

호루스 왕 파라오는 주술 의식을 통해 하계에 있는 오시리스 장례식장으로 가야 한다. 그렇다면 어떤 방법이 이 주술 의식에서 사용될까? 앞에서의 논의에서 그 방법은 태양 근처의 별들로 가는 것이라고 했다. 실제로 「아니 파피루스」에 그런 방법이 제시되어있다. 거기에는 죽은 아니가 하계여행을 하는 것으로 묘사되어 있다. 그는 태양을 따라서 지평선 너머 서쪽 나라 여행을 하는데 6시경(한밤중)에 오시리스의 원수를 갚는 자 즉 호루스로 분장하여 세트를 무찌르고 오시리스를 살려내는 마술을 발휘한다.[1043] 이 내용은 호루스 왕이 서쪽 지평선으로 지는 태양을 따라가는 하계여행을 통해 태고의 언덕에 도달함을 시사한다.

그런데 어떤 신화에는 호루스가 단독이 아니라 이시스, 네프시스, 토트, 그리고 다른 여러 신들과 함께 하계에 죽어있는 오시리스의 생명을 구하는 것으로 되어 있다.[1044] 사실 이런 설정이 『피라미드 텍스트』나 『사바카석』에 기술된 오시리스 부활 모습에 적합할 것이다. 이것은 호루스의 하계여행이 그의 단독적 행위가 아니라 고대 이집트 왕권 신화 속 주요 등장인물들과 함께하는 것임을 보여준다. 이런 상황은 장제전에서 여러 신의 역할을 맡는 신관들에 의해 이루어졌을 것이다. 그런데 구체적으로 이들이 어떻게 태양을 따라 하계로 진입한다고 고대 이집트인들이 상상했을까?

1043   Naydler, Jeremy. 1996, p.260.
1044   Tobin, Vincent A. Myths. In Redford, Donald B. 2002, p.242.

56장 하계의 책들에 묘사된 태양신의 하계여행

신왕국 왕묘에서 발견된 하계의 책들

신왕국 시대 왕의 무덤들은 룩소르의 왕들의 계곡(Valleys of Kings)에 만들어졌다. 이 무덤들은 하계 모습을 재현한 것으로 알려졌다.[1045] 그런 사실은 실제로 하계를 그림으로 묘사한 문서들이 그곳에서 잇따라 발견되면서 확인되었다. 1817년 이탈리아 탐험가 지오바니 벨조니(Giovanni Belzoni)는 이집트 룩소르에서 신왕국 시대 파라오 묘를 발견했다. 프랑스 이집트학 학자 오거스트 마리에트(August Mariette)는 그것이 세티1세의 무덤임을 확인했다. 세티 1세의 관은 설화석고로 제작되어있었는데 거기에 하계가 묘사되어 있었다. 관련 학계에선 이것을 「입구들의 책(Book of Gates)」이라고 명명했다.[1046]

1045 Robins, Gay. 2008, p.124.

1046 Mojsov, Bojana. 2001/2002.; Dunn, Jimmy and Ellison, Taylor Ray. The Book of Gates. Available at http://www.touregypt.net/featurestories/bookofgates.htm

1899년에는 프랑스 고고학자 빅토르 로레(Victor C. G. P. Loret)가 왕들의 계곡에서 투트모스3세 무덤을 발굴했는데 여기에서도 하계를 묘사한 내용의 벽화가 발견되었다. 이 기록은 「비밀방의 책(Book of Secret Chamber)」 또는 「암두앗의 책(Book of Amduat)」으로 불린다.[1047] 1902년부터 1903년 사이에 영국의 이집트학 학자 플린더스 페트리와 마가렛 머레이는 아비도스 세티1세 신전 뒤쪽에서 오시리스 가묘인 오시레이온(Osireion)을 발굴했다. 그곳 벽에도 하계를 묘사한 내용이 도해와 함께 씌어있었다. 이 기록은 「동굴들의 책(Book of Caverns)」이라고 불린다.[1048]

하계의 책들의 주요 내용

주류 학계에 의하면 하계의 책들은 서쪽 지평선 아래로 내려가 다시 동쪽 지평선 위로 떠오르기까지 태양신 라가 하계를 관통해 야간 항해를 하는 과정을 묘사하고 있다고 한다.[1049] 이때 죽은 파라오가 태양신 라와 동일화되어 함께 하계를 여행하는데 그 과정에서 여러 가지 난관에 부딪힌다는 것이다. 문서들의 명칭이 조금씩 다른 것은 죽은 파라오가 직면하는 난관들의 내용이 조금씩 다르기 때문이다. 이 책들의 내용을 요약 정리한 내용은 다음과 같다.

1047 Loret, Victor. Available at https://www.revolvy.com/page/Victor-Loret ; Amduat, Wikipedia. Available at https://en.wikipedia.org/wiki/Amduat

1048 Hornung, Erik. 1999. p. 83.; Book of Cavern, Wikipedia. Available at https://en.wikipedia.org/wiki/Book_of_Caverns#cite_note-hornung83-1

1049 Van Dijik, Jacobus. Hell. In Redford, Donald B. ed. 2002. p.161.; Werning, Daniel A. 2019.

「입구들의 책」에서는 죽은 파라오는 태양신 라와 동일화되어 하계의 여러 관문들을 통과한다. 그는 그곳을 지키는 여신들의 성격을 파악하고 응대함으로써 그 문을 통과할 수 있다.[1050] 「암두앗의 책」에서는 하계를 여행하는 태양신 라와 동일화된 죽은 파라오 앞에 여러 신들과 괴물들이 나타난다. 파라오는 그들의 이름을 알아냄으로써 신들의 도움을 받거나 괴물들을 물리칠 수 있다.[1051] 「동굴들의 책」에서 죽은 파라오는 라와 동행하며 하계의 동굴들을 지난다. 그는 세계질서의 적들, 즉 라와 오시리스의 적들을 만나 차례대로 이들을 파멸시킨다.[1052]

그런데 이 세 문서 모두에는 죽은 파라오의 여행에서 최고 절정 순간이 라와 오시리스가 하나가 되는 때로 묘사하고 있다고 관련 주류 학자들은 말한다. 죽은 파라오는 태양신 라와 동일화되어 온갖 난관을 극복하고 오시리스의 영역으로 진입하여 오시리스와 결합한다. 이를 통해 늙은 태양신 라는 젊은 태양신 라로 재생하여 새벽에 다시 지상으로 떠오를 수 있게 된다는 게 그들 주장의 핵심이다.[1053] 그런데 지난 장에서 이 하계 여행엔 살아있는 호루스 왕도 함께 참여한다고 하지 않았나?

1050 Book of Gates, Wikidepia. Available athttps://en.wikipedia.org/wiki/Book_of_Gates.

1051 Amduat, Wikidepia. Available athttps://en.wikipedia.org/wiki/Amduat

1052 Book of Caverns, Wikidepia. Available at https://en.wikipedia.org/wiki/Book_of_Caverns

1053 Darnell, John Coleman and Darnell, Colleen Manassa. 2018, p.6.; Schweizer, Andreas. 2011, p.19.; French, Aaron J. 2015.; Amduat, Wikidepia. Available at https://en.wikipedia.org/wiki/Amduat; Boats in the Underworld, CCIV 244: A Virtual Museum of Death and Afterlife in Egypt & Greece. Available athttp://ccivcopy.site.wesleyan.edu/project-2/buried-boats/

하계의 책들엔 태양신 라의 하계 여행이 기술됐다?

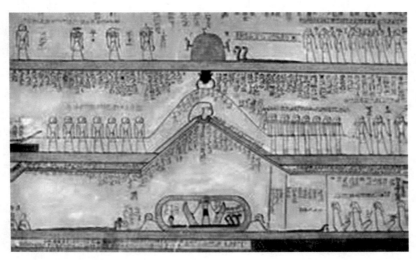

「암두앗의 책」에 묘사된 아커의 고지

　지금까지 살펴본 바와 같이 하계여행을 주도하는 태양신은 라라는 것이 주류 학자들의 주장이다.[1054] 그들에 의하면 「암두앗의 책」에서 하계의 가장 깊은 곳에 존재하는 아커의 고지에 있는 무덤 속에 누워있는 오시리스가 태양신 라에 의해 생명력을 얻는다.[1055] 또 「동굴의 책」에서는 태양신 라가 아커 근처에 도달해 거기서 발기한 채 누워있는 오시리스를 만난다.[1056] 이 장면은 태양신 라에 의해 오시

1054　Van Dijik, Jacobus. Hell. In Redford, Donald B. 2002, p.161.
1055　van den Dungen, Wim. 2008.
1056　Hart, George. 1990, pp.52-55.

리스가 생명력을 얻었음을 암시한다. 이처럼 신왕국 시대의 이집트인들은 하계에서 라와 오시리스의 결합이 이루어지는 것으로 믿었음이 틀림없다는 것이다.[1057]

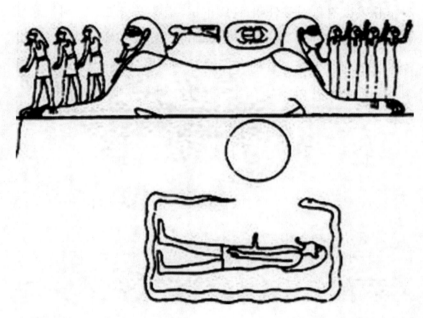

「동굴의 책」 세번째 구간 | 아커신 아래쪽 방에 누워있는 오시리스는 번식력의 정령 네헵카우에 둘러싸여 성기가 발기되어있다 이는 윗쪽 태양으로부터 에너지를 받아 그가 부활하고 있음을 나타낸다

1057 Jørgensen, Jens B. Myth and Cosmography: On the Union of Re and Osiris in Two Types of Religious Discourse. In Horn, Marteen et.al. eds. 2011, pp.71-80. Available at https://www.academia.edu/4157369/Myth_and_cosmography_on_the_union_of_Re_and_Osiris_in_two_types_of_religious_discourse_in_Horn_Marteen_et_al_eds_Current_Research_in_Egyptology_2010_Proceedings_of_the_Eleventh_Annual_Symposium_Oxford_2011_71_80

이와 같은 라와 오시리스의 결합은 한밤중 또는 새벽에 일어난다고 알려져 있다.[1058] 만일 그런 결합이 한밤중에 일어난다면 오시리스가 죽어 누워있는 곳은 하계 중심일 것이다. 만일 새벽녘에 그런 일이 일어난다면 오시리스의 소재는 하계에서 동쪽 지평선에 가까운 곳일 것이다. 이와 같은 태양신 라와 오시리스 결합은 다른 종교의식 문서에서도 발견된다.[1059] 그런데 정말 하계의 책들에 이처럼 라와 오시리스의 결합만 기록된 것일까? 지금까지 살펴본 고대 이집트 왕권 신화 구도에 따르면 이 모든 일을 주도하는 이는 호루스여야 한다.

1058 Jørgensen, Jens B. 2014, p.22.

1059 Jørgensen, Jens B. Myth and Cosmography: On the Union of Re and Osiris in Two Types of Religious Discourse. In Horn, Marteen et.al. eds. 2011, p.77.

57장 태양선을 탄 호루스

태양신의 하계 여행 패러독스

하계여행을 하는 태양신 라가 아커의 고지에서 오시리스와 결합하는 것과 관련해 얀 이스만은 그것이 아들로서의 라와 아버지로서의 오시리스 결합이라고 주장한다.[1060] 하지만, 이런 설정은 매우 이상하다. 『피라미드 텍스트』나 『사바카석』과 같은 권위 있는 문서의 창조 신화에 분명히 오시리스는 라의 적손으로 되어 있다. 도대체 어떻게 조상이 아들이 될 수 있다는 걸까? 이 물음에 대한 힌트가 영국 런던대학교(UCL)의 이집트학 교수인 지오프리 마틴(Geoffrey T. Martin)의 주장에 담겨있다. 그는 태양신의 하계여행을 다음과 같이 요약한다.

1060　Assmann, Jan. 1995, p.62.

"태양신 라는 매일 저녁 죽어서 서쪽 지평선을 통해 지하 세계로 내려가 거기에 자리 잡은 오시리스를 '포옹'한다. 이런 방식으로 오시리스가 라가 되고 야간의 태양신이 되어 지하 세계를 환히 비춘다. 아침이 되면, 라는 오시리스의 품에서 나와 '라-호라크티'로 재생한다."[1061]

앞에서 누차 강조했듯 고대 이집트의 종교 엘리트들은 하계를 명계로 생각하지 않았다고 보기 때문에 필자는 태양신 라가 하계로 진입하는 것을 그의 죽음이라고 생각하지 않는다. 어쨌든 여기서 중요한 점은 하계에서 라와 오시리스와의 카-포옹이 이루어진다는 사실이다. 그런데 왕권 신화에서 이는 호루스가 주도하는 것으로 되어 있으며, 호루스 그 자신도 여기에 참여한다.[1062] 다시 말해서 그 카-포옹은 단지 오시리스와 라만의 것이 아니라 호루스도 포함된 카-포옹이다. 이 때문에 결과적으로 마지막 부분에서 호루스 자취를 찾을 수 있는 것이다. '호라크티', 즉 두 아켓의 호루스 등장이 바로 그것이다.

호루스의 깜짝 등장에 대한 설명

처음 하계로 진입할 때 태양신 라만 존재하다가 아켓에 이르러서 갑자기 호루스가 덤으로 튀어나오는 이유에 대해 낮뿐 아니라 밤에도 최고신으로서 라의 지위 보장을 위해 아켓의 호루스가 도입되

1061 Martin, Geoffrey T. 1991, p.64.
1062 Frankfort, H. 1955, p.114.

어 하계의 지배자인 오시리스와 그를 연결하는 역할을 한다는 해석이 있다.[1063] 지금까지 논의되어 온 고대 이집트 왕권 신화의 맥락에서 보면 이런 해석은 전혀 설득력이 없다. 한편 라가 오시리스와 결합한 후 그냥 호루스가 된다는 해석이 존재한다.[1064] 하지만 이런 설정 또한 지금까지 논의된 바와 맞아떨어지지 않는다.

필자는 태양신 라의 하계여행은 호루스가 주도해야 하며, 따라서 거기에 호루스 동반이 전제되어야 한다고 판단한다. 연상의 호루스는 오시리스를 부활시키고 그를 매개로 라를 비롯한 제신과 카 포옹을 통해 연하의 (아기) 호루스로 재생하는 것이다.

라-호라크티

23장에서 라-호라크티에 대한 논의를 한 바 있지만 여기서 다시 한번 그 존재의 의미를 음미해보자. 케리 위스너(Kerry Wisner)는 '호라크티'가 하계의 '갈대의 평원(field of rushes)'에서 목욕하고 변용되어 동쪽 지평선에서 태양신으로 태어난 호루스를 나타낸다고 말하며 라와 긴밀하게 연관되어 있다고 주장한다. 그는 또한 이 신이 서쪽 지평선과 관련된 지는 해를 나타내기도 한다고 한다.[1065] 아마도 호라크티(Horakhti)가 '두 아켓의 호루스'라고 해석되기 때문에 호루스가 두 지평선과 관련이 있다고 말하는 거 같다. 하지만, 필자는 아켓이 지리적 지평선이 아니라 최초로 태양 떠오른 하계 중심의 빛나는

1063   McIntee, David. 2013.
1064   Smith, Mark. 2017, p.501.
1065   Wisner, Kerry. 2020, p.38.

성지를 의미한다고 판단한다. 아켓의 복수 표현 아크티(akhti)가 사용된 것은 왕권 신화 속에서 그곳이 원래 '두 땅(Two Lands)'으로 나뉘어 있었기 때문으로 이해할 수 있다. 말하자면 호라크티가 태어나는 곳은 아켓인 신화 속 두 나라가 만나는 곳이라고 볼 수 있다. 그곳은 호루스가 두 나라의 통일을 이루고 세웠다는 멤피스다.

새뮤얼 머서는 호라크티가 '영광된 빛의 땅들(lands of glorious light)'의 호루스라는 의미로 라-호라크티는 라가 호루스와 동일화된 상태라고 말한다.[1066] 제레미 나이들러는 라-호라크티가 '태양 아이'(sun child)'로써 이 상황에서 라와 호루스는 도해상 너무나 똑같아서 이둘을 사실상 구분하는 것이 불가능하다고 지적한다.[1067] 이들의 주장은 고대 이집트 왕권 신화의 정확한 의미를 파악하지 못해 두루뭉술하게 얼버무린 것이다. 재차 강조하듯 필자는 라-호라크티는 호루스가 오시리스를 매개로 라와의 카 포옹을 통해 그의 적통을 증명해주는 신격이라고 본다.

태양선을 탄 제신들

고대 이집트 신들이 배를 타고 있는 그림이 그려진 파피루스가 있다. 여기엔 라를 비롯한 9주신이 타고 있다.[1068] 이들은 어디로 향하고 있는 것일까? 이 배의 정체는 태양선이다. 배 맨 앞에 타고 있는 존재가 바로 태양신 라이다. 고대 이집트인들은 엔네아드가 태양선을

1066 Mercer, Samuel A. B. 1949, p.74.; Rundle Clark, R. T. 1993, p.27.

1067 Naydler, Jeremy. 1996, p.279.

1068 The Sun Boat. Available at https://www.landofpyramids.org/sun-boat.htm

타고 하계를 여행한다고 상상했다.[1069] 따라서 50장에서 소개한 「아니 파피루스」에서 아니가 태양을 따라 여행했다는 표현은 그가 태양선에 탑승할 기회를 얻었음을 뜻한다.

파라오가 주술 의식으로 호루스가 된 후 하계로 가서 오시리스와 카-포옹을 하려면 그도 태양선에 탑승해야만 한다. 그런데 제신이 태양선을 타고 있는 그림에선 아무리 눈을 씻고 찾아봐도 호루스의 모습이 보이지 않는다. 도대체 그는 어디에 있는 것일까?

태양선에 타고 있는 9주신들

늙은 태양신 라의 천계 일주

하계의 책들엔 여러 배들이 그림으로 그려져 있다. 이 그림들은 태양 신전의 주술 의식을 묘사하고 있다.[1070] 그렇다면, 이 주술 의식은 무엇이었을까? 주류 학계에선 태양 신전에서 거행된 주술 의식이 태양신 라에 얽힌 신화에 근거한 것이라고 본다. 이 신화는 땅에서 다스리던 태양신 라가 너무 늙어서 더 이상 통치를 하기 힘들게 되자 다시 하늘로 올라가서 태양선을 타는 것으로 시작된다.

1069 Bunsen, M. 1999. p.254.
1070 Assmann, Jan. 2005, p.394.; Pinch, Geraldine. 2002, p.24.

만제트선에 탄 매 머리 태양신

「동굴의 책」에 묘사된 메세켓선에 탄 양 머리 태양신

이 여행은 12시간의 주간 운행과 12시간의 야간 운행으로 구성되어 있다고 한다. 야간 운행은 서쪽 지평선 아래로의 여행, 즉 하계여행이다. 이 여행을 하면서 태양신 라는 아포피스(Apophis)라는 혼돈의 괴물과 싸워야 하며 이 싸움에서 승리를 거둔 후 그는 다음날 새로운 젊음을 되찾고 동쪽 지평선에 떠오른다고 한다.[1071] 주간 여행에서 라는 매의 머리를 하고 있으며, 그 배는 만제트 선(Mandjet Barque)이라 불린다. 야간여행 때 그는 양의 머리를 한 모습을 하며, 메세켓선(Mesektet Barque)으로 바꿔 탄다.[1072]

하지만 이런 이야기는 『피라미드 텍스트』나 『사바카석』 등과 같은 왕실의 정통 문서에서는 찾아볼 수 없는 내용이다. 전체적으로 후세의 창작이거나 오독일 가능성이 높다. 특히, 아포피스라는 괴물 신의 등장은 중왕국 이후다. 힘이 센 세트가 태양선에 탑승하여 이 괴물을 제압하는 역할을 하는 것으로 되어 있다.[1073] 도대체 이런 신화는 정통적인 왕권 신화와 어떤 연관이 있는 것일까? 주류 학계에선 아직 그 정확한 맥락을 파악하지 못하고 있다.

1071 "According to Egyptian myth, when Ra became too old and weary to reign on earth he relinquished and went to the skies." Solar barque, Wikipedia. Available at https://en.wikipedia.org/ wiki/Solar_barque

1072 Abubakr, Abdel Moneim. 1955.; Solar barque, Wikipedia. Available at https://en.wikipedia.org/wiki/Solar_barque

1073 Mark, Joshua J. 2017b.

태양신의 정체

만약 앞에서 언급한 태양신 라의 신화가 고대 이집트 초기 왕조 시대의 정통적 종교 사상과 관련이 있다면, 필자는 이 신화의 원형이 호루스의 하계여행과 관련 있다고 생각한다. 아마도 늙은 태양신 라 는 연상의 호루스를, 그리고 젊은 태양신 라는 연하의 호루스를 의 미하는 듯하다.

라를 비롯한 9주신이 타고 있다고 한 앞의 태양선에 대해 다시 생각해보자. 여기서 선봉에 있는 신의 모습은 라가 맞다. 그런데 이 모습은 또한 라-호라크티일 수 있다. 두 신은 외형상 분간되지 않는 다. 라-호라크티의 정체성에 대해 이번 장과 23장에서 논한 바 있다. 이 신은 갓 태어난 호루스다. 주류 이집트학 학자들이 주간의 태양 신 라라고 부르는 존재는 사실 라-호라크티라는게 필자의 결론이다.

한편 주류 이집트학 학자들이 야간의 태양신 라라고 부르는 존 재에 대해 한번 생각해보자. 그 신은 양 머리 신이다. 그런데 전형적 인 양 머리 신은 라가 아니라 아문 또는 아문-라다.[1074] 필자는 46 장에서 아문 신격을 소개하면서 일부러 양 머리를 한 신으로 표현 된다는 사실을 뺐다. 그 장에선 주로 민과의 관련성에 초점을 맞추 었기 때문이다. 하지만, 아문신의 중요한 표현 양식으로 양의 모습이 있다.[1075] 카르낙의 아문 신전에는 양 머리를 한 신상들이 줄지어있다.

1074 Baqai, Yusuf. 2018.; Ram of Amun-Re, Ashmolean Museum, Oxford. Available at https://www.ashmolean.org/ram-of-amun-re

1075 Statues of Amun in the form of a ram protecting King Taharqa, Wikipedia. Available at https://en.wikipedia.org/wiki/Statues_of_Amun_in_the_form_of_a_ram_protecting_King_Taharqa

그리고 기원전 7세기경 누비아에 지어진 아문 신전에는 당시 파라오였던 타하르카(Taharqa)를 뒤에서 보호하는 아문 신상이 양의 모습으로 표현되어 있다.

파라오 타하르카(Taharqa)를 뒤에서
보호하는 양 모습의 아문 신상

주류 학계에선 라와 아문-라를 그냥 같다고 본다. 하지만, 그렇지 않다는 게 필자의 견해다. 이 신의 정체성은 46장에서 논한 바 있는데 그의 신격엔 호루스가 포함된다. 따라서, 주간이고 야간이고 태양선에는 호루스가 타고 있다고 볼 수 있다!

태양신 라의 모습과 라-호라크티의
모습은 같다!

아문-라

고대 이집트 왕권 신화

이제 여기서 라-호라크티와 아문-라의 신격을 고려하면 앞에서의 신화 내용을 재해석할 필요가 있다. 메세켓선의 양 머리 신 아문-라는 아켓에 막 진입한 순간의 신격으로 아기 호루스로 태어나기 직전 모습이고, 만제트선 매 머리 신인 라-호라크티는 아켓에 진입 후 아기 호루스가 되어 나오는 모습에 해당한다. 성인 호루스가 아기 호루스로 변신하는 과정이다. 즉, 신전 벽화에 묘사된 이들 모습은 일반적인 시간대의 모습이 아니라 이런 왕권 신화에서 매우 중요한 순간의 모습을 표현한 것이다. 하계 중앙의 아켓에 진입하고 나서는 바로 그 순간을.

58장 하계의 책들에 대한 재해석

하계의 책들의 왕권 신화적 해석

태양신의 하계여행에 대해 주류 학계에서 주장해 온 내용은 라와 아문-라, 그리고 라-호라크티를 전혀 구분하지 않고 모두 같은 존재라고 보아왔기 때문에 발생한 혼란상을 보여준다. 그런데 만일 이를 엄밀히 구분하는 잣대를 들이대고 또 지금까지 이 책에서 견지해 온 고대 이집트 왕권 신화의 맥락에서 바라볼 때 그 내용은 다음과 같이 재해석할 수 있다.

죽은 파라오와 그의 후계자, 그리고 신관들은 주술 의식을 통해 오시리스, 호루스, 그리고 다른 신들이 되어 태양선에 타고 하계 중심의 아켓으로 진입한다. 이 오시리스의 영역에서 온갖 난관을 극복하고 오시리스의 장례식장인 태고의 언덕에 도달한다. 그곳에서 이들은 카-포옹을 한다. 이를 통해 늙은 태양신(아문-라)은 젊은 태양신(라-호라크티)으로 재생하며, 그곳 권좌에 앉는다.

오늘날 학자들은 고대 이집트인들이 하계라고 부른 영역을 태양이 서쪽 지평선 아래로 내려가 여행하여 동쪽 지평선으로 다시 올라오기까지의 전체 영역으로 해석한다. 하지만, 고대 이집트 종교에서 그들이 관심 있었던 주술 의식 영역은 무의미한 공간이 아닌 태곳적 신들의 이야기가 전개되었던 상상 속의 국소적인 곳이었다. 따라서 일반적으로 하계(Underworld)로 번역하는 두앗(Duat)은 하계의 국소적인 신성한 공간으로 봐야 한다.

주류 학계에서 하계의 책들이 다루는 영역을 이렇게 잘못 생각하는 것은 아켓을 지리적 지평선으로 잘못 판단하기 때문이다. 아켓은 문자 그대로 최초의 때에 태양이 처음 솟아올라 성스러운 빛을 비춘 태고의 언덕 주변 고원 분지인 '빛의 땅(Lightland)'이다.

하계의 책들과 『사자의 서』의 비교

신왕국 시대에 주로 만들어진 『사자의 서』는 일반 대중들에게 인기 있었던 장례 문서였다. 인간이 사후에 무사히 명계를 여행할 수 있도록 도와주는 주술 문서였다. 그것들은 사후의 세계에서 죽은 자가 실제적이거나 마법적인 보조를 해줄 수 있다고 당시 이집트인들은 믿고 있었다. 그럼으로써 죽은 자가 오시리스의 영역까지 무사히 갈 수 있는 것이다.

주류 학계에선 하계의 책들에는 죽은 왕이 태양신과 동일화하여 하계여행을 한다고 한다. 관문을 지키는 여신들의 성격 파악이나 괴물들의 이름을 알아내는 등의 보조를 통해 하계로 순조롭게 진입한다는 것이다. 이같이 『사자의 서』에서처럼 죽은 왕은 주술적 보조를 받아 오시리스 영역에 도달한다는 게 그들의 주장이다. 하지만 필자의 해석대로라면, 처음부터 이 여행의 주도권은 살아있는 파라오가 역할을 맡는 호루스에게 있지 죽은 왕에게 있지 않다. 이 하계여행은 호루스 중심의 여행이다!

하계의 책들에는 오시리스 심판이 없다

『사자의 서』의 가장 핵심적인 부분은 죽은 자가 오시리스 법정의 42신들 앞에서 부정 고백을 하고 자신 심장 무게를 달아 심판을 통과하는 것이다. 그리하여 두 번째의 축복된 삶을 사는 것이다. 하지만 하계의 책들에는 죽은 왕의 심판이라는 개념이 존재하지 않는다.

존 콜먼 다넬(John Coleman Darnell)과 같은 학자는 「입구들의 책」에서 오시리스 재판정을 묘사하는 듯한 내용을 찾아볼 수 있다고 주장하지만,[1076] 하계의 책들에 영혼 심판이라는 구체적인 용도의 재판정이 존재한다고 볼 수 없다는 게 필자의 판단이다. 실제로 콜린 마나사 다넬(Colleen Manassa Darnell)은 「입구들의 책」에서 오시리스의 법정을 묘사하는 장면을 찾으려 노력하나 그런 장면이 존재하지 않는다는 결론에 도달했다.[1077]

1076 Darnell, John Coleman. 2004, p.480.
1077 Darnell, Manassa Colleen. 2006.

죽은 왕의 하계 여행 목표는?

무엇보다도 중요한 두 문서 간의 차이는 그 서술구조 및 결론에 있다. 『사자의 서』는 죽은 자가 고난을 극복하고 명계의 법정에서 재판받고 두 번째 죽음을 맞이하거나 파라다이스에서 행복한 삶을 누린다는 일과성 서사로 이루어져 있다. 하지만 하계의 책들에는 천공을 항해하는 태양신과 하계의 오시리스 영역에 죽어있는 오시리스와의 영속의 순환적 관계가 기술되어 있다.[1078]

그렇다면 죽은 파라오의 최종 목표는 무엇일까? 주류 학계에 의하면 그는 우선 태양신 라와 동일화하여 하계를 여행하는 것으로 되어 있다. 그런데 이 여행에서 죽은 파라오의 목표가 불분명하다. 최소한 두 번째 삶을 얻어 파라다이스에 사는 건 아닌 거 같다. 그것이 아니라면 무얼까? 그게 무엇이든 이 문서들이 죽은 파라오의 명복을 빌어주기 위해 만든 건 아닌 게 분명하다.

하계의 책들은 장묘 문서가 아니라 태양 신전 문서다

독일 하이델베르크 대학 이집트학 교수인 얀 아스만(Jan Assmann)과 영국 옥스포드 대학의 이집트학 학자 제랄딘 핀치(Geraldine Pinch)는 이 문서들이 원래 장묘 문서로 만들어진 것이 아니라고 주장한다. 추정컨대 이 책들의 원래 목적은 태양 신전용이었을 것이며, 태양신의 신관으로써 왕이 행하는 의례적 역할에 관한 문서였으리라는 것이

1078 Abbas, Eltayeb. 2018, p.42. 매일 반복되는 일주 순환이 아니라 새 파라오의 등극시에 일어나는 순환이다. 이를 마르치아 엘리아데는 '영원회귀'라고 명명했다.

다.[1079] 고왕국 시절에 파라오는 호루스와 동일화하는 수석 신관 역할을 했다. 그러다가 신왕국 시대에는 파라오가 아문-라와 동일화하는 수석 신관 역할을 맡게 되었다. 따라서, 그들이 말하는 여기에서의 태양신은 아문-라이다.

『피라미드 텍스트』가 장묘 문서가 아니라는 점은 그것이 왕들의 무덤에서 발견된 것이 아닐 수도 있기에 충분히 개연성이 있다. 그것들은 고왕국 5·6왕조 때의 피라미드에서 발견되었는데 그곳에서 왕들의 시신이 발견되지 않았기 때문이다.[1080] 그래서 피라미드들은 일종의 오시리스 가묘였을 것이란 추정이 있다. 이 경우 거기에 반드시 죽은 왕의 명복을 비는 내용이 새겨질 이유가 없지 않은가? 하지만, 하계의 책들의 경우는 좀 상황이 다르다. 그것들은 확실한 왕들의 무덤 벽에서 발견되었기 때문이다. 따라서, 이것들은 그 어느 문서들보다도 왕들의 장례용이어야 할 텐데 왜 그렇지 않아 보이는 것일까?

이유는 아주 명백하다. 처음부터 고대 이집트 왕실에는 죽은 왕을 위한 장묘 문서들이 존재하지 않았다! 그것들은 신화 속 이야기들을 현실 세계로 불러내기 위해 마련된 주술 문서들이었다. 그리고 호루스 탄생을 위한 가장 핵심적 부분이 '죽어있는 오시리스 부활'이기에 주술 문서들 대부분 내용이 죽은 자를 살리는 용도로 만들어져 있었다. 나중에 이런 문서들이 외부로 유출되면서 장묘 문서로 둔갑했는데 『사자의 서』가 그 대표적인 예다.

1079   Assmann, Jan. 2005, p.394.; Pinch, Geraldine. 2002, p.24.
1080   MacDonald, Fiona. 2015.

하계의 책들의 궁극적 목표

하계의 책들의 주목적은 무엇일까? 연상의 호루스와 오시리스의 결합을 통해 연하의 호루스를 태어나도록 하는 것이 원래의 문서 목적이라고 볼 수 있는 충분한 근거가 있다. 고대 이집트에서 최고 권능의 태양신은 다름 아닌 호루스였다. 고대 이집트 왕권 신화는 호루스를 위한, 호루스에 의한, 호루스의 이야기다. 그렇다면, 비록 표면적으로 명확하게 드러나 보이진 않지만, 하계의 책들 내용은 당연히 호루스의 주도적 개입이 전제되어 있다.

결국 이 문서는 주술 의식을 통해 현세의 파라오가 호루스가 되어 새로이 그 권능을 회복하는 것이 목표였다고 볼 수 있다. 그리고 그런 일은 단지 파라오 개인의 행복을 위한 것이 아니었다. 그런 종교 행위는 이 세상을 제대로 굴러가게 하는 역사를 창조하는 작업이었다. 어쨌거나 고대 이집트 종교사상에 죽은 왕을 위한 배려는 별로 없었던 것 같다.

나가는 글

고대 이집트의 대중적인 장묘 문서인 『사자의 서(Book of the Dead)』
는 죽은 자들이 서쪽 지평선으로 지는 태양을 따라 하계에 가서 오
시리스의 법정에서 재판을 통과해 제2의 삶을 살 수 있도록 보조해
주는 주술서였다. 이 문서가 워낙 널리 보편적으로 알려져 고대 그리
스 학자들을 비롯해 근현대의 이집트학 학자들은 고대 이집트인들
이 죽음 후의 삶에 집착했었다고 믿게 되었다. 그리고 이런 죽음과
부활에 대한 믿음이 고대 이집트인들의 전형적 종교관이라는 인식이
고형화했다.

하지만, 고대 이집트 왕국 초기시대 이집트 종교는 이와는 크게

달랐다. 당시를 대표하는 문서인 『피라미드 텍스트(Pyramid Texts)』에는 죽은 왕의 장례와 관련한 내용이 많이 나오며, 특히 죽은 왕을 천계로 보내어 천체와 동일화시키는 주술문이 자주 나온다. 이 때문에 주류 학계에서 이 문서를 장묘 문서로 분류한다. 하지만, 『사자의 서』를 장묘 문서로 특징짓는 부정 고백이나 최후의 심판이라는 서사가 거기엔 빠져 있다. 그런데도 이 문서는 대표적인 장묘 문서라는 것이 주류 학계 입장이다. 필자는 이 책을 통해 그런 편견을 깼다고 자신한다.

고대 이집트 왕국의 종교는 호루스를 중심으로 전개되는 왕권 신화를 현실 세계에 역사로 재현하는 데 그 목적이 있었다. 이런 역사는 매년 철마다 거행된 축제와 종교의식을 통해 구현되었다. 그런데 무엇보다도 가장 중요한 역사는 왕이 죽고 새 왕이 대관식을 치를 때 쓰였다. 죽은 왕과 후계자, 그리고 신관들이 주술 의식을 통해 태양선을 타고, 하계 중심의 아켓에 있는 태고의 언덕까지 여행했다. 거기서 죽은 왕은 오시리스로써 오리온 좌와 동일화했다. 살아있는 호루스는 황도대의 여러 행성과 차례로 동일화하면서 그의 역할을 해낸 후 결국 오시리스의 몸인 오리온 좌와 동일화했다. 그다음 호루스는 자가 수태를 하기 위해 스스로 오리온 좌에서 시리우스성으로 그리고 다시 태양으로 옮겨가며 결국 태고의 언덕의 보좌에 앉아 대관식을 치렀다.

비록 이집트 왕조 후기로 접어들면서 고대 이란 등의 영향을 받으며 원래의 종교와는 전혀 다른 내용이 대중적으로 믿어지게 되었지만, 왕실 전통은 수천 년 동안의 세월에도 불구하고 여전히 초기의 종교 전통을 유지했다. 왕들의 계곡에 있는 왕들의 무덤 내벽에 그려진 하계의 책들이란 종교문서에 죽은 왕의 명복을 비는 내용은 하나도 없기 때문이다. 이 문서들은 모두 호루스의 하계여행을 다루고 있으며 그 궁극적 목적이 오시리스의 부활과 아기 호루스의 탄생에 초점이 맞추어져 있다.

이 책은 지금까지 잘못 알려진 고대 이집트 종교에 대한 바른 인식을 심어주려는 목적으로 기획되었다. 관련 전공자들이나 주류 학계에서 이 책을 참고하여 그동안의 오류를 수정했으면 한다. 물론 필자의 저술 내용에 미진하거나 다소 억지스러운 내용이 포함되었을 수 있다. 하지만 필자가 제기하려 하는 문제가 무엇인지 큰 틀에서 보아주기를 바란다. 마지막으로 이 책의 초입부에서 제기한 예수 종교 관련 부분에 대해 언급하면서 마무리를 짓고자 한다. 예수 종교가 이집트 종교의 아류인가? 이 책을 처음부터 끝까지 제대로 읽은 독자라면, 이제 이 문제에 어렵지 않게 답을 할 수 있을 것이다. 답은 각자에게 맡긴다.

참고문헌 bibliography

Abanes, R. (2004). *The truth behind the Da Vinci Code*. Harvest House Publishers.

Abbas, E. (2018). The tomb of Osiris and skyscapes of death in the book of the two ways, *Abgadiyat*, Issue No.12. Available at https://abgad. journals.ekb.eg/article_55499_1cf4ad56f138fdf3ec075ba6942ad6cb. pdf

Abubakr, A. M. (1955). Divine boats of ancient Egypt, *Archaeology*, 8(2), 96– 101.

Adams, B. and Cialowicz, K. M. (1997). *Protodynastic Egypt*, Shire Publication LTD.

Adkins, L., & Adkins, R. (2000). *The keys of Egypt: The race to read thehieroglyphs*. Harper Collins Publishers.

Albright, W. F. (1919). The mouth of the rivers. *The American Journal ofSemitic Languages and Literatures*, 35(4), 161-195. Available at https:// www.jstor.org/stable/pdf/528616.pdf

_____(1920). Menes and Naram-sin, *The Journal of Egyptian Archaeology*, 6(1), 89-98.

Aldred, C. (1961). *The Egyptians*, London: Thames and Hudson.

_____(1965). *Egypt to the End of the Old Kingdom*. London: Thamesand Hudson.

_____(1987). *The Egyptians* (Revised and enlarged ed.). Thames andHudson.

Alford, A. F. (1998). *The phoenix solution*, Hodder & Stoughton.

Ali, M. E. (2021). Goddess Sopdet in Ancient Egyptian Religion, *Journal of Association of Arab Universities for Tourism and Hospitality*, .6(1), 15-42. Available at https://www.researchgate.net/publication /350293004_Goddess_Sopdet_in_Ancient_Egyptian_Religion

Ali, N. O. (2012). The God Nehebkau in Heliopolis, *Abgadiyat*, 7(7),35-36. Available at https://brill.com/view/journals/abga/7/1/article-p32_3. xml

Allan, S. J. (2014). *One palette, two lands: The myth of the unification of Egypt by the Narmer Palette*. Thesis submitted to Macquarie University, Sydney, Australia. Available at at https://www.academia. edu/10220097/One_Palette_Two_Lands_The_Myth_of_the_ Unification_of_Egypt_by_the_Narmer_Palette

Allen, J. P. (2000). *Middle Egyptian: An Introduction to the Language andCulture of Hieroglyphs*. Cambridge University Press.

_____(2015). *The ancient Egyptian pyramid texts* (2nd ed.). SBL Press. Available at https://www.sbl-site.org/assets/pdfs/pubs/061538P-front.pdf

Allen, T. G. (1916). Horus in the Pyramid Texts, A private edition distributed by the University of Chicago Libraries. Available at https://www.forgottenbooks.com/en/download/ HorusinthePyramidTexts_10433449.pdf

Amin, O. S. M. (2016). Stela of Amun & Horus the Behdetite. Retrieved from https://www.worldhistory.org/image/4666/stela-of-amun—horus-the-behdetite/

Anthes, R. (1975). Horus als Sirius in den Pyramidentexten, *Zeitschrift für Ägyptische Sprache und Altertumskunde*, 102, 1-10.

Apuleius. (1975). *The Isis-Book (Metamorphoses, Book XI)* (J. G. Griffiths, Trans. & Ed.). Brill Archive.

Araüjo, L. M. de and Sales, J. des C. (eds). (2009). *Erotica, eroticism and sexuality in ancient Egypt: Proceedings of the international congress for young Egyptologists, Lisbon, Oct. 2006.* Lisbon: University of Lisbon, CD.

Arkel, A. J. (1963). Was king Scorpion Menes? *Antiquity*, 37(14), 31-35.

Assmann, J. (1995). *Egyptian solar religion in the New Kingdom: Re, Amun and the crisis of polytheism*, Routledge.

_____(2001). *The search for God in ancient Egypt* (D. Lorton, Trans.). Cornell University Press. (Original work published 1984).

_____(2002). *The Mind of Egypt: History and Meaning in the Time of the Pharaohs*, New York: Metropolitan Books, Henry Holt and Company.

_____(2005). *Death and salvation in ancient Egypt* (D. Lorton, Trans.). CornellUniversity Press. (Original work published 2001).

Assmann, J. & Bommas, M. (Eds.). (2002). *Ägyptische Mysterien?* München.

Atiya, F. (2006). *Ancient Egypt*, American University in Cairo Press.

Ayad, M. F. (2004). The Selection and Layout of the Opening of the Mouth Scenes in the Chapel of Amenirdis I at Medinet Habu. *Journal ofthe American Research Center in Egypt*, 41, 113-133.

Aziz, S. (2019). Sleep and Dream Therapy in Ancient Egypt, *Nile Magazine*, No.22, November-December, pp.11-19. Available at https://www.academia.edu/41809343/Sleep_and_Dream_Therapy_in_Ancient_Egypt

Baigent, M. (2006). *The Jesus papers: Exposing the greatest cover-up in history.*

Harper Collins.

Bains, B. (2024). This 2,200-year-old slab bears the world's first mention of leap year: Evidence dating back to 238 B.C. showsthat ancient Egyptians recognized the need for a leap year to correct the slow drift of the seasons. *National Geographic*. February 22, 2024. Available at https://www.nationalgeographic.com/premium/article/leap-day-year-canopus-decree-egypt-tanis-stele

Baines, J. (1993). Symbolic roles of canine figures on early monuments, *Archéo-Nil Année*, 3. 57-74. Available at https://www.persee.fr/doc/arnil_1161-0492_1993_num_3_1_1175

Baker, R. (2006). *Sperm wars: Infidelity, sexual conflict, and other bedroom battles*, Fourth Estate. Available at https://evolbiol.ru/docs/docs/large_files/spermwars.pdf

Bakry, H. S. K. (1955). *The main elements of the Osiris legend with reference to Plutarch and certain folk-tales* (Durham theses). Durham University. Available at http://etheses.dur.ac.uk/9519/

Baly, T. J. C. (1930). Notes on the Ritual of Opening the Mouth, *The Journal of Egyptian Archaeology*, 16(3/4), 173-186.

Balentine, S. E. (ed.). (2015). *The Oxford encyclopedia of the bible and theology. Vol. 1: ABR–JUS*. Oxford, England: Oxford University Press.

Baqai, Y. (2018). *The power of Amun-Ra*, Student Scholar Symposium Abstracts and Posters. 298. Available at https://digitalcommons.chapman.edu/cusrd_abstracts/298

Bard, K. A. (1994). The Egyptian predynastic: A review of the evidence, *Journal of Field Archaeology*, 21(3), 265-288.

_____(1999). *Encyclopedia of the archaeology of ancient Egypt*. Routledge.

_____(2015). *An introduction to the archaeology of ancient Egypt*, John Wiley & Sons.

Barguet, P. (1987). *Les textes des sarcophages égyptiens du Moyen Empire.* Paris: Cerf.

Baring, A., & Cashford, J. (1993). *The myth of the goddess: Evolution ofan image.* Penguin.

Barta, W. (1980). Thronbesteigung und Krönungsfeier als unterschiedliche Zeugnisse königlicher Herrschaftsübernahme, *Studien zur altägyptischen Kultur*, 8, 33–53.

Baumgartel, E. J. (1960). *The cultures of prehistoric Egypt, Vol.2*, London: Oxford University Press.

Bauval, R. (1999). Secret chamber: The quest for the hall of records, *Century.*

_____ (2006). *The Egypt code*, London: Century.

_____ (2008). TheSunrise of Ramses II at Abu Simbel: A new investigation into the astronomical orientation of the Great Temple. Available at https://www.academia.edu/11603171/THE_SUNRISE_OF_RAMSES_II_AT_ABU_SIMBEL

Bauval, R., & Gilbert, A. (1994). *The Orion mystery: A revolutionary new interpretation of the ancient enigma.* Crown Trade Paperbacks.

Bauval, R. & Hancock, G. (1996). *Keepers of genesis: A quest for the hidden legacy of mankind*, London: Heinemann.

Beavis, M. A. (2015). From holy grail to the lost gospel: Margaret Starbirdand Mary Magdalene scholarship. *Journal of Religion and Popular Culture*, 27(3), 236–249.

Behrmann, A. (1996). *Das Nilpferd in der Vorstellungswelt der Alten Ägypter: Teil II, Textband.* Reihe XXXVIII, Archäologie, 62. Frankfurt:Europäische Hochschulschriften.

Bell, M. and Quie, S. (2010). *Ancient Egyptian civilization*, The Rosen Publishing Group.

Bell, S. (2008). *The Da Vinci Code: The background explained.* Lulu.com.

Belmonte, J. A. and Shaltout, M. (Eds.). (2009). *In search of cosmic order: Selected essays on Egyptian archaeoastronomy*, Cairo: Supreme Council of Antiquities Press. Available at http://research.iac.es/proyecto/arqueoastronomia//media/Belmonte_Shaltout_Chapter_6.pdf

Belmonte, J. A. et al. (2010). On the orientation of ancient Egyptian temples: (5) Testing theory in middle Egypt and Sudan, *Journal for the History of Astronomy, Vol.xli.* Available at https://digital.csic.es/bitstream/10261/80000/1/2010-Belmonte%20et%20al.%20-%20 2010%20-%20On%20the%20orientation%20of%20ancient%20 Egyptian%20temples%20%285%29%20testing%20the%20 theory%20in%20Middle%20Egypt%20and%20Sudan.pdf

Belova, Galina. *Memphis: Correlation between written sources and archaeological data.* In Belova, Galina A. and Ivanov, Sergej V. eds. 2012.Achievements and Problems of Modern Egyptology: Proceedings oftheInternational Conference Held in Moscow on September 29–October 2, 2009. Russian Academy of Sciences Center for Egyptological Studies. pp.23-39. Available at https://www.academia.edu/18979514/Memphis_Correlation_between_Written_Sources_and_Archaeological_Data_Achievements_and_problems_of_modern_Egyptology_proceedings_of_the_international_conference_held_in_Moscow_on_September_29_October_2_2009_Moscow_2012_Ed_G_Belova_S_Ivanov_P_23_39

Bergendorff, Steen. (2019). *The social and cultural order of ancient Egypt: An ethnographic and regional analysis*, Rowman & Littlefield.

Bernabé, A. and de Jáuregui, M. H. and Jiménez San Cristóbal, A. I. and Martín Hernández, R. (Eds.). (2013). *Redefining Dionysos.* Walter de Gruyter.

Bernal, M. (1991). *Black Athena: The Afroasiatic roots of classicalcivilization.* Vintage Books.

Betro, M. C. (1996). *Hieroglyps: The wrightings of ancient Egypt*, Abbeville Press Inc.

Bîderman, Š. and Scharfstein, B.-A. (Eds.). (1992). *Interpretation in religion*, Brill.

Blackman, A. M. (1916a). Some remarks on an emblem upon the head of an ancient Egyptian birth-goddess, *The Journal of Egyptian Archaeology*, 3(2/3), 199–206.

_____(1916b). The pharaoh's placenta and the moon-god Khons, *The Journal of Egyptian Archaeology*, 3(4), 235–49.

_____(1924). The rite of opening the mouth in ancient Egypt and Babylonia, *The Journal of Egyptian Archaeology*,10(1), 47-59.

_____(1933). *Myth and ritual*, Oxford University Press.

_____(1998). *Gods, priests and men* (Lloyd, A. B. Ed.). Kegan Paul International.

Blackman, A. M. andFairman, H. W. (1942). The myth of Horusat Edfu: II. C. The triumph of Horus over his enemies: A sacred drama, *The Journal of Egyptian Archaeology*, 28, 32-38.

Blasweiler, J. (2017). *The inundation of the Nile and the islands of Osiris*. Available at https://www.academia.edu/31191967/The_inundation_of_the_Nile_and_the_islands_of_Osiris

Bleeker,C. J. (1967). Egyptian festivals. Leiden: Brill.

_____(1973). *Hathor and Thoth: Two key figures of the ancient Egyptian religion*, Leiden: Brill.

Bodine, J. J. (2009). The Shabaka stone: An introduction. *Studia Antiqua*,7(1), 3-5. Available at https://scholarsarchive.byu.edu/cgi/viewcontent.cgi?article=1131&context=studiaantiqua

Boersma, I. (2010). *Magical Egypt*, Lulu.com.

Bogen, J. and Woodward, J. (1969). *Creation and Cosmology: A Historical and Comparative Inquiry*, Series: Numen Book Series, Vol.16, Brill.

Bomhard, A. S. von. (1999). *The Egyptian calendar: A work for eternity.* Periplus Publishing London Ltd.

Bourrienne, L. A. F. de. (1892). *Memoirs of Napoleon Bonaparte* (R. W.Phipps, Ed.). Charles Scribner's Sons.

Bowers, B. (Ed.). (2009). *The Da Vinci Code in the academy.* Cambridge Scholars Publishing.

Boylan, Patrick. 1922. *Thoth, The Hermes of Egypt: A Study of Some Aspects of the Theological Thought in ancient Egypt.* Oxford University Press. p.21.https://upload.wikimedia.org/wikipedia/commons/b/ b5/Thoth%2C_the_Hermes_of_Egypt%3B_a_study_of_some_ aspects_of_theological_thought_in_ancient_Egypt_%28IA_ cu31924029088008%29.pdf

Brady, B. (2018). Stars and cultural astronomy, *Journal of Skyscape Archaeology*, 4.1. 129–133. Available athttps://journal.equinoxpub.com/JSA/ article/view/10684

Bromiley, G. W. (ed.). (1979). *The international standard bible encyclopedia, Vol.4*, Wm. B. Eerdmans Publishing.

Bremmer, J. N. (2014). *Initiation into the mysteries of the ancient world.* De Gruyter.

Bremmer, J. N. and Czachesz, I. (2003). The apocalypse of Peter.(7 ed.). Peeters. Available at https://pure.rug.nl/ws/portalfiles/portal/10421067/c1.pdf

Breasted, J. H. (1906). *Ancient records of Egypt Vol.1*, Chicago: The University of Chicago Press. Available athttp://www.gizapyramids.org/static/ pdf%20library/breasted_ancient_records_I.pdf

_____(1972). *Development of religion and thought in ancient Egypt.* University of Pennsylvania Press.(Originally published in 1912).

_____(2001). *Ancient records of Egypt Vol.1~5*. Urbana & Chicago: University of Illinois Press.(Originally published in 1906).

Bromiley, G. W. (Ed.). (1979). *The International Standard Bible Encyclopedia, Vol. 4*. Wm. B. Eerdmans Publishing.

Brown, D. (2003). *The Da Vinci Code* (1st ed.). Knopf Doubleday Publishing Group.

Brugshe-Bey, H. (1996). *Egypt under the pharaohs*. Bracken Bks. (Originally published in 1902).

Bryson-Gustová, A. (ed.). (2013). *Temple of the world: Sanctuaries, cults, and mysteries of ancient Egypt*, The American University in Cairo Press.

Budge, E. A. W. (1904). *The gods of the Egyptians or studies in Egyptian mythology*, Vol.I, II, London: Methuen & Co.

_____(1909a). *The book of opening the mouth*, London: Kegan Paul, Trench, Trübner & Co. Ltd.

_____(1909b). *The Egyptian heaven and hell* (Vol. 3): The contents of the books of other world described and compared. Chicago: The Open Court Publishing Co.; London: Kegan Paul, Trench, Trübner & Co. Ltd.

_____(1914). *The Literature of the Ancient Egyptians*, London: J. M. Dent & Sons Limited. Available athttps://www.gutenberg.org/files/15932/15932-h/15932-h.htm#Pg_13

_____ (1920). *An Egyptian hieroglyphic dictionary, Vol.1*. London: John Murray. Available at https://archive.org/details/Budge.AnEgyptianHieroglyphicDictionary.vol.1/page/n125/mode/2up_

_____(1925). *The rise and progress of Assyriology*. Ams Press Inc.

_____(1934). *From fetish to god in ancient Egypt*. London: Oxford University Press.

_____(1960). *The book of the dead* (Originally published in 1895). New York: Gramercy Books.

_____(1969). *The gods of the Egyptians: Or studies in Egyptian mythology Vol.1* (Originally published in 1904). New York: Dover Publications, Inc.

_____(1973). *Osiris and the Egyptian resurrection, Vols. 1-2.* New York: Dover Publications, Inc. (Originally published in 1911).

_____(1977). *The dwellers on the Nile: The life, history, religion and literature of the ancient Egyptians* (Originally published in 1926). New York: Dover Publications, Inc.

_____(1994). *Legend of Egyptian gods: Hieroglyphic texts and translations* (Originally published in 1912). New York: Dover Publications, Inc.

_____(1996). *The Egyptian haven and hell Vol.1~3,* New York: Dover Publication Inc. (Originally published in 1905).

_____(1997a). *Egyptian Magic.* Carol Publishing Group. (Originally published in 1899).

_____(1997b). *Egyptian religion,* Carol Publishing Group. (Originally published in 1959).

_____(1999). *The book of dead,* New York: Gramercy Books.(Originally published in 1895).

_____(2003). *Osiris or the Egyptian religion of resurrection Part 1,* Kessinger Publishing.(Originally published in 1911).

_____(2013a). *An Egyptian hieroglyphic dictionary: With an index of English words, kinglist and geographical list with indexes, list of hieroglyphic characters, coptic and Semitic alphabets,* Cosimo, Inc. (Originally published in 1920).

_____(2013b). *Gods of the Egyptians, Vol.2,* Routledge.

Buffer, T. (2003). The Marian spirituality of Opus Dei. *Marian Studies,* 54,129–

145. Available at https://ecommons.udayton.edu/marian_studies/vol54/iss1/13

Bunson, M. (1999). *The encyclopedia of ancient Egypt*, Gramercy Books. (Originally publishedin 1991).

Burke, J. M., & Jacob, M. C. (1996). French Freemasonry, women and feminist scholarship. *Journal of Modern History*, 68, 513–549.

Burnham, D. J. (1996). The indigenous origins of the Egyptian god-king, Undergraduate Honors Theses, Central Washington University. Available at https://digitalcommons.cwu.edu/cgi/viewcontent.cgi?article=1038&context=undergrad_hontheses

Burton, A. (1973). *Diodorus Siculus, Book 1*: A commentary. E. J. Brill.

Burzacott, J. (2015). The great hypostyle hall: Form and function, *Nile Magazine,* February 22, 2015. Available at https://www.nilemagazine.com.au/february-2015-archive/2015/2/22/form-and-function

Bynum, E. B. (2012). *The African unconscious*, Cosimo, Inc.

Cahill, M. A. (2012). *Paradise rediscovered: The roots of civilisation, Vol.2*, Interactive Publications.

Caminos, R. A. (1958). *The chronicle of prince Osorkon*, Gregorian Biblical BookShop.

Campbell, C. (1912). *The Miraculous Birth of King Amon-Hotep III and other Egyptian Studies*, Edinburgh: Oliver and Boyd.

Campbell, J. (1991). *The Masks of God: Oriental Mythology*. Arkana. (First publishedin the United States of America by Viking Penguin Inc. in 1962)

Campitiello, Sam. (2022). The book of the dead: translation of the first chapter,Medium. Sep 7, 2022. Available at https://medium.com/@sam.campitiello/the-book-of-the-dead-translation-of-the-first-chapter-e06a7ebf9689

Carelli, F. (2011). The book of death: Weighing your heart. *London Journal of Primary Care (Abingdon)*, 4(1), 86–87. Available at https://www.ncbi.nlm.nih.gov/pmc/articles/PMC3960665/

Cassar, C. (2024). The Egyptian gods of love: Hathor and Isis in ancientEgyptian mythology. *Anthropology Review*. Available at https://anthropologyreview.org/history/ancient-egypt/egyptian-gods-love/

Čermák, M. (2015). *Thoth in the Pyramid Texts* (Diplomová práce). Univerzita Karlova v Praze Filozofická fakulta Ústav filosofie a religionistiky. Available at https://dspace.cuni.cz/bitstream/handle/20.500.11956/67355/DPTX_2013_1_11210_0_406810_0_142 292.pdf?sequence=1

Cervelló-Autuori, J. (2005). Was king Narmer Menes? ARCHÉO-NIL, 15, 31-46. Available at https://www.archeonil.fr/revue/AN15-2005-Cervello.pdf

Chassinat, É. (1966). *Le mystère d'Osiris au mois de Khoiak (Vol. I)*. PIFAO.

Ciałowicz, K. (1997). *Le plus ancien temoinage de la tradition du heb-sed?*, Folia Orientalia, Kraków, 33, 39-48.

Clark, R. (2000). *The sacred tradition in ancient Egypt: The esoteric wisdom revealed*, Llewellyn Worldwide.

Clarysse, W. and Schoors, A. and Quaegebeur, J. (1998). *Egyptian religion: The last thousand years: Studies dedicated to the memory of Jan Quaegebeur, Part 1*, Peeters Publishers.

Cochrane, E. (2017). *Fossil gods and forgotten worlds*. Ev Cochrane. Available at https://www.scribd.com/document/534279774/Fossil-Gods-final

Cole, J. (2007). *Napoleon's Egypt: Invading the Middle East*. Palgrave Macmillan.

Collins, A. (1998). *Gods of Eden: Egypt's lost legacy and the genesis of civilisation*, Headline Book Publishing.

_____(2009). *Beneath the pyramids: Egypt's greatest secret uncovered.* ARE Press.

Conman, J. (2003). It's about time: Ancient Egyptian cosmology. *Studien zur Altägyptischen Kultur*, 31, 33-71.

Copan, P., & Craig, W. L. (Eds.). (2012). *Come let us reason: New essaysin Christian apologetics.* B&H Publishing Group.

Cornelissen, M. (2019). *Festivals and feasts in ancient Egypt: A comparative study of the socio-political implications of festivals and feasts inEgypt and Rome.* https://openaccess.leidenuniv.nl/bitstream/handle/1887/74567/Festivals%20and%20Feasts%20in%20Ancient%20Egypt.pdf?sequence=1

Costanzo, D. (2015). *What architecture means: Connecting ideas and design,* Routledge.

Crasto, Antonio. Abu Simbel: Temple of Ramesse II Jubilee. Available at http://www.ugiat-antoniocrasto.it/Articles/Abu%20Simbel%20-%20Temple%20of%20Ramesse%20II%20Jubilee.pdf

Crijns, M. (2022). A novel tool to determine absolute chronology: The phenomena of the agricultural marker stars Regulus and Sirius, *Journal of Astronomical History and Heritage*, 25(2), 290–298.

Csapo, E. (1997). Riding the phallus for Dionysus: Iconology, ritual, and gender-role de/construction. *Phoenix*, 51(3/4), 253–295. https://www.academia.edu/9543563/_Riding_the_Phallus_for_Dionysus_Iconology_Ritual_and_Gender_Role_De_construction_Phoenix_51_1997_253_95_pls_1_8

Cunningham, F. A. (1915). The Sothic cycle used by the Egyptians. *Journal of the American Oriental Society*, 34, 369–73. Available at https://www.jstor.org/stable/pdf/592540.pdf?refreqid=fastly-default%3A6e58d59bac575ecf6bc7d1f296c48987&ab_segments=&origin=&initiator=&acceptTC=1

Curl, J. S. (2013). *The Egyptian revival: Ancient Egypt as the inspiration for design motifs inthe West*, Routledge.

David, A. Rosalie. 1998. The Ancient Egyptians: Beliefs and Practices, Sussex Academic Press.

_____2002. Religion and Magic in Ancient Egypt, Penguin Books Ltd.

_____2014. Voices of Ancient Egypt: Contemporary Accounts of Daily Life, ABC-CLIO.

Dachez, R. (2003). *Histoire de la franc-maçonnerie française*. Que sais-je? PUF.

Darnell, C. M. (2006). The Judgement Hall of Osiris in the book of gates [Planches XV-XVIII], *Revue d'Égyptologie*, 57, 109-150. Available at https://www.academia.edu/323244/The_Judgment_Hall_of_Osiris_In_the_Book_of_Gates

Darnell, J. C. (2004). The enigmatic netherworld books of the solar-osirian unity: cryptographic compositions in the tombs of Tutankhamun, Ramesses VI and Ramesses IX. Fribourg, Switzerland/ Göttingen, Germany: Academic Press/Vandenhoeck Ruprecht. Available at https://www.zora.uzh.ch/id/eprint/152643/1/Darnell_2004_The_Enigmatic_Netherworld_Books_of_the_Solar_Osirian_Unity.pdf

Darnell, J. C. and Darnell, C. M. (2018). *The ancient Egyptian netherworld books*, SBL Press.

Daumas, F. (1980). *The mysteries of Isis and Osiris*, The UNESCO Courier: a window open on the world, XXXIII, 2/3,illus., map. pp. 49-52. Available at https://unesdoc.unesco.org/ark:/48223/pf0000040932

David, A. E. (2002). *A biographical dictionary of ancient Egypt*, Routledge.

David, A. R. (1993). *Discovering ancient Egypt*, Facts on File, Inc.

_____(1998). *The ancient Egyptians: Beliefs and practices*, Sussex Academic Press.

_____(2002). *Religion and magic in ancient Egypt*, Penguin Books Ltd.

_____(2014). *Voices of ancient Egypt: Contemporary accounts of daily life*, ABC-CLIO.

Davies, V. & Friedman, R. (1998). *Egypt*, British Museum Press.

Davis, W. M. (1977). The ascension-myth in the Pyramid Texts, *Journal of Near Eastern Studies*, 36(3), 161-179. Available at https://www.scribd.com/document/424986768/Ascension-Myth-in-the-Pyramid-Texts

Dawoud, K. (2000). Boat for a king: First plank vessel unearthed, *The Guardian*, 8 Nov. 2000. Available at https://www.theguardian.com/world/2000/nov/08/2

Dewsbury, L. M. (2016). *Invisible religion in ancient Egypt: A study into the individual religiosity of non-royal and non-elite Ancient Egyptians*(Ph.D. thesis). University of Birmingham. Retrieved fromhttps://etheses.bham.ac.uk/id/eprint/7158/1/Dewsbury17PhD_Redacted.pdf

Dieleman, J., & Wendrich, W. (Eds.). (2008). *UCLA encyclopedia of Egyptology*. Los Angeles. http://digital2.library.ucla.edu/viewItem.do?ark=21198/zz000s3mg4

_____(2010). *UCLA encyclopedia of Egyptology*, Los Angeles. Available at http://digital2.library.ucla.edu/viewItem.do?ark=21198/zz001nf65w

Dillery, J. (1999). The first Egyptian narrative history: Manetho and Greek historiography, *Zeitschrift für Papyrologie und Epigraphik*, 127, .93-116. Available at https://www.uni-koeln.de/phil-fak/ifa/zpe/downloads/1999/127pdf/127093.pdf

Dimick, M. T. (1956). *Memphis: The city of the white wall*. UPenn Museum of Archaeology.

Diodorus Siculus (Translated by C. H. Oldfather). (1989). *Diodorus Siculus I: Books I and II, 1-34.*(Original work published 1933). HarvardUniversity Press.

Dobson, A. (1995). *Monarchs of the Nile*, London: The Americal University in

Cairo.

Dobson, E. and Tonks, N. (Eds.). (2020). *Ancient Egypt in the modern imagination: Art, literature and culture*, Bloomsbury Publishing.

Dochniak, C. C. (1991). *Kingship festival iconography in the Egyptian archaic period*, A Thesis Submitted to the Faculty of the Department of Artin Partial Fulfillment of the Requirements for the Degree of Master of Arts with a Major in Art History in the Graduate College of the University of Arizona. Retrieved from https://repository. arizona.edu/bitstream/handle/10150/278001/azu_td_1346418_sip1_ m.pdf?sequence=1

Dodson, A. (2016). *The royal tombs of ancient Egypt*, Pen and Sword.

Dunand, F. (1997). *Le culte d'Isis et les Ptolémées*, Brill Academic Publications.

Dunand, F., & Zivie-Coche, C. (2004). *Gods and men in Egypt: 3000 BCE to 395 CE* (D. Lorton, Trans.). Ithaca and London: Cornell University Press.

Dunn, J., & Bubeck, C. (2006). *The gospel according to Dan Brown*. David C Cook.

DuQuesne, T. (1991). *Jackal at the shaman's gate: A study of Anubis lord of Ro-Setawe, with the conjuration to chthonic deities (PGM XXIII; pOxy 412)/Text, translation, and commentary and an annotated bibliography of the Anubis archetype*, Thame.

_____(2005). *The jackal divinities of Egypt: From the archaic period to dynasty*, Da'th Scholarly Services [in association with] Darengo Publications.

Eaton, K. J. (2006). The festivals of Osiris and Sokar in the month of Khoiak: The evidence from nineteenth dynasty royal monuments at Abydos. *Studien zur Altägyptischen Kultur*, 35, 75–101.

_____(2014). *Ancient Egyptian temple ritual: Performance, patterns,and practice*. Routledge.

Edmonds, R. G. III. (2004). *Myths of the Underworld Journey: Plato, Aristophanes, and the 'Orphic' Gold Tablets*. CambridgeUniversity Press.

Edwards, A. B. (2011). *Pharaohs, fellahs and explorers*, Cambridge University Press.

El-Aref, N. (1999). Symbolic tomb discovered in Giza, Al- Ahram Weekly,Issue No.432, June 3-9, 1999. Available at http://weekly.ahram.org. eg/1999/432/trl.htm.

El-deen, N. K. (2010). *The unification of Re and Osiris in the netherworld*, The Thirteenth Conference Book of The General Union of Arab Archeologists 24-26 October 2010, Part 1, Tripoli-Libya. Available at https://cguaa.journals.ekb.eg/article_37714_011edd33d5d6d4ed20 5340c80192f4e2.pdf

Eliade, M. (1963). *Myth and Reality*, Harper and Row.

_____(2004). *Shamanism: Archaic Techniques of Ecstasy*. Princeton: Princeton University Press.

_____(2014). *History of religious ideas, Vol.1: From the stone age to the Eleusinian mysteries*, University of Chicago Press.

Elshamy, M. (2019). *Ancient Egypt: The primal age of divine revelation Vol.I, Genesis (Revised Edition)*, Mostafa Elshamy.

Emery, W. B. (1961). *Archaic Egypt*, Penguin Books Ltd. Available at https:// archive.org/details/EmeryWalterBArchaicEgypt1961LR/page/n61/ mode/2up

Erman, A. (1971). *Life in ancient Egypt*, Courier Dover Publications.

Essien, E.-S. (ed.). (2011). *Summa philosophica: An introduction to philosophy and logic*, Lulu.com.

Evans, L. (2001). The Shedshed of Wepwawet: An artistic and behavioural interpretation, *The Journal of Egyptian Archaeology*, 97, 103-115.

Available at https://www.academia.edu/3559253/The_shedshed_of_
Wepwawet_An_artistic_and_behavioural_interpretation

Fagan, B. (2016). *Lord and pharaoh: Carnarvon and the search for Tutankhamun*, Routledge.

Fairman, H. W. (1974). *The triumph of Horus: An ancient Egyptian sacred drama*, London: B. T. Bastford Ltd.

Fairservis Jr., W. A. (1991). A Revised view of the Na᷄rmr Palette, *Journal of the American Research Center in Egypt*, 28, 1-20.

Faulkner, R. O. (1933). *The Papyrus Bremmer-Rhind (Brit. Mus. No.10188)*, Bruxelles, Fondation Eg. Reine Elisabeth. Available at https://oi-idb-static.uchicago.edu/multimedia/1278/BiAe_3.pdf

_____(1938). The Bremner-Rhind Papyrus IV, *Journal of Egyptian Archaeology*, 24(1), 41-53.

_____(1969). *The ancient Egyptian pyramid texts*. Oxford: Clarendon Press. (Originally published in 1910).

_____(2004). *The ancient Egyptian coffin texts*. Aris & Philips.(Originally published in 3 volumes in 1973 and now reprinted as a single volume with corrections).

Finegan, J. (2018). *Archaeological history of the ancient Middle East*, Routledge.

Fletcher, J. (2002). *The Egyptian Book of Living and Dying*, Thorsons Publication Inc.

Fleming, F. and Lothian, A. (1997). *The Way to Eternity: Egyptian Myth*. Amsterdam: Duncan Baird Publishers.

Flowers, S. (1995). *Hermetic magic: The postmodern magical papyrus of Abaris*, Weiser Books.

Foran, S. Horus and Hamlet: The Motif of Hostile Brothers as Individuation. Available at https://www.academia.edu/75557217/Horus_and_
Hamlet_The_Motif_of_Hostile_Brothers_as_Individuation

Forte, M. & Silliotti A. (eds.). (1997). *Virtual archaeology: Great discoveries brought to life through virtual reality*, London: Thames & Hudson Ltd.

Frankfort, H. (1951a). *The birth of civilization in the Near East*, Bloomington: Indiana University Press.

_____(1951b). *The problem of similarity in ancient near eastern religions*, Oxford: Clarendon Press.

_____(1955). *Kingship and the Gods: A Study of Ancient Near Eastern Religion as the Integration of Society and Nature*, Chicago: The University of Chicago Press.(Originally published in 1948).

_____(1975). *Ancient Egyptian religion: An interpretation*, New York: Dover Publications Inc.(Originally published in 1948).

_____(1978). *Kingship and the gods: A study of ancient near aastern religion as the integration of society and nature*, Chicago: The University of Chicago Press.(Originally published in 1948). Available athttps://isac.uchicago.edu/sites/default/files/uploads/shared/docs/kingship.pdf

_____(2012). *Ancient Egyptian religion: An interpretation*, Courier Corporation.

Frankfort, H. & Buck, A. de and Gunn, B. (1933). *The Cenotaph of Seti I at Abydos*, London: Egypt Exploration Society, Vol.1~2.

Frankfort, H. et al. (1977). *The Intellectual Adventure of Ancient Man: AnEssay on Speculative Thought in the Ancient Near East*, Chicago & London: The University of ChicagoPress. (Originally published in 1946).

Frankfurter, D. (2002). Review: Mettinger, Tryggve N. D., The riddle of resurrection: "dying and rising gods" in the ancient Near East. Coniectanea biblica. Old Testament series 50. *Bryn Mawr Classical Review*, Sept. 7, 2002. Available at https://bmcr.brynmawr.

edu/2002/2002.09.07

Frazer, J. G. (1966). *Golden bough: Part IV, Vol. II (Adonis, Attis, Osiris)*. New York: St. Martin's Press. (Originally published in 1922).

_____(2020). *The golden bough (Vol. 6)*. Outlook Verlag. (Originally published in 1922).

Freke, T., & Gandy, P. (1999). *The Jesus mystery: Was the "original Jesus" a pagan god?* New York: Three Rivers Press.

Fremont-Barnes, G. (2007). *Encyclopedia of the age of political revolutionsand new ideologies*, 1760–1815. Greenwood.

French, A. J. (2014). Journeys of the soul in the afterlife: Egyptian books of the afterlife and Greek Orphic mysteries, *The Esoteric Quarterly*, Winter. 35-44. Available at https://www.academia.edu/5061207/ Journeys_of_the_Soul_in_the_Afterlife_Egyptian_Books_of_the_ Afterlife_and_Greek_Orphic_Mysteries

Friedman, F. D. (1995). The underground relief panels of King Djoser at the Step Pyramid Complex. *Journal of the American Research Center in Egypt*, 32, 1–42.

Friedman, R. & Fiske, P. N. (eds). (2011). *Egypt at its origins 3. The third international colloquium on predynastic and early dynastic Egypt*, The British Museum, London, 27th July-1st August 2008, 81-107.

Fu, C. (2017). Rereading Mircea Eliade: Some Myths and Truths about the Sacred, the Historical, and the WWII,Thesis Submitted to Syracuse University in partial fulfillment of the requirements for the degree of Master of Arts in Religion.Retrieved from https://surface.syr.edu/ thesis/180

Gaballa, G. A., & Kitchen, K. A. (1969). The festival of Sokar. *Orientalia*,38, 1–76.

García, J. L. (2011). *La astronomía en el antiguo Egipto(2nd ed.)*, Universitat de València.

Gardiner, A. H. (1915a). The golden bough: Adonis, Attis, Osiris; Studies inthe history of oriental religion. *The Journal of Egyptian Archaeology*, 2(1), 121–126.

_____(1915b). The nature and development of the Egyptian hieroglyphic writing, *The Journal of Egyptian Archaeology*. 2(2), 61–75.

_____(1964). *Egypt of the Pharaohs*, Oxford University Press.

Gardiner, P. (2006). *Proof: Does God exist?* Reality Press.

Gaster, T. H. (1954). Myth and story, *Numen*, 1(3), 184-212.

Gates, C. (2013). *Ancient cities: The archaeology of urban life in the ancient Near East and Egypt, Greece and Rome*, Routledge.

Gautier, P. andMidant-Reynes, B. (1995). La tête de massue du roi Scorpion, *Archéo-Nil*, .5, 87-127.

Gee, J. L. (2004). Notes on the Egyptian motifs in Mozart's *Magic Flute*. *BYU Studies Quarterly*, 43(3), Article 11. https://scholarsarchive.byu.edu/byusq/vol43/iss3/11

Geisen, C. (2012). *The Ramesseum Dramatic Papyrus, A New Edition, Translation and Interpretation*, A thesis submitted in conformity with therequirements for the degree of Ph.D, Graduate Department of Near and Middle Eastern Civilizations, University of Toronto.Retrievedfrom https://tspace.library.utoronto.ca/bitstream/1807/65472/3/Geisen_Christina_201206_PhD_thesis.pdf

_____(2018). *A commemoration ritual for Senwosret I: P. BM EA 10610.15/P.Ramesseum B (Ramesseum Dramatic Papyrus)*, ISD LLC.

Geister, N. L., & Till, F. (1994). The Geister-Till debate: Did Jesus of Nazareth bodily rise from the dead? *Secular Web*. http://www.infidels.org/library/modern/farrell_till/geisler-till

Gillam, R. (2005). Performance and Dramain Ancient Egypt, Gerald Duckworth & Company Ltd.

Glassman, R. M. (2017). *The origins of democracy in tribes, city-states and nation-states.* Springer.

Goebs, K. & Baines, J. (2018). Functions and uses of Egyptian myth, *Revue de l'histoire des religions*, 4, 645-681. Available at https://journals. openedition.org/rhr/9334

Goelet, O. (2003). Memphis and Thebes: Disaster and renewal in ancientEgyptian consciousness. *The Classical World*, 97(1), 19–29.

Gómez, A. M. V. (2015). *The Personnel of Khonsu During the Third Intermediate Period at Thebes: A Prosopographical Study of the 21st Dynasty*, Thesis submitted to the Universidad Autónoma de Madrid in fulfilment of the requirements for the Degree of Doctor of Philosophy.

Gordon, A. H., & Schwabe, C. W. (2004). *The quick and the dead: Biomedical theory in ancient Egypt.* BRILL.

Görsdorf, J. and Dreyer, G. and Ulrich, H. (1998). New 14C dating of the archaic royal necropolis Umm El-Qaab at Abydos (Egypt), *Radiocarbon*, 40(2), 641-647.

Gould, T. (2014). *The ancient quarrel between poetry and philosophy.* Princeton University Press.

Grant, D. R. (2012). *Die Zauberflöte and the moral law of opposing forces* (Doctoral dissertation, University of Washington). Retrieved from https://digital.lib.washington.edu/researchworks/bitstream/ handle/1773/20542/DIE%20ZAUBERFLOTE%20AND%20 THE%20MORAL%20LAW%20OF%20OPPOSING%20 FORCES%20REVISED%20101612.pdf?sequence=3&isAllowed=y

Graves-Brown, C. (2010). *Dancing for Hathor: Women in ancient Egypt*, A&C Black.

Gray, C. (2011). *Homer and the European epic.* Lulu.com.

Griffiths, J. G. (Ed.). (1970). *Plutarch's De Iside et Osiride.* University ofWales

Press.

_____(1980). *The origins of Osiris and his cult.* BRILL.

Griffith, M. and Mastronarde, D. J. (Eds.). (1990). *Cabinet of the muses.* Scholars Press.

Gunnels, N. L. (2003). The Ikrenofret Stela as Theatre: A Cross-cultural Comparison, *Studia Antiqua*, 2(2), 3-16. Available at https://scholarsarchive.byu.edu/studiaantiqua/vol2/iss2/5

Habachi, L. (1943). Sais and its Monuments, *Annales Du Service Des Antiquites De L'Egypte*, 42, 369-407.

Hall, H. R. (2015). *The ancient history of the Near East: From the earliest times to the battle of Salamis*, Routledge.

Haney, L. S. (2020). *Visualizing coregency: An exploration of the link between royal image and co-rule during the reign of Senwosret III and Amenemhet III*, Leiden & Boston: Brill.

Hare, T. (1999). *Remembering Osiris: Number, gender, and the world in ancient Egyptian representational systems.* Stanford University Press.

Harland, P. A. (2003). *Associations, synagogues, and congregations: Claiming a place in ancient Mediterranean society.* Fortress Press. Retrievedfrom https://philipharland.com/publications/Harland%20 2013%20Associations-Synagogues-Congregations.pdf

Harrison, T. (Ed.). (2002). *Greeks and barbarians.* Taylor & Francis.

Hart, G. (1995). *Egyptian myths.* British Museum Press. (Original work published 1990).

_____(1996). *A dictionary of Egyptian gods and goddesses.* Routledge. (Original work published 1986).

_____(2005). *The Routledge dictionary of Egyptian gods and goddesses (2nd ed.)*, London & New York: Routledge.

Hassan, S. (1946). *Excavations at Giza, Vol. VI, part I*, Cairo: Government Press. Available athttp://www.gizapyramids.org/static/pdf%20library/ hassan_giza_6_1.pdf

Hawass, Z. (2000). *The mysteries of Abu Simbel*, Cairo: American University in Cairo Press.

Hawass, Z. A. and Richards J. (Eds.). (2007). *The archaeology and art of ancient Egypt: Essays in honor of David B. O'Connor, Vol. I*, American University in Cairo Press.

Haynes, W. C. (1966). *Egypt: Internal affairs from Tutmosis I to the death of Amenophis III, Vol.2*, Cambridge University Press.

Hays, H. M. (2009). Between identity and agency in ancient Egyptian ritual. In R. Nyord & A. Kjølby (Eds.), *Being in ancient Egypt: Thoughts on agency, materiality and cognition: Proceedings of the seminar held in Copenhagen, September 29–30, 2006* (pp. 17–30). Archaeopress. Retrieved from https://www.academia.edu/388675/Between_ Identity_and_Agency_in_Ancient_Egyptian_Ritual

Heagy, T. C. (2014). Who was Menes?, *Archéo-Nil*, .24, 59-92.

Helck, W. (1984). Shamane und Zauberer. In Université Paul Valéry. Institut d'égyptologie (Ed.). (1984) *Melanges Adolphe Guthuh*, Montpellier: Universite de Montpellier. 103-108.

Hellholm, D., & Sänger, D. (Eds.). (2017). *The Eucharist - Its origins andcontexts. Vol. 3: Near Eastern and Graeco-Roman traditions,archaeology.* Mohr Siebeck.

Henrichs, A. (2003). 'Hieroi logoi' and 'Hierai bibloi': The (un)written margins of the sacred in ancient Greece. *Harvard Studies in Classical Philology*, 101, 213–216.

Heraclitus. (1898). *The first philosophers of Greece* (A. Fairbanks, Trans. & Ed.). Scribner. Retrieved from http://history.hanover.edu/courses/ excerpts/221hera.html

Herodotus.(1839). *Herodotus, Vol.1*, Jones.

_____(1996). *The histories* (A. de Sélincourt, Trans.; J. Marincola, Rev. & Intro.). Penguin Books. (Original work published 1954)

Hewitson, O. (2016, January 10). In the villa of the mysteries: The character of desire in the Traumdeutung and Seminar V. *LacanOnline*. Retrieved from https://www.lacanonline.com/2016/01/in-the-villa-of-the-mysteries-the-character-of-desire-in-the-traumdeutung-and-seminar-v/

Hill, J. A. and Jones, P. and Morales, A. J. (Eds.). (2013). *Experiencing power, generating authority: Cosmos, politics, and the ideology of kingship in ancient Egypt and Mesopotamia*, Philadelphia: University of Pennsylvania Museum of Archaeology and Anthropology.

Hintze, F. and Morenz, S. (Eds.). (1972.) Band 99, *Heft 1a Gedenkschrift für Siegfried Morenz, Teil 1a*, Berlin, Boston: De Gruyter.

Hoffman, M. A. (1979). *Egypt before the pharaohs*. Marboro Books.

_____(1993). *Egypt before the pharaohs*, New York: Barnes and Noble Books.

Hoffmeier, J. K. (2015). *Akhenaten and the origins of monotheism*, Oxford University Press.

Holberg, J. B. (2007). *Sirius: Brightest diamond in the night sky*, Springer Science & Business Media.

Holland, G. S. (2009). *Gods in the desert: Religions of the ancient Near East*. Rowman & Littlefield Publishers.

Hollis, Susan Tower. (2009). Hathor and Isis in Byblos in the second and first millennia BCE, *Journal of Ancient Egyptian Interconnections,* Vol. 1, No.2, pp.1-8. Availble at https://pdfs.semanticscholar.org/49c8/6a598692fbdc432205cf1709c364cb55e740.pdf

_____(2019). *Five Egyptian goddesses: Their possible beginnings, actions, and relationships in the third millennium BCE*, Bloomsbury Publishing.

Holtz, R. K. (1969). Man-made landforms in the Nile delta. *Geographical Review*, 59(2), 253–269.

Horn, M. et al. (Eds.). (2011). *Current research in Egyptology 2010: Proceedings of the eleventh annual symposium*, Oxford.

Hornung, E. (1983). *Conceptions of god in ancient Egypt: The one and the many.* (Baines, J. Trans.). Routledge & Kegan Paul.(Originally published in 1971).

_____(1997). *The ancient Egyptian book of the afterlife.* Cornell University Press.

_____(1999). *The ancient Egyptian books of the afterlife*, Cornell University Press.

_____(2001). *The secret lore of Egypt: Its impact on the West.* Cornell University Press.

Hornung, E. and Krauss, R. and Warburton, D. A. (Eds.). (2006). *Ancient Egyptian chronology*, Brill.

Hoven, C. van den (2017). The coronation ritual of the falcon atEdfu: tradition and innovation in ancient Egyptian ritual composition. Availble at https://hdl.handle.net/1887/46027

Hsu, S.-W. (2010). The Palermo stone: the earliest royal inscription from ancient Egypt, *Altoriental. Forsch., Akademie Verlag*, 37(1), 68–89. Available at https://www.ancientportsantiques.com/wp-content/uploads/Documents/PLACES/Egypt-Libya/PalermoStone-Hsu2010.pdf

Huffman, C. A. (2014). *A history of Pythagoreanism.* Cambridge UniversityPress.

Ibrahim, H. S. (2020). The Power of Uttering in Ancient Egypt, *International Journal of Heritage, Tourism and Hospitality*, 14(3), 119-128.

Ifejika, M. (2015). Of ram and men: The Sumerian Ikenga, *Journal of Historical Narratives, JOHN 2*, 2(2), 1-9. Available at https://www.academia. edu/12524030/Of_Ram_and_Men_The_Sumerian_Ikenga

Irigaray, C. (2020). III. The Religious meaning of the Great Sphinx. Available at https://www.academia.edu/42994675/III_The_Religious_Meaning_ of_the_Great_Sphinx

Isler, M. (2001). *Sticks, stones, and shadows: Building the Egyptian pyramids,* University of Oklahoma Press.

Ismail, F. T. (2019). *Cult and ritual in Persian period Egypt: An analysis of the decoration of the cult chapels of the Temple of Hibis at Kharga Oasis.* ISD LLC.

Israelit-Groll, S. (Ed.). (1990). *Studies in Egyptology presented to Miriam Lichthein, Vol.II,* Jerusalem: The Magnes Press, The Hebrew University.

Jacq, C. (2009). *L'Egypte des grands pharaons: l'histoire et la légende,* Tempus. (Originally 1981).

James, E. O. (1963). *Seasonal feasts and festivals,* New York: Barnes & Noble.

_____(1999). *The ancient gods: The history and diffusion of religion in the ancient Near Eastern and the Eastern Mediterranean,* London: Phoenix. (Originally published in 1960).

James, G. G. M. (1992). *Stolen legacy: Greek philosophy is stolen Egyptian philosophy,* Africa World Press.(Originally published in 1954).

Jarus, O. (2012). Abydos: Egyptian tombs & cult of Osiris, *LiveScience,* December 20, 2012. Available at https://www.livescience. com/25738-abydos.html

Jeffreys, D. (1999). *Written and graphic sources for an archaeological survey of Memphis, Egypt: from 500 BCE to 1900 CE, With special reference to the papers of Joseph Hekekyan.* (Unpublished PhD Thesis). Institute of Archaeology, University College London.

Jenkins, N. (1980). *The boat beneath the pyramid: King Cheops' royal ship*, Holt, Rinehart and Winston.

Jelinkova, E. A. E. (1960). *The mythological origin of ancient Egyptian temple* (Ph.D. thesis). The University of Liverpool. Retrieved from https://livrepository.liverpool.ac.uk/3167399/1/17349643.pdf

Johnston, S. I. (2004). *Religions of the ancient world: A guide.* Harvard University Press.

Jørgensen, J. B. (2014). *Egyptian mythological manuals: Mythological structures and interpretative techniques in the Tebtunis mythological manual, the manual of the delta and related texts.* Det Humanistiske Fakultet, Københavns Universitet. vailable at https://curis.ku.dk/ws/files/107265977/Ph.d._2014_J_rgensen.pdf

Kahlbacher, A. and Kahlbacher, P. (Eds.). (2018). *Tradition and transformation in ancient Egypt: Proceedings of the fifth international congress for young Egyptologists, 15–19 September, 2015, Vienna*, Austrian Academy of Sciences.

Kamil, J. (1996). *The ancient Egyptians: Life in the Old Kingdom*, The American University in Cairo Press. (Originally published in 1984).

Kelley, D. H. and Milone, E. F. (2005). *Exploring ancient skies: An encyclopedic survey of archaeoastronomy,* Springer Science & Business Media.

Kemp, B. J. (1989). *Ancient Egypt: Anatomy of a civilization*, London & New York: Routledge.

_____(1991). *Ancient Egypt: Anatomy of a civilization*, London & New York: Routledge.

_____(2006). *100 hieroglyphs: Thinking like an Egyptian*, London: Granta Books.

Kertai, D. and Nieuwenhuyse, O. (Eds.). (2017). *From the four corners of the earth: Studies in iconography and cultures of the ancient Near East in honour of F. A. M. Wiggermann*, Alter Orient und Altes

Testament: Veröffentlichungen zur Kultur und Geschichte des Alten Orientsund des Alten Testaments, Band 441 (Münster), 205-258. Available at https://www.academia.edu/33497514/2017_ Cows_Women_and_Wombs_Interrelations_between_Texts_ and_Images_from_the_Ancient_Near_East_in_D_Kertai_ and_O_Nieuwenhuyse_eds_From_the_Four_Corners_of_the_ Earth_Studies_in_Iconography_and_Cultures_of_the_Ancient_ Near_East_in_Honour_of_F_A_M_Wiggermann_AOAT_441_ M%C3%BCnster_205_258

Klotz, D. (2006). *Adoration of the ram: Five hymns to Amun-Re from Hibis temple*, ISD LLC.

Konig, G. R. (2006, October 29). *Christianity was not influenced by paganism.* About-Jesus.org. Retrieved from http://www.about-jesus.org/ paganism.htm

Konstantinidis, G. (2024). *Dionysus the Liberator.* Retrieved from https://www. researchgate.net/publication/378858315_Dionysus_the_Liberator/ link/65edf7869ab2af0ef8ae0ab1/download?_tp=eyJjb250ZXh0Ijp7I mZpcnN0UGFnZSI6InBlYmxpY2F0aW9uIiwicGFnZSI6InBlYmx pY2F0aW9uIn19

Krauss, R. (1997). *Astronomische Konzepte und Jenseitsvorstellungen in den Pyramidentexten*, Wiesbaden: Otto Harrassowitz Verlag.

Krupp, E. C. (1983). *Echoes of the ancient skies: The astronomy of lost civilizations*, Oxford University Press.

Kuritz, P. (1988). *The making of theatre history.* Paul Kurtz.

Larson, J. (2016). *Understanding Greek religion.* Routledge.

Larson, J. A. &Teeter, E. & Wente, E. F. (eds.) (1999). *Gold of Praise: Studies on Ancient Egypt in Honor of Edward F. Wente*, Studies in Ancient Oriental Civilization, No.58, Chicago, Oriental Institute.

Lateiner, D. (1989). *The historical method of Herodotus.* University of Toronto

Press.

Lavier, M-Christine. (1998). Les fêtes d'Osiris à Abydos au Moyen Empire et au Nouvel Empire, Égypte, *Afrique et Orient*, 10, 27-33.

Layton, B. (Ed.). (1972). *Ex orbe religionum*, Brill Archive.

Leeming, D. (2004). *Jealous gods and chosen people: The mythology of the Middle East*, Oxford University Press.

_____(2005). *Oxford companion to world mythology*, Oxford University Press.

Lefébure, E. (1904). *La Vertu du Sacrifice Funéraire*, Sphinx, 8, 1-51.

Lehner, M. (1974). *The Egyptian heritage,* ARE Press.

_____(1997). *The complete pyramids*, Thames and Hudson.

Leitz, C. (2002). *Lexikon der ägyptischen Götter und Götterbezeichnungen* (LGG) (= Orientalia Lovaniensia Analecta, Vol. 6). Leuven: Peeters Publishers.

Leonard Jr., A. and Williams, B. B. (Eds.). (1989). *Essays in ancient civilization presented to Helene J. Kantor*, The Oriental Institute of University of Chicago.

Lepsius, R. (1842). *Das todtenbuch der Ägypter nach dem hieroglyphischen Papyrus in Turin.* Retrieved from https://archive.org/details/bub_gb_RQE2AQAAMAAJ/page/n11/mode/2up

Lévai, J. (2007a). *Nephthys and Seth: Anatomy of a mythical marriage.* Paper presented at the 58th Annual Meeting of the American Research Center in Egypt, Wyndham Toledo Hotel, Toledo, Ohio. Retrieved from http://www.allacademic.com/meta/p176897_index.html

_____(2007b). *Aspects of the goddess Nephthys, especially during the Graeco-Roman period in Egypt*, UMI. Available at https://search.worldcat.org/ko/title/aspects-of-the-goddess-nephthys-especially-during-the-graeco-roman-period-in-egypt/oclc/971457477?referer=

di&ht=edition

Lewis, B. and Holt, P. M. (Eds.) (1962). *Historians of the Middle East*, Oxford University Press.

Lewis, S. andLlewellyn-Jones, L. (2018). *The culture of animals in antiquity: A sourcebook with commentaries*, Routledge.

Lichtheim, M. (1963). Ancient Egypt: A survey of current historiography. *The American Historical Review*, 69(1), 30–46.

_____(1975). *Ancient Egyptian literature (Vol. 1)*. University of California Press.

Lippiello, L. E. (2004). *Symbolic perceptions of New Kingdom watercraft: Building boats from gods* (Thesis for the degree of Master of Arts). The Department of Anthropology of the Florida State University College of Arts and Sciences. Retieved from https://repository.lib.fsu.edu/islandora/object/fsu%3A182638

Lloyd, A. B. (1976). *Herodotus. Book II.1-3*. Brill.

_____(1994). *Herodotus Book II: Commentary 1r-98*. BRILL.

_____ (ed.). (2010). *A companion to ancient Egypt*, John Wiley & Sons.

Lloyd, A. M. (ed.) (2012). *Gods, priests & men*, Routledge.

Locke, N. (1961). A myth of ancient Egypt, *American Imago*, 18(2), 105-128.

Lockyer, J. N. (1894). *The dawn of astronomy: A study of the temple-worship and mythology of the ancient Egyptians*, London: Cassell and Company.

Logan, T. J. (1990). The origins of the Jmy-wt fetish, *Journal of the American Research Center in Egypt*, 27, 61-69.

Lovari, L. P. (2020). *The ceremony "opening of the mouth"*, LEONARDO PAOLO LOVARI, January 18, 2020. Available at http://leonardolovari.altervista.org/the-ceremony-opening-of-the-mouth/?doing_wp_cron=1602990021.2825810909271240234375#pa ge-content

Love, S. (2003). Questioning the location of the Old Kingdom capital of Memphis, Egypt, *Papers from the Institute of Archaeology*, 14, 70–84. Available at htttps://pia-journal.co.uk/articles/abstract/10.5334/pia.201/

Lucarelli, R. and Roberson, J. A. and Vinson, S. (2023). *Ancient Egypt, new technology: The present and future of computer visualization, virtual reality and other digital humanities in Egyptology.* (Harvard Egyptological Studies, Vol. 17). Brill.

Lundquist, J. M. (2008). *The temple of Jerusalem: Past, present and future*, Greenwood Publishing Group.

Lurker, M. (1980). *An illustrated dictionary of the gods and symbols of ancient Egypt.* Thames and Hudson.

Mackey, A. G., & Hall, M. P. (2020). *The influence of Pythagoras onFreemasonry and other essays: Foundations of Freemasonry series.* Lamp of Trismegistus.

MacDonald, F. (2015). Here's how scientists know the pyramids were built to store pharaohs, Not grain. *ScienceAlert*, November 6, 2015. Available at https://www.sciencealert.com/here-s-how-scientists-know-the-pyramids-were-built-to-store-pharaohs-not-grain

Mackenzie, D. A. (2013). *The migration of symbols,* Routledge.

Magli, G. (2009). Akhet Khufu: Achaeo-astronomical hints at a common project of the two main pyramids of Giza, Egypt, *Nexus Network Journal(Architecture and Mathematics)*, 11(1), 35-50.

Magoffin, R. V. D. (1926). Reviewed work(s): A History of the Pharaohs. Vol. I. The First Eleven Dynasties by Arthur Weigall, *American Journal of Archaeology*, .30(.2), 191-193.

Majeed, H. M. (2013). The orphic origins of belief in reincarnation in ancient Greek philosophy. *Phronimon*, 14(1), 119–132. Retrieved from https://journals.co.za/doi/pdf/10.10520/EJC137420

Marinatos, N. (1993). Minoan religion: Ritual, image, and symbol, University of South Carolina Press. Available at https://www.academia.edu/8382969/Minoan_Religion_1993_Out_of_print_

Mark, J. J. (2017a). *Festivals in ancient Egypt.* World History Encyclopedia. Retrieved from https://www.worldhistory.org/article/1032/festivals-in-ancient-egypt/#google_vignette

_____(2017b). *Apophis: Definition.* World History Encyclopedia. Available at https://www. worldhistory.org/Apophis/

Mark, S. (1998). *From Egypt to Mesopotamia: A study of predynastic trade routes*, London: Chatham Press.

Martin, Geoffrey T. (1991). *The hidden tombs of Memphis: New discoveries from the time of Tutankhamun and Ramesses the Great*, Thames and Hudson.

Maspero, G. (2009). *Manual of Egyptian Archaeology: A Guide tothe Studies of Antiquities in Egypt*, Books on Demand.

Maspero, G. and Sayce, A. H. and McClure, M. L. (1910). *The dawn of civilization: Egypt and Chaldæa*, London: Society for Promoting Christian Knowledge.

Maugh, T. H. Jr. (1999). 'Lost Tombs' opens ancient burial spots, *Los Angeles Times*, March 2, 1999. Available at https://www.latimes.com/archives/la-xpm-1999-mar-02-ca-13036-story.html

McClellan, M. (2011). *Ancient Egyptian chronology* and the book of genesis, *Answers Research Journal*, .4, 127-159. Available at www.answersingenesis.org/arj/v4/ancient-egyptian-chronology-genesis.pdf

McClure, B. and Byrd, D. (2019). Thuban was Pole Star for the ancient Egyptians, *EarthSky Magazine*, May 21, 2019. Available at https://earthsky.org/brightest-stars/thuban-past-north-star

McDowell, S. (Ed.). (2017). *CSB apologetics study Bible for students*. B & H Publishing Group.

McIntee, D. (2013). *The war of Horus and Set*, Bloomsbury Publishing.

McNamara, K. J. (2010). *The star-crossed stone: The secret life, myths, and history of a fascinating fossil*, University of Chicago Press.

Meeks, D., & Favard-Meeks, C. (1997). *Daily life of the Egyptian gods*. John Murray Publishers Ltd.(Originally published in 1993).

Menu, B. (1995). Foundations et Concessions Royales de Terres en Égypte Ancienne, *Dialogues d'histoire ancienne*, 21(1), 11-55. Available at https://www.persee.fr/doc/dha_0755-7256_1995_num_21_1_2214

Mercatante, A. S. (1988). *The Facts on File encyclopedia of world mythology and legend*. Facts on File.

Merced-Ownbey, D. J. (2008). Roman Isis and the pendulum of tolerance in the empire, *Inquiry: The University of Arkansas Undergraduate Research Journal*, 9(12). Available at http://scholarworks.uark.edu/inquiry/vol9/iss1/12

Mercer, S. A. B. (1949). *The religion of ancient Egypt*. Luzac & Co. Ltd. Available at https://archive.org/details/in.ernet.dli.2015.52833/page/n143/mode/2up

_____(2023). *The pyramid texts*, Global Grey.(First published in 1952.) The Pyramid Texts by Samuel A. B. Mercer - Free Ebook Download - Global Grey

Midant-Reynes, B. (2000). *The prehistory of Egypt*. (Shaw, I. Trans.). Blackwell Publishers.

Midant-Reynes, B. and Tristant, Y. (Eds). (2008). *Egypt at its origins 2*: Proceedings of the international conference "Origines of the State. Predynastic and Early Dynastic Egypt." Toulouse(France), 5th-8th September2005. Retrieved from https://shamash.academia.edu/RacheliShalomiHen

Mikalson, J. D. (2004). *Herodotus and religion in the Persian Wars*. University of North Carolina Press.

Miles-Watson, J. and Asimos, V. (eds). (2019). *The Bloomsbury Reader inthe Study of Myth*, Bloomsbury Publishing.

Miller, L. (2006). Jesus: The coverup. *Salon*. Retrieved from https://www.salon.com/2006/04/07/baigent/

Millet, N. B. (1990). The Narmer Macehead and related objects, *Journal of the American Research Center in Egypt*, 27, 53-59.

Mironova, A. V. (2020). *Festival of Sokar (Egypt)*. Retrieved from https://anefest.spbu.ru/en/articles/ancient-minor-asia/157-festival-of-sokar-egypt.html

Moens, M.-F. (1985). The procession of the god Min to the ḫtjw-Garden, *Studien zur Altägyptischen Kultur*, 12, 61-73.

Mogelli, A. Jr. (2013). *The craftsman's symbology*. Lulu.com.

Mojsov, B. (2001/2002). The ancient Egyptian Underworld in the tomb of Sety I: Sacred books of eternal life, *The Massachusetts Review*, 42(4), 489-506.

_____(2005). *Osiris: Death and afterlife of a god*. Blackwell Publishing.

Momigliano, A. (1958). The place of Herodotus in the history of historiography. *History, 43(147)*, 1–13.

Monderson, F. (2007). *Temple of Karnak: The majestic architecture of ancient Kemet*, AuthorHouse.

Morenz, S. (1972). Traditionen um Menes, *Zeitschrift für Ägyptische Sprache und Altertumskunde*, 99, 10-16.

_____(1973). *Egyptian religion* (Keep, A. E. Trans.). Methuen & Co Ltd. (Originally published in 1960).

_____(1975). *Religion und Geschichte des Alten Ägypten: Gesammelte*

Aufsätze, Köln/Wien: Böhlau.

Moret, A. (1927). *Mysteres Égyptiens*, Paris: Colin. Available at https://archive.org/stream/Moret1927b/Moret%2C%20Alexandre%20-%20Myst%C3%A8res%20%C3%A9gyptiens%20%281927%29%20LR_djvu.txt

_____(2001). *The Nile and Egyptian Civilization*, Dover Publication Inc. (Originally published in 1927).

_____(2007). *Mystères Égyptiens*, Genève: Arbre d'Or. Available at https://www.arbredor.com/ebooks/MysteresEgyptiens.pdf

Morford, M. P. O., & Lenardon, R. J. (1999). *Classical mythology*. OxfordUniversity Press.

Morris, A. F. (2022). *Plato's stepchildren: Disability in Ptolemaic Egypt and the Hellenistic world (332–30 BCE)* (Doctoral thesis, Teesside University). Retrieved from https://research.tees.ac.uk/ws/portalfiles/portal/43699266/Plato_s_Stepchildren_FINAL_Morris_compressed.pdf

Mosima, P. M. (2018). A transcontinental career: Essays in honour of Wimvan Binsbergen. Papers in Intercultural Philosophy and Transcontinental Comparative Studies, 24. Shikanda Press. Retrieved from https://www.researchgate.net/publication/332274569_The_Graeco-Egyptian_origins_of_Western_myths_and_philosophy

Most, G. (2013). Heraclitus on religion. *Rhizomata, 1*(2), 153–167. https://doi.org/10.1515/rhiz-2013-0007

Mundt, W. (1975). *Erklärungsversuche zu Darstellungen von Tierteilen im altägyptischen Königs-Ritual am Beispiel der Plazenta, dem Chons-Emblem und dem Upuaut-Standartier, einem Caniden*, Veterinär-Medizinische Nachrichten, Vol.12.

Murray, M. A. (1904). *The Osireion at Abydos*, London: Egyptian Research Account. Available athttp://www.etana.org/sites/default/files/

coretexts/15131.pdf

_____(2002). *Egyptian temples*, Dove Publications Inc. (Originally published in 1931).

Mysliwiek, K. (2004). *Eros on the Nile* (G. L. Packer, Trans.). GeraldDuckworth & Co. Ltd. (Original work published 1998).

Najovits, Simson. 2003. *Egypt, trunk of the tree, Vol. II: A modern survey of ancient land*, Algora Publishing.

Naville, E. (1914). "Strabo's Well" and tomb of Osiris, *The Illustrated London News*, May 30, 1914.

Naydler, J. (1996). *Temple of the cosmos: The ancient Egyptian experience of the sacred*. Inner Traditions International.

_____(2004). *Shamanic wisdom in the Pyramid Texts: The mythical tradition of ancient Egypt*, Simon and Schuster.

_____(2005). *Shamanic wisdom in the Pyramid Texts: The mythical tradition of ancient Egypt*, Inner Traditions.

Nederhof, M.-J. (2009). Ikhernofret, Stela of. Available at https://mjn.host.cs.st-andrews.ac.uk/egyptian/texts/corpus/pdf/IkhernofretStela.pdf

Newberry, P. E. (1925). *Egypt as a field for anthropological research*, Washington Government Printing Office.

Nicklin, T. (1900). The Origin of the Egyptian Year, *The Classical Review*,14(3), 146-148.

Nyord, R. (ed). (2019). *Concepts in Middle Kingdom Funerary Culture: Proceedings of the Lady Wallis Budge Anniversary Symposium Held at Christ's College, Cambridge*, 22 January 2016, Brill.

Nyord, R., & Kjølby, A. (2009). *Being in ancient Egypt: Thoughts on agency, materiality and cognition: Proceedings of the seminar held inCopenhagen, September 29–30, 2006* (pp. 17–30). Archaeopress. Retrieved from https://www.academia.edu/388675/Between_

Identity_and_Agency_in_Ancient_Egyptian_Ritual

O'Brien, A. A. andO'Brien, A. (1996). The Serekh as an Aspect of the Iconography of Early Kingship, *Journal of the American Research Center in Egypt*, 33, 123-138.

O'Connor, D. (2009). *Abydos: Egypt's first pharaohs and the cult of Osiris (New aspects of antiquity)*. American University in Cairo Press.

_____ (2011). *The Narmer palette: A new interpretation*. InEmily Teeter ed., Before the Pyramids: The Origins of Egyptian Civilization, The Oriental Institute of the Chicago University. Available at https://oi-idb-static.uchicago.edu/multimedia/88/oimp33.pdf

O'Connor, D. and Silverman, D. P. (eds). (1995). *Ancient Egyptian Kingship*, Leiden: E. J. Brill.

O'Connor, D. and Quirke, S. (Eds.). (2016). *Mysterious lands*, Routledge.

O'Kane, C. A. (2005). The identity of the king and the sun god, *Ancient Egypt Magazine*, October/November 2005. 36-41. Available at https://www.academia.edu/44302815/The_Pharaoh_the_Stars_and_a_god_called_Horakhti

O'Mara, P. F. (1979). *The Palemo Stone and the archaic kings of Egypt*, California: Paulette Publications Co.

Otto, W. F. (1995). *Dionysus: Myth and cult (R. B. Palmer, Trans.)*. Indiana University Press. (Original work published 1960)

Ovason, D. (1999). *The secret zodiacs of Washington DC: Was the city ofstars planned by Masons?* Century.

Owusu, H. (2000). *Symbols of Egypt*, New York: Sterling Publishing Co. Inc. (Originally published in German in 1998).

Page, T. E. (Ed.). (1981). *Manetho*. (Waddell, W. G. Trans.). Harvard University Press. (Originally published in 1940). Available at https://ryanfb. github.io/loebolus-data/L350.pdf

Palmer, M. J. (2012). *Expressions of sacred space: Temple architecture in the ancient Near East*. (DLitt et Phil Thesis). University of South Africa. Retrieved from https://core.ac.uk/download/43171057.pdf

Park, R. (1995). The raising of the Djed. *Discussions in Egyptology, 32,* 75–84. Retrieved from https://www.academia.edu/36185029/THE_ RAISING_OF_THE_DJED

Parker, R. A. (1950). *Calendars of ancient Egypt*, Studies in Ancient Oriental Civilization 26, Chicago: The University of Chicago Press. Available at https://isac.uchicago.edu/sites/default/files/uploads/ shared/docs/saoc26.pdf

Parkinson, R. B. (1991). *Voices from Ancient Egypt: An Anthology from Middle Kingdom Writings*, British Museum Press.

Perrot, G. and Chipiez, C. (1883). *A history of art in ancient Egypt*, London: Chapman and Hall, Limited.

Peters, E. A. (2009). *The Napoleonic Egyptian scientific expedition and thenineteenth-century survey museum* (Thesis No. 37). Retrieved from https://scholarship.shu.edu/theses/37

Peters, T. & Russell, R. J. and Welker, M. (eds). (2002). *Resurrection: Theological and Scientific Assessments,* Grand Rapids.

Petersen, L. H. (2016). The places of Roman Isis: Between Egyptomania,politics, and religion. *Oxford Handbooks Online*. Retrieved from https://www.oxfordhandbooks.com/view/10.1093/ oxfordhb/9780199935390.001.0001/oxfordhb-9780199935390-e-

128?print=pdf

Petrie, W. M. F. (ed). (1898). *Religion and conscience in ancient Egypt*, London: Methuen & Co.

_____(1901). *The royal tombs of the earliest dynasties Part II.* London & Boston: The Egypt Exploration Fund.

_____(1906). *Researches in Sinai,* New York: E. P. Dutton and Company. Available at http://www.hermetic.ch/cal_stud/petrie01.htm

_____(ed). (1923). *Ancient Egypt 1923 Part 1, 2*, London & New York: Macmillan and Co.

Perrot, G. and Charles C. (1883).*A history of art in ancient Egypt*, London: Chapman and Hall, Limited.

Petersen, L. H. (2016). *The places of Roman Isis: Between Egyptomania, politics, and religion*, Oxford Handbooks Online. Available at https://www.oxfordhandbooks.com/view/10.1093/oxfordhb/9780199935390.001.0001/oxfordhb-9780199935390-e-128?print=pdf

Pfatteicher, P. H. (1997). *Liturgical Spirituality*, A&C Black.

Phillips, S. (2006, May 26). Secrets behind '*The Da Vinci Code*': Datelinetravels throughout Europe to investigate best-selling novel's controversial claims. Dateline NBC. Retrieved from http://www.nbcnews.com/id/7491383/ns/dateline_nbc/t/secrets-behind-da-vinci-code/#.Xy-kjSgzaUk

Piacentini, P., & Delli Castelli, A. (Eds.). (2017). *Old Kingdom art and archaeology VII: Proceedings of the international conference held at Università degli Studi di Milano, 3–7 July 2017, Sala Napoleonica-Palazzo Greppi.* University of Milan.

Piankoff, A. (1955). *The shrines of Tut-Ankh-Amon.* Pantheon.

Picknett, L., & Prince, C. (1998). *The Templar revelation: Secret guardiansof the true identity of Christ.* Corgi Books. (Original work published 1997).

Pinch, G. (2002a). *Egyptian Mythology: A Guide to the Gods, Goddesses,and Traditions of Ancient Egypt,* Oxford University Press.

_____(2002b). *Handbook of Egyptian Mythology,* ABC-CLIO.

_____(2004). *Egyptian myth: A very short introduction* (1st ed.). Oxford University Press.

Pippy, J. H. C. (2011). *Egyptian origin of the book of revelation,* John Pippy.

Plato. (1993). *The symposium: The dialogues of Plato (Vol. 2).* Yale University Press.

Plutarch. (2003). *Plutarch Moralia (Vol. V, F. C. Babbitt, Trans.).* HarvardUniversity Press. (Original work published 1936).

Powell, J. (2022). Decoding a world navel "Visual Language" through ideational cognitive archaeology, *Answers Research Journal,* 15, 301–337. Available at https://assets.answersresearchjournal.org/doc/v15/visual_language_cognitive_archaeology_solar_koine.pdf

Priskin, G. (2019). The constellations of the Egyptian astronomical diagrams, *ENiM,* 12, 137-180. Available at http://www.*ENiM*-egyptologie.fr/revue/2019/8/Priskin_*ENiM*12_p137-180.pdf

Puigdevall, F. and Cañagueral, A. (2017). *The secrets of ancient Egypt: Egyptian pyramids and the secrets of the pharaohs,* Cavendish Square Publishing, LLC.

Quack, J. F. (2019). *The Planets in Ancient Egypt.* Oxford Research Encyclopedias, Planetary Science. Available at https://oxfordre.com/planetaryscience/display/10.1093/acrefore/9780190647926.001.0001/acrefore-9780190647926-e-61?print=pdf

Quirke, S. (1990). *Who were the pharaohs?: A history of their names with a list of cartouches*. British Museum Press.

_____(2001). *The Cult of Ra: Sun-Worship in Ancient Egypt*, Thames & Hudson.

_____(2014). *Exploring religion in ancient Egypt*. John Wiley & SonsLtd.

Quirke, S. and Spencer, J. (Ed.). (1996). *The British museum book of ancient Egypt*, Thames & Hudson.

Rappenglück, M. A. and Rappenglück, B. and Campion, N. and Silva, F. (Eds.). (2016). *Astronomy and power: How worlds are structured: proceedings of the SEAC 2010 conference*, British Archaeological Reports Ltd. Available at https://www.academia.edu/27841190/Stellar_and_solar_components_in_ancient_Egyptian_mythology_and_royal_ideology

Raymond, E. A. E. (1969). *The mythical origin of the Egyptian temple*. Manchester University Press.

Reckford, K. J. (2017). *Aristophanes' old-and-new comedy: Vol. 1: Six essays in perspective*. UNC Press Books.

Redford, D. B. (ed.). (2001). *The Oxford encyclopedia of ancient Egypt (Vol. 1)*. Oxford University Press.

_____(ed). (2002). *The ancient gods speak: A guide to Egyptianreligion*. Oxford University Press.

Reeder, G.(1993-1994). Ritualized death and rebirth: Running the Heb Sed, KMT: *A Modern Journal of Ancient Egypt,* 4(4). 60–71. Available at https://www.academia.edu/4074260/Ritualized_Death_and_ Rebirth_Running_the_Heb_Sed

_____(1994). Rite of Passage: The Enigmatic Tekenu in Ancient Egypt Funerary Ritual. KMT: *A Modern Journal of Ancient Egypt.* 5, 53-59. Available at https://www.academia.edu/3286798/A_Rite_of_ Passage_The_Enigmatic_Tekenu_in_Ancient_Egyptian_Funerary_ Ritual

Regello, R. (2006, November 1). Da Vinci Code researcher has unusual past of her own. *TheCityEdition.com.* (Rev. 11/2008, 8/2011). Retrievedfrom http://www.thecityedition.com/Pages/Archive/ Oct_25/Starbird.html

Regulski, I. (ed.). (2019). *Abydos: The sacred land at the western horizon, Vol. 8,* Peeters Publishers.

Reidy, R. J. (2010). *Eternal Egypt: Ancient Rituals for the Modern World,* iUniverse.

Relke, R. J. (2001). *The predynastic figurines of upper Egypt.* (Ph.D Thesis). University Of New England. Retrieved from https://rune.une.edu. au/web/bitstream/1959.11/21453/8/open/SOURCE07.pdf

Remler, P. (2010). *Egyptian mythology, A to Z,* Infobase Publishing.

Rennie, B. S. (1996). *Reconstructing Eliade: Making Sense of Religion,* SUNY Press.

Rhys, D. (2023, April 6). What was the winged sun in Egyptian mythology? *Symbol Sage.* Retrieved from https://symbolsage.com/winged-sun-egyptian-mythology/

Rice, M. (1990). *Egypt's making: The origin of ancient Egypt 5000-2000B.C.* New York: Routledge, Chapman, and Hall.

_____(1997). *Egypt's legacy: The arche types of western civilization 3000-30BC*, London & New York: Loutledge.

_____(2006). S*wifter than the arrow: The golden hunting hounds of ancient Egypt*, London & New York: I. B. Tauris.

Richter, B. A. (2016). *The theology of Hathor of Dendera: Aural and visual scribal techniques in the Per-Wer sanctuary,* ISD LLC.

Rickard, J. S. (1983). Isis on Sandymount. J*ames Joyce Quarterly, 20(3)*, 356–358.

Ricks, S. D. (2020). The Sacred Embrace and the Sacred Handclaspin Ancient Mediterranean Religions, *Interpreter: A Journal of Latter-day Saint Faith and Scholarship,* 37, 319-330. Available at https://journal. interpreterfoundation.org/the-sacred-embrace-and-the-sacred-handclap-in-ancient-mediterranean-religions/

Riggs, C. (2014). *Unwrapping Ancient Egypt*, Bloomsbury Publishing.

Rigoglioso, M. (2009). *The cult of divine birth in ancient Greece.* Springer.

Rikala, M. (2003). A rebirth for the pharaoh: Reflections on the classification of the New Kingdom divine birth cycle as a ritual, *Scripta Instituti Donneriani Aboensis*, 18, 176-188. Available at https://www. researchgate.net/publication/326886355_A_rebirth_for_the_ pharaoh_reflections_on_the_classification_of_the_new_kingdom_ divine_birth_cycle_as_a_ritual

Roberson, J. A. (2013). *The awakening of Osiris and the transit of the solar barques: Royal apotheosis in a most concise book of the Underworld and sky*, Fribourg/Göttingen: Academic Press./ Vandenhoeck Ruprech. Available at https://www.zora.uzh.ch/id/ eprint/135412/1/Roberson_2013_The_Awakening_of_Osiris_and_ the_Transit_of_the_Solar_Barques.pdf

_____(2014). *The ancient Egyptian books of the earth*, ISD LLC.

Roberts, A. (1995). *Hathor rising: The serpent power of ancient Egypt*, Redwood Books.

_____(2000). *My heart my mother: Death and rebirth in ancient Egypt*. Northgate Publishers.

Roberts, P. (2006). *HSC ancient history*, Pascal Press.

Robins, G. (2008). *The art of ancient Egypt*, Harvard University Press.

Robinson, A. (2007). Thomas Young and the Rosetta Stone. *Endeavour*, 31(2), 59–64.

Rohl, D. (1999). *Legend: The genesis of civilisation*. Arrow.

Rollin, C. (1768). *The ancient history of the Egyptians: Carthaginians, Assyrians, Babylonians, Medes and Persians, Macedonians, and Grecians*, J. Rivington, R. Baldwin, Hawes, Clarke and Collins, R. Horsfield [and 8 others in London].

Romer, J. (1981). *Valley of the Kings*. Phoenix Press.

Roth, A. M. (1993). Fingers, stars, and the "opening of the mouth": The nature and function of the nṯrwj-blades. *The Journal of Egyptian Archaeology*, 79, 57–79. Retrieved from https://as.nyu.edu/content/dam/nyu-as/faculty/documents/RothFingersStars.pdf

Ruggeri, A. (2022, February 25). The lost history of the Freemasons. *BBC*. Retrieved from https://www.bbc.com/travel/article/20161209-secret-history-of-the-freemasons-in-scotland

Ruli, C. (2022). Freemasonry and the White House. *The White House Historical Association*. Retrieved from https://www.whitehousehistory.org/

freemasonry-and-the-white-house

Rundle Clark, R. T. (1993). *Myth and symbol in ancient Egypt.* Thames and Hudson.(Original work published 1959).

Rux, B. (1996). *Architects of the Underworld: Unriddling atlantis, anomalies of Mars, and the mystery of the sphinx*, Frog Books.

Sabbahy, L. K. (Ed.) (2019). *All things ancient Egypt: An encyclopedia of the ancient Egyptian world*, Bloomsbury Publishing USA.

Sakovich, A. P. (2005/2006). Explaining the shafts in Khufu's pyramid at Giza, *Journal of the American Research Center in Egypt*, 42, 1-12. Available at http://www.gizapyramids.org/pdf_library/sakovich_jarce_42_2005-6.pdf

Sasson, J. M. (ed.). (1995). *Civilizations of the ancient Near East, Vol. 2*, Charles Scribner's Sons.

Sauneron, S. (2000). *The priest of ancient Egypt*, Cornell University Press.

Sayce, A. H.(1903a). The religions of ancient Egypt and Babylonia,Edinburgh:T. & T. Clark. Available athttp://www.gutenberg.org/files/35856/35856-pdf.pdf

_____(Ed.) (1903b). *History of Egypt, Chaldea, Syria, Babylonia, and Assyria, Vol. 9.*Kessinger Publishing.

_____(1913). *The religion of ancient Egypt, 2nd ed.* Gifford Lectures, Edinburgh: T.&T. Clark.

_____(2011). *The religions of ancient Egypt and Babylonia* (Original work published in 1903). The Project Gutenberg EBook of The Religions of Ancient Egypt and Babylonia. Retrieved from http://www.gutenberg.org/files/35856/35856-pdf.pdf

Sázelová, S. and Novák, M. and Mizerová, A. (Eds.). (2015). *Forgotten times and spaces: New perspectives in paleoanthropological, paleoetnological and archeological studies. 1st Edition.* Brno: Institute of Archeology of the Czech Academy of Sciences, Masaryk University.

Scalf, F. (ed). (2017). *The Book of the Dead: Becoming God in ancient Egypt.* The Oriental Institute of the University of Chicago. Available at https://oi-idb-static.uchicago.edu/multimedia/239131/oimp39.pdf

Schaefer, B. E. (2000). The heliacal rise of Sirius and ancient Egyptian chronology, *Journal for the History of Astronomy*, 31(Part 2), 149–155.

Schiavo, R. (2018). On the improper use of the label "Shamanism" in Egyptology: Rethinking the role of the Opening of the Mouth Ritual andthe Tekenu Ceremony in light of ancestor worship, *Study of Religion*, 1, 5–15.

Schmidt, K. (2000). Zuerst kam der Tempel, dann die Stadt, Vorläufiger Bericht zu den Grabungen am Göbekli Tepe und am Gürcütepe 1995–1999. *Istanbuler Mitteilungen*, 50, 5–41.

Schnusenberg, C. (2010). *The mythological traditions of liturgical drama: The eucharist as theater*, Paulist Press.

Schorn, D. (2006, April 27). The Priory of Sion: Is the "Secret Organization" fact or fiction? *60 Minutes*, CBS News. Retrieved from https://www.cbsnews.com/news/the-priory-of-sion/2/

Schumann-Antelme, R., & Rossini, S. (1998). *Becoming Osiris: The ancient Egyptian death experience,* Inner Traditions / Bear & Co.

_____(2001). *Sacred sexuality in ancient Egypt: The esoteric secret of the forbidden papyrus.* Inner Traditions.

Schwabe, C. W., Adams, J., & Hodge, C. T. (1982). Egyptian beliefs aboutthe bull's spine: An anatomical origin for Ankh. *Anthropological Linguistics*, 24(4), 445-479.

Schweizer, A. (2011). *The sungod's journey through the netherworld: Reading the ancient Egyptian Amduat,* Cornell University Press.

Segal, R. A. (1998). The *Myth and ritual* theory: An anthology. Wiley-Blackwell.

Seligmann, C. G. and Murray, M. A. (1911). Note upon an early Egyptian standard, *Man*, 11(97), 165-171. Available at https://www.jstor.org/stable/2839372

Sellers, J. (1992). *The Death of Gods in Ancient Egypt*, Penguin Books.

Sethe, K. (1903~22). *Udie Altaegyptischen Pyramidentexte, 3 Vols*. Leipzig: JCHinrichs.

_____(1905). *Untersuchungen zur Geschichte und Altertumskunde Aegyptenes, Vol.III.* (Leipzig).

Seton-Williams, M. V. (1999). *Egyptian legends and stories.* Barnes & Noble Publishing.

Shafer, B. E. (Ed.). (1991). *Religion in Ancient Egypt: Gods, Myths, and Personal Practice*, Ithaca & London: Cornell University Press.

_____(2005). *Temples of ancient Egypt* (Original work published 1997). I. B. Tauris & Co. Ltd.

el-Shahawy, A. (2005). *The funerary art of ancient Egypt.* American University in Cairo Press.

Shalomi-Hen, R. (2019). *The Two Kites and the Osirian Revolution, Old Kingdom Art and Arcaeology 7, Proceedings of the International Conference, Università Degli Studi Milano, 3–7 July 2017, .372-379.* Available

at https://www.academia.edu/40696696/The_Two_Kites_and_the_
Osirian_Revolution

Sharp, M. J. O. (2012). Does the story of Jesus mimic pagan mystery stories? In
P. Copan & W. L. Craig (Eds.), *Come let us reason: New essays in
Christian apologetics* (pp. x-y). B&H Publishing Group.

Shavit, Y. (2013). *History in black: African-Americans in search of an ancient
past,* Routledge.

Shaw, I. (2003a). *The Oxford History of Ancient Egypt*, Oxford UniversityPress.

_____(2003b). *Exploring Ancient Egypt*, Oxford University Press, USA.

Shaw, I., & Nicholson, P. (Eds.). (1995). *The dictionary of ancient Egypt*. Harry N.
Abrams Inc., Publishers.

Shorter, A. W. (1935). The God Neḥebkau, *The Journal of Egyptian Archaeology*,
21(1), 41-48.

Sijpesteijn, P. M. (2018). Expressing new rule: Seals from early Islamic Egypt
and Syria, 600–800 CE, *The Medieval Globe*, 4(1), 99-148.

Silverman, D. P. (Ed.). (1997). *Ancient Egypt*. Judy Piatkus Publishers Ltd.

(Ed.). (2003). *Ancient Egypt*, London: Duncun Baird Publishers.

Simoons, F. J. (1994). *Eat not this flesh: Food avoidances from prehistory to the
present* (2nd ed.). University of Wisconsin Press.

Simpson, W. K. (Ed.). (1989). *Religion and philosophy in ancient Egypt* (Yale
Egyptological Studies 3). Yale Egyptological Seminar.

Siuda, T. L. (2016). *The Ancient Egyptian Daybook (HB)*, Lulu.com.

Sluijs, M. A. van der. (2011). *Traditional cosmology (2); The global mythology of
cosmic creation and destruction*, London: All-Round Publications.

Smith, G. E. (2000). *The royal mummies*, Bloomsbury Academic.

_____(2016). *The evolution of the dragon*. Lulu.com. (Originally published in 1919).

Smith, H. W. (1952). *Man and his gods*. Grosset & Dunlap.

Smith, J. Z. (1993). *Map is not territory: Studies in the history of religions*, University of Chicago Press.

Smith, M.(2008). Religion, Culture, and Sacred Space, Springer.

_____(2009). Democratization of the afterlife. *UCLA encyclopedia ofEgyptology*, 1(1), 1-16. Retrieved from https://escholarship.org/content/qt70g428wj/qt70g428wj.pdf

_____(2014). Osiris and the deceased in ancient Egypt: Perspectives from four millennia. *Annuaire de l'École pratique des hautes études (EPHE), Section des sciences religieuses, 121*, 87-102. Retrieved from https://journals.openedition.org/asr/1224#quotation

_____(2017). *Following Osiris: Perspectives on the Osirian afterlife from four millennia*. Oxford University Press.

Smith, S. T. (2006a). Raising the Djed Pillar, The Ramesseum Dramatic Papyrus. Courses: 176TS - Ancient Egyptian Religion, University of California Santa Babara. Available at https://stsmith.faculty.anth.ucsb.edu/courses/Raising%20of%20the%20Djed-Pillar.pdf

_____ (2006b). The Opening of the Mouth, Courses: 176TS - Ancient Egyptian Religion, University of California Santa Babara. Available at http://stsmith.faculty.anth.ucsb.edu/courses/Opening%20of%20the%20Mouth.pdf2006.

Smith, W. (1849). *Dictionary of Greek and Roman biography and mythology:*

Abaeus-Dysponteus. J. Walton.

Smith,W. S. (1935). The Old Kingdom linen list, *Zeitschrift für Ägyptische Sprache und Altertumskunde,* .71, 134-49.

Snape, S. (2018). Palaces in ancient Egypt: Cities for kings and gods. Available at https://brewminate.com/palaces-in-ancient-egypt-cities-for-kings-and-gods/

Sourvinou-Inwood, C. (2003). *Tragedy and Athenian religion.* Lexington Books.

Spence, L. (1998). *Myths and legend of Egypt,* Tiger Books International. (Originally published in 1915).

_____(2007). *The mysteries of Egypt: Secret rites and traditions of the Nile,* Cosimo, Inc.

Spencer, A. J. (1991). *Death in Ancient Egypt.* Penguin Books. (Originally published in 1982)

_____ (1993). *Early Egypt: The rise of civilisation in the Nile Valley.* London: Trustees of the British Museum.

Spieser, C. (2006). Vases et Peaux Animales Matriciels dans la Pensée Religieuse Égyptiennes, *Bibliotheca Orientalis LXIII,* No.3-4, 219-234.Retrieved from https://www.academia.edu/20396582/Vases_et_peaux_animales_matriciels_dans_la_pens%C3%A9e_religieuse_%C3%A9gyptienne

Stager, L. E. and Greene, J. A. and Coogan, M. D. (Eds.). (2018). *The archaeology of Jordan and beyond: Essays in honor of James A. Sauer,* Brill.

Starbird, M. (1993). *The woman with the alabaster jar: Mary Magdalen and the Holy Grail.* Bear & Company.

Steele, J. M. and Imhausen, A. (2002). *Acts of the conference under one sky:*

Astronomy and mathematics in the ancient world. British Museum London, June 25-27, 2001. The London Mathematical Society.

Steindorff, G. and Seele, K. C. (1957). *When Egypt Ruled the East*, University of Chicago Press. Available at https://oi.uchicago.edu/sites/oi.uchicago.edu/files/uploads/shared/docs/when_egypt.pdf

Stephens, S. A. (2003). *Seeing double: Intercultural poetics in Ptolemaic Alexandria*, University of California Press.

Stewart, H. M. (1995). *Egyptian shabtis*, Shire Publication Ltd.

Stiebing, W. H. Jr. (2016). *Ancient Near Eastern history and culture*, Routledge.

Stilwell, G. A. (2000). *Conduct and behavior as determinants for the afterlife: A comparison of the judgments of the dead in ancient Egypt and ancient Greece*, Universal-Publishers.

Strabo (Trans. by H. L. Jones). (1932). *Strabo geography (Vol. VIII).* Harvard University Press. Retrieved from https://ryanfb.github.io/loebolus-data/L267.pdf

Strudwick, H. (2006). *The encyclopedia of ancient Egypt.* Sterling Publishing Co.

Strudwick, N., & Strudwick, H. (Eds.). (2011). *Old Kingdom: New perspectives. Egyptian art and archaeology 2750-2150 BC. Proceedings of a Conference at the Fitzwilliam Museum Cambridge, May 2009.* Oxbow Books.

Suggs, M. J., Sakenfeld, K. D., & Mueller, J. R. (Eds.). (1992). *The Oxford study Bible: Revised English Bible with Apocrypha.* Oxford University Press.

Sweeney, E. J. (2008). *The genesis of Israel and Egypt.* Algora Publishing.

Tarn, W. W. (2003). *Alexander the Great: Vol. 2, Sources and Studies*,Cambridge University Press.

Taylor, I. R. (2016). *Deconstructing the iconography of Seth*. (Ph.D. Thesis). University of Birmingham. Retrieved from https://etheses.bham. ac.uk/id/eprint/7714/1/Taylor17PhD.pdf

Taylor, J. H. (2001). *Death and the afterlife in ancient Egypt*. The BritishMuseum Press.

_____ (Ed.). (2010). *Ancient Egyptian Book of the Dead: Journey through the afterlife*. The British Museum Press.

Teeter, E. (Ed.). (2011). *Before the pyramids: the origins of the Egyptian civilization*. The Oriental Institute of University of the Chicago. Available at https://oi-idb-static.uchicago.edu/multimedia/88/ oimp33.pdf

Thomas, A. P. (2001). *Egyptian gods and myths*, Shire Publications Ltd.

Tobin, V. A. (1988). Mytho-theology in ancient Egypt, *Journal of the American Research Center in Egypt*, 25, 169-183.

_____(1990). *Theological principles of Egyptian religion*, Peter Lang Gmbh, Internationaler Verlag Der Wissenschaften.

Tompkins, P. (2012). *The modern book of the dead: A revolutionary perspective on death, the soul, and what really happens in the life to come*, Simon and Schuster.

Traunecker, C. (2001). *The Gods of Egypt* (Tr. by David Lorton). Ithaca &London: Cornell University Press. (Originally published in 1992).

Tribl, G. G. (2011). Dream as a constitutive cultural determinant: the example of ancient Egypt, *International Journal of Dream Research*, 4(1),

24-30. Available at https://journals.ub.uni-heidelberg.de/index.php/
IJoDR/article/view/9075/2923

Trigger, B. G. (1968). *Beyond history: The methods of prehistory*. Holt Rinehart
and Winston.

_____(1983). *Ancient Egypt: A social history*, Cambridge University Press.

_____(1989). *A history of archaeological thought*, Cambridge University
Press.

Tully, C. (2020). Celtic Egyptians: Isis priests of the lineage of Scota. In
E. Dobson & N. Tonks (Eds.), *Ancient Egypt in the modern
imagination: Art, literature and culture*. Bloomsbury Publishing.

Uphill, E. (1965). The Egyptian Sed-festival rites, *Journal of Near Eastern
Studies*, Erich F. Schmidt Memorial Issue. Part 2, 24(4),365-383.

Van Blerk, N. J. (2018). The emergence of law in ancient Egypt: The role of
Maat, *Fundamina (Pretoria)*, 24(1). Available at http://www.scielo.
org.za/scielo.php?pid=S1021-545X2018000100004&script=sci_
arttext&tlng=en

Van De Mieroop, M. (2011). *A history of ancient Egypt*, John Wiley & Sons.

Van Den Dungen, W. (2008). *The book of: The hidden Chamber ca. 1426 BCE
or: the twelve hours of the night and the midnight mystery section
3. The summary of the Amduat the twelve hours: A commentary.*
SOFIATOPIA.ORG Available at http://www.sofiatopia.org/maat/
hidden_chamber03.htm

_____(2019). *Renewal and ascension*, Lulu.com.

Van der Horst, P. W. (1978). *The sentences of Pseudo-Phocylides*. E. J. Brill.

Veiga, P. (2019). ÄS 0310: A small coffin in Munich. *CIPEG Journal: Ancient*

Egyptian & Sudanese Collections and Museums, 3. Retrieved fromhttps://journals.ub.uni-heidelberg.de/index.php/cipeg/article/view/74173

Velde, H. T. (1967). *Seth, god of confusion: A study of his role in Egyptian mythology and religion.* E. J. Brill.

Vercoutter, J. (1990). A propos des Mni=Ménès. In Israelit-Groll, S. (ed.) Studies in Egyptology presented to Miriam Lichtheim. Jerusalem: 1025-1032.

Verner, M. (2002). *Abusir: Realm of Osiris*, American University in Cairo Press.

_____(2013). *Temple of the world: Sanctuaries, cults, and mysteries of ancient Egypt*, American University in Cairo Press.

Vodolazhskaya, L. N. and Usachuk,A. N. and Nevsky, M. Y. (2015). Marks of heliacal rising of Sirius on the sundial of the Bronze Age, *Archaeoastronomy and Ancient Technologies*, 3(2), 23-42. Available at https://arxiv.org/ftp/arxiv/papers/1509/1509.00134.pdf

Voegelin, E. (2001). *Order and history*, University of Missouri Press.

Von Dassow, E. (Ed.). (2008). *The Egyptian Book of the Dead: The book of going forth by day.* Chronicle Books.

Waddell, W. G. (ed.). (1940). *Manetho*, London and Cambridge, Massachusetts: William Heinemann Ltd. and Harvard University Press.

Wagner, G. (1967). *Pauline baptism and the pagan mysteries: The problemof the Pauline doctrine of baptism in Romans vi. i-ii in the light of its religio-historical "parallels".* Oliver & Boyd.

Wainwright, G. A. (1923). The red crown in early prehistoric times. *The Journal of Egyptian Archaeology*, 9(1/2), 26-33.

_____(1934). Some Aspects of Amūn, *The Journal of Egyptian Archaeology*, Vol. 20, No. 3/4, pp.139-153.

_____(1938). *The sky-religion in Egypt: Its antiquity & effects*, Cambridge University Press.

_____(1963a). The origin of storm-gods in Egypt, *The Journal of Egyptian Archaeology*, 49(1), 13-20.

_____(1963b). The origin of Amūn. *The Journal of Egyptian Archaeology*, 49(1), 21-23. Available at https://doi.org/10.1177/030751336304900104

_____(2011). *The sky-religion in Egypt: Its antiquity & effects*, Cambridge University Press.

Wallace-Murphy, T. (2016). *Cracking the symbol code: The heretical message within church and Renaissance art*. Watkins Publishing.

Wasilewska, E. (2000). *Creation stories of the Middle East*, Jessica Kingsley Publishers.

Watterson, B. (1996). *Gods of ancient Egypt* (Original work published 1984). Sutton Publishing Limited.

Waugh, R. L. (2018). *The Eye and Man in Ancient Egypt*, Wayenborgh Publishing.

Waxman, O. B. (2016). Here's the 'Earliest' Sign that Humans Knew About the Summer Solstice, *Time Magazine*, June 20, 2016. Available at https://time.com/4370905/first-summer-solstice-2016/

Wegner, J. and Wegner, J. H. (2015). *The sphinx that traveled to Philadelphia: The story of the colossal sphinx in the Penn Museum*, University of Pennsylvania Press.

Weissbach, M. M. (1999-2000). Jean François Champollion and the true story of Egypt. *21st Century Science & Technology Magazine*, 12(4), 26–39. Retrieved from https://21sci-tech.com/articles/Spring03/Champollion.pdf

Werning, D. A. (2019). The Book of Caverns in Theban Tomb 33: Late period reception process and individual adaptation, *BAFIO*, 118, 525-554. Available at https://journals.openedition.org/bifao/5059

West, G. (2019). *The Tekenu and ancient Egyptian funerary ritual*. Archaeopress Egyptology 23, Archaeopress Publishing Ltd. Retrieved from https://www.archaeopress.com/ArchaeopressShop/DMS/22FBB2D741654840977D0568EFC7852D/9781789691825-sample.pdf

Weyburne, K. A. (2021). Determining the dates of the illumination of the Great Temple at Abu Simbel and their relation to Khoiak, *ENiM* 14, 261-272.

White, J. E. M. (1970). *Ancient Egypt*, New York: Dover Publications, Inc.

Whiting, N. E. (2021). *The lost histories of the Shetayet of Sokar: Contextualizing the Osiris shaft at Rosetau (Giza) in archaeological history*. Graduate Student Theses, Dissertations, & Professional Papers. 11693. Retrieved from https://scholarworks.umt.edu/etd/11693

Whitmarsh, T. andThomson, S. (eds). (2013). *The Romance between Greece and the East*, Cambridge University Press.

Wiedmann, A. (2003). *Religion of the ancient Egyptians*, Dover Publications. (Originally published in 1897).

_____ (2012). *Religion of the Ancient Egyptians*, Courier Corporation.

Wilfong, T. G. (2015). *Death dogs: The jackal gods of ancient Egypt*, Kelsey Museum of Archaeology, University of Michigan. Available at https://lsa.umich.edu/content/dam/kelsey-assets/kelsey-publications/pdfs/death-dogs.pdf

Wilkinson, J. G. (1989). *The ancient Egyptians: Their life and customs, Vol.2,* Publishers Overstock Unltd.

Wilkinson, R. H. (1994a). *Reading Egyptian art: A hieroglyphic guide to ancient Egyptian painting and sculpture.* Thames & Hudson Inc.

_____(1994b). *Symbol & magic in Egyptian art,* London: Thames & Hudson Inc.

_____(2007). *The complete gods and goddesses of ancient Egypt.* Thames & Hudson Inc.

Wilkinson, T. A. H. (1999). *Early dynastic Egypt: Strategies, society and security.* London: Routledge.

_____(2000). *Royal annals of ancient Egypt: The Palermo stone and its associated fragments.* Routledge.

_____(2005). *The Thames & Hudson dictionary of ancient Egypt.* Thames & Hudson Inc.

_____(2012). *Royal annals of ancient Egypt.* Routledge.

Williams, B. B. and Logan, T. J. and Murnane, W. J. (1987). The Metropolitan Museum knife handle and aspects of pharaonic imagery before Narmer, *Journal of Near Eastern Studies*, 46(4), 245-285. Available at https://www.academia.edu/3358535/The_Metropolitan_Museum_Knife_Handle_and_Aspects_of_Pharaonic_Imagery_before_Narmer

Willis, R. (2012). *World mythologies.* Metro Books.

Willockx, S. (2007). Magic and religion in ancient Egypt. Part II. 81 gods.

Available at https://www.researchgate.net/publication/307195371_Three_Egyptian_Gods_Amentet_Andjeti_and_Anubis_2007

_____(2017). Spells 258 and 259 from the Pyramid Texts:Translation and commentary. Available at https://www.researchgate.net/publication/316854837_Spells_258_and_259_from_the_Pyramid_Texts_Translation_and_Commentary_2017c

Winsner, K. (2000). *Eye of the Sun: The Sacred Legacy of Ancient Egypt*, Hwt-Hrw Publications.

_____(2020). *Eye of the sun: The sacred legacy of ancient Egypt*, Kephra Publication.

Witkowski, M. G. et al. (eds.). (2013). *Etudes et Travaux XXVI.2*, Centre D'Archeologie Mediterraneenne de L'Academie Polonaises des Sciences, Varsovie. Available at http://etudesettravaux.iksiopan.pl/images/etudtrav/EtudTrav_otwarte/EtudTrav_26/EtudTrav_26_2/et_26-V-2-05-Majewska.pdf

Witt, de R. E. (1997). *Isis in the Ancient World*, The Johns Hopkins University Press.

Wright, J. E. (2000). *The early history of Heaven*. Oxford: Oxford University Press.

Wright, R. (2009). *The evolution of god*, Little, Brown and Company.

Yadin, Y. (1955). The earliest record of Egypt's military penetration into Asia?: Some aspects of the Narmer Palette, the 'desert kites' and Mesopotamian seal cylinders, *Israel Exploration Journal*, Vol. 5, No. 1, pp. 1-16.

Yoffee, N. (2005). *Myths of the archaic state: Evolution of the earliest cities, states, and civilizations*, Cambridge University Press.

Zago, Silvia. (2018a). Classifying the Duat: Tracing the conceptualization of the afterlife between Pyramid Texts and Coffin Texts, *Zeitschrift für Ägyptische Sprache und Altertumskunde*, 145(2), 205-218 Available fromhttps://doi.org/10.1515/zaes-2018-0018

_____(2018b). Imagining the beyond: The conceptualization of Duat between the Old and the Middle Kingdoms, *Journal of the American Research Center in Egypt*, 54, 203–217.Available at https://livrepository.liverpool.ac.uk/3060937/6/Zago_JARCE%2054.pdf

Zaid, O. A. (2019). Some new evidence for the Khoiak feast at Thebes. *Egyptian Journal of Archaeological and Restoration Studies, 9*(1), 61-68. Retrieved from https://ejars.journals.ekb.eg/article_38443_fd70ce0685bda72fa94fff1e9766287f.pdf

Zgheib, R. (2021). *Freemasonry in the French Revolution*. LinkedIn. Retrieved from https://www.linkedin.com/pulse/freemasonry-french-revolution-rodolph-zgheib

Zimmerman, J. E. (1985). *Dictionary of Classical Mythology*, Bantam Books.

Zivie-Coche, C. (2002). *Sphinx: History of a monument*. (Lorton, D. Trans.). Ithaca & London: Cornell University.(Originally published in French in 1997).

강승일. (2016). 이집트와 메소포타미아의 입을 여는 의식 비교 연구, 서양고대사연구, 44(44), 53-78.

기이메트, A., 외(옥승혜 역). (2000). *고대 이집트*. 창해.

김복래. (2007). *그리스 신화와 축제*. 북코리아.

김정배. (2014). *프리메이슨의 영향을 받은 모차르트의 오페라 「마술피리(Die*

*Zauberflöte)*에 관한 연구 [석사학위 논문, 추계예술대학교 대학원].

노블쿠르, C. D. (용경식 역). (1999a). *먼 나라 여신의 사랑과 분노*, 영림카디널.

＿＿＿＿＿＿＿＿ (우종길 역). (1999b). *태양을 삼킨 람세스*, 영림카디널.

다비드, E. 외. (김미선 역). (2000). *람세스 2세*, 창해.

다비드, E. 외. (김이정 역). (2001). *신비의 이집트*, 효형출판.

달비, A. (박윤정 역). (2004). *디오니소스*. 랜덤하우스중앙.

데로슈 노블쿠르, C. (용경식 역). (1999a). *먼 나라 여신의 사랑과 분노*. 영림카디널.

＿＿＿＿＿＿＿ (우종길 역). (1999b). *태양을 삼킨 람세스*. 영림카디널.

뒤낭, F. 외. (이종인 역). (1996). *미라: 영원으로의 여행*, 시공사.

롤, D. (김석희 역). (1999). *문명의 창세기*, 해냄.

맥그리거, G. & 해리스, R. (손덕수 역). (2003). *파라다이스*, 중경.

므뉘, B. (변지현 역). (1999). *람세스 2세: 이집트의 위대한 태양*, 시공사.

브라운, D. (양선아 역). (2004). *다빈치 코드 (1, 2)*. 베텔스만.

바우벌, R. & 길버트, A. (도반 역). (1999). *오리온 미스터리*. 열림원.

베르쿠테, J. (송숙자 역). (1995). *잊혀진 이집트를 찾아서*, 시공사.

베이전트, M. (박철현 역). (2007). *지저스 페이퍼*. 이제.

베텔스만 유네스코 편집위원회. (박영구 역). (2003). *유네스코 세계 문화유산*, 북스캔.

비얼레인, J. F. (현준만 역). (2000). *세계의 유사 신화*, 세종서적(주).

서규석. (1999). *이집트 사자(死者)의 서(書)*. 문학동네.

송홍근. (2002, October 11). 예수는 신화다. … 기독교계 화났다. *주간동아*. Retrieved from https://weekly.donga.com/culture/article/all/11/69624/1

스타버드, M. (임경아 역). (2004). *성배와 잃어버린 장미: 다빈치 코드의 비밀*. 루비박스.

636 고대 이집트 왕권 신화

사쿠지, 요시무라 (김이경 역). (2002). *고고학자와 함께하는 이집트 역사 기행*, 서해문집.

알드레드, C. (신복순 역). (1998). *이집트 문명과 예술*, 대원사.

엘리아데, M. (심재중 역). (2003). *영원회귀의 신화*, 이학사.

오흥식. (2006). 테베의 디오니소스 숭배의 기원: 디오니소스, 오시리스, 파라오 세소스트리스. *서양 고대사 연구(Journal for the Promotion of Classical Studies), 19(0)*, 한국서양고대역사문화학회.

윌레스-머피, T. (김기협 역). (2006). *심벌 코드의 비밀*. 바다출판사.

이봉규. (2005). *이집트 피라미드 기행*, 화산문화기획.

이온스, V. (심재훈 역). (2003). *이집트 신화*. 범우사.

이준섭. (2006). *고대신화와 신비주의의 세계*. 고려대학교 출판부.

자크, C. (임헌 역). (1997). *위대한 파라오의 이집트*, 예술시대.

_____(우종길 역). (1999). *나일강 위로 흐르는 빛의 도시*, 영림카디널.

_____(임헌 역). (2001). *파라오 제국의 파노라마*, 시아출판사.

_____(하태환 역). (2003). *프리메이슨*. 문학동네.

잭슨. K 외. (정주현 역). (2006). *피라미드, 상상 그 너머의 세계*, 샘터.

정규영. (2004). *문명의 안식처, 이집트로 가는 길*. 르네상스.

정병진. (2018, September 9). '강제 절판' 「예수는 신화다」, 7년만에 다시 나와: 보수교계 반발로 2002년 절판 … 출판사 바꾸고 완역본으로 재출간. *오마이 뉴스*. Retrieved from https://www.ohmynews.com/NWS_Web/View/at_pg.aspx?CNTN_CD=A0001219960

카터, H. (김훈 역). 2004. *투탄카멘의 무덤*, 해냄.

클레이턴, P. A. (정영욱 역). (2002). *파라오의 역사*, 까치.

포어어스타인, G. 외. (정광식 역). 2000. *최초의 문명은 고대 인도에서 시작되었다*.

사군자.

프랑크포트, H. 외. (이성기 역). (1996). 고대 인간의 지적 모험, 대원사.

프레이저, J. G. (박규태 역). (2005). 황금가지 (제2권). 을유문화사.

프리크, T., & 갠디, P. (승영조 역). (2002). 예수는 신화다. 동아일보사.

맹성렬 Ph.D.

서울대 물리학과를 졸업한 후 KAIST 신소재공학과 석사 과정을 마치고 영국 케임브리지대학에서 전기전자공학 박사 학위를 받았다. 35년간 냉철한 과학자의 시선으로 인류 문명사에서 해명되지 않은 난제들을 탐구하고 있으며 과학과 역사를 아우르는 해박한 지식으로 문명의 미스터리를 밝혀 나가는 괴짜 과학자이자 작가이다. 우석대학교 교수로 재직 중이며, 전기전자공학과, 전기자동차공학부, 교육 및 문화콘텐츠 개발학과, 그리고 심리운동학과에서 강의하고 있다. 한국 UFO연구협회 회장을 역임했으며, 현재 한국 UAP학회 회장 및 한국 미스터리 협회 회장이다.

저술한 책으로는 『지적 호기심을 위한 미스터리 컬렉션』, 『아담의 문명을 찾아서』, 『과학은 없다』, 『UFO 신드롬』, 『초 고대 문명(상·하)』, 『오시리스의 죽음과 부활』, 『피라미드 코드』, 『아틀란티스 코드』, 『에디슨·테슬라의 전기혁명』 『UFO(우리가 발견한 것이 아니다. 그들이 찾아오는 것이다.)』 등이 있다.